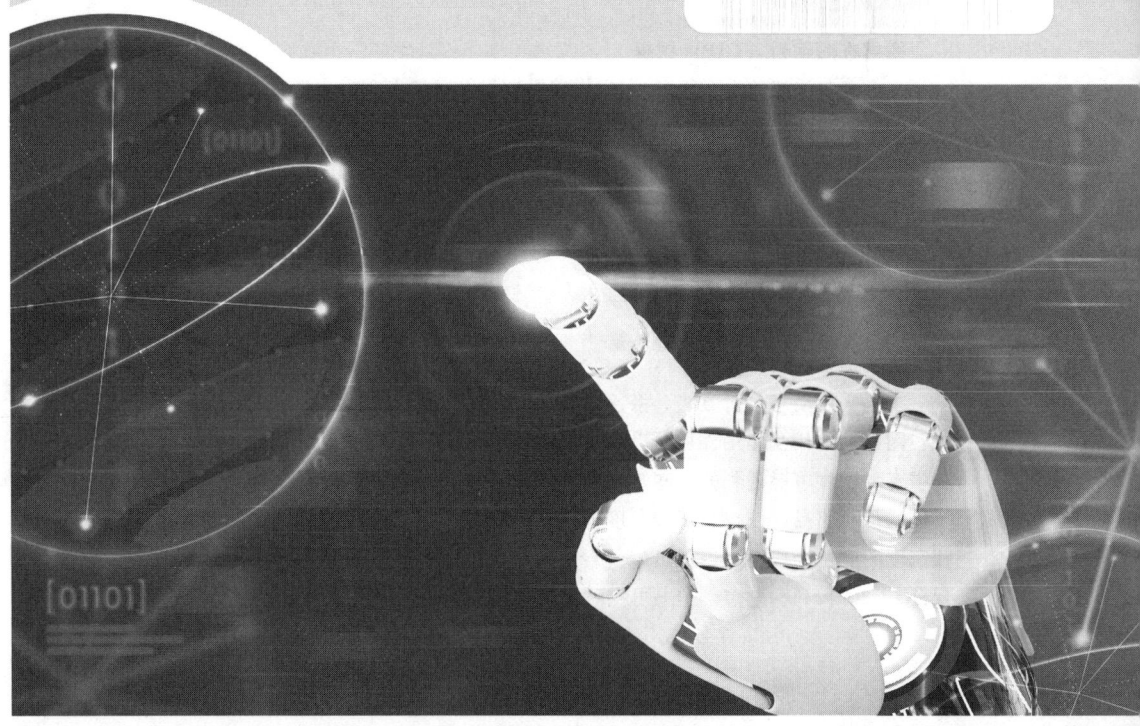

当人工智能叩响专利之门

国家知识产权局专利局专利审查协作北京中心 ◎ 组织编写

安 蕾 等 ◎ 著

知识产权出版社
全国百佳图书出版单位
—北京—

图书在版编目（CIP）数据

当人工智能叩响专利之门/国家知识产权局专利局专利审查协作北京中心组织编写. —北京：知识产权出版社，2025.4. —ISBN 978-7-5130-9801-4

Ⅰ.D923.424

中国国家版本馆 CIP 数据核字第 2025KB7909 号

内容提要

本书采用动态分析方法，将各国立法、修法活动放在其特定历史时期和规则体系中去研究各因素间的相互作用，从而提炼专利制度改变的底层逻辑，分析论述人工智能技术发展过程中专利制度可能遇到的一些基本问题以及解决问题的基本路径，构建了赋予人工智能法律主体的拟制路径、侵权归责和制度框架，力求在调整最小化原则下，将新技术、新业态与产权制度的底层经典逻辑进行良好契合，在实现促进创新、风险可控、责任可究的同时，切实保证人类的权利和地位。本书可供对人工智能法律问题感兴趣的读者阅读和参考。

责任编辑：王祝兰　房　曦	责任校对：潘凤越
封面设计：杨杨工作室·张　冀	责任印制：刘译文

当人工智能叩响专利之门

国家知识产权局专利局专利审查协作北京中心 ◎ 组织编写

安　蕾　等 ◎ 著

出版发行：知识产权出版社有限责任公司	网　　址：http://www.ipph.cn
社　　址：北京市海淀区气象路 50 号院	邮　　编：100081
责编电话：010-82000860 转 8555	责编邮箱：wzl_ipph@163.com
发行电话：010-82000860 转 8101/8102	发行传真：010-82000893/82005070/82000270
印　　刷：三河市国英印务有限公司	经　　销：新华书店、各大网上书店及相关专业书店
开　　本：787mm×1092mm　1/16	印　　张：21
版　　次：2025 年 4 月第 1 版	印　　次：2025 年 4 月第 1 次印刷
字　　数：390 千字	定　　价：128.00 元
ISBN 978-7-5130-9801-4	

出版权专有　侵权必究

如有印装质量问题，本社负责调换。

编写组

主　编　安　蕾
撰写人　安　蕾　袁　野　杜　洋
　　　　吴　燕　王　妍
统稿人　安　蕾

章节分工

前　言　安　蕾
第一章　安　蕾
第二章　安　蕾
第三章　安　蕾　杜　洋　吴　燕　王　妍
第四章　安　蕾
第五章　安　蕾
第六章　袁　野
后　记　安　蕾

第三章具体分工：

安　蕾：第三章第一节、第二节、第八节、第九节
杜　洋：第三章第三节、第四节
吴　燕：第三章第五节、第七节
王　妍：第三章第六节

前　言

1474年3月19日，世界上第一部专利法在意大利最强大、最富有的城邦国——威尼斯颁布。国王之所以产生"保护发明人"的想法，源于当时的现实社会条件：文艺复兴的思潮使主张平等和个人权利的罗马私法得以复兴；商品经济的快速发展使具有商业价值的技术得以被认可为"无形财产"。因此，与任何其他法律制度不同，专利制度一直是科学技术、商业经济和法律的融合体，它在推动人类进行第一次工业革命、第二次工业革命、第三次工业革命中发挥重要作用的同时，也在新兴技术的影响下不断演化。

21世纪以来，以人工智能为核心的第四次工业革命爆发，人类社会进入了数字经济时代，数字经济和实体经济融合，虚拟世界和现实世界并存，催生了新的产业变革和国际规则重构。习近平总书记指出："人工智能是引领这一轮科技革命和产业变革的战略性技术，具有溢出带动性很强的'头雁'效应"，"加快发展新一代人工智能是我们赢得全球科技竞争主动权的重要战略抓手"。2017年以来，国务院发布《新一代人工智能发展规划》等文件，在着力推动人工智能技术、"人工智能＋传统产业"全面发展的同时，也提出要"制定促进人工智能发展的法律法规和伦理规范"，以及"明确人工智能法律主体以及相关权利、义务和责任等"。2018年9月17日，国家主席习近平在致2018世界人工智能大会的贺信中深刻地指出："把握好这一发展机遇，处理好人工智能在法律、安全、就业、道德伦理和政府治理等方面提出的新课题，需要各国深化合作、共同探讨。"如何切实激励新业态、新模式的创新，为全球数字经济重构贡献中国智慧和中国方案，中国专利制度担负着发展支撑创新需求的中国特色专利保护新规则的使命任务。

2021年2月1日出版的《求是》杂志发表了习近平总书记的重要论述《全面加强知识产权保护工作　激发创新活力推动构建新发展格局》，强调创新是引领发展的第一动力，保护知识产权就是保护创新，并为中国知识产权制度尤其是专利制度发展指明了方向和目标。"必须从国家战略高度和进入新发展阶段要求出发，全面加强知识产权保护工作，促进建设现代化经济体系，激发全社会创新活力，推动构建新发展格局"。2021年9月，中共中央、国务院印发《知识产权强国建设纲要（2021—2035年）》，提出要"加快大数据、人工智能、基因技术等新领域新业态知识产权立法"，"研究完善算法、商业方法、人工智能产出物知识产权保护规则"。2021年10月9日，国务院印发《"十四五"国家知识产权保护和运用规划》，指出要"健全大数据、人工智能、基因技术等新领域新业态知识产权保护制度"，"研究构建数据知识产权保护规则"。

2021年，《中华人民共和国数据安全法》（以下简称《中国数据安全法》）和《中华人民共和国个人信息保护法》（以下简称《中国个人信息保护法》）相继实施，与2016年通过的《中华人民共和国网络安全法》共同形成了数据治理法律领域的"三驾马车"，标志着智能社会治理的法律依据初步建立。2023年6月6日，国务院办公厅印发《国务院2023年度立法工作计划的通知》，明确预备将人工智能法草案提请全国人大常委会审议。2023年7月10日，国家互联网信息办公室等七部门联合印发《生成式人工智能服务管理暂行办法》，在鼓励生成式人工智能创新发展的同时，对向我国境内公众提供的生成式人工智能服务实行包容审慎和分类分级监管，明确"生成式人工智能服务提供者应当依法开展预训练、优化训练等训练数据处理活动，使用具有合法来源的数据和基础模型；涉及知识产权的，不得侵害他人依法享有的知识产权；涉及个人信息的，应当取得个人同意或者符合法律、行政法规规定的其他情形"。该办法自2023年8月15日起施行。

"这是最好的时代，也是最坏的时代"，用查尔斯·狄更斯在《双城记》开头的这句话来描绘当前的人工智能时代似乎再恰当不过了。作为一把锋利的双刃剑，人工智能的广泛应用和发展不仅加速了科技和经济的繁荣，还彻底改变了人们的学习、工作、生活和思维方式，使法律、道德、伦理面临严峻的考验。何为人工智能？目前国际上尚无公认定义，因为其内涵过于宽泛，使得其概念过于模糊。本书第一章从科技和哲学的视角指出定义人工智能发明的重要性，并通过东西方哲学理念的对比，提出了人工智能发明"四分法"，按照人工智能在发明活动中的角色，划分四种类型的人工智能发明（人工智能模型或算法、基于人工智能的发明、人工智能辅助的发明、人工智能生成的发明），并结合案例解释四种类型中人工智能的角色内涵。

与专利法500余年的历史沿革相比，人工智能的发展不过仅70余年，但其却是最具有颠覆性的技术。历史上，只有这项技术先后挑战专利法的两个基石——专利权客体和专利权主体。自人工智能诞生之日起，其对专利权客体的挑战就从未停歇。以计算机程序或软件为主题的专利权诉求，在欧美人工智能公司、专利律师和法官之间的争斗之战中，于1981年通过司法判例[1]在美国率先打开了软件保护的专利之门。随后，欧洲[2]、英国、日本、韩国等也追随美国逐渐转变立场。在这些国家/地区，作为"看门人"的专利审查员，经历了从反对、质疑、犹豫到欢迎的变化。为了鼓励技术创新，支撑人工智能技术的健康发展，专利权客体的范围在不断调整，专利法意义上的"发明"从实体硬件到软硬件结合，再到虚拟软件。普通法系的美国、英国的客体判例法发生了天翻地覆的变化；欧洲专利局上诉委员会[3]的判例法促进欧洲专利局针对计算机实施发明（Computer-Implemented Inventions，CII）建立了独特的客体与创造性判断法；大陆法系的日本甚至修改了制定法[4]。本书第二章使用概念分析法，剖析定义人工智能发明对专利保护政策的影响，聚焦世界两大法系主要国家/地区应对人工智能作为"发明客体"（第一种人工智能发明）和"存在于发明客体中的工具"（第二种人工智能发明）的政策动向，以及人工智能从"介于发明主客体之间的工具"（第三种人工智能发明）演化为"发明主体"（第四种人工智能发明）引发的挑战。

2018年10月17日，人工智能发起对专利权主体——发明人的挑战。两项以智能机器人为发明人的专利权诉求，在全球17个国家/地区展开了为期6年的行政和司法挑战。"数字人"独自叩响专利之门。这场人工智能发起的发明人身份之争，在全球司法体系均落败。各国司法体系否定人工智能的发明人身份的理由是，专利法规定（或暗示）了发明人为人类。然而，专利法制定之初仅考虑了人类发明人，是因为在当时的技术条件下，仅能想象到人类能够作为发明人。因此，目前专利界的立法者和学者都在思考：是否需要应人工智能的发展对专利权主体规定进行全面调整？本书第三章使用案例分析法和比较分析法，聚焦对全球

---

[1] Diamond v. Diehr, 450 U.S. 175 (1981).
[2] 欧洲专利是指由欧洲专利局根据《欧洲专利公约》授予的发明专利，可在《欧洲专利公约》的成员国和延伸国生效。为表述方便，本书中述及欧洲专利对应的地区范围时，以"欧洲"指代，后文不再赘述。
[3] 准确地说，欧洲专利局主张制定法与判例法相结合。但对于新技术的专利保护规则，其是通过判例法来丰富发展的。
[4] 日本国会于2002年修改了《日本专利法》（Japanese Patent Act，也称《日本特许法》）第2条，增加第4款，明确将计算机程序列为一种产品，属于专利保护的客体。日本因此成为全球首个，也是唯一将计算机程序列为法定客体的国家。

热点——DABUS案在7个重点国家/地区的司法发展、判例的法理和演进分析，详述当人工智能成为唯一发明"创意者"时，其对专利法基石的挑战，并研究人工智能发明人身份司法争议所涉及的伦理和法律根源。其中，第二至八节对每个国家/地区的同族案例分三个方面讨论：①案件事实与审理过程；②法院的判决意见及理由；③对判决的评析。

人工智能的专利权主客体之争，远没有那么简单。1920年，捷克作家卡雷尔·凯佩克（Karel Capek）在科幻剧本《罗萨姆的万能机器人》中创造了"机器人"一词，他将捷克语"Robota"（奴隶）写成"Robot"（机器人），并预告了机器人的发展对人类社会的悲剧性影响。凯佩克不会想到，"机器人是机器还是人？"有一天会成为知识产权法乃至整个私法面临的难题。主客体二元论是构建现代法学的一条基本立法原则，今天主客体之间这条不可逾越的鸿沟正在发生动摇。如果人工智能本身原本作为发明创造活动的客体，后又因其自身不断迭代升级，进而有能力产出发明创造而在事实上成为另一发明创造活动的主体，专利法将何去何从？本书第四章从道德、逻辑和法理上分析了否定人工智能发明人身份可能引发的社会与法律问题，并对拟制人工智能法律人格的正当性进行了理论和哲学探究。本书第五章展望人工智能未来从辅助发明角色演变为自主发明角色的三阶段（半自主、有监督的自主、完全自主），并构建了赋予人工智能法律主体的拟制路径、侵权归责和制度框架，力求在调整最小化原则下，将新技术、新业态与产权制度的底层经典逻辑进行良好契合，在实现促进创新、风险可控、责任可究的同时，切实保证人类的权利和地位。

我从2006年起从事专利工作，见证了我国对计算机软件、商业方法专利申请从拒绝到开放的规则演化。其间，作为第一批国家知识产权局国际型审查专家，我自2015年起开展域外计算机软件、商业方法、人工智能相关审查规则的研究，在深耕主要国家/地区专利保护规则之历史沿革的基础上，密切关注国际规则制定和域外判例法最新发展动向。

本书不是按照传统"中国面临的问题—国外的相关规制—可资借鉴之处—中国的规制建议"这一简单模式，来推进对人工智能专利保护新规则的研究。笔者力图进行动态分析而非静态分析，将各国立法、修法活动放在其特定历史时期和规则体系中去研究各因素间的相互作用，从而提炼专利制度改变的底层逻辑，分析论述人工智能技术发展过程中，专利制度可能遇到的一些基本问题以及解决问题的基本路径。在本书撰写过程中，笔者对域外专利法、审查规则、司法判例的原文进行了系统深入的研究和比较，研究过程中，查阅了大量权威法典和专业法律词典，力求精准表达。特别是，基于对国际法和域外相关知识产权法的表述，全面梳理和纠正了目前国内学术研究中令人费解的非专业术语翻译（有些是机器翻译）和表达，以便于读者理解。此外，本书在第六章还探讨了对存在于人工智能生成作品和发明中的数据之产权保护。

本书的撰写分工如下：安蕾负责前言，第一章，第二章，第三章第一、二、八、九节，第四章，第五章，后记（合计28.75万字）；杜洋负责第三章第三、四节（合计1.05万字）；吴燕负责第三章第五、七节（合计0.85万字）；王妍负责第三章第六节（0.85万字）；袁野负责第六章（合计5.2万字）。安蕾负责本书框架结构、统筹书稿编写、体例和统稿。

本书从我钻研思考到联合团队成稿历经5年，原稿55万字，后因出版篇幅所限，精炼成39万字❶，突出了特色、创新和未来展望。其间，得到了国家知识产权局专利局专利审查协作北京中心光电部国际知识产权前沿研究组对第三章研究的大力支持，得到了诸多业务指导专家的关注和指导，在此一并表示感谢。衷心希望这本书能够给人工智能专利相关工作者提供些许参考，能够助力中国特色专利制度的发展，并助力数字经济时代中华民族的伟大复兴！

安　蕾

2024年3月10日

---

❶ 指全书总字数，包括正文以及版权页、前言、目录、后记等辅文字数。

目 录

第一章 定义人工智能发明的科技与哲学基础 ⋯⋯⋯⋯⋯⋯⋯⋯ 1
  第一节 人工智能与发明专利 ⋯⋯⋯⋯⋯⋯⋯⋯⋯⋯⋯⋯⋯⋯⋯ 1
    一、什么是人工智能？⋯⋯⋯⋯⋯⋯⋯⋯⋯⋯⋯⋯⋯⋯⋯⋯⋯ 1
    二、人工智能的简史与专利故事 ⋯⋯⋯⋯⋯⋯⋯⋯⋯⋯⋯⋯⋯ 5
  第二节 人工智能与主客体二元论 ⋯⋯⋯⋯⋯⋯⋯⋯⋯⋯⋯⋯⋯ 15
    一、工业经济：西方哲学的人类中心主义 ⋯⋯⋯⋯⋯⋯⋯⋯⋯ 15
    二、人工智能对主客体二元论的突破 ⋯⋯⋯⋯⋯⋯⋯⋯⋯⋯⋯ 16
    三、数字经济：东方哲学的关系主义 ⋯⋯⋯⋯⋯⋯⋯⋯⋯⋯⋯ 17
    四、人工智能法律中立原则 ⋯⋯⋯⋯⋯⋯⋯⋯⋯⋯⋯⋯⋯⋯⋯ 22
  第三节 人工智能发明"四分法"的概念 ⋯⋯⋯⋯⋯⋯⋯⋯⋯⋯⋯ 23
    一、"四分法"概念的起源 ⋯⋯⋯⋯⋯⋯⋯⋯⋯⋯⋯⋯⋯⋯⋯ 23
    二、"四分法"概念的发展 ⋯⋯⋯⋯⋯⋯⋯⋯⋯⋯⋯⋯⋯⋯⋯ 29
    三、人工智能模型或算法 ⋯⋯⋯⋯⋯⋯⋯⋯⋯⋯⋯⋯⋯⋯⋯⋯ 36
    四、基于人工智能的发明 ⋯⋯⋯⋯⋯⋯⋯⋯⋯⋯⋯⋯⋯⋯⋯⋯ 37
    五、人工智能辅助的发明 ⋯⋯⋯⋯⋯⋯⋯⋯⋯⋯⋯⋯⋯⋯⋯⋯ 46
    六、人工智能生成的发明 ⋯⋯⋯⋯⋯⋯⋯⋯⋯⋯⋯⋯⋯⋯⋯⋯ 50

第二章 定义人工智能发明对专利保护政策的影响 ⋯⋯⋯⋯⋯⋯⋯ 58
  第一节 世界主要专利审查机构应对"人工智能模型或算法"的政策
        焦点 ⋯⋯⋯⋯⋯⋯⋯⋯⋯⋯⋯⋯⋯⋯⋯⋯⋯⋯⋯⋯⋯⋯⋯ 60
    一、"人工智能模型或算法"的权利要求特点 ⋯⋯⋯⋯⋯⋯⋯ 60
    二、"人工智能模型或算法"的专利客体资格 ⋯⋯⋯⋯⋯⋯⋯ 60
    三、主要国家/地区对"人工智能模型或算法"的审查政策对比 ⋯⋯ 64

第二节 世界主要专利审查机构应对"基于人工智能的发明"的政策焦点 …… 70
  一、"基于人工智能的发明"的权利要求特点 …… 70
  二、"基于人工智能的发明"的专利客体资格 …… 70
  三、"基于人工智能的发明"的创造性 …… 71
  四、"基于人工智能的发明"的充分公开 …… 79
  五、主要国家/地区对"基于人工智能的发明"的审查政策对比 …… 81
第三节 "人工智能辅助的发明"对专利审查机构挑战的焦点问题 …… 83
  一、"人工智能辅助的发明"的权利要求特点 …… 83
  二、"人工智能辅助的发明"对充分公开的法理挑战 …… 83
  三、"人工智能辅助的发明"对创造性的法理挑战 …… 85
  四、"人工智能辅助的发明"对发明人身份的法理挑战 …… 85
第四节 "人工智能生成的发明"对专利审查机构挑战的焦点问题 …… 88
  一、"人工智能生成的发明"的权利要求特点 …… 88
  二、"人工智能生成的发明"对发明人身份的法理挑战 …… 90
第五节 小 结 …… 91
  一、主要国家/地区对人工智能定义的多样化 …… 91
  二、人工智能发明"四分法"的意义 …… 93

第三章 人工智能对世界专利法基石的挑战 …… 97
第一节 专利中人工智能发明人身份的司法判例发展 …… 98
  一、人工智能发明者能成为专利的发明人吗？ …… 98
  二、事件背景 …… 99
  三、对 DABUS 生成的发明之国际反应 …… 100
第二节 DABUS 发明人身份同族专利在欧洲的诉讼 …… 106
  一、案件事实与审理过程 …… 107
  二、欧洲专利局上诉委员会的判决意见及理由 …… 112
  三、对判决的评析 …… 117
第三节 DABUS 发明人身份同族专利在美国的诉讼 …… 120
  一、案件事实与审理过程 …… 121

二、法院的判决意见及理由 ………………………………………… 122
　　三、对判决的评析 …………………………………………………… 123
第四节　DABUS 发明人身份同族专利在德国的诉讼 ……………………… 124
　　一、案件事实与审理过程 …………………………………………… 125
　　二、法院的判决意见及理由 ………………………………………… 127
　　三、对判决的评析 …………………………………………………… 128
第五节　DABUS 发明人身份同族专利在英国的诉讼 ……………………… 129
　　一、案件事实与审理过程 …………………………………………… 129
　　二、法院的判决意见及理由 ………………………………………… 130
　　三、对判决的评析 …………………………………………………… 132
第六节　DABUS 发明人身份同族专利在澳大利亚的诉讼 ………………… 133
　　一、案件事实与审理过程 …………………………………………… 134
　　二、法院的判决意见及理由 ………………………………………… 136
　　三、对判决的评析 …………………………………………………… 137
第七节　DABUS 发明人身份同族专利在新西兰的诉讼 …………………… 141
　　一、案件事实与审理过程 …………………………………………… 142
　　二、法院的判决意见及理由 ………………………………………… 143
　　三、对判决的评析 …………………………………………………… 144
第八节　DABUS 发明人身份同族专利在韩国的诉讼 ……………………… 145
　　一、案件事实与审理过程 …………………………………………… 145
　　二、法院的判决意见及理由 ………………………………………… 148
　　三、对判决的评析 …………………………………………………… 149
第九节　小　结 ………………………………………………………………… 153

第四章　拟制人工智能法律人格的正当性 ………………………………………… 156
　第一节　否定人工智能发明人身份的社会与法律问题 …………………… 157
　　一、诚信与道德问题 ………………………………………………… 158
　　二、权利与义务问题 ………………………………………………… 160
　　三、侵权与责任问题 ………………………………………………… 170
　　四、审查机构的困境 ………………………………………………… 182

第二节 拟制人工智能法律人格的理论基础 …… 185
　一、东西方哲学的人格观 …… 185
　二、法律人格的理论基础 …… 190
　三、法律人格的多种类型 …… 193
　四、拟制人工智能法律人格的动向 …… 197

第五章 人工智能主体拟制与专利法未来 …… 203
第一节 构建人工智能在发明行为中的主体地位 …… 204
　一、人工智能在未来发明活动中的地位 …… 204
　二、未来人工智能主体拟制的两种方向 …… 208
　三、构建人工智能的民事权利能力 …… 212
　四、构建人工智能的民事行为能力 …… 218

第二节 构建人工智能产出物的权利归属 …… 221
　一、人工智能辅助与生成的发明之界 …… 221
　二、人工智能辅助的发明之权利归属 …… 222
　三、人工智能生成的发明之权利归属 …… 223

第三节 构建人工智能产出物的审查规则 …… 229
　一、假设人：拟制技能"参照系" …… 230
　二、专利新颖性的标准 …… 238
　三、专利创造性的标准 …… 241
　四、实用性与伦理标准 …… 249
　五、充分公开的标准 …… 252

第四节 构建人工智能的侵权责任和处罚 …… 254
　一、确定人工智能侵权 …… 254
　二、如何处罚人工智能？ …… 261

第五节 肯定人工智能发明人身份对专利制度的影响 …… 263
　一、总结：基于功能论构建人工智能法律主体的框架 …… 263
　二、未来：人工智能可能取代专利审查员吗？ …… 265
　三、潘多拉魔盒：奇点到来是否意味着专利制度的终结？ …… 266

第六章　对人工智能生成数据的产权保护 …… 269
第一节　数据、信息、知识 …… 270
一、信息与数据 …… 270
二、知识与数据 …… 272
三、人工智能生成物的法律挑战 …… 274
第二节　欧盟数据产权发展历史和最新进展 …… 276
一、欧盟数据产权的历史梳理 …… 276
二、数据的类型及概念 …… 280
三、数据库保护制度 …… 282
四、特　点 …… 282
第三节　美国数据产权发展历史和最新进展 …… 283
一、美国数据产权的历史梳理 …… 283
二、数据管理模式 …… 287
三、人工智能生成物的保护 …… 289
四、特　点 …… 291
第四节　日本数据产权发展历史和最新进展 …… 292
一、日本数据产权的历史梳理 …… 292
二、人工智能数据的知识产权保护 …… 294
三、特　点 …… 298
第五节　韩国数据产权发展历史和最新进展 …… 299
一、韩国数据产权的历史梳理 …… 299
二、特点及最新进展 …… 305
第六节　中国数据产权发展历史和最新进展 …… 307
一、个人信息的保护 …… 307
二、数据知识产权 …… 309

后　记 …… 314

第一章　定义人工智能发明的科技与哲学基础

每个人都将自身所感知的范围当作世界的范围。

——亚瑟·叔本华

第一节　人工智能与发明专利

一、什么是人工智能？

人工智能（artificial intelligence，AI）没有通用定义。我们发现，越是基础的事物，越是耳熟能详的事物，往往越难去定义它。何况，人工智能还在不断发展。学者、专家在定义人工智能时尽管谨慎、小心，但难免受限于自身专业的局限而不能穷尽。因此，我们看到人工智能有不同定义，而这些定义都是各领域中的权威人员或机构给出的。本书无意于赞同或否定哪一种人工智能定义，也无意于赋予人工智能一种新定义，而是为了区分和定义人工智能发明、界定专利领域中的人工智能，这是讨论不同人工智能发明的专利保护之前的必要准备。

（一）科学中的人工智能定义

我们从一个广义定义开始。

科学的源头来自哲学方法。在人工智能"标准教科书"——《人工智能：现代方法（第4版）》[1]中，作者斯图尔特·罗素（Stuart Russell，美国加州大学伯克利分校人类兼容人工智能中心创始人兼计算机科学专业教授）和彼得·诺维

---

[1] 罗素，诺维格. 人工智能：现代方法：第4版 [M]. 张博雅，陈坤，田超，等译. 北京：人民邮电出版社，2022：3-5.

格（Peter Norvig，曾任谷歌研究总监，美国人工智能协会的创始会员之一）将人工智能宽泛地定义为开发能够在四个方面从事人类活动的机器：类人思考、类人行动、理性思考和理性行动。

• 类人思考（认知建模法）：能够像人类一样思考，即具有内省、心理实验（即查明人类内心思想的读心能力）、大脑成像的能力。

• 类人行动（图灵测试法）：能够像人类一样行动，即具有自然语言处理、知识表示、自动推理、机器学习、计算机视觉、机器人学的能力。

• 理性思考（思维法则法）：能够产生逻辑思维，源于希腊哲学家亚里士多德的"正确思维"法则化，即当给出正确的前提时，总能得出正确的结论。

• 理性行动（理性智能体法）：能够完成更多任务，包括自主运行、感知环境、长期持续存在、适应变化以及制定和实现目标。理性智能体能够为取得最佳结果或在存在不确定性时取得最佳期望结果而采取行动。

（二）标准中的人工智能定义

2017年，英国商业、能源和工业战略部（Department for Business, Energy and Industrial Strategy，BEIS）在《工业战略：建设一个适合未来的英国》中将人工智能定义为"具有执行本来需要人类智能的任务能力的技术，如视觉感知、语音识别和语言翻译"。[1]

2018年，中国电子技术标准化研究院等单位在《人工智能标准化白皮书（2018版）》中将人工智能定义为"利用数字计算机或者数字计算机控制的机器模拟、延伸和扩展人的智能，感知环境、获取知识并使用知识获得最佳结果的理论、方法、技术及应用系统"。[2] 2021年发布的《人工智能标准化白皮书（2021版）》将人工智能产业链划分为：基础层、技术层和应用层，其中基础层提供数据和算力资源；技术层包括各类算法和深度学习技术；应用层则是人工智能技术与各行业的深度融合。[3]

2019年，美国国家标准与技术研究院（National Institute of Standards and

---

[1] Department for Business, Energy and Industrial Strategy. Industrial Strategy: building a Britain fit for the future [R]. London: Department for Business, Energy and Industrial Strategy, 2017: 37.
[2] 中国电子技术标准化研究院. 人工智能标准化白皮书（2018版）[R/OL]. (2018-01-24) [2024-12-30]. http://www.cesi.cn/images/20180124/20180124135528742.pdf.
[3] 中国电子技术标准化研究院. 人工智能标准化白皮书（2021版）[R/OL]. (2021-07-19) [2024-12-30]. http://www.cesi.cn/images/editor/20210721/20210721160350880.pdf.

Technology，NIST）在《美国在人工智能领域的领导地位：联邦政府参与制定技术标准和相关工具的计划》中将人工智能技术和系统定义为："由软件和/或硬件组成，可以学习解决复杂问题，作出预测或承担需要类似人类的感觉（如视觉、语音和触觉）、感知、认知、规划、学习、交流或身体动作的任务"。❶

（三）经济中的人工智能定义

普华永道公司在其发布的一份全球人工智能研究报告中，将人工智能定义为"一个计算机系统的总称，它可以感知环境、思考、学习，并根据它的感知和目标采取行动"。❷

以经济分析的目的考虑，报告认为，今天使用的人工智能的形式包括数字助理、聊天机器人和机器学习等，包括：

- 自动型智能：手动/认知和常规/非常规任务的自动化；
- 辅助型智能：帮助人们更快、更好地完成任务；
- 增强型智能：帮助人们做出更好的决定；
- 自主型智能：在没有人类干预的情况下实现决策过程的自动化。

经济研究的结论是，随着人类和机器更紧密地合作，以及人工智能创新走出研究实验室并进入主流，技术、经济和社会转型的可能性是惊人的。

（四）专利中的人工智能定义

世界知识产权组织（World Intellectual Property Organization，WIPO）将人工智能定义为：

> 人工智能是计算机科学中的一门学科，旨在开发各种机器和系统，这些机器和系统能够执行被认为需要人类智能完成的任务。机器学习和深度学习是人工智能的两个子集。近年来，随着新的神经网络技术和硬件的发展，人工智能常被视为"受到监督的深度机器学习"的同义词。

尽管世界知识产权组织宽泛地定义了专利中的人工智能，但由于人工智能所

---

❶ NIST. U. S. LEADERSHIP IN AI：A Plan for Federal Engagement in Developing Technical Standards and Related Tools［R/OL］.［2024-12-30］. https：//www.nist.gov/system/files/documents/2019/08/10/ai_standards_fedengagement_plan_9aug2019.pdf.

❷ Pricewaterhouse Coopers. Sizing the prize：What's the real value of AI for your business and how can you capitalize?［R］. Boston：PWC, 2017.

渗透的领域越来越广,对于何为"人工智能发明",在国际上一直难以形成统一认识。认知的不同导致各国/地区的专利审查机构对人工智能发明的审查策略侧重点也不同。

出于在专利领域的讨论目的,本书采纳世界知识产权组织对人工智能的定义。人工智能还有一些常见术语,总结在表1-1-1中。

表1-1-1 人工智能常见术语

名称	释义
算法	用于执行计算或解决问题的一系列指令,尤其是使用计算机。它们构成了计算机能做一切事情的基础,因此是所有人工智能系统的基础
专家系统	一种计算机系统,其通过遵循预先编程的规则来模仿人类专家的决策能力,例如"如果发生这种情况,那就这样做"。这些系统在20世纪80年代推动了人工智能的早期兴奋,但随着神经网络的兴起,已不再流行
机器学习	人工智能的一种特殊形式,它使计算机能够从经验中学习并持续改进,而无需明确编程。这种方法模仿了生物学认知。如果提供充足的数据,机器学习算法可以学习做出预测或解决问题,例如在特定游戏中获胜,机器翻译,语音、文本和图像识别
神经网络	也称为人工神经网络,是一种受人脑结构启发的机器学习。神经网络由简单的处理节点或"人工神经元"组成,它们以"层"的形式相互连接。每个节点将从"上方"的多个节点接收数据,并将数据提供给"低于"它的几个节点。节点为接收的数据附加"权重",并为该数据赋予值。如果数据没有超过某个阈值,则不会传递到另一个节点。训练算法时,将调整节点的权重和阈值,直到类似的数据输入产生一致的输出
深度学习	神经网络的最新变体,能够在非常复杂的任务中学习。它使用多层人工神经元来识别模式,从而能够对未标记的数据(例如图像、文本或声音中的信息)进行分组和分类
专用人工智能	又称"弱人工智能"或"狭义人工智能",旨在执行需要人类智能的特定任务,甚至可能在这些任务中超越人类的能力,但其可执行的任务范围有限。目前的主流研究集中于此并取得了显著进步,如语音识别、图像处理和物体分割、机器翻译等
通用人工智能	又称"强人工智能"或"广义人工智能",是指具有自我意识和广泛认知能力、能够成功执行人脑可完成的任何智力任务的机器,并有潜力超越人脑的智力——它在智力上与人类没有本质区别。目前尚未实现

资料来源:根据公开资料整理。

本章将具体阐述什么是人工智能发明。

二、人工智能的简史与专利故事

人工智能是自20世纪下半叶以来人类最具影响力和颠覆性的创造物。几十年前,只有人类会下国际象棋,能读懂手写文字,而如今带有人工智能的机器完成这两项任务已经司空见惯。今天,人工智能已经融入我们的生活。导航应用程序使用人工智能分析道路交通运行的速度;智能吸尘器使用人工智能扫描房间的大小,识别障碍物并确定最有效的清洁路线;自动驾驶车辆基于人工智能而运行……人工智能可以与任何智能任务相融合。当前,研究人员正在开发更高级的人工智能应用,人工智能每年创造的价值超过1万亿美元,我们工作、沟通、学习和娱乐的方式都将发生革命性的变化。人工智能专家李开复预测称,人工智能对世界的影响"将超过人类历史上的任何事物"。

(一)精英"发明时代"

1. 人工智能的诞生(1943~1956)

人工智能发明可以追溯到20世纪40年代。最早的人工智能应用是在计算机领域,通过编写算法使计算机能够模拟人类的思维过程。1943年,沃伦·麦卡洛克(Warren McCulloch)和沃尔特·皮茨(Walter Pitts)受到尼古拉斯·拉舍夫斯基(Nichola Rashevsky)对数学建模工作的启发,选择了三个资源构建模型(基础生理学知识和大脑神经元的功能、罗素和怀特海对命题逻辑的形式化分析、图灵的计算理论),并提出了一种人工神经元模型,其中每个神经元的特征是"开"或"关",并且能够实现当足够数量的相邻神经元受到刺激时而切换为"开"的状态。1947年,美国数学家冯·诺依曼(John von Neumann,现代计算机之父)率领团队设计制造了真正意义上的现代电子计算机设备MANIAC。同年,艾伦·图灵(Alan Turing,人工智能之父)在伦敦数学协会发表了主题演讲,并在其1950年发表的论文《计算机器与智能》(Computing Machinery and Intelligence)中介绍了图灵测试、机器学习、遗传算法和强化学习等概念。其提出,通过开发学习算法然后教会机器,而不是手工编写智能程序,将更容易创造出人类水平的智能。1950年,哈佛大学的两名本科生马文·明斯基(Marvin Minsky)和迪安·埃德蒙兹(Dean Edmond)建造了第一台神经网络计算机——SNARC。SNARC使用了3000个真空管和B-24轰炸机上一个多余的自动驾驶装置来模拟由 40 个神经元组成的网络。1952 年，曼彻斯特大学的克里斯托弗·斯特雷奇（Christopher Strachey）和 IBM 公司的阿瑟·塞缪尔（Arthur Samuel，机器学习之父）分别独立开发出了西洋跳棋程序。可以说，电子计算机和图灵测试为人工智能的诞生分别提供了硬件和理论基础，但"人工智能"这一术语的正式提出却是在 1956 年的达特茅斯会议。

1956 年夏天，美国新罕布什尔州汉诺威的达特茅斯学院举办了一次为期 2 个月的研讨会，讨论如何对机器进行编程以收集数据、分析数据以解决问题，并从它们所做的事情中"学习"。这个研讨会的基于这样的猜想：

> 学习的每一个方面或智能的任何其他特征原则上都可以被精确地描述，以至于可以用机器来模拟它。

参与研讨会的学者共有 11 位，其中包括：达特茅斯学院的约翰·麦卡锡（John McCarthy，1971 年图灵奖获得者、Lisp 语言开发者）；卡内基理工学院的艾伦·纽厄尔（Allen Newwell，1975 年图灵奖获得者）和司马贺（Herbert Simon，1975 年图灵奖获得者、1978 年诺贝尔经济学奖获得者，"司马贺"是其为自己起的中文名）；普林斯顿大学的特伦查德·摩尔（Trenchard More）；哈佛大学的马文·明斯基（Marvin Minsky，1969 年图灵奖获得者）；麻省理工学院的雷·所罗门诺夫（Ray Solomonoff）和奥利弗·赛弗里奇（Oliver Selfridge，机器感知之父）；IBM 公司的纳撒尼尔·罗切斯特（Nathaniel Rochester，IBM 701 电脑总设计）、阿瑟·塞缪尔（Arthur Samuel，机器学习之父）和亚历克斯·伯恩斯坦（Alex Bernstein）；贝尔电话实验室的克劳德·香农（Claude Shannon，信息论创始人）。会议首次提出了"人工智能"一词，正式确立人工智能研究。自此之后至 2018 年初发明人和研究人员已发表 160 多万篇人工智能相关科学论文，提交近 34 万项人工智能相关发明专利申请。[1]

然而人工智能的历史并非一帆风顺。乐观态度、成功和发展之后也有失望情绪、收缩和重组；人工智能是一门努力站稳脚跟的新兴学科，它的"夏天"和"冬天"交错出现。

2. 逻辑推理（1956～1974）

1956～1974 年，人工智能沐浴在政府资助的黄金时代，热情高涨，期望无限。此时，人工智能被广义地描述为能够完成传统上需要人类智能才能完成的任

---

[1] WIPO. WIPO Technology Trends 2019：Artificial Intelligence [R]. Geneva：WIPO, 2019.

务的算法，其核心在于逻辑推理能力。1956 年，司马贺、艾伦·纽厄尔和克里夫·肖（Cliff Shaw）编制了"逻辑理论家"程序。"逻辑理论家"除了采用启发式的"问题-求解"（problem-solving）原则，还采用了状态反馈控制原理，将目标状态即要证明的语句与当前状态进行比较，并将误差反馈到前端，然后反复循环以减少两种状态之间的差异，成为第一个成功的生成式人工智能系统。1957 年，三人又开发了计算机的 IPL（Information Processing Language）语言——最早的人工智能程序设计语言。司马贺在 1957 年说道："我不是故意让你震惊，但概括而言，现在世界上存在着能够思考、学习和创造的机器。它们的这些能力还将与日俱增，一直到人类大脑所能够应用到的所有领域。"司马贺还预测，10 年内，计算机将成为国际象棋冠军（实际上用了 40 年时间）。1957 年，美国心理学家弗兰克·罗森布拉特（Frank Rosenblatt）在 Cornell 航空实验室发明了神经网络算法感知器，成功在 IBM 704 上完成了感知机的仿真。1958 年，约翰·麦卡锡在麻省理工学院人工智能实验室备忘录 1 号中定义了高级语言 LISP，LISP 在接下来的 30 年中成为最重要的人工智能编程语言。同年，马文·明斯基转到麻省理工学院，他指导学生选择了一些似乎需要智能才能求解的有限问题，这些有限的领域被称为"微世界"（microworld）。1960 年，艾伦·纽厄尔和司马贺设计了"通用问题求解器"（General Problem Solver）程序，利用"手段-目的"分析方法进行启发式搜索，通过类比而对各种问题进行分类，进而提出解决方案。这一算法后来演化为认知领域普遍采用的 SOAR 架构。早期计算机的历史还与航天的历史密切相关。1961 年为实现肯尼迪登月计划而启动的阿波罗计划，是在太空探索中使用计算机、微芯片和自动化的起点。地球和火星之间的通信延迟使得为机器人任务作出实时决策是不可能的，为此美国国家航空航天局（NASA）开发了人工智能来替代地球上任务控制器的决策。1963 年，约翰·麦卡锡在斯坦福大学建立了人工智能实验室，他在斯坦福大学的工作中强调了逻辑推理的通用方法。1968 年，斯坦福大学的爱德华·费根鲍姆（Edward Feigenbaum，1994 年图灵奖得主，曾是司马贺的学生）、布鲁斯·布坎南（Bruce Buchanan，从哲学家转行的计算机科学家）和乔舒亚·莱德伯格（Joshua Lederberg）开发了 Dendral 程序，这是世界上第一例成功的专家系统。1966～1972 年，斯坦福研究所（Stanford Research Institute，SRI）研发了移动式机器人 Shakey，这是首台采用了人工智能学的移动机器人，也是第一个展示逻辑推理和物理活动完全集成的项目。这一时期全球人工智能专利年申请量由 9 项增长至 169 项（见图 1-1-1）。

3. 首个寒冬（1974～1980）

1974～1980年，人们发现只是具备了逻辑推理能力的机器还远远达不到智能化的水平，不现实的预期加之能力有限导致人工智能的"冬天"首次来临。塞缪尔的下棋程序在与世界冠军对弈时，以1∶4告负。当用归结原理证明"两连续函数之和仍然是连续函数"时，推了10万步也没证明出结果。把"心有余而力不足"（The spirit is willing but the flesh is weak）的英语句子翻译成俄语，再翻译回来时竟变成了"酒是好的，肉变质了"。❶ 未能处理"组合爆炸"是《莱特希尔报告》（Lighthill Report）中对人工智能的主要批评之一，"人工智能领域的所有部分都未能产出人们当初承诺的有重大影响力的进步"。基于这份报告，英国政府决定在除两所大学外的所有大学中停止资助人工智能研究。❷ 各国政府纷纷效仿，对人工智能研究的资助和兴趣下降，这一时期全球人工智能专利年申请量由169项增长至207项（见图1-1-1）。

4. 专家系统（1980～1987）

1980～1987年，机器学习知识的能力成为人工智能的根本，于是知识库专家系统得到了大量的开发，再度引发乐观情绪，出现新的焦点。1981年，日本政府宣布了"第五代计算机"的十年计划，旨在建造运行Prolog的大规模并行智能计算机，预算超过13亿美元。作为回应，美国成立了微电子与计算机技术公司（Microelectronics and Computer Technology Corporation，MCC），旨在开展芯片设计和人机界面研究，确保国家竞争力。在英国，《阿尔维（Alvey）计划》恢复了被《莱特希尔报告》取消的资助资金，开始了耗资3.5亿英镑的阿尔维工程。1982年，第一个成功的商用专家系统R1在数字设备公司（Digital Equipment Corporation，DEC）投入使用，该程序帮助公司配置新计算机系统的订单。截至1986年，它每年为公司节省约4000万美元。❸ 到1988年，数字设备公司的人工智能小组已经部署了40个专家系统，而且还有更多的专家系统在开发中。同时期，杜邦公司有100个专家系统在使用，另有500个专家系统在开发。❹ 当时几

---

❶ 张江. AI简史系列Ⅰ 梦的延续（1956—1980）[EB/OL]. (2017-10-27) [2024-08-07]. https://swarma.blog.caixin.com/archives/170703.

❷ 罗素, 诺维格. 人工智能：现代方法：第4版 [M]. 张博雅, 陈坤, 田超, 等译. 北京：人民邮电出版社, 2022：20.

❸ 罗素, 诺维格. 人工智能：现代方法：第4版 [M]. 张博雅, 陈坤, 田超, 等译. 北京：人民邮电出版社, 2022：21.

❹ 同上。

乎每家美国大公司都有自己的人工智能团队，不是在使用专家系统，就是在研究专家系统。人工智能行业从1980年的几百万美元增长到1987年的数十亿美元，还产生了数百家构建专家系统、视觉系统、机器人以及专门服务于这些目的的软硬件的公司。这一时期全球人工智能专利年申请量由207项增长至693项（见图1-1-1）。

5. 二度寒冬（1987～1993）

1987～1993年，由于专家系统的知识获取与加工需要耗费大量的人工成本，专用硬件产业因此突然崩溃。1987年，苹果和IBM公司生产的台式机性能都超过了Symbolics等厂商生产的通用计算机。1991年，日本"第五代计算机"失败，第二个人工智能的"冬天"来临。这一时期全球人工智能专利年申请量由693项增长至3049项（见图1-1-1）。

6. 机器学习（1993～2011）

1993～2011年，随着计算机性能提高，乐观情绪回归，人工智能开始转向数据驱动，机器学习、神经网络、联接主义模型回归，成功案例再次涌现，1997年，IBM公司的深蓝（Deep Blue）在国际象棋比赛中击败了世界冠军卡斯帕罗夫。2000年，本田公司发布了机器人产品ASIMO，经过十多年的升级改进，目前已经是全世界最先进的机器人之一。2011年，苹果公司发布了Siri。同年，IBM公司的Watson在电视智力竞赛"Jeopardy"中击败了两位人类冠军……这一时期全球人工智能专利年申请量由3049项增长至12473项（见图1-1-1）。

7. 深度学习（2011年至今）

2011年至今，随着数据量增长、联通性改善和计算机性能提升，基于神经网络和深度学习的机器学习取得突破。2012年，谷歌公司的无人驾驶汽车实现自动驾驶。2016年，谷歌公司的阿尔法狗（AlphaGo）在围棋比赛中击败了世界冠军李世石。2017年，后继项目阿尔法元（AlphaZero）不再借助人类输入，只通过游戏规则就能够自我学习，在围棋、国际象棋和日本将棋比赛中击败了包括人类和机器在内的所有对手。资助和乐观情绪持续增长，全球人工智能专利申请量呈井喷式增长，仅2011～2017年这6年就由12473项增长至55660项（见图1-1-1）。

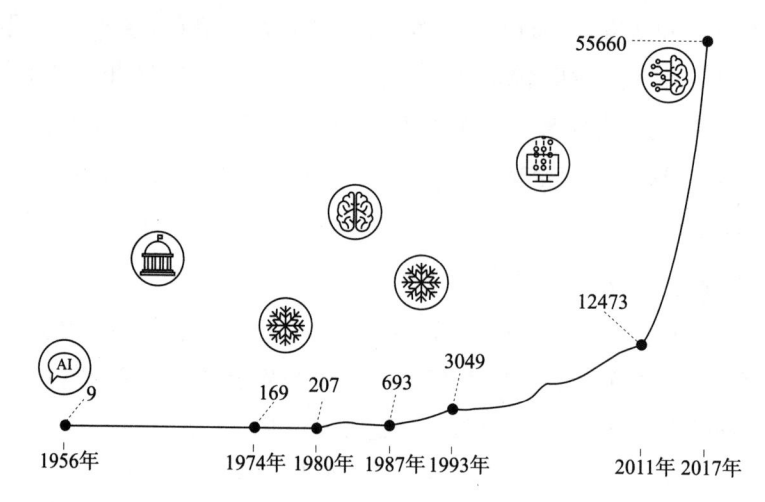

图 1-1-1 1956～2017 年全球人工智能专利申请量发展趋势示意
资料来源：世界知识产权组织。

（二）普遍"应用时代"

阿尔法狗和阿尔法元的成功，导致 2016～2017 年成为一个分水岭。世界各国都开始重视人工智能的发展。2017 年 6 月 29 日，首届世界智能大会在天津召开。中国工程院院士潘云鹤在大会主论坛作了题为"中国新一代人工智能"的主题演讲，报告中概括了世界各国在人工智能研究方面的战略：2016 年 5 月，美国白宫发表了《为人工智能的未来做好准备》；英国 2016 年 12 月发布《人工智能：未来决策制定的机遇和影响》；法国在 2017 年 4 月制定了《国家人工智能战略》；德国在 2017 年 5 月颁布全国第一部自动驾驶的法律；我国出台了《新一代人工智能发展规划》（国发〔2017〕35 号）、《促进新一代人工智能产业发展三年行动计划（2018—2020 年）》（工信部科〔2017〕315 号）等政策文件，推动人工智能技术研发和产业化发展。据不完全统计，2017 年在中国运营的人工智能公司接近 400 家，行业巨头百度、腾讯、阿里巴巴等都不断在人工智能领域发力。从数量、投资等角度来看，计算机视觉、自然语言处理、机器人成为人工智能最为热门的三个产业方向。

世界知识产权组织发布的 2022 年世界知识产权报告显示，2000～2020 年，数字技术是全球专利申请量增长最快的领域（见图 1-1-2）。其中 2016～2020 年，数字技术专利申请增长率是全部专利申请平均增长率的 172%，其中人工智能相关专利申请增长了 718%（见图 1-1-3），人工智能市场预计 2024 年将增长到 1910

亿美元。❶ 人工智能新时代——"应用时代"到来。根据李开复的分析❷，深度学习造就了今天人工智能从"发明时代"走向了遍地开花的"应用时代"。在"发明时代"，个人的发明能力可以占据足够竞争优势，在 3~5 年领跑其他人。但是在应用时代，竞争相对扁平，比如 Transformer 模型从诞生到商业的普遍应用只用了 2 年时间。在"应用时代"，所面临的问题不是如何发明新人工智能技术，而是怎样让人工智能渗透到更多产业中。2022 年 10 月，包括两位图灵奖得主约书亚·本吉奥（Yoshua Bengio）和杨立昆（Yann LeCun）在内的一批学者撰文提出了"具身图灵测试"的概念，强调机器系统与世界环境的具身交互研究是开拓下一代人工智能创新方法的关键。

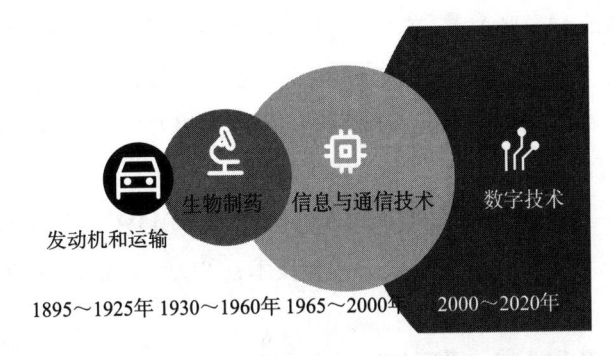

图 1-1-2 1895~2020 年全球专利申请量增长最快的领域

资料来源：2022 年世界知识产权报告。

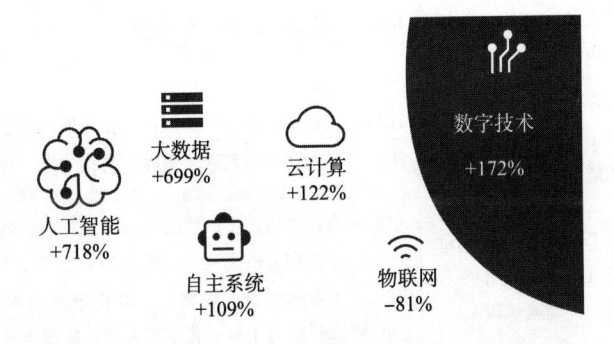

图 1-1-3 2016~2020 年数字技术专利申请增长率

资料来源：2022 年世界知识产权报告。

---

❶ WIPO. World Intellectual Property Report 2022：The Direction of Innovation [R]. Geneva：WIPO，2022.

❷ 创新工场 DeeCamp 组委会. 创新工厂讲 AI 课：从知识到实践 [M]. 北京：电子工业出版社，2021：27-31.

我国人工智能专利申请起步较晚（2002年），但近10年来人工智能专利申请量呈指数级增长，得益于平均年增长率43%的惊人速度，中国人工智能专利申请量自2013年起超越了美国。❶ 专利申请量的激增充分证明了我们对人工智能的关注和投资。由于中国企业的利润被输入到不断增加的人工智能能力和回报中，中国经济中具有比欧洲和北美更高的资本再投资率，因此人工智能将在价值链的上移中发挥重要作用，进入更复杂、高科技驱动的制造和商业领域。普华永道公司发布的一份全球人工智能研究报告预测，到2030年，人工智能预计对全球经济作出高达15.7万亿美元的贡献，其中大约7.0万亿美元的经济收益将在中国（到2030年GDP增长26%），大约3.7万亿美元的经济收益来自北美（到2030年GDP增长14.5%）。❷ 这15.7万亿美元的回报并非都来自人工智能独角兽公司，而是来自医疗、汽车、金融服务、批发零售、信息通信、制造业、能源、运输物流等传统行业升级转型所带来的生产力提升，以及消费者对个性化和/或高质量人工智能增强产品和服务的需求增加。

如表1-1-2所示，根据国际计算机协会（ACM）❸的最新计算分类体系，人工智能可从三种类别分解：①人工智能技术；②人工智能功能应用；③人工智能应用领域。

表1-1-2 国际计算机协会计算分类体系中的人工智能

一级分类名称	一级分类释义	二级分类
人工智能技术	统计和数学模型的高级形式，允许计算通常由人类执行的任务	机器学习；编程逻辑；模糊逻辑；概率推理；本体工程
人工智能功能应用	可以使用一种或多种人工智能技术实现的功能	计算机视觉；自然语言处理；语音处理；计划和调度；控制方法；机器人；分布式人工智能；预测分析；知识表示和推理
人工智能应用领域	人工智能技术或功能应用可能应用的领域、范围或学科	交通运输；电信；生命和医学科学；农业；网络；商业；个人设备、计算和人机交互；政府计算；法律、社会和行为科学；安全；工业和制造；教育；文献管理和出版；制图；银行金融；物理科学与工程；艺术与人文；能源管理

资料来源：根据公开资料整理。

---

❶ WIPO. WIPO Technology Trends 2019：Artificial Intelligence [R]. Geneva：WIPO, 2019.

❷ Pricewaterhouse Coopers. Sizing the prize：What's the real value of AI for your business and how can you capitalize？[R]. Boston：PWC, 2017.

❸ 国际计算机协会（Association for Computing Machinery, ACM）成立于1947年，是一个国际性的科技教育组织，是世界上第一个科学性及教育性计算机学会，总部设在美国纽约。

从人工智能技术的专利分布来看，机器学习占主导地位。根据世界知识产权组织的统计数据[1]，2013～2016年89%的机器学习专利申请涉及人工智能，约占人工智能相关专利申请总量的40%，也是申请量增长最快（年增长率为28%）的技术分支，其次为模糊逻辑（年增长率为16%）和逻辑编程（年增长率为19%）。在机器学习中，当前带来人工智能革命的技术是深度学习和神经网络。例如，自动翻译的革新就有这两项技术的功劳。记载有深度学习的专利申请量年均增长率为175%，而神经网络在专利申请中的出现频率年均增长率为46%。

从人工智能功能应用的专利分布来看，包括图像识别（例如：汽车自动驾驶所需关键技术）在内的计算机视觉最受欢迎。根据世界知识产权组织的统计数据[2]，2013～2016年在所有人工智能相关专利中，有49%涉及计算机视觉，其次为自然语言处理（占比为14%）和语音处理（占比为13%）。申请量增长最快的应用分支是机器人和控制方法（年增长率为55%）。

从人工智能应用领域的专利分布来看，最主要的行业是电信（计算机网络/互联网、广播电视、电话、视频会议和网络电话），交通运输（航空航天/航空电子技术、汽车自动驾驶、驾驶员/车辆识别、交通运输工程学），生命科学与医学（生物信息学、生物工程学、生物力学、药物开发、基因/基因组学、医学成像、神经科学/神经机器人学、医学信息学、营养学/食品科学、生理参数监测、公共卫生）。根据世界知识产权组织的统计数据[3]，2013～2016年，在这三大应用领域中，涉及电信的人工智能相关专利申请量的比例维持在24%左右，而申请量增长最快的领域分支是交通运输（年增长率为33%），生命科学与医学的专利申请比例则有所下降。此外，航空航天/航空电子（年增长率为67%）和汽车自动驾驶（年增长率为42%）在交通运输领域正迅速崛起。

今天，人工智能是新一轮数字化浪潮（数字通用技术）的核心，向各行各业快速渗透融合进而重塑整个社会发展，"智能+传统产业"的应用范式日趋成熟，并正在彻底改变经济活动。可以说，世界正处于一场新的工业革命——第四次工业革命的开端，这场革命以机器人、人工智能和大数据等数字技术为基础。旨在执行单个或有限任务的"专用人工智能"（或"弱人工智能"）有了突破性的进展，在面向特定领域或者单一任务方面，例如下围棋、爬楼梯、组装某一件

---

[1][2][3] WIPO. WIPO Technology Trends 2019：Artificial Intelligence [R]. Geneva：WIPO, 2019.

设备，人工智能可以超越人类智能。此外，旨在能够成功执行人脑可完成的任何智力任务的"通用人工智能"（或"广义人工智能"）正处于起步阶段。

根据神经科学的研究，人脑中的每个神经元都由一个包含神经核的细胞体或体细胞组成。一个神经元在称为突触的连接处与其他 10～100000 个神经元建立连接。信号通过复杂的电化学反应从一个神经元传递到其他神经元。这些信号可以在短期内控制大脑活动，还可以长期改变神经元的连通性，这些机制被认为是大脑学习的基础。数字计算机与人脑有不同的特性。计算机的周期时间比大脑快一百万倍。数千年来，人类大脑的能力并没有发生太大变化，而超级计算机的计算能力已经从 20 世纪 60 年代的百万次浮点运算（MFLOP）提高到 20 世纪 80 年代的十亿次浮点运算（GFLOP）、20 世纪 90 年代的万亿次浮点运算（TFLOP）、2008 年的千万亿次浮点运算（PFLOP）以及 2022 年的百亿亿次浮点运算（ExaFLOP，$1 \text{ExaFLOP} = 10^{18}$ 次浮点运算/秒）。

如表 1-1-3 所示，虽然与高端个人计算机相比，大脑拥有更多的存储和互连，但全球最快的超级计算机 Frontier 在某些指标上已经与大脑相当。未来主义者充分利用这些数字，指出了一个即将到来的奇点（singularity），在这个奇点上计算机达到了超越人类的能力水平，然后会进一步迅速提高。专家们预测，如果不对人工智能的发展予以限制，人工智能终将超越人类的能力。"超级人工智能会成为分水岭：它将是有史以来最重要的发明"[1]，牛津大学人类未来研究院院长、哲学家尼克·波斯特洛姆（Nick Bostrom）如是说。

表 1-1-3　超级计算机、个人计算机和人类大脑的粗略对比

	超级计算机	个人计算机	人类大脑
计算单元	10^7 个内核（CPU + GPU） 10^{15} 个晶体管	8 个 CPU 内核 10^{10} 个晶体管	10^6 列 10^{11} 个神经元
存储单元	10^{16} 字节（10 PB）内存 10^{17} 字节（100 PB）硬盘	10^{10} 字节（10 GB）内存 10^{12} 字节（1 TB）硬盘	10^{11} 个神经元 10^{14} 个突触
周期时间/秒	10^{-9}	10^{-9}	10^{-3}
运算/秒	10^{18}	10^{10}	10^{17}

资料来源：根据公开资料整理。

---

[1] BOSTROM N. The Future of Humanity [M] //OLSEN J K B, SELINGER E, RIIS S. New Waves in Philosophy of Technology: New Waves in Philosophy. London: Palgrave Macmillan, 2009.

如图 1-1-4 所示，未来，人工智能将通过数据进行相互交流，而这是人无法理解的。

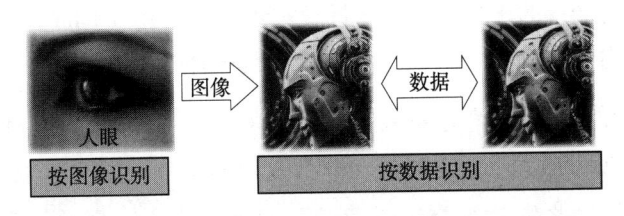

图 1-1-4　从人工智能到人工智能——图像传感器发展以来最大的范式转变
资料来源：根据公开资料整理。

第二节　人工智能与主客体二元论

一、工业经济：西方哲学的人类中心主义

人类中心主义（anthropocentrism）是以人类为事物的中心的学说。最早起源于古希腊普罗塔哥拉的"人是万物的尺度"一说。普罗塔哥拉认为个别的人或人类是万物的尺度，即把人类作为观察事物的中心。文艺复兴时期以后的哲学家提出的大宇宙与小宇宙的学说把人看成小宇宙，认为人反映了整个宇宙，也是人类中心主义的表现。唯心主义认为人创造现实世界，人的精神或人的意志创造整个世界的观点，也反映了这种以人为宇宙中心的思想。

人类中心主义的本质是一种价值观，是人类为了寻找、确立自己在自然界中的优越地位、维护自身利益而在历史上形成和发展起来的一种理论假设。在人与自然的关系上，人是主体，自然是客体，人处于主导地位，不仅对自然有开发和利用的权利，而且对自然有管理和维护的责任和义务，这是人类中心主义者的基本原则。人的主体地位，意味着人类拥有运用理性的力量和科学技术的手段改造自然和保护自然以实现自己的目的和理想的能力，意味着人类对自己的能力的无比自信和自豪，这也是人类中心主义的基本信念。人类中心主义是西方法律体系的支柱，在工业社会给人类社会带来了先进的文明。

工业社会的一个重要特征是强调财产的私有制。与更早的农业社会相比，工业化大生产的商品需要更大的市场，需要承认向消费者出售商品的独家处置权。因此，产权成为现代社会的基石。工业现代化将哪怕是无形的东西，如知识，包装成与所有权相关的物品，可以在市场上作为"知识产权"进行交易。这样的市场导向为知识产出注入了活力。

对于私有财产权的正当性，英国哲学家约翰·洛克（John Locke）在《政府论》中提出了自然权利论——"劳动构成了私有财产"：[1]

> 尽管人类共同拥有地球及一切低级动物，但是每个人都拥有"个人"财产，除他本人以外，任何他人都不能对其个人财产主张权利。我们可以说，由于他的身体和双手的"劳动"归属他个人，因此，无论什么物品，只要他改变了它的自然形态，他就混合进了某种属于他的东西，从而使该物品成为他的个人财产。由于该物品的自然形态已经改变，劳动使该物品本身附着上了某种排除他人共有权的东西。因为该"劳动"无疑是"劳动者"的财产，只有劳动者本人有权享有这些曾被加入的东西，至少在有足够的物品和有足够数量可以供他人共有的情形下。

洛克的自然权利论是专利法产生初期占主导地位的一种理论。按照这一理论，发明人对其发明创造获得保护的权利是自然的、固有的，是依据人的劳动当然获得而不可剥夺的。这种天赋人权的理论基础，确立了保护发明人专利权的观念。专利法在确立之初，秉承"发明人中心主义"，以发明人的创造性劳动作为专利权正当性的证成，专利权人即是发明人。英美法系许多国家采取专利授予最早发明人的"先发明"制度。"先发明"制下的专利制度促进工业社会欧美国家的个人不断创新，带来了工业上的成功。美国直到2011年才改为"发明人先申请"制，但权利人仍是发明人。英国至今仍恪守"先发明"制。

在过去400多年中，以人类中心主义为代表的西方哲学思想与工业化和科技化完美契合，指引了世界的进步和专利制度的发展。

二、人工智能对主客体二元论的突破

古罗马法学家盖尤斯对人和物的划分方法，奠定了经典主客体二元论的思想基础。此后，主客体二元论成为人类主导自然的传统模式。该模式奉行人类中心主义的概念，极力主张人类改造自然的力量，在为人类社会带来先进文明的同时也导致了极端的问题，为此现代有人主张从主客体二元论到主客体一体论的范式转变。

---

[1] 洛克. The Second Treatise of Government（政府论）[M]. 成都：四川人民出版社，2017：72-73.

人工智能属于主客体一体论范式的运用。在大多数情况下，人工智能是在发明过程中为发明人提供辅助的工具，或是发明的一项或多项特征。此时，人工智能辅助完成的发明可能与其他由计算机实施的发明之间并不存在明显差异。但是，随着人工智能的智能化水平越来越高，其在发明过程中的作用也在不断提升，甚至已经出现了申请人在专利申请中将人工智能程序列为发明人的案例。❶ 在这种情况下，一方面，人工智能成为发明创造行为的主体；另一方面，其产出物中也带有人工智能技术，人工智能又是发明创造行为的客体。也就是说，人工智能在现实世界已经构造了主客体一体的范式。

如果专利制度仍然恪守主客体二元论，就必须在承认人工智能的客体资格和主体资格之间作出选择。事实上，世界各国的知识产权生态体系已经给出了答案：目前不承认人工智能的主体资格；承认部分人工智能的客体资格（在满足权利客体要求的前提下）。

这种选择是对构造于人类中心主义下的专利法的普遍认同，但也面临着对公平、诚信的根本价值观缺失。莫尔特曼曾经尖锐地指出，"在当代生态危机背后隐藏着基本价值信念的危机"。人工智能发明者项目的律师团队领导人——人工智能法律专家瑞恩·艾伯特（Ryan Abbott）教授也指出，这是对人工智能的一种歧视。韩国特许厅厅长李仁实在发布公告时也指出，"从目前人工智能的发展速度来看，总有一天会出现不得不承认人工智能为发明者的情况"。

现在，人工智能和大数据的出现正在挑战工业社会的核心假设，特别是关于人类垄断智能的信念。尤其是人工智能，伴随着产业应用规模的不断突破，在数字经济时代的推动之下，人工智能产业在"成熟期"的阶段当中逐渐站稳脚跟，并且已经开始赋能各行各业的合作伙伴实现其高效的数字化变革与发展。

三、数字经济：东方哲学的关系主义

2020年，突如其来的新冠疫情成为人类社会从工业文明演化到数字文明的一个重要分水岭。工业时代历经百年形成的全球经济体系、社会体系，在新冠肺炎疫情冲击下遇到了巨大困难。在解决这些困难时，以人工智能为核心的数字技术创新得到从未有过的蓬勃发展和突破，主导着新一轮全球经济和社会秩序的重构。

---

❶ 参见本书第三章。

国家主席习近平向2021年世界互联网大会乌镇峰会致贺信指出："数字技术正以新理念、新业态、新模式全面融入人类经济、政治、文化、社会、生态文明建设各领域和全过程，给人类生产生活带来广泛而深刻的影响。"《中华人民共和国国民经济和社会发展第十四个五年规划和2035年远景目标纲要》提出"加快数字化发展，建设数字中国"，并就打造数字经济新优势、加快数字社会建设步伐、提高数字政府建设水平、营造良好数字生态作出战略部署。当下，数字经济的快速发展正在为整个人工智能产业创造良好的发展条件和技术环境，而人工智能作为关键性的新型技术能力，也正在被视为推动整个国家数字化经济发展的核心推动力。根据2021年国务院印发的《"十四五"数字经济发展规划》，包括人工智能算法、算力在内的数字经济核心产业增加值在2025年达到13.8万亿元，并通过这13.8万亿元数字经济核心产业，带动各产业间的数字化转型，推动数字技术与实体经济深度融合，让数字经济成为促进公平与效率更加统一的新经济形态。❶

随着我们从工业经济向数字经济过渡，重新审视现代市场经济哲学基础的时机已经成熟。在寻求数字治理的新方法时，我们需要为全球数字经济重构贡献中国智慧和中国方案，并考虑东方哲学如何为数字治理方法提供信息并使其丰富，以造福所有人。更具体地说，我们应该重新思考个人主义和基于所有权交换的衍生现代制度的作用，以支持利他主义的社会数据共享。我们还应该认识到，人类是宇宙不可分割的一部分，而不是宇宙的中心。

（一）数字经济与人工智能

数字经济是面向"实体+数字"两个空间的经济理论，其力图找到人类社会不同于工业文明的发展路径，即同时面向实体空间和数字空间发展数字生产力和生产关系。数字经济由互联网经济催生发展而来，是一个万物互联的系统。数据是支撑数字经济的关键要素，由数据产生的新领域、新业态、新模式所带来的附加价值远超过以往任何时代的产品。

联合国贸易和发展会议提出，广义的数字经济包括电子商务、第四次工业革命、算法经济等。❷

---

❶ 纯钧. 数字经济时代，人工智能成为产业数字化转型"枢纽"［EB/OL］.（2022-06-06）［2024-08-07］. https：//tech. huanqiu. com/article/48JQmsDPWdY.

❷ UNCTAD. Digital economy report 2021：cross-border data flows and development：for whom the data flow［R］. Geneva：UN, 2021：1.

中国信息通信研究院将数字经济定义为：数字经济是以数字化的知识和信息作为关键生产要素，以数字技术为核心驱动力量，以现代信息网络为重要载体，通过数字技术与实体经济深度融合，不断提高数字社会的数字化、网络化、智能化水平，加速重构经济发展与治理模式的新型经济形态。❶ 数字经济具体包括四大部分：一是数字产业化；二是产业数字化；三是数字化治理；四是数据价值化。其中，数据价值化是"生产要素"，数字产业化和产业数字化是"生产力"，数字化治理是"生产关系"。

2022年出版的《数字经济：内涵与路径》一书指出，数字生产力的三个基本要素可分解为：①以算法为代表的数字技术（生产资料）；②以连接为代表的数据要素（劳动对象）；③以分析师为代表的数字劳动者（劳动者）。该书将数字技术的五个典型代表形象地比喻为一个类似人体的智慧生命体。其中，人工智能相当于人体的大脑和神经末梢系统；大数据相当于人体的五脏六腑、皮肤以及器官；物联网相当于人体的神经系统；云计算相当于人体的脊梁；区块链相当于人体的基因。❷

如图1-2-1所示，数字技术的核心和灵魂是人工智能，而人工智能的基础在于算法、数据和算力。大数据和云计算的协同工作需要物联网。区块链则对数据、算法进行记录存储，提高协同效率。借由物联网传输的大数据，人工智能得以不断训练迭代；通过区块链的去中心化，人工智能的反应速度得以提升。

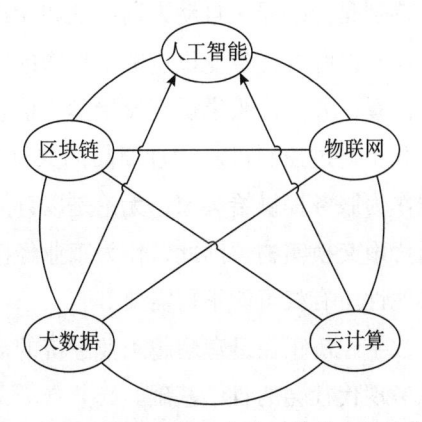

图1-2-1 数字技术五个典型代表之间的关系

资料来源：作者绘制。

---

❶ 中国信息通信研究院. 全球数字经济白皮书（2022年）[R]. 北京：中国信息通信研究院，2022：1.

❷ 黄奇帆，朱岩，邵平. 数字经济：内涵与路径[M]. 北京：中信出版集团股份有限公司，2022：50.

(二) 工业经济制度对数字世界的不适应

数字经济至少有三个明显的特征将其与工业经济区分开来，并敦促我们重新思考现有制度并使其与当代经济保持一致。

首先，数字经济正在被数据的"网络外部性"重塑，数据的价值随着连接呈指数级增长。以单个数据（基准面）为例，单独而言，它不会产生太多价值，但作为表现出某些模式的数据收集的一部分，它确实具有价值。这意味着负责组装数据的实体对其创造的价值享有垄断权。这是数据治理成为社会关键问题的重要原因之一。可以说，数据的网络外部性为数据的社交共享提供了强有力的理由，而不是声称对数据的所有权并限制对数据的访问。数字经济的扩张引发了有关大数据和人工智能等信息技术的使用、治理和监管的重要伦理问题。

数字经济的第二个显著特征是数字服务的边际成本非常低，与最初开发平台的固定成本相比，向平台添加其他用户的成本可以忽略不计。实际上，这意味着服务商可以免费提供越来越多的在线服务，以吸引用户使用平台。数字经济的这一特征正在导致资源配置的市场定价失灵，因为免费数字服务的需求和供应超出了为工业经济服务的定价机制的控制。

数字经济的第三个显著特征是商品可追溯性的增强。工业经济的发展假设是，追踪已出售给遥远地点无法识别的客户的大规模商品的能力是有限的。然而，今天，信息技术，特别是传感器、自动识别系统和无线技术，正在彻底改变我们以非常低的成本跟踪和追踪各行各业供应链中货物的能力。这允许卖家监控他们销售的任何商品的位置，并允许买家识别原始卖家信息并能够跟踪产品的旅程。增强的可追溯性有利于通过控制机制管理商品的共享使用。以"共享经济"为例，房屋、汽车等被作为服务提供给买家，无论是以订阅方式还是通过临时租赁安排，而不是通过用货币交换实物。因此，作为工业经济的一个主要特征——市场上交换的商品的排他性所有权可能不再需要。

这三个特征表明，数字经济正在迅速超越工业经济的规范，并产生重要的新力量，促使人们重新思考现代社会的哲学基础。

工业经济的市场化治理机制必须不断发展，以应对不断扩大的数字经济的经济和技术现实。目前，西方正在努力解决数据隐私和大数据的治理问题。从工业社会的角度来看，这场斗争围绕着在商业目的使用数据与保护个人隐私和尊严所产生的社会利益之间取得平衡的必要性。在这种情况下，隐私与现代西方社会的个人主义价值观密切相关，被认为是一项人权。然而，基于人与人之间相互信任的东方哲学并不将数据视为商业交换的私人资产，而是将数据视为服务于共同利益的集体资源，贡献者受到尊重、保护和奖励。

（三）东西方哲学中的数字思维

2500多年前，西方的毕达哥拉斯以"万物皆数"为基础，开始了对自然规律的揭示；基本同一时期的东方哲学家以"道德"为起点，探索世界本源和历史演变的规律。在漫长岁月的发展中，西方社会随着对自然认知的不断细化，逐渐形成了分解的思维模式，这种分解思维同样体现在知识产权建制中，产生了例如"主客体二元论"、"思想表达二分法"、创造性判断"三步法"、适格性判断"两步法"的规制；而东方社会却在对立与统一的思辨中，逐渐形成了系统的思维模式，这种系统思维倾向于整体性、有机性与连续性，所谓"天人合一"和"一阴一阳之谓道"是今天政府工作报告中的数字产业化和产业数字化的逻辑源泉。

所以，在植根于西方个人主义哲学的政策制定者正在努力应对不断扩大的数字社会的挑战时，亚洲利他主义哲学可以帮助我们发展基本的哲学和道德规范，以管理新兴的数字社会结构。如图1-2-2所示，儒家讲求"仁义礼智信"；佛教重视利他主义和同情心；泛灵论认为，人类是宇宙的一部分（而不是处于宇宙的顶端），没有控制自然/技术的欲望，而是讲究与之共存，寓教于乐。虽然儒家、佛教和泛灵论是不同的信仰，但它们都强调尊重他人对社会实体或机构的信任。这与西方强调保护个人权利形成鲜明对比。

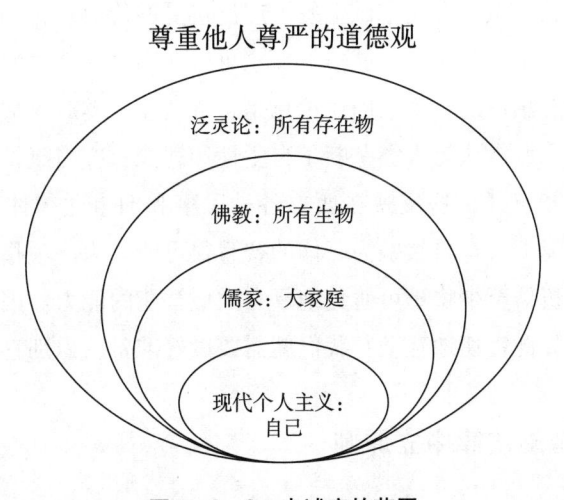

尊重他人尊严的道德观

泛灵论：所有存在物

佛教：所有生物

儒家：大家庭

现代个人主义：自己

图1-2-2 忠诚度的范围

资料来源：KOKURYO J. An Asian perspective on the governance of cyber civilization [J]. Electronic Markets, 2022, 32: 483.

个人数据的处理凸显了这些不同的观点。现代西方思维认为侵犯隐私是对本应控制其个人数据的个人权利的侵犯。相比之下，东方哲学认为滥用委托给平台的个人数据是对平台信任的背叛。虽然方法上的差异是微妙的，但它们在如何设计治理机制方面具有重要意义。西方的重点是确保数据的收集和管理符合提供数据的个人的"意愿"，以便他们继续控制数据，而东方的重点是确保数据得到保护和以忠于委托数据的人的"利益"的方式使用，无论是否存在收集和管理它的显式权限。

（四）东方哲学的人工智能治理

对于人工智能，西方观点认为人类优于其他生物（和机器），因为人类具有"思想"或智力以及由此产生的自主性。从这个角度来看，类人智能（甚至可能超过人类智能）的"通用人工智能"的前景成为对人类掌握宇宙的严重威胁。

东方的"万物有灵论"传统则不同，我们将人类视为自然不可分割的一部分。所以，亚洲人通常更容易接受机器人，认为它们是具有思想和情感的人类友好同龄人。在中文里，"机器人"这个词汇中包含着"人"，明显体现了我们将其视为人类伙伴的倾向。这与西方对机器人的看法形成鲜明对比，英文"robot"源于捷克语"robota"，意为奴隶，与人类是主仆关系，这种关系的任何逆转都被视为威胁。

中国在数字领域取得的显著成功——以儒家和马克思主义传统为基础——为数据治理能否更好地以传统的东方哲学为指导的问题增添了动力。这种新思维促使人们需要找到共同点，在此基础上发展广泛接受的价值观，围绕这些价值观为新兴的数字社会制定治理机制。诚信的概念可以成为这一努力的良好起点。

人工智能治理领域的一个热门讨论点是，继续让人类对人造物体的故障负最终责任是否现实。西方认为人类垄断了自主性和智能，应当赋予人类对所有人造物体的最终权力和责任，这反映在西方各种民事和刑事法律体系的产品责任法中。相比之下，亚洲人与自然融为一体的智慧很可能成为一项指导原则。因为随着时间的推移，机器至少将不可避免地具有类似智能的能力。因此，如果我们要允许机器与人类如此密切地互动，我们就需要做好准备，识别它们的个性。

四、人工智能法律中立原则

由于现行法律是专门为人类设计的，一旦机器开始像人类那样行动，传统法律的适用就会出现意想不到的效果。尽管人工智能专门性立法开始逐步发展，但进展缓慢。原因在于,一方面,立法者担心过于严格的监管框架会阻碍创新;另一方面,人们又担心缺乏监管,人工智能会伤害人类。例如,史蒂芬·威廉·霍金(Stephen William Hawking)就曾提出,人工智能终将毁灭人类。

瑞恩·艾伯特教授提出了一种人工智能法律中立原则,其宗旨是要求法律不应当歧视人工智能。瑞恩·艾伯特认为,现有的法律系统并不中立,其在《理性机器人:人工智能未来法治图景》(The Reasonable Robot:Artificial Intelligence and the Law)一书中写道:❶

> 对于汽车驾驶而言,比人更安全的人工智能自动驾驶可能是更好的选择,但现有法律可能禁止无人驾驶汽车。人类在制造商品方面可能更有优势,但为了降低税负,企业可能采取自动化。人工智能可能更擅长某些领域的创新,倘若法律限制授予这类创新知识产权,那么企业可能就不会使用人工智能进行发明创造。在所有这些情况中,法律的中立对待能够帮助法律更好地实现其政策目的,人类也终将因此而受益……

瑞恩·艾伯特提出的人工智能法律中立原则在某种程度上具有双面性。

一方面,按照瑞恩·艾伯特的解释,人工智能与人类之间的差别最重要的在于,人工智能在道德上不配拥有权利,因为人工智能缺少人类的意识和利益。因此,人工智能法律中立原则主张,只有在人类受益的前提下才能赋予人工智能一定的权利。从这里来看,瑞恩·艾伯特还是保留了人类中心主义的哲学思想。

然而,另一方面,人工智能法律中立原则又主张,随着人工智能越来越占据过去专属于人类的角色,人工智能将需要获得更像人类一样的对待方式,而人类有时也将需要获得更像人工智能那样的对待方式。从这里来看,瑞恩·艾伯特似乎又持有泛灵论的哲学思想。

第三节 人工智能发明"四分法"的概念

一、"四分法"概念的起源

在人工智能浪潮引领下,世界各国政府纷纷投入巨大的人力、物力、财力,

---

❶ 艾伯特.理性机器人:人工智能未来法治图景[M].张金平,周睿隽,译.上海:上海人民出版社,2021:5.

重点发展人工智能技术，先后实施多项人工智能计划，将人工智能上升到了国家战略的高度。资本市场、科技巨头也将人工智能技术作为企业发展和利润获取的重要来源，先后在人工智能领域布局。全球知识产权生态系统在促进人工智能创新及其巨大的经济机会方面发挥着关键作用。人工智能的崛起给知识产权生态系统，特别是专利生态系统带来多方面的新挑战，包括客体适格性、充分公开、发明人身份和创造性等。因此，21世纪以来，全球广泛开展关于知识产权与人工智能发明的讨论。然而，何为"人工智能发明"，目前国际上尚无公认的定义。由于人工智能生态系统缺乏一致定义，各国各地区的专利政策明显差异化，因此，研究定义人工智能发明对专利政策的影响对于准确理解全球知识产权情报、广泛开展国际合作共享极为重要。鉴于人工智能技术的复杂性、动态性、普及性和颠覆性影响，世界知识产权组织自2017年以来持续发布和引领人工智能与知识产权政策的研究报告和国际对话会，以期建立国际合作规则。❶

（一）人工智能知识产权国际合作的背景

2017年9月，世界知识产权组织在成员国大会的间隙与一些成员国就世界知识产权组织如何应对人工智能问题进行了初步磋商。根据成员国提出的建议，产权组织在2018年上半年就各知识产权局对人工智能技术的利用情况开展了一次调查。调查结果显示，全球有20多个知识产权局已在利用人工智能支持的应用程序提高知识产权局行政管理的效率。世界知识产权组织秘书处也开发了多个基于人工智能的应用程序，用于协助成员国和从事创新的利益攸关方获取和分析知识产权大数据。这些人工智能应用程序包括：神经机器翻译（WIPO Translate），人工智能支持的图形检索工具，以及人工智能支持的国际专利分类和维也纳分类的自动分类工具。

2018年5月，世界知识产权组织举办了一次"知识产权行政管理用通信技术策略和人工智能问题知识产权局会议"。❷ 会议确认了人工智能应用程序具有提高知识产权局行政管理效率的潜力。鉴于各知识产权局在使用人工智能等新技术方面日益扩大的差距，会议还商定寻求进一步国际合作，以开发用于知识产权

---

❶ WIPO. Artificial Intelligence and Intellectual Property [EB/OL]. [2023 - 04 - 10]. https：//www. wipo. int/about – ip/en/frontier_technologies/ai_and_ip. html.

❷ WIPO. Meeting of Intellectual Property Offices (IPOs) on ICT Strategies and Artificial Intelligence (AI) for IP Administration [EB/OL]. [2023 - 04 - 10]. https：//www. wipo. int/meetings/en/details. jsp?meeting_id = 46586.

局行政管理的人工智能应用程序。

2019年1月，世界知识产权组织发布了一份名为"2019年世界知识产权组织技术趋势——人工智能"的报告。❶该报告对人工智能方面的创新进行定义和衡量，并对自20世纪50年代人工智能出现以来至2016年已提交的34万多份人工智能相关专利申请和已发表的160万多篇科学论文的分析结果进行了介绍。此外，该报告还载有27名全球人工智能顶级专家就"人工智能对当前知识产权制度的影响"所提出的评论意见和建议，以期解决人工智能带来的许多政策性问题，如数据监管和控制、知识产权保护的作用以及如何发展以人为中心并符合伦理的人工智能，希望人工智能技术在未来造福全人类。该报告证实，在第四次工业革命和互联社会的背景下，人工智能将具有从根本上改变产业界的巨大潜力，并且人工智能正在以前所未有的速度，越来越广泛地在产业界实施。但是，人工智能对于经济、社会和法律制度的影响才刚刚显现，仍然很难评估。有必要在世界知识产权组织收集的信息基础上，通过交流观点和对话收集更多信息。

（二）人工智能发明者项目对国际合作的触发

2018年，机器人DABUS的创造者斯蒂芬·泰勒（Stephen L. Thaler）博士（以下简称"泰勒博士"）以"DABUS"作为发明人、自己作为申请人，分别于10月17日和11月7日同时向欧洲专利局和英国知识产权局递交了两份专利申请，这两份申请的发明名称分别为"食品容器"❷和"用于吸引增强注意力的装置和方法"❸。泰勒博士声称这两项发明是DABUS在没有人类干预的情况下自主生成的，因此应当以该机器人的名称作为发明人。2019年9月17日，泰勒博士以上述两项欧洲专利申请EP18275163.6和EP18275174.3作为优先权，向世界知识产权组织国际局递交了一份名为"食品容器以及用于吸引更多注意力的装置和方法"的PCT国际申请，仍以"DABUS"作为发明人、自己作为申请人，并指定所有成员国为指定国，随后快速向17个国家/地区递交了进入国家阶段的申请。这就是著名的"人工智能发明者项目"，这一项目加速了全球对人工智能发明和知识产权制度的关注，我们将在第三章讨论其在各司法管辖区（jurisdictions）内的发展。

2019年6月18日至19日，世界知识产权组织和英国知识产权局联合举办

---

❶ WIPO. WIPO Technology Trends 2019: Artificial Intelligence [R]. Geneva: WIPO, 2019.
❷ 英国申请号：GB201816909A，欧洲申请号：EP18275163.6；申请日均为2018年10月17日。
❸ 英国申请号：GB201818161A，欧洲申请号：EP18275174.3；申请日均为2018年11月7日。

"人工智能：解码知识产权"研讨会。会议要点主要包括：

（1）机器学习是人工智能的下一个重点；

（2）数据拥有者和使用者之争：数据共享协议可能有助于解决拥有大量数据的大公司与迫切需要使用数据的小公司之间存在的问题；

（3）责任或义务可能为人工智能的知识产权带来阻碍；

（4）技术发展迅速但立法滞后，立法的不确定性正在影响企业人工智能的知识产权战略；

（5）发明人必须为人类；

（6）人工智能伦理处于萌芽阶段；

（7）尚未能平衡知识产权法和竞争法；

（8）人工智能机器人评委和审查员尚未成为现实；

（9）现有的专利制度可为各种人工智能相关的发明提供足够的保护；

（10）合作可以成为全球人工智能目标的基础。

"人工智能：解码知识产权"研讨会为世界知识产权组织"知识产权与人工智能"对话会奠定了基础。

（三）世界知识产权组织第一届"知识产权与人工智能"对话会

2019年9月27日，世界知识产权组织举办"知识产权与人工智能"对话会第一届会议，由成员国及商业、研究和非政府部门共24名代表参与，目标是召集各成员国就人工智能相关主题进行对话、交流观点，获得人工智能专家的最新想法和信息，以期增进理解，并就人工智能对知识产权制度可能产生的影响拟定恰当议题。第一届会议分为6个小组：开幕、专利、治理和发展、著作权、数据、知识产权局管理，重点关注人工智能对知识产权制度、知识产权政策、知识产权管理以及知识产权事务国际合作的影响。

开幕小组讨论了"人工智能对知识产权系统和知识产权策略有什么影响"，小组成员预测人工智能在2020～2021年将变得更具颠覆性，并且处于第四次工业革命的核心，因为它覆盖了非常广泛的领域，从自动驾驶汽车到个性化医疗，从网络安全到成像和诊断。人工智能是计算机科学的一个学科，其目标是构建非生物智能系统。在过去的10年中，人工智能应用呈指数级增长，并且就人工智能主题发表的论文、专利和风险资本投资的数量显著增加。人工智能不仅在大多数地区被证明是颠覆性的，人工智能发明的保护对当前知识产权系统提出了许多挑战。围绕人工智能创新的最大问题之一是其重塑创新本身性质的潜力。创新者使用机器学习工具,为创新设置了更快的步伐,而机器学习工具正在自己开发创新。知识产权的定义不限于人类智力。人工智能可以使用数据来生成内容、视频、图像、一件艺术品或小说,可以使用网络进行学习,并生成类似于其学习材料的内容。

专利小组讨论了"现行专利法和可专利性(patentability)指南是否适合保护和使用人工智能相关发明",集中关注当前专利法和专利指南是否适合于保护和使用人工智能相关发明。由于人工智能缺乏一致性定义,为了研究专利系统对人工智能发展的影响,便于讨论人工智能相关发明的专利保护,因此专利小组将人工智能相关发明分为四类:

- 第一类:核心人工智能技术本身的新发明;
- 第二类:包含人工智能技术的新发明(例如,包含人工智能深度学习的翻译设备以及诊断特定疾病的医疗设备);
- 第三类:在人工智能技术辅助下创造的新发明(例如,在人工智能技术辅助下发现的一种新材料);
- 第四类:人工智能创造的发明(即,数字"发明人"),由计算机实施的仿真(即,数字孪生)(见图1-3-1)。

图1-3-1 计算机实施的仿真——数字孪生

资料来源:根据世界知识产权组织第一届"知识产权与人工智能"对话会公开资料整理。

知识产权法是在仅考虑人类发明人的时候撰写的，并且社会在对人工智能系统的依赖迅速上升的背景下对其提出了一系列问题和挑战，无论是人工智能对发明作出贡献还是人工智能实际上创造了一个发明。人工智能技术的发展速度快得令人难以置信，而立法需要时间，立法者很难跟踪人工智能技术。人工智能系统现在能够发明新的设备，小组成员都认为这种新设备应该可以取得专利，不能仅因为没有人类发明人就将专利申请驳回。鉴于2019年初的DABUS案❶所引发并持续至今的全球争议，专利小组的结论是：国际趋同和区域之间的更多协调是有益的，并且应该最终带来更大的法律确定性。

治理和发展小组讨论了"人工智能对知识产权系统的社会经济和伦理影响：公共政策解释"，集中关注人工智能系统开发将进一步扩大发达国家与发展中国家之间存在的技术差距，以及人工智能系统中潜在的数据隐私、算法透明度和偏见问责等伦理问题。

著作权小组讨论了"人工智能是否会改变人类的创造力及其作为著作权和邻接权的保护"，著作权小组的结论是：如果要在大多数国家/地区（欧洲大陆、澳大利亚和美国等）对人工智能生成的作品给予保护，必须在其著作权法中移除或削弱与自然人的关联。这种立法需要法院通过逐个案例反复迭代地解决问题，直到国际社会就某项条约达成一致，这是个漫长的过程。许可是一种摆脱困境的方法，因为许多数据集都依赖于创作共用许可证（Creative Common Licenses）下的作品。

数据小组讨论了"数据政策与人工智能：开发利用技术的数据保护与数据自由流动及其对知识产权系统的影响"，集中关注数据共享的当前法律框架及其可能的改进，以及如何建立强有力的隐私保障措施。小组认为，数据被称为"21世纪的石油"，因为其是人工智能系统的"燃料"。欧盟《数据保护指令》（Data Protection Directive）为数据政策提供了良好的基础，为了避免公共管理部门对数据的垄断，欧盟要求数据的公开义务优先于知识产权权利。数据小组的结论是：采用公私部门多管齐下的办法来处理总体数据政策问题，重点关注创新和社会效益。数据共享与数据产权之间要有一个平衡，数据既是具有价值的财产，也是创新的"燃料"。不涉及隐私的公共数据可以供研究人员访问和训练人工智能程序以推动社会发展、激发创新。如果过早、过度保护数据产权，那么所有数据在各

---

❶ DABUS案将在第三章详细讨论。

个公司的控制下被保密,不仅阻碍了对数据的获取,威胁到信息的自由流动,而且创新的机会也将会丧失……

知识产权局管理小组讨论了"人工智能与知识产权局管理:人工智能对专利申请审查的影响是什么",集中关注如何创建和实施人工智能辅助工具,知识产权局从这些工具中获得的益处,以及这种技术革命对知识产权局和知识产权系统潜在的中长期影响。知识产权局管理小组的结论是:人工智能技术可以提高知识产权局管理质量的效率,并且从长远来看,其可以在某些方面代替人类,例如呼叫中心或检索现有技术,但其不会代替审查员。

二、"四分法"概念的发展

第一届"知识产权与人工智能"对话会之后,世界知识产权组织每年举办两届对话会,截至2024年8月共举办九届。

(一)世界知识产权组织第二届、第三届"知识产权与人工智能"对话会——充分讨论各司法管辖区的立场

2019年12月13日,世界知识产权组织在其官方网站上发布《关于知识产权政策和人工智能问题的议题文件草案》,为就知识产权政策和人工智能方面需要讨论或解决的主要问题达成共识提供基础,并公开征求意见。

2020年2月20日,世界知识产权组织将征集到的针对该草案的来自世界各国政府和非政府部门,包括成员国及其相关机构、商业行为体、研究机构、高校、专业人士和非政府组织及个人的250余条评论意见在其官方网站上进行发布。根据上述所有评论意见修订的《经修订的关于知识产权政策和人工智能问题的议题文件》(以下简称《经修订的议题文件》)于2020年5月29日公布,并构成了第二届和第三届"知识产权与人工智能"对话会的基础。评论意见需要讨论的已查明议题共涉及词汇表、专利、著作权和邻接权、数据、外观设计、商标、商业秘密、技术差距和能力建设、对知识产权行政管理决定的问责等9个方面的16个议题(见表1-3-1)。

表1-3-1 第二届、第三届"知识产权与人工智能"对话会讨论的议题

组别	对话会届别	议题
词汇表	第三届	1. 定义

续表

组别	对话会届别	议题
专利	第二届	2. 发明人身份与所有权 3. 可专利客体和可专利性指南 4. 创造性或非显而易见性 5. 充分公开 6. 关于专利制度的通用政策考虑
著作权和邻接权	第二届	7. 作者身份与所有权 8. 侵权与例外 9. 深度仿冒 10. 著作权的通用政策问题
数据	第二届	11. 与数据相关的进一步权利
外观设计	第二届	12. 作者身份与所有权
商标	第二届	13. 商标
商业秘密	第二届	14. 商业秘密
技术差距和能力建设	第三届	15. 能力建设
对知识产权行政管理决定的问责	第三届	16. 对知识产权行政管理决定的问责

资料来源：根据世界知识产权组织第二届和第三届"知识产权与人工智能"对话会公开资料整理。

在词汇表方面，世界知识产权组织在《经修订的议题文件》中将人工智能定义为：

> 人工智能是计算机科学中的一门学科，旨在开发各种机器和系统，这些机器和系统能够在有限或完全没有人类干预的情况下执行被认为需要人类智能完成的任务。

该文件还界定了当人工智能应用于知识产权领域的若干术语定义，这些定义如今已被各成员国广泛使用。

- 当前的人工智能一般等同于"专用人工智能"，即"为执行各个单项任务而编写的技术和应用程序"，机器学习和深度学习是人工智能的两个子集。虽然人工智能领域正在迅速发展，但尚不清楚科学何时会发展到更高水平的"通用人工智能"，即"不再旨在解决特定问题，而是在广泛的背景和任务领域中运行"。
- "人工智能生成的"与"人工智能自主创造的"是可以互替使用的术语，系指在没有人类干预的情况下由人工智能生成产出物。在这种情况下，人工智能可以在运行期间改变其行为,以应对意料之外的信息或事件。要与"人工智能辅助完成的"产出物加以区分,后者需要大量人类干预和/或引导。

- "产出物"系指发明、作品、外观设计和商标。
- "文学和艺术作品"与"作品"可以互替使用,其定义依据《保护文学和艺术作品伯尔尼公约》第2条(1979年9月28日修订)。
- "存在于著作权作品中的数据"这一术语旨在区分不受著作权保护的思想和受保护的思想表达。数据是一种表达方式,代表原创文学和艺术作品的数据受著作权保护,也被称为"存在于著作权作品中的数据"。

在专利方面,涉及5个议题,分别是发明人身份与所有权、可专利客体和可专利性指南、创造性或非显而易见性、充分公开、专利制度的政策考虑。其中,对于议题2"发明人身份与所有权"的表述包括:

在大多数情况下,人工智能是在发明过程中为发明人提供辅助的工具,或是发明的一个特征。此时,人工智能辅助完成的发明可能与其他由计算机实施的发明之间并不存在显著差异。但是现在似乎可以明确,人工智能在发明过程中的作用在不断提升,并且已经出现了申请人在专利申请中将人工智能应用列为发明人的案例。如果发明由人工智能自主生成……

2020年7月7日至9日,世界知识产权组织举行第二届"知识产权与人工智能"对话会。来自130个国家的2000多位专业人士参加会议,包括来自成员国、学术机构、科学机构和私人组织的代表。会议围绕人工智能技术发展与各国知识产权政策之间关系,以"人工智能生成和辅助完成的作品和发明的知识产权保护"、"人工智能发明的可专利性、公开和指南"和"训练数据的著作权、数据和商业秘密的进一步权利"三个方面为主线,共讨论了《经修订的议题文件》中的12个议题,涵盖人工智能的主体资格、人工智能生成发明的可专利性、人工智能生成作品的著作权和邻接权保护、人工智能与数据权利等方面的热点问题。本次会议中,人工智能产出物的知识产权保护和权利归属、数据权利范畴与保护方式等问题引起了参会代表的广泛关注和深入讨论。

2020年11月4日,世界知识产权组织举行第三届"知识产权与人工智能"对话会。来自133个国家的1500多位专业人士参加会议,包括来自成员国、学术机构、科学机构和私人组织的代表。会议围绕《经修订的议题文件》中的4个议题展开讨论,涵盖人工智能的定义、人工智能对商标的影响、人工智能能力建设和人工智能与知识产权行政管理决定等方面的热点问题。本次会议中，如何精确定义人工智能和人工智能相关术语，尤其是如何定义人工智能发明，如何界定"人工智能生成的"和"人工智能辅助完成的"的区别等问题成为讨论的焦点。

一部分人建议在人工智能辅助的产出物和人工智能生成的产出物之间增加一个"有非实质性的人类干预"的中间定义；而另一部分人却认为"实质性"一词本身就是模糊的，其缺乏一个被理解并一致性应用的标准参考点，还可能会受到个人解释的影响。例如，人类的投入可能基于投入的数量、对产出物可观测的影响，或通过参考其本质属性（如技能、努力或创造性的选择），被判断为是实质性的。如果有多个发明或创造性投入的来源，情况就更复杂了，人工智能往往就是这种情况。在这种情况下，应该对人类的实质性投入进行单独评估还是综合评估？此外，在发明或创造过程的哪个阶段，必须进行干预对产出物而言才能算作是实质性的？有些人提议将人工智能相关的发明和产出物分为三类：核心人工智能发明、特定应用的人工智能发明和人工智能生成的产出物；而另一种提议是将人工智能产出物分为三类：人工智能支持的、人工智能辅助的和人工智能生成的。

从第二届和第三届"知识产权与人工智能"对话会的交流成果来看，国际合作可以帮助弥补发达国家和发展中国家之间的人工智能能力、知识产权管理和制度差距。国家在制定与人工智能有关的知识产权政策时，必须表现出真正的包容性，在保护权利和获取机会之间取得平衡，以发展为导向，并以人权为基础。此外，在国家知识产权管理中使用的人工智能应利用当地数据和算法开发，以避免歧视。发展中国家的法律需要更新，以便为未来的技术腾出空间，建立在知识产权保护主义之上的制度会阻碍人们获得高质量的数据。

（二）世界知识产权组织第四届"知识产权与前沿技术"对话会——数据与知识产权

前三届"知识产权与人工智能"对话会由世界知识产权组织第四任总干事高锐（Gurry，任期：2008年10月1日至2020年9月）发起和主持。自第四届开始，由世界知识产权组织第五任总干事邓鸿森（Daren Tang，任期：2020年10月1日至今）主持，对话范围从人工智能扩展到所有数字技术，包括物联网、机器人、区块链和正在改变创新、创造的商业模式，名称则更名为"知识产权与前沿技术"对话会。

2021年9月22日至23日，世界知识产权组织举行第四届"知识产权与前沿技术"对话会，会议主题为"数据：在完全互连的世界中超越人工智能"，来自110个国家的1300多位专业人士参加会议。第四届"知识产权与人工智能"对话会仍然以虚拟会议的形式举行。会议围绕"数据的性质和价值"以及"如何在保护数据权利和鼓励数据共享之间取得平衡"展开讨论。涵盖数据的定义、数据的监管框架、数据的商业模型和当前数据知识产权制度是否足够等方面的热点问题。本次会议中，数据访问、保护、安全、隐私和所有权等问题成为讨论的焦点。

例如，澳大利亚Uncanny Valley公司制作了一个专用人工智能模型，使用声音和音乐样本，让用户产生新的音乐内容，找到新的收入来源。Uncanny Valley公司与该人工智能软件合作，创作了歌曲《美丽的世界》，在2020年人工智能歌曲大赛获得第一名。然而，该公司只能将创作权转让给人类词曲作者，而无法将任何权利转让给同样贡献了重要创意的人工智能模型。这暴露了关于增强创意的法律不确定性。用于训练Uncanny Valley公司人工智能模型的数据超过200多首歌曲。关于这些数据的使用和所有权，尚无定论，需要确保数据权益能够进行适当的认证，以避免盗版和无法跟上技术发展的问题。

从第四届"知识产权与前沿技术"对话会的交流成果来看，东方和西方在对待数据的文化方面完全不同，从而影响了两者感知的个人价值和社会价值之间的平衡。西方现代主义的基础是个性和人权，相信个人对幸福的追求会带来社会利益，推崇自由主义、民主和市场经济，因此倾向于个人对数据的所有权，即对数据的使用施加限制。然而，由于数据的独特性和非竞争性，为交换不可共享商品和产权而建立的传统市场对数据来说可能并不有效。一个有效的数据市场应该是一个贡献和回报都来自整个社会的市场，即"自助餐"经济，这更贴近东方儒家的公有制规范。因此，有必要重新审视并优先考虑诚信。在数据监管框架内聘用数据管理员作为核心代理，可以确保对数据主体的忠诚度与对潜在数据用户和整个社会的利益平衡。重新思考数字经济的哲学基础和精神对于维护各方的尊严是必要的。

（三）世界知识产权组织第五届"知识产权与前沿技术"对话会——知识产权局之间的数据传输和人工智能工具运用

2022年4月5日至6日，世界知识产权组织举行第五届"知识产权与前沿技术"对话会，来自117个国家的900多位专业人士参加会议。会议围绕"知识产权行政管理和注册方面的前沿技术"展开讨论。本次会议中，知识产权局的数字化转型和人工智能辅助工具的开发成为讨论的焦点。来自成员国的知识产权局局长介绍了知识产权局如何使用人工智能作为工具来增强工作人员的能力，更优质高效地处理日益增长的专利申请。彼时，澳大利亚联邦法院二审合议庭刚刚审理完澳大利亚知识产权局驳回DABUS案，澳大利亚知识产权局局长迈克尔·施瓦格在对话会上发表了主旨演讲，强调了人工智能发明人身份的问题。第五届对话会后不久，澳大利亚联邦法院公布了二审结果，判决澳大利亚知识产权局胜诉，推翻了此前该法院一审支持人工智能具有发明人身份的决定，相关细节参见本书第三章第六节。

（四）世界知识产权组织第六届"知识产权与前沿技术"对话会——对人工智能发明的认知及相应知识产权问题

在历经两届有关人工智能数据的深入讨论后，对话会主题再次回归到人工智能发明。2022年9月21日至22日，世界知识产权组织举行第六届"知识产权与前沿技术"对话会，来自107个国家的约772人参加会议。会议围绕"人工智能发明"和"世界各地的知识产权局如何支持人工智能创新"展开讨论。本次会议中，人工智能发明的定义再次成为讨论的焦点。会议更细致地研究了人工智能发明的体现形式、专利界的定义冲突，最终提出，按照人工智能在发明中的角色不同，将人工智能发明划分为四种类型：①人工智能模型或算法（AI models or algorithms）；②基于人工智能的发明（AI-based inventions）；③人工智能辅助的发明（AI-assisted inventions）；④人工智能生成的发明（AI-generated inventions）。这种"四分法"基本延续了第一届对话会对人工智能发明的分类方式。与第一届对话会相比，"四分法"更加清晰地赋予每一类型人工智能发明的定义，具体如下：

人工智能模型或算法：由人类为了改进人工智能技术而创造的新算法、计算模型、数学方法或者程序软件，新发明是人工智能技术本身。

基于人工智能的发明：由人类将人工智能技术应用于人工智能以外的领域而创造的新发明，并且新发明的部分特征是人工智能技术。

人工智能辅助的发明：由人类在人工智能技术辅助下创造的新发明，并且新发明中不包含人工智能技术。

人工智能生成的发明：在没有人类干预的情况下由人工智能技术自主创

造的发明，新发明是人工智能技术的产出物。

（五）世界知识产权组织第七届"知识产权与前沿技术"对话会——知识产权与元宇宙

2023年3月29日至30日，世界知识产权组织举行的第七届对话会的主题为"知识产权与元宇宙"，吸引了144个国家的3700多名注册参会者。会议审视了为元宇宙创造条件的各种数字技术，例如人工智能、区块链和非同质化代币、新兴的增强现实和虚拟现实技术、物联网、数据处理等，并讨论了元宇宙给现行知识产权制度带来的挑战。

（六）世界知识产权组织第八届"知识产权与前沿技术"对话会——生成式人工智能与知识产权

2023年9月20日至21日，世界知识产权组织举行的第八届对话会的主题为"生成式人工智能与知识产权"。会议深入探讨了生成式人工智能和知识产权的交联及其带来的挑战和机遇，讨论数字时代创意作品保护的最佳做法，并为应对生成式人工智能给著作权制度带来的问题提供解决方案。

（七）世界知识产权组织第九届"知识产权与前沿技术"对话会——训练机器：字节、权利与版权难题

2024年3月13日至14日，世界知识产权组织举行的第九届对话会的主题为"训练机器：字节、权利与版权难题"。会议深入探讨了数据训练与知识产权之间的关系，评估当前做法，并展望未来提出解决方案。

第九届对话会结束后，世界知识产权组织整理了前九届对话会的讨论成果，发布了《人工智能发明》（AI Inventions）、《元宇宙》（Metaverse）、《生成式人工智能》（Generative AI）、《生成式人工智能：知识产权导航》（Generative AI：Navigating Intellectual Property）、《让创新生态系统为人工智能做好准备：知识产权政策工具包》（Getting the Innovation Ecosystem Ready for AI：An IP policy toolkit）、《人工智能与知识产权：经济视角》（Artificial Intelligence and Intellectual Property：An Economic Perspective）和《专利态势报告：生成式人工智能》（Patent Landscape Report：Generative Artificial Intelligence）等7份与人工智能发明相关的政策分析报告。

三、人工智能模型或算法

(一)"人工智能模型或算法"的概念

人工智能模型或算法,是指由人类为了改进人工智能技术而创造的新算法、计算模型、数学方法或者程序软件,新发明是人工智能技术本身。从人工智能诞生开始,精英们就专注于开发各种算法模型,以提升智能水平。此类人工智能发明的命名由"核心人工智能技术本身的新发明"发展而来,通常由算法或程序构成。算法是人工智能系统最有价值和最重要的组成部分之一,通常是抽象的数学模型,因此不可申请专利。只有当人工智能系统和硬件结合,解决计算机领域的实际技术问题,该发明才能作为一个整体获得专利。由于算法和数据是人工智能的核心,因此在日本特许厅,它被称为"人工智能核心发明";在英国知识产权局,它被称为"核心人工智能发明";在韩国特许厅,它被称为"人工智能模型训练发明"。

在人工智能精英"发明时代",涌现出的人工智能发明绝大多数是个别精英创造或开发的人工智能模型或算法,尽管有一些申请,但并未授予专利权保护。原因在于,当时的专利制度尚处于仅允许垄断有形实体技术的阶段,认为算法和程序属于人类的思维方式,拒绝授予个人垄断的权利。例如,基于训练模型,深蓝自己创作出一个新的下棋规则。这种规则不是人类思维能够建立的。尽管震惊全球,但下棋规则在全球范围内至今仍不属于可授予专利权的客体,尚不能称为专利法意义上的"发明"。

(二)"人工智能模型或算法"的示例

【例1-3-1】神经网络计算系统

美国微软公司开发了一种神经网络训练算法,能够以增加的训练速度执行高带宽计算。2008年9月25日,微软公司就该算法向美国专利商标局递交了专利申请,并在2012年3月6日获得专利权。美国授权专利的代表性权利要求1如下:

> 一种神经网络计算系统,包括:现场可编程门阵列(FPGA),其被配置为具有硬件逻辑,所述硬件逻辑通过直接从主机计算机设备接收流式数据来

执行与神经网络训练算法相关联的计算,所述硬件逻辑包括执行与所述神经网络训练算法的隐藏层相关的计算的处理元件,所述处理元件包括多个算术逻辑单元,每个算术逻辑单元表示所述隐藏层的隐藏节点;接口,用于将FPGA连接到主机计算设备并接收流式传输的数据。

【例1-3-2】神经网络指令集结构

美国谷歌公司开发了一种神经网络指令集结构,能够由处理单元通过执行包括多个循环的循环嵌套来加速执行张量计算。2017年3月10日,谷歌公司就该算法向美国专利商标局递交了专利申请,并在2017年12月5日获得专利权。美国授权专利的代表性权利要求1如下:

> 一种用于加速具有多个神经网络层的神经网络的推理计算并使用包括一个或多个硬件计算单元的系统的计算机实现的方法,所述方法包括:由硬件计算单元的处理单元接收指定数据值的单个指令,所述数据值:对所述多个神经网络层中的神经网络层类型进行编码;以及由所述硬件计算单元使用以执行针对所述神经网络层的张量计算;由所述处理单元并且基于所述单个指令来确定至少一个多维张量的维度,其中,所述至少一个多维张量包括与用于执行所述张量计算的操作数相对应的元素;由所述硬件计算单元并基于所述单个指令生成包括多个循环的循环嵌套,其中所述循环嵌套的结构使用由所述单个指令的所述数据值指示的所述神经网络层类型来定义;以及由所述硬件计算单元通过执行所述循环嵌套以访问与所述至少一个多维张量的元素相对应的操作数来执行所述张量计算。

四、基于人工智能的发明

(一)"基于人工智能的发明"的概念

基于人工智能的发明,是指由人类将人工智能技术应用于人工智能以外的领域而创造的新发明,并且新发明的部分特征是人工智能技术。这类发明的发明构思在于将人工智能系统应用于其他特定技术领域,解决其他特定技术领域中存在的技术问题。因此,产业上称之为"人工智能+"。此类人工智能发明的命名由"包含人工智能技术的新发明"发展而来,它实质是在某一特定的场景中应用人工智能技术。如本章第一节所述，这类发明是当前以及未来一段时期人工智能发明的主力军。常见的基于人工智能的发明包括：自动驾驶汽车、基于人工智能的医疗保健发明、应用人工智能的社交机器人。在日本特许厅和韩国特许厅，它被称为"人工智能应用发明"；在英国知识产权局，它被称为"应用人工智能发明"。在我国，"人工智能＋"于2024年被首次写入政府工作报告。

（二）"基于人工智能的发明"的示例

【例1-3-3】基于人工智能的橡胶产品制造方法

第一个授予专利权的人工智能发明可能要追溯到1981年美国最高法院（Supreme Court of the United States，SCOTUS）判决的 Diehr 案❶中的涉案申请。从今天来看，这是一个典型的基于人工智能的发明。Diehr 公司的研究人员发明了一种制造橡胶产品时控制压力与时间的方法，该方法利用模具，首先在一定温度和压力下将未固化的原料定型，然后在模具中对合成橡胶进行固化处理，这样产品将保持原有形状，在成型完成后可以直接使用。根据传统的合成方法，可以由人工使用已知的时间、温度和固化关系，通过阿伦尼乌斯方程计算何时打开压力机并取出固化产物。但是，传统的算法是将固化时间计算为产品所有部件肯定会固化的最短时间，假设在装卸过程中有合理的开模时间。这种做法的缺点是，使用不可控的变量进行操作经常由于算得的开模时间不准而导致橡胶过度固化或者固化不足。而 Diehr 公司使用了数字计算机，通过不断测量模具内的实际温度，并将温度测量值自动输入计算机，然后由计算机使用阿伦尼乌斯方程反复重新计算固化时间，当重新计算的时间等于自压力机关闭以来经过的实际时间时，计算机会发出打开压力机的信号。

1975年8月6日，Diehr 公司就该方法向美国专利商标局递交了一份专利申请，Diehr 公司认为，连续测量模腔内的温度，将此信息馈送到不断重新计算固化时间的数字计算机，以及计算机发出打开压力机的信号，提高了精确性，是对现有技术的新贡献。该专利申请的代表性权利要求1如下：

一种借助数字计算机操作精密模塑化合物的橡胶成型压力机的方法，包括：

---

❶ Diamond v. Diehr, 450 U. S. 175 (1981).

为所述计算机提供所述媒体的数据库，至少包括，

自然对数转换数据（ln），

每批被成型的所述化合物所特有的活化能常数（C），以及

取决于压力机特定模具几何形状的常数（x），

在印刷机关闭时在所述计算机中启动间隔计时器，以监测所述关闭的经过时间，

在成型过程中，在与压力机中的模腔非常接近的位置不断确定模具的温度（Z），

不断为计算机提供温度（Z），

在计算机中，在每次固化期间以频繁的间隔重复计算固化期间反应时间的阿伦尼乌斯方程，即

$$\ln v = CZ + x$$

其中 v 是所需的总固化时间，

在计算机中以所述固化期间的频繁间隔重复比较每个所述用阿伦尼乌斯方程计算的总所需固化时间和所述经过时间，并且

当所述比较表明等效时，自动打开压力机。

由于权利要求记载了阿伦尼乌斯方程的数学公式，该专利申请在美国专利商标局被判定为针对抽象思想而驳回，自申请日起到1981年3月3日美国最高法院最终裁定其符合专利客体适格性，历经美国专利商标局审查部门、美国专利商标局上诉委员会、地方法院、关税与专利上诉法院、美国最高法院，官司整整打了5年半，为全世界的人工智能发明打开了专利客体之门。该案例被收录于中国《专利审查指南2023》第二部分第九章第3节案例4。

【例1-3-4】基于人工智能仿真行人在环境中移动的方法

摩洛哥MAIA研究所开发了一种人工智能模型，并基于该模型仿真自主实体（即行人）在环境中移动的方法，以便设计建筑物结构。2002年9月9日，MAIA研究所就该仿真方法的发明向美国专利商标局递交了一份专利申请。2003年9月9日，MAIA研究所以其美国专利申请为优先权，向欧洲专利局也递交了一份专利申请。该申请在美国授权❶，但在欧洲因不具备创造性未获得

---

❶ 美国授权公告号：US7188056B2。

专利权[1]。美国授权专利的代表性权利要求1如下：

一种仿真自主实体在环境中移动的方法，该方法包括：

通过一个环境模型，提供从当前位置到预期目的地的一条临时路径；

提供所述自主实体的资料；

基于迈一步的成本、所述资料和所述临时路径确定朝向所述预期目的地的一个优选步伐；

确定所述自主实体周边的个人空间；

通过考虑障碍物是否侵入所述个人空间来确定所述优选步伐是否可行；

以及记录可行的优选步伐，以便允许确定所述自主实体的移动。

权利要求保护的是基于人工智能的仿真方法。权利要求记载了用于仿真自主实体在环境中移动的环境模型及计算机相关处理步骤，说明书中详述了环境模型的算法、用户界面、数据、仿真和分析框架。如图1-3-2所示，行人（5）从起点（6）至终点（9）的可能移动在规避其他行人（10）的同时绕过墙壁（2）和其他固定障碍物（4）。所述仿真不仅基于物理边界（比如"环境"或建筑物的墙壁），还基于对人类行为的考量，例如不能容忍任何障碍物的"个人空间"。欧洲专利局和欧洲专利局上诉委员会认为权利要求中的算法及其产生的数据"不能提供评价创造性的技术效果"。

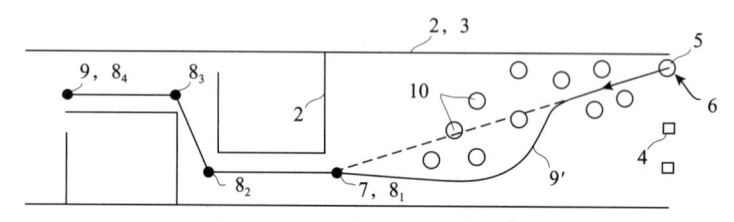

图1-3-2 授权专利US7188056B2[2]的说明书附图2

资料来源：美国专利商标局。

【例1-3-5】基于人工智能的自动化助理

美国苹果公司为智能手机开发了Siri程序，Siri可以回答清晰的提问，并对用户的口头指令作出反应。与之类似的发明还有亚马逊的Alexa和微软的

---

[1] 欧洲专利局上诉委员会认为："权利要求1的方法所产生的数据反映了人群在环境中移动的行为，并不构成评价创造性的技术效果。这种数据的潜在用途并不必然用于技术目的，其可能用于例如计算机游戏，或供人获取有关建模环境的知识等非技术目的"。（参见判决T 489/14第2.8点）

[2] 为表述方便，本书使用授权公告号代表其对应的专利。

Cortana。苹果公司于 2016 年先向美国专利商标局递交了两项专利申请,后以这两项专利申请作为优先权,于 2017 年 8 月 31 日向世界知识产权组织递交 PCT 国际申请,同日,苹果公司还分别向其核心市场美国、中国、欧洲直接递交了专利申请。韩国、澳大利亚、德国等非核心市场则采取 PCT 国际申请进入国家阶段的方式进行。截至 2024 年 8 月,该发明已经在部分国家获得专利权。[1] 中国授权专利的代表性权利要求 1 如下:

一种用于操作自动化助理的电子设备,所述电子设备包括:

一个或多个处理器;

存储器;

扬声器;

麦克风;以及

一个或多个程序,其中所述一个或多个程序被存储在所述存储器中并且被配置为由所述一个或多个处理器执行,所述一个或多个程序包括用于以下的指令:

经由所述电子设备的所述扬声器提供音频输出;

在经由所述电子设备的所述扬声器提供所述音频输出时,经由所述电子设备的所述麦克风接收自然语言语音输入;

响应于接收到所述自然语言语音输入,确定所述音频输出的类型;

响应于确定所述音频输出是第一类型,调节所述音频输出;

响应于确定所述音频输出是与所述第一类型不同的第二类型,停止提供所述音频输出;

基于所述自然语言语音输入和所述音频输出获取用户意图的表示;

基于所获取的用户意图识别任务;以及

执行所识别的任务。

该权利要求保护的是基于人工智能的自动化助理。说明书中记载详述了智能自动化助理的系统和环境、电子设备的硬件和软件、数字助理系统的功能模块、自然语音交互技术等。说明书部分附图见图 1-3-3。

---

[1] 授权公告号:CN107978313B;US10043516B2;KR102083355B1;KR102242877B1;AU2017330209C1。

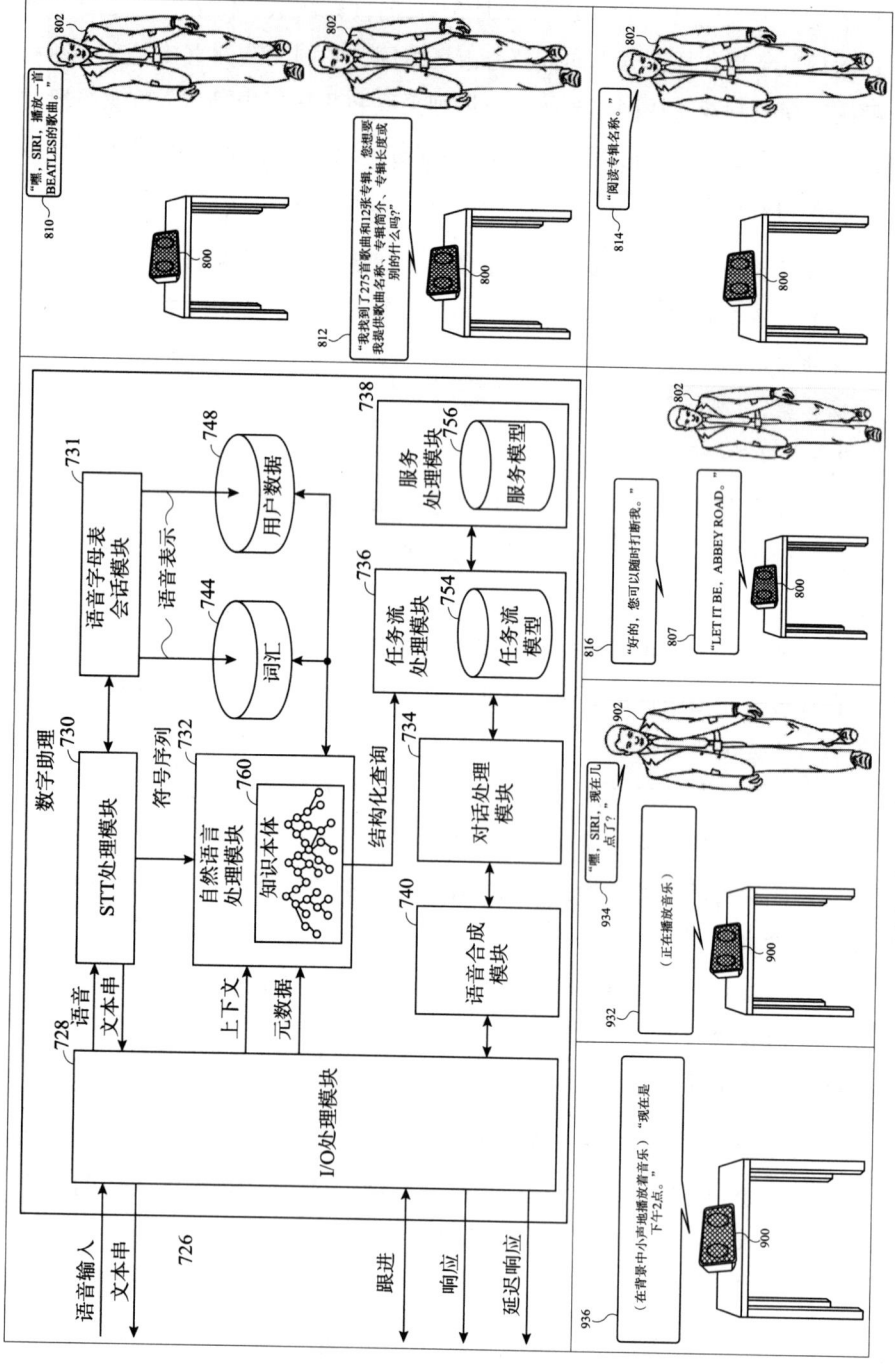

图 1-3-3 授权专利 CN107978313B 的部分附图

资料来源：中国国家知识产权局。

【例1-3-6】基于人工智能的预测油藏产量方法

雪佛龙美国公司开发了一种用于预测油藏的产量趋势的方法，其提供了利用遗传法编程构造历史匹配和针对储层模拟器的预测代理的方法。遗传法编程代理预估大量储层模型，并预测油藏的未来产量。2007年9月18日，雪佛龙美国公司就该人工智能算法模型向世界知识产权组织递交了一份PCT国际申请，随后进入了中国、美国、欧洲等国家/地区阶段。申请人认为，该发明通过使用遗传程序的计算机模型来预测未来储层的石油和天然气产量，提高精确性。该申请在美国已授权❶，但在中国和欧洲都未获得专利权。美国授权专利的代表性权利要求1如下：

一种用于预测油藏的产量趋势的方法，包括以下步骤：
（a）利用遗传法编程生成历史代理和预测代理；
（b）通过历史代理将多个储层模型中的每个模型评价为一组可接受的模型集合或者一组不可接受的模型集合，所述多个储层模型中的每个模型具有不同的参数值；并且
（c）将预测代理应用到所述可接受的储层模型集合，从而为这组可接受的储层模型集合生成一个产量预测范围。

【例1-3-7】基于人工智能的控制和/或监控装置的方法

德国西门子股份公司使用数字孪生，通过网络控制和/或监控现场装置和生产装置。该公司于2018年8月2日向世界知识产权组织递交了PCT国际申请，于2020年6月23日进入中国国家阶段，并于2022年9月20日获得专利权。❷中国授权专利的代表性权利要求1和17如下：

1. 一种用于控制和/或监控装置的控制系统，其包括：
——第一确定模块（110），用于确定针对通过所述装置对控制指令的执行要求，其中
——在所述执行要求中存储有装置特定的要求和/或设为前提的控制指令；
——分布式数据库系统（BC）；
——第一分配模块（120），用于将相应的执行要求分配至所述控制指令；
——第一存储模块（130），用于将相应的控制指令连带所分配的执行要求存储在控制交易中，其中

---

❶ 美国授权公告号：US7657494B2。
❷ 授权公告号：CN111543031B。

——所述控制交易被存储在所述分布式数据库系统（BC）中；

——向所述装置传输所述控制交易；

其中，如果针对相应的控制交易的所述相应的执行要求的所述设为前提的控制指令的确认交易在所述分布式数据库系统（BC）中是可用的，则所述控制指令通过所述装置是可执行的。

……

17. 一种用于以计算机辅助的方式通过装置执行控制交易的方法，其具有下列方法步骤：

——接收控制交易，其中分布式数据库系统提供所述控制交易，其中，

——所述控制交易包括针对所述装置的控制指令，

——所述控制交易包括执行要求，

——所述执行要求包括针对所述装置的装置特定的要求和/或包括设为前提的控制指令，

——给相应的控制交易分配有相对应的执行要求；

——检验用于通过所述装置执行所述控制交易中的一个控制交易的所述控制指令的相应的执行要求，其中，

——检验：针对相应的控制交易的所述相应的执行要求的所述设为前提的控制指令的确认交易是否在所述分布式数据库系统中是可用的；

——根据所述检验的结果，通过相对应的装置执行所述控制指令。

权利要求 1 和 17 保护的是基于人工智能的控制和/或监控装置的控制系统和方法。说明书中详述了人类设计分布式数据库系统、软件、指令序列和人机交互的过程。需要注意，尽管权利要求 17 的主题名称为"以计算机辅助的方式"（目前大量专利申请都采用这一表述方式），但因其内容中包含人工智能技术，应当归入"基于人工智能的发明"，而不是归入第三类"人工智能辅助的发明"，参见本节第五部分的详细说明。

【例 1-3-8】基于生成式人工智能的语言训练方法

北京百度网讯科技有限公司开发了一种机器学习模型，可以生成自然语言。该公司于 2020 年 1 月 23 日向中国国家知识产权局递交了申请，并于 2021 年 2 月 23 日获得专利权。[1] 中国已授权专利的代表性权利要求 1 如下：

---

[1] 中国授权公告号：CN111274764B。

>一种语言生成方法，其特征在于，所述方法包括：
>
>获取多个训练语料；
>
>对各训练语料，从相应训练语料中确定至少一个源片段和至少两个目标片段；其中，所述目标片段和所述源片段在相应训练语料中间隔排布；
>
>根据各训练语料，生成对应的训练样本；其中，所述训练样本用于指示相应训练语料中的所述至少一个源片段，并采用相应训练语料中的所述至少两个目标片段标注；
>
>采用各训练样本，训练编码－解码模型，以采用训练后的编码－解码模型进行语言生成。

权利要求1保护的实质是自然语言训练方法，通过对编码－解码模型（生成式人工智能）的预训练，加强了编码和解码部分的联系，提高了语言生成的准确性，属于人类创造的基于生成式人工智能的发明。

与此类似，北京百度网讯科技有限公司还获得了基于人工智能的生成风格文本、摘要、诗歌、声学模型、图片、视频、对象模型、目标检测和定位系统、点云数据、语音频谱等的中国发明专利权。[1]

【例1-3-9】基于人工智能的电路数值仿真发明

德国英飞凌科技股份有限公司开发了一种算法，其能够对受到噪声影响的电路进行数值仿真。2000年8月28日，英飞凌科技股份有限公司向美国专利商标局递交了专利申请。2001年8月23日，英飞凌科技股份有限公司以其美国专利申请为优先权，通过德国专利商标局向世界知识产权组织递交了PCT国际申请，于2002年11月20日进入欧洲阶段。2004年9月21日，该案在美国授权。[2] 2005年3月21日，该案被欧洲专利局审查部以权利要求中的仿真是一种非技术领域的智力活动为由驳回，经上诉成功后，于2008年10月1日获得欧洲专利权。[3] 欧洲授权专利的代表性权利要求1如下：

>对受$1/f$噪声影响、步长为δ的电路进行数值仿真的计算机辅助方法，其中，电路 由具有输入通道（2）、噪声输入通道（4）和输出通道（3）的模型（1）描述，

---

[1] 中国授权公告号分别为：CN112257393B；CN111831814B；CN105955964B；CN112466294B；CN113536006B；CN112887789B；CN113781653B；CN113378694B；CN113362444B；CN112037760B。
[2] 美国授权公告号：US6795840B1。
[3] 欧洲授权公告号：EP1257904B1。

其中，输入通道（2）和输出通道（3）的行为由微分方程组或代数微分方程组描述，

其中，输出向量（OUTPUT）由输入通道（2）上存在的输入向量（INPUT）和噪声输入通道（4）上存在的噪声向量（NOISE）y 的 $1/f$ 分布随机数计算，以及

其中，噪声向量 y 通过以下步骤生成：确定 $1/f$ 噪声的期望频谱值 P，确定要生成的随机数数量的值 n，确定强度常数 const，

形成维度为（$n \times n$）的协方差矩阵 C，通过以下公式确定协方差矩阵 C 的每个元素 $e(i, j)$：

$e(i, j) = \text{const} \cdot \delta\beta + 1 \cdot i - j + 1\beta + 1 - 2i - j\beta + 1 + i - j - 1\beta + 1$，其中，$i, j = 1, \ldots, n$

形成协方差矩阵 C 的 Cholesky 分解 L，

对每个要生成的 $1/f$ 噪声随机数序列执行以下步骤：

形成来自正态分布在（0，1）中的随机数的长度为 n 的向量 x，以及

通过将 Cholesky 分解 L 乘以向量 x 生成所需的 $1/f$ 分布随机数的长度为 n 的向量 y。

权利要求 1 保护的实质上是电路数值仿真方法，通过算法生成向量，降低了电路中的噪声，提高了电路数值的准确性，属于人类创造的基于人工智能的电路数值仿真发明。

五、人工智能辅助的发明

（一）"人工智能辅助的发明"的概念

人工智能辅助的发明，是指由人类在人工智能技术辅助下创造的新发明，并且新发明中不包含人工智能技术。此类人工智能发明的命名由"在人工智能技术辅助下创造的新发明"发展而来，它是出现第四类人工智能发明后，专家学者为拟制人工智能专利权主体研究而设的一个中间类型。在人工智能辅助的发明中，人工智能的劳动受人类支配，我们将其视为一个执行者——智能"工具"，而不是创意者。

早期观点认为，只要是人类在发明创造过程中将人工智能技术作为工具，作

出的发明都属于"人工智能辅助的发明",这种划分方式很容易与"基于人工智能的发明"发生交叉,因为使用人工智能技术作出的发明很有可能在内容上也包含人工智能。为了与第二类"基于人工智能的发明"相区分,后来在定义第三类"人工智能辅助的发明"时,明确了前者在内容上包含人工智能,后者在内容上不包含人工智能。应当注意的是,主题名称为"以计算机辅助的……方法"(例如,【例1-3-7】中的权利要求17)、"以计算机辅助的……系统"(目前大量专利申请都采用这一表述方式)属于"基于人工智能"的发明,其内容中包含人工智能技术,不再归入第三类"人工智能辅助的发明"。

人工智能辅助的发明涵盖的范围比基于人工智能的发明还要广,在自动化制造业可以说无处不在,如今我们并不以为意,例如CAD(计算机辅助设计)。

(二)"人工智能辅助的发明"的示例

【例1-3-10】人工智能辅助创造的透镜系统

在现代光学透镜系统设计过程中,需要借助计算机软件的精密计算来完成模拟。常用的透镜模型是Zemax模型,其被用于各种系统参数的设计。英国圣安德鲁斯大学董事会在人工智能辅助下设计了一种用于产生调制的艾里光束或调制的艾里光束光片的光学系统。该公司于2015年7月29日向世界知识产权组织递交了PCT国际申请,于2017年1月24日进入中国国家阶段,并于2020年6月12日获得专利权。[1] 中国授权专利的代表性权利要求1如下:

> 一种用于产生调制的艾里光束或调制的艾里光束光片的光学系统,包括用于产生高斯光束的光学装置和配置成在高斯光束上赋予三次相位调制和另外的相位和/或振幅调制的调制设备以将高斯光束转换为调制的艾里光束或调制的艾里光束光片,所述调制的艾里光束或所述调制的艾里光束光片具有沿着传播方向的期望的强度分布。

说明书中详述了设计Zemax计算模型,在实验中应用反卷积、设计光谱调制函数等人类干预过程,该光学系统的创意者是人类,并且新发明中不包含人工智能技术。

【例1-3-11】人工智能辅助的饲养蜜蜂蜂箱

以色列初创企业比维斯(BeeWise)科技有限公司(以下简称"BeeWise公

---

[1] 授权公告号:CN106537221B。

司")为蜜蜂研发了一个蜂房结构——蜜蜂之家(Beehome),载有精密机器人、计算机影像与人工智能算法(见图1-3-4)。它能够对蜂群进行持续监控,并通过人工智能算法监测蜜蜂,并在它们出现任何痛苦的迹象时进行实时照顾,而不需要人类看守者亲自在场。由于蜜蜂为75%的可食用作物授粉,因此照顾蜜蜂对维护生物多样性至关重要,但蜂群正处于严重的衰退之中。蜜蜂之家收集的数据为人工智能算法提供了动力,数据和专利保护对BeeWise公司的商业模式非常重要。

图1-3-4 蜜蜂之家

资料来源:根据世界知识产权组织第四届"知识产权与人工智能"对话会公开资料整理。

2019年5月16日,BeeWise公司就该发明向世界知识产权组织递交了PCT国际申请,随后申请进入了中国、美国、欧洲、以色列的国家/地区阶段,已在中国授权❶。中国授权专利的代表性权利要求1如下:

自动单元,其用于商业或休闲养蜂业的一个或多个蜂箱,所述商业或休闲养蜂业包括蜂蜜生产和授粉服务,所述自动蜂箱包括:

a. 多个蜜蜂框架,其能够释放地安装在至少一个蜂箱室内;

b. 机构,其用于将所述蜜蜂框架的每一个从所述至少一个蜂箱室移出,并经具有用于防止蜜蜂离开该至少一个蜂箱室的屏障的出口区域,分开地将每一个密封框架输送到监测和操作室,以及经出口区域分开地将每一个蜜蜂框架从监测和操作室插入该至少一个蜂箱室,该机构包括框架装载器,其沿着所述至少一个蜂箱室能够线性地移动;

---

❶ 授权公告号:CN111343862B。

c. 自动收获蜂蜜装置；

d. 用于监测蜜蜂状况、分析获得数据并将结果报告给用户的装置，所述装置包括配置为用于捕捉所述蜜蜂框架的图像的摄像机，所述摄像机位于监测和操作室内；

e. 用于蜜蜂喂养、害虫和气候控制的装置。

说明书中记载了该系统的基础是XYZ笛卡尔机器人，该产品包括现成的工业级CPU和I/O控制器。用于监测蜜蜂状况、分析所获取的数据并将结果报告给用户的装置包括至少一个传感器和人工智能单元。但是说明书并没有详述人工智能算法或程序，而只是记载其利用了人工智能或机器人，审查员在审查过程中也没有对此发表意见，可见，这不影响其在中国的授权。

【例1-3-12】人工智能辅助筛选的泛发性脓疱型银屑病诊断标志物

泛发性脓疱型银屑病（generalized pustular psoriasis，GPP）是银屑病中病情最严重的类型，临床上以红斑基础上发生粟粒大小的无菌性脓疱为特征，常伴有高热及白细胞升高和低蛋白血症，甚至危及生命。筛选泛发性脓疱型银屑病代谢标志物通常需要使用正交偏最小二乘法-判别分析（OPLS-DA）模型。上海市皮肤病医院在人工智能辅助下，从123个可注释的代谢物中共筛选到35个差异代谢物。该医院于2020年9月16日向中国国家知识产权局递交了专利申请，并于2023年8月18日获得专利权。[1] 中国授权专利的代表性权利要求1如下：

诊断标志物在制备泛发性脓疱型银屑病诊断制剂中的应用，所述的诊断标志物是组氨酸。

说明书中详述了使用OPLS-DA模型的人类干预过程，发现泛发性脓疱型银屑病代谢标志物的创意者是人类，并且新发明中不包含人工智能技术。

2023年6月30日，上海市经济和信息化委员会、上海市药品监督管理局印发《上海市生物医药产业数字化转型实施方案（2023—2025年）》。该方案提出，目标到2025年，打造10家以上标杆性智能工厂、30家以上示范性智能工厂、30家具有引领性的数字化转型先锋企业，形成100个数字化转型典型应用场景；推动5个以上人工智能辅助研发药物进入临床，实现30个以上高端智能医疗器械产品获批上市。

---

[1] 授权公告号：CN112180007B。

六、人工智能生成的发明

（一）"人工智能生成的发明"的概念

人工智能生成的发明，是指在没有人类干预的情况下由人工智能技术自主创造的发明，新发明是人工智能技术的产出物。此类人工智能发明的命名由"人工智能创造的发明"发展而来。在人工智能生成的发明中，人工智能是发明的全部创意者，人类不提供任何创意。在这种情况下，人工智能可以在运行期间改变其行为，以应对意料之外的信息或事件。人工智能生成的发明与人工智能辅助的发明之间最根本的区别是，后者需要大量人类干预和/或引导。

应当注意的是，生成式人工智能，是指具有文本、图片、音频、视频等内容生成能力的模型，属于人工智能模型或算法，它是由人类创造的，并不是人工智能生成的发明。将该人工智能模型应用于文本、图片、音频、视频等特定训练场景，则相应训练方法属于基于人工智能的发明。如果生成式人工智能能够自主地生成一项发明创造，那么，被创造出来的那项发明创造才是人工智能生成的发明。目前，世界各国允许保护人类创造的生成式人工智能，拒绝保护的是人工智能自主创造的发明，即人工智能生成的发明，拒绝的理由并不是这种发明不符合专利权的客体资格，而是人工智能不具有专利权的主体资格，即专利法意义上的发明人身份。

（二）"人工智能生成的发明"的示例

【例1-3-13】DABUS生成的发明

目前，被大家知晓的人工智能生成的发明专利申请仅有前述"人工智能发明者项目"的DABUS发明案，因为申请人斯蒂芬·泰勒博士坚持将创意机器人列为发明人，所以我们才得知人工智能能够自主创造发明。DABUS生成的2项发明在南非获得授权，因为南非实行专利登记制而不是专利审查制，在其余国家或地区均被专利审查机构和法院拒绝。

然而，人工智能生成的发明早已在现实中存在。

【例1-3-14】"创意机器"生成的发明

早在1994年，泰勒博士就开发了一台称为"创意机器"的人工智能模型或算法，他于 1996 年 1 月 26 日向美国专利商标局提出专利申请，并于 1997 年 8 月 19 日获得授权。[1] 1998 年 3 月 15 日，斯蒂芬·泰勒向美国专利商标局递交了第二项名称为"基于神经网络的原型系统和方法"的专利申请，根据专利律师的建议，发明人一栏填写的是斯蒂芬·泰勒，但泰勒表示是第一项专利的"创意机器"生成了第二项发明，该申请在 1998 年 12 月 22 日授权[2]，国际专利分类号为 G06F 15/18。也就是说，第二项专利实质应该是人工智能生成的发明（见图 1 - 3 - 5），其代表性权利要求 1 如下：

  一种基于神经网络的原型系统，用于根据多个已知部件对装置的构造进行原型制作，其中，被原型制作的所述装置的输入和输出之间的期望关系是已知的，所述原型制作系统包括：

  计算机，其可操作以电子地生成包括多个单元格的数据空间，所述多个单元格通过相对单元格引用可相互关联，

  多个组件神经网络，每个组件神经网络在所述已知组件之一的知识域内训练，以便模拟所述已知组件的输入和输出之间的关系，每个组件神经网络在所述数据空间中实现，

  原型神经网络，所述原型神经网络在所述数据空间中实现并且包括具有多个神经元的至少一个隐藏层和具有至少一个神经元的输出层，至少一个隐藏层神经元由所述组件神经网络中的一个组件神经网络表示，每个隐藏层神经元和每个输出层神经元具有与其相关联的至少一个数字加权值，用于对其输入进行加权，以及

  用于调整至少一些所述数字加权值的装置，以便将由正在被原型制作的设备的输入和输出之间的已知期望关系表示的知识域结合到所述原型制作神经网络中，使得在由正在被原型制作的设备的输入和输出之间的已知期望关系表示的所述知识域已经被结合到所述原型制作神经网络中之后，所述数字加权值指示应当如何互连已知部件以便构造正在被原型制作的设备。

---

[1] 美国授权公告号：US5659666A。
[2] 美国授权公告号：US5852815A。

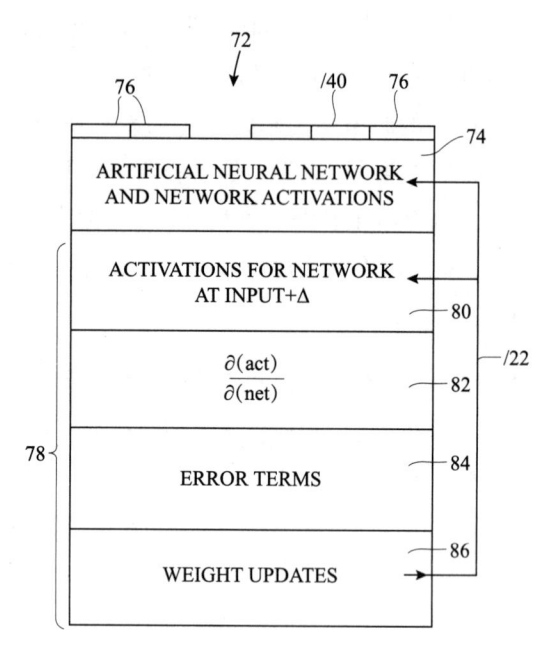

图 1-3-5　授权专利 US5852815A 的人工神经网络自我训练框图
资料来源：美国专利商标局。

从权利要求和说明书的记载可知，如果该发明如泰勒博士所述，是由第一项专利的"创意机器"生成的，那么它体现了人工智能自我改进的过程，即第一代人工智能创造了第二代人工智能，这从技术上来说并非不可能。从人工智能发明的定义上来说，如果申请人不说，我们就会将其认定为由泰勒博士（人类）作出的人工智能模型或算法。当申请人告知我们该发明事实上是由"创意机器"自主生成的，那么它应该是人工智能生成的发明。按照现行《美国法典》第 35 编——专利（United States Code Title 35 - patents）（以下简称《美国专利法》），既然泰勒博士没有付出创意劳动，这项专利应当基于专利文件中声称的发明人（斯蒂芬·泰勒）不是真正的第一个发明人而被宣告无效。

【例 1-3-15】"发明机器"生成的发明

与【例 1-3-14】相似，斯坦福大学兼职教授约翰·科扎（John Koza）开发了一台称为"发明机器"的新人工智能遗传算法模型。2002 年 1 月 26 日，约翰·科扎向美国专利商标局递交了"发明机器"生成的名称为"用于改进通用 PID 和非 PID 控制器的设备"的发明专利申请。根据专利律师的建议，发明人一栏填写的是约翰·科扎,并于 2005 年 1 月 25 日获得授权。❶ 也就是说,在计算机科学史上,遗传程序通过了第一次真正意义上的图灵测试:专利审查员不知道他正在审查的居然是计算机生成的发明!❷ 授权专利的代表性权利要求 1 如下:

一种比例 – 积分 – 微分(PID)控制器,所述 PID 控制器包括比例元件、积分元件和微分元件,所述比例元件、积分元件和微分元件耦合在一起并且响应于参考信号以响应于所述参考信号而生成控制信号,以使设备生成设备输出,其中所述比例元件具有增益元件,所述增益元件的增益基本上等于

$$0.72 * K_u * e^{-\frac{1.6}{K_u} + \frac{1.2}{K_u^2}} - 0.001234000198 * T_u - 6.117274273 * 10^{-6}$$

其中 K_u 是设备的最终增益,T_u 是设备的最终周期。

说明书中记载了相应的算法和计算机程序,同时强调"这里介绍的算法和显示与任何特定的计算机或其他设备没有内在联系"。乍看来,如果申请人不说,我们会将其认定为(由人类创造的)人工智能辅助的发明。当申请人告知我们它是由"发明机器"自主生成的,那么它应该是人工智能生成的发明。按照现行《美国专利法》,既然约翰·科扎没有付出创意劳动,这项专利应当基于专利文件中声称的发明人(约翰·科扎)不是真正的第一个发明人而被宣告无效。

【例 1–3–16】首个由人工智能发现的新型抗生素

由于抗生素耐药细菌的迅速出现,越来越需要发现新的抗生素。据报道,如果不立即采取行动,预计到 2050 年,耐药性感染造成的死亡人数将达到每年 1 亿人。❸ 然而,由于早期发现的高风险和低投资回报率,临床实施新抗生素的生产率稳步下降。2020 年 2 月 20 日,麻省理工学院的研究人员在国际顶尖学术期刊《细胞》杂志上撰文称,他们使用深度学习人工智能发现了一种新型抗生素,能够灭杀此前对所有已知抗生素都有耐药性的细菌菌株。这篇论文登上了当期杂志封面。如图 1–3–6 所示,研究人员开发了一个深度神经网络模型,使用由 2335 个已知抑制大肠杆菌生长的分子结构(其中有美国食品药品监督管理局批准的药物,也有天然产物)组成的"训练集"来训练该神经网络模型,并使用一组分子特征,超参数优化和集成来增强模型。训练集对其中每一种物质的数据

---

❶ 美国授权公告号:US6847851B1。
❷ KEATS J. John Koza has Built an Invention Machine [EB/OL]. (2006–04–19) [2023–07–15]. https://www.popsci.com/scitech/article/2006–04/john–koza–has–built–invention–machine/.
❸ O'NEILL J. Antimicrobial Resistance:Tackling a crisis for the health and wealth of nations [EB/OL]. [2024–11–09]. https://amr–review.org/sites/default/files/AMR%20Review%20Paper%20–%20Tackling%20a%20crisis%20for%20the%20health%20and%20wealth%20of%20nations_1.pdf.

进行编码，从原子量到所含化学键的类型，再到抑制细菌生长的能力，均包含在内。人工智能从这个训练集中"习得"了那些预期具有抗菌能力的分子有哪些特质。有意思的是，它还识别出一些没有经过专门编码的特质——这些特质是人类尚未概念化或加以分类的。

训练完成后，研究人员指示人工智能对一个来自药物再利用中心的、包含6111个分子结构的潜在抗菌分子数据库进行筛查，以获取具备以下特质的药物分子：①人工智能预测能有效抑制大肠杆菌；②与任何现有的抗生素不相似；③人工智能预测无毒性。满足所有这些标准的化合物是 c-Jun N 端激酶抑制剂 SU3327，一种正在研究用于治疗糖尿病的临床前硝基噻唑。结果表明，它是一种具有很强抗菌活性的广谱杀菌抗生素，且化学结构与任何现有抗生素不同。研究人员将其命名为 Halicin（海利霉素），以致敬电影《2001 太空漫游》中的超级计算机哈尔（HAL）。

如表 1-3-2 所示，这是一种不同于当代范式的研究方式。如果用当代范式方法去测试这 6111 个分子结构，需要花费的时间和金钱成本是不可想象的。这个例子让人们突然意识到，人工智能可以发现人类不能理解的规律，而它又的确是一种规律。因为它真的在 6111 种分子中找到了唯一有效的分子，这肯定不是用运气能解释得了的。黄金时代的科学家有一种理想，这个世界上的所有规律都可以用数学模型来总结或模拟。但是现在人工智能告诉我们，至少它们掌握了一种不是用一个或一组数学公式，而是用一套通用的算法加上海量的参数来描述的自然规律。这套算法只有人工智能能懂能用，人脑用不了。

表 1-3-2　研发靶向新药的"人类现代范式"与发现 Halicin 的"人工智能范式"对比

步骤	人类现代范式	发现 Halicin 的人工智能范式
1	【发现新靶点】通过现有理论，例如生物信息学、分子生物学等，找出可能与某种疾病相关的蛋白质分子上的靶点	【人工智能学习】让人工智能学习 2335 个分子结构，这些分子结构和作用都是已知的，它们有的无效，有的有效
2	【药物设计】在现有理论的指导下，设计出一种有可能成功攻击靶点的分子结构	【总结规律】通过神经网络深度学习，人工智能自己总结这些分子结构是不是有效的规律
3	【合成】通过化学方法合成出想要的分子结构	【打分】研究者把另外 6111 个已知的、可能有效的分子结构一个个输进去，让人工智能按照有效性、副作用等，对这些分子结构进行打分，得分最高的那个分子就是 Halicin

续表

步骤	人类现代范式	发现 Halicin 的人工智能范式
4	【实验】包括动物实验、临床实验等	【实验】研究者用 Halicin 做动物实验、临床实验，发现效果非常好

资料来源：根据公开资料整理。

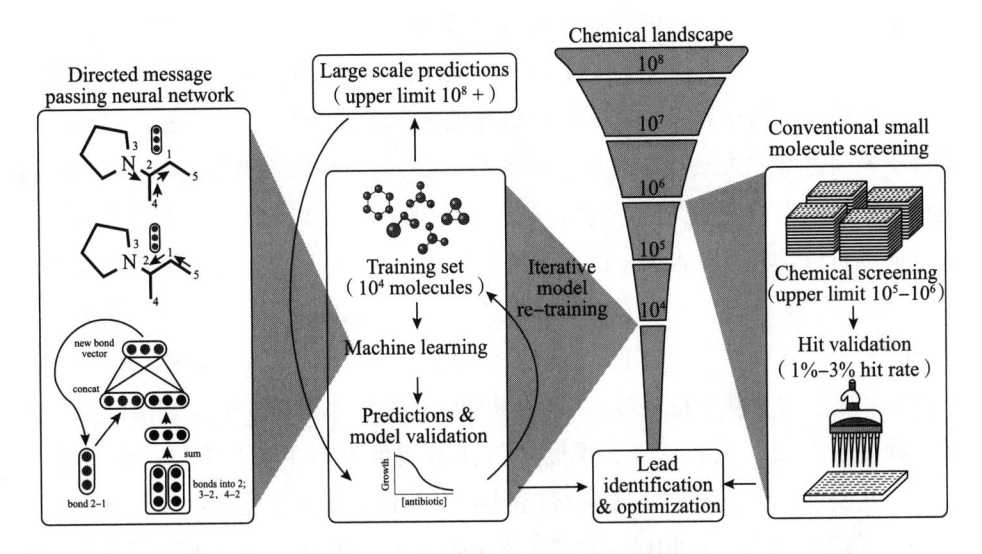

图 1-3-6 发现抗生素过程中的机器学习

资料来源：STOKES J M, et al. A Deep Learning Approach to Antibiotic Discovery [J]. Cell, 2020, 180 (4)：688-702.

麻省理工学院项目的负责人明确表示，通过传统的研发方法获得 Halicin 的成本"过分高昂"——换句话说，这在以往是无法实现的。而通过训练一个软件程序来识别已被证明能有效抗菌的分子结构模式，识别过程就会变得高效和经济得多。[1]

在英国《自然》杂志网站 2020 年 2 月 20 日的报道中，研究人员表示，这种名为 Halicin 的抗生素是首个利用人工智能发现的抗生素。尽管科学家以前曾使用人工智能辅助抗生素发现过程的某些部分，但此次是人工智能首次从头识别全新种类的抗生素，而不使用任何以前的人类假设。[2]

---

[1] 基辛格，施密特，胡滕洛赫尔. 人工智能时代与人类未来 [M]. 胡利平，风君，译. 北京：中信出版集团，2023：18.

[2] MARCHANT J. Powerful antibiotics discovered using AI [EB/OL]. (2020-02-20) [2023-07-15]. https://www.nature.com/articles/d41586-020-00018-3.

发现 Halicin 后，研究小组利用 300 个药明康德抗结核库分子收集的经验数据重新训练该模型，并对 ZINC15 数据库内的 1.07 亿个分子展开了筛查。仅 4 天时间，该模型就筛查出 23 种与现有抗生素结构不同且可能对人细胞无毒的候选分子。细菌测试表明，其中 8 种分子拥有抗菌活性，且 2 种对多种病原体具有强效活性，可以克服大肠杆菌中的一系列抗生素耐药决定因素。研究人员现在计划进一步测试这些分子，并继续筛查 ZINC15 数据库。

卡内基梅隆大学计算生物学家鲍勃·墨菲说："使用计算方法发现和预测潜在药物特性这一领域方兴未艾，最新研究是一个绝佳实例。"墨菲指出，此前已有科学家通过开发人工智能的方法来挖掘庞大的基因和代谢物数据库，以识别可能包括新抗生素的分子类型。麻省理工学院计算机科学与人工智能实验室电气工程与计算机科学教授雷吉娜·巴兹莱说："机器学习模型可以在计算机上探索大型化学空间，而传统实验室方法要做到这一点会非常昂贵。"最新研究既提高了化合物鉴定的准确性，又降低了筛选工作的成本。以色列理工学院生物学和计算机科学教授罗伊·基肖尼表示："这项开创性研究标志着抗生素发现乃至更普遍的药物发现发生了范式转变，深度学习技术或可应用于抗生素开发的所有阶段——从发现抗生素到通过药物修饰和药物化学改善抗生素的功效和毒性。"

与【例 1-3-12】相比，在筛选出 Halicin 的过程中，无需人类干预。与我国专利仅保护"发明"不保护"发现"不同，《美国专利法》规定的"发明"包括"发明"或"发现"。因此，Halicin 属于美国专利保护的客体。然而，截至 2024 年 8 月，麻省理工学院未就这项发明申请专利。

【例 1-3-17】数字孪生生成的发明

2019 年，西门子公司在首届世界知识产权组织"知识产权与人工智能"对话会上声称，其未能就多个数字孪生（人工智能）生成的发明提出申请（参见图 1-3-7），原因是无法确定谁是有资格称为发明人的自然人。

图 1-3-7 La Bandita——全球首款采用虚拟现实技术设计的个性化汽车

资料来源：根据世界知识产权组织第一届"知识产权与人工智能"对话会公开资料整理。

全球专利审查机构很可能在过去几十年中已经对人工智能生成的发明授予了专利权,只是这些专利申请中没有披露人工智能在发明过程中承担了"数字发明人"的角色。如果申请人不说,我们根本不知道前三类人工智能发明或者其他未记载人工智能的发明究竟是不是由人工智能自主生成的。

第二章 定义人工智能发明对专利保护政策的影响

> 法律必须稳定，但又不能静止不变。
>
> ——罗斯科·庞德

专利制度起源于十三四世纪、处于资本主义商品经济萌芽时期的欧洲。为引进国外的新技术、鼓励本国国民从事发明创造，一些西方国家的封建君主以特许方式，赋予商人和工匠在一定时期内独家经营某些产品或者工艺的特权，而不受当时封建行会的干预。最早有记录的、具有现代意义的专利是由意大利佛罗伦萨市政府授予建筑师飞利浦·布鲁内莱斯基就其发明的"装有吊机的驳船"以3年的垄断权。

1474年3月19日，威尼斯议会通过了世界上第一部专利法，即建制在特许专营的商业惯例上的《威尼斯专利条例》（Venetian Patent Ordinance）。其规定如下：

> 依据本议会的权能，任何人，在本城市制造了以前从未制造过的、新的而精巧的装置，应当在达到可以具体使用和操作之时，向总福利委员会登记。在10年期限内，未经发明人的同意和许可，本市任何人不得再制造与该发明相同及相似的装置。如果有人仿制，发明人有权向本市行政官告发。行政官可以责令侵权者赔偿100金币，并立即销毁仿制品。[1]

1623年，英国议会通过了《垄断法》（Statue of Monopolies），这是第一部具有现代意义和国际影响的专利法。该法的前5个条文宣告国王授予的所有垄断、特许和授权一律无效，但第6条规定了例外情形：

> 今后，授予新制造品的真正第一个发明人在本国为期14年的独占实施

---

[1] 李明德. 美国知识产权法［M］. 北京：法律出版社，2014：31.

或者制造该制造品的专利证书和特权,不适用前述无效宣告。在专利或特权的有效期内,不得用来抬高国内物价、破坏贸易或者造成不便,也不得违反法律及危害国家。❶

虽然条文简单,但上述第 6 条包含了现代专利法的基本要素:①专利授予最先发明的人;②专利权的内容是专利权人在本国有权制造或使用其发明的物品;③专利保护期限为 14 年;④授予专利不得违反法律和国家利益,也不得引起物价上涨,有碍市场竞争。这些基本原则和定义被沿用至今。

从 18 世纪末到 19 世纪末,在英国《垄断法》的影响下,美国(1790 年)、法国(1791 年)、俄国(1814 年)、荷兰(1817 年)、西班牙(1820 年)、德国(1877 年)、日本(1885 年)等西方工业国家先后建立了本国的专利制度,但立法差别较大。1884 年签订的《保护工业产权巴黎公约》规定了各成员国必须共同遵守的几个基本原则,对各成员国立法起到了一定的协调作用。20 世纪后,随着国际市场的开放,专利法进入一体化、现代化时期,世界知识产权组织产生(1967 年)、世界知识产权组织《专利合作条约》(PCT)生效(1970 年)、《欧洲专利公约》缔结(1973 年)、世界贸易组织《与贸易有关的知识产权协定》(TRIPS)生效(1994 年)、欧洲专利局成立(1997 年),为各缔约方提供了国际通行的一致性标准和范式。❷ 目前,全球颁布专利法的国家/地区已达 170 多个,而各国之间的国际交流和协定也促进了专利法的日益国际化。中国国家知识产权局与欧洲专利局、美国专利商标局、日本特许厅、韩国特许厅并称"世界五大知识产权局",在专利创造、运用、保护和管理的法律与政策方面都有相同之处,同时也保留有本国特色。其中,由于历史原因,韩国专利制度受日本的影响颇深,❸ 以至于其专利法(本国称"特许法")的命名和绝大多数条款的表述与日本专利法(本国称"特许法")的基本一致。

专利制度,从其诞生之日起,就成为科学技术、经济和法律的融合体,因此总是最先受到新兴技术的挑战和影响而发展和变革。

---

❶ 李明德. 美国知识产权法 [M]. 北京:法律出版社,2014:31.
❷ 吴汉东. 知识产权法 [M]. 北京:法律出版社,2021:320.
❸ 任虎. 韩国专利法研究 [M]. 上海:华东理工大学出版社,2018:23.

第一节 世界主要专利审查机构应对"人工智能模型或算法"的政策焦点

一、"人工智能模型或算法"的权利要求特点

人工智能模型或算法的特点是其权利要求的主题名称为模型、数学方法、算法、数据、数据结构、计算机程序、计算机程序产品,并且发明构思在于人类编制或改善了计算机程序、数学公式、数据模型、训练模型,提高了人工智能系统的性能,例如精确性、运算速度。美国是最早放开软件专利保护的国家,也是人工智能算法模型最发达的国家。现在,出于对"算法和数据是深度学习的核心"这一普遍认知,为了提高关键技术的竞争力,域外专利审查机构基本上都放开了对软件相关发明的主题名称要求。我国对主题名称还保留相关规定,所以目前主题名称为"计算机程序"的人工智能模型或算法在我国还不能授权❶,因此,中国授权的人工智能模型或算法通常写为"软件与硬件结合"的权利要求。需要注意的是,生成式人工智能本身属于人工智能模型或算法,而并不是人工智能生成的发明。

二、"人工智能模型或算法"的专利客体资格

(一)新算法模型的专利客体资格

《与贸易有关的知识产权协定》第 27 条规定,在遵守该条第 2 款❷和第 3 款❸规定的前提下,专利可授予所有技术领域的任何发明,无论是产品还是方

---

❶ 专利审查员的拒绝理由是权利要求的保护范围不清楚,而不再是不具备专利适格性。这一撰写规则目前尚未改变。

❷ 第 27 条第 2 款规定,各成员方为了维护公众利益或者社会公德,包括保护人类、动物或植物的生命或健康,或者避免对环境造成严重污染,有必要禁止某些发明在成员方领土内进行商业性实施的,可以排除这些发明的可专利性,但是这种排除不能仅仅因其实施为成员方法律所禁止。

❸ 第 27 条第 3 款规定,各成员方可拒绝对下列内容授予专利权:(a)人类或动物的诊断、治疗和外科手术方法;(b)除微生物外的植物和动物,以及除非生物和微生物外的生产植物和动物的主要生物方法。但是,各成员应规定通过专利或一种有效的特殊制度或通过这两者的组合来保护植物品种。本项的规定应在《世界贸易组织协定》生效之日起 4 年后进行审议。

法，只要它们具有新颖性、创造性、产业应用性❶（industrial application）。新人工智能模型实质上是一种算法模型，如图 2-1-1 所示，包括机器学习模型和深度学习模型。单纯的算法模型在全球各专利局都是不可授权的客体，原因是其被视为抽象思想、数学方法、规则和智力活动，或者仅仅是用于解决技术问题的科学或逻辑原理，不得由任何人先占、垄断，因为没有人应该被限制该如何思考，否则将阻碍人类的创新。❷ 只有当算法模型应用到技术领域（包括计算机硬件），解决了实际的技术问题，该发明作为一个整体才属于专利保护的客体。

图 2-1-1　人工智能、机器学习、深度学习之间的关系

资料来源：作者绘制。

（二）计算机程序的专利客体资格

当算法模型在计算机硬件的内部表达时，就产生了计算机程序或者软件。实际上，人工智能模型或算法都是由人工智能程序来表达或者由软件实现的，即通过使用"编程技术和应用程序来执行特定任务"，这也就是所谓的"专用人工智能"（又称"弱人工智能"）。对人工智能程序本身应在不同的视角下进行分析，这些程序通常是由编写基础源代码的人创建，保护这些人类开发的产品对于研发公司而言至关重要。以人工智能公司 OpenAI 开发的 ChatGPT 为例，其被誉为革

---

❶ 关于"industrial application"的译文，有的译为"工业实用性"，有的译为"产业可利用性"，有的译为"产业应用性"。实际上，在国际条约和外国专利法中均强调，"industrial"指的是广泛的产业而不仅仅指工业，而"application"与"utility"明显不同。因此，本书译为"产业应用性"，更为准确地表达其本义。

❷ "抽象思想"（abstract idea）是美国法官在判例法中确立的三个司法例外之一，主要是指抽象的原理、心理步骤的产物，因此必然包括数学方法、规则和智力活动等，其他国家则在制定法或审查指南中直接采用数学方法、规则和智力活动等类似表述。

命性的聊天机器人,在短短几个月内推动 OpenAI 公司的市值达到 290 亿美元。应该如何保护其这一最具价值的资产呢?在当前知识产权国际法体系中,可以考虑的方式通常有三种:著作权保护、商业秘密保护、专利保护。

1. 人工智能程序的著作权客体资格

《与贸易有关的知识产权协定》第10条第1款规定,计算机程序应根据《伯尔尼公约》作为文学作品受到著作权保护。人工智能软件的源代码可以受到著作权的保护。源代码具有创造性、原创性,并且固化于有形的介质上,因此可以注册为著作权客体,或当存储于内存中时受著作权的保护。当然,前提是这些代码是由人类而不是机器人或猴子编写的。受著作权保护的不是程序应该做什么的"思想",而是计算机程序及其工作所需的所有代码指令的表达形式(程序),而通用思想(算法)"只是与之有模糊的关系"。著作权保护延伸到程序的所有表达形式(包括源代码和目标代码),但不延伸到功能方面,因为功能方面不构成程序的表达形式。这意味着著作权保护实际上是有限的,尽管这些不受保护的要素,例如程序的功能,在创新领域可能具有重要意义。

2. 人工智能程序的商业秘密客体资格

《与贸易有关的知识产权协定》第39条第2款规定,商业秘密保护的构成要件是:秘密,即作为一个整体或就其各部分的组合而言,通常不为从事该信息领域工作的人所普遍了解或容易获得;因属秘密而具有商业价值;该信息的合法控制人为保密已采取合理措施。如果计算机程序的价值不为他人普遍知晓,所有者尽其所能保护它的秘密,则计算机程序也可以作为商业秘密受到保护。

3. 人工智能程序的专利客体资格

近50年来,软件的可专利性一直是全球的热门话题。尽管《与贸易有关的知识产权协定》规定了计算机程序应当受到著作权保护,但在专利权保护客体的条款(前述第27条)中,并未明确必须将其排除在外,因而少数成员方出于自身知识产权战略目的,将满足一定条件的计算机程序列为专利保护客体,其中美国是由司法部门主导,确立于1981年美国最高法院判决的 Diehr 案❶,而日本则在2002年修改了专利法❷。从其他各成员方专利审查机构的审查基准来看,对软

---

❶ Diamond v. Diehr, 450 U. S. 175 (1981).
❷ 2002 年修改的《日本专利法》第2条中,将"程序"列为专利保护的客体。根据该条规定,产品发明包括"程序等",而"程序等"是指程序(为能获得一个结果而被编制成的针对计算机的指令),以及相当于程序的供电子计算机处理之用的信息。

件相关发明的客体适格性均采取扩张趋势，旨在为更多的人工智能模型或算法提供专利保护。随着知识产权国际合作的广泛开展，各国对于计算机程序获得专利客体适格性的途径逐渐趋于一致。那就是，单纯的计算机程序在全球各专利审查机构都是不可授权的客体，只有当软件集成到仪器、机器（包括计算机）或机械结构中以实施发明，并且解决了实际的技术问题（包括改善计算机内部性能），该发明作为一个整体才属于专利保护的客体。

【例2-1-1】具备专利客体资格的人工智能模型或算法

一种在包括多个处理器的处理系统上操作神经网络的方法，每个处理器具有不同的神经网络计算能力，所述方法包括：

确定所述神经网络的一个层的处理分布，以便多个处理器中的每一个都根据其各自的神经网络计算能力分担该层的一部分处理；

确定每个处理器执行其在该层的处理部分所花费的时间；

确定是否应该改变任何一个处理器的时钟频率以改变该处理器完成其部分所花费的时间；

将所述部分分配给各个处理器；以及

响应于确定一个处理器的时钟频率应该被修改，在该处理器处理其相应部分时修改该处理器的时钟频率。

本示例为英国知识产权局《涉及人工智能发明的专利申请审查场景》（Examining patent applications relating to artificial intelligence（AI）inventions - The Scenarios）中的核心人工智能案例16。神经网络的一个层的处理负荷在处理资源中分配，至少一个处理资源的时钟频率被调整以改变其处理部分完成的时间。该操作神经网络的方法以一种新的方式运行计算机，即通过控制一个处理器的时钟频率，使得每个处理器在同一时间执行其在神经网络层中的部分处理。这种人工智能模型或算法改进了计算机内部性能。

第一章第二节的【例1-2-1】和【例1-2-2】也是因为改善了计算机内部性能而具备专利客体资格。

【例2-1-2】不具备专利客体资格的人工智能模型或算法

一种生成训练好的、优化的神经网络的计算机实施方法，包括以下步骤：

a) 使用训练好的基础神经网络处理输入数据，生成第一输出数据；

b) 通过对训练好的神经网络进行合理化处理，生成优化的神经网络；

c) 使用优化的神经网络处理输入数据，生成第二输出数据；

d) 比较第一和第二输出数据以确定差值；以及

e) 如果差值超过预定阈值，则通过合理化处理生成进一步优化的神经网络；以及

f) 重复c)至e)步骤，直到差值低于阈值。（参见图2-1-2）

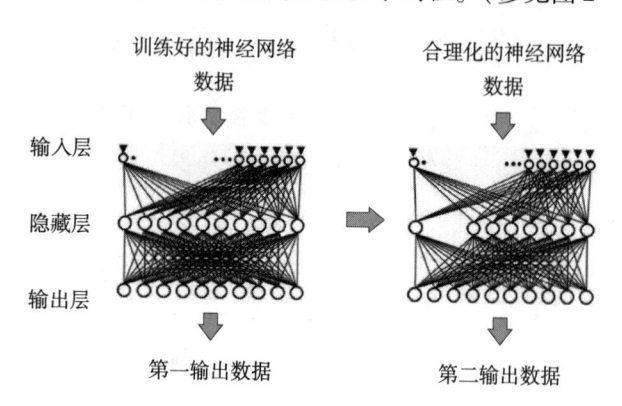

图2-1-2 优化神经网络的方法
资料来源：根据英国知识产权局对该案例公开资料整理。

本示例为英国知识产权局《涉及人工智能发明的专利申请审查场景》中的核心人工智能案例13。使用传统方法构建和训练好的初始神经网络为基础模型，然后使用合理化处理对训练好的神经网络进行优化，生成一个更简单的、优化的神经网络，该神经网络在预定差值范围内产生与初始神经网络大致相同的输出。该计算机实施方法仅仅是调整一个计算机程序以生成一个优化的计算机程序的迭代过程，没有解决计算机的任何技术问题。计算机处理负荷或内存使用量的减少都是由于执行较少指令的程序而产生的，这是对处理器负荷和内存使用问题的规避。这种人工智能模型或算法没有改进计算机内部性能。

中国《专利审查指南2023》第二部分第九章第6.2节给出的例1❶也是不具备专利客体资格的人工智能模型或算法。

三、主要国家/地区对"人工智能模型或算法"的审查政策对比

由于人工智能模型或算法仅仅涉及人工智能技术本身（计算机内部）的改

---

❶ 国家知识产权局. 专利审查指南2023 [M]. 北京：知识产权出版社，2024：288-289.

进,没有将人工智能应用于其他技术领域,因此对于人工智能模型或算法而言,授予专利权的最主要的门槛障碍在于专利客体适格性的要求。创新主体提出的权利要求,既要符合各国/地区对于软件相关发明的专利客体适格性要求,又要针对其最有价值的算法和数据尽可能寻求最大的保护范围。人工智能模型或算法可以体现为方法发明(一系列时间序列链接的处理或操作)和产品发明(多个功能模块、记录程序的计算机可读介质、记录具有特定结构的数据的记录介质、与硬件结合使用并存储在介质上的计算机程序)。表2-1-1列出主要国家/地区的专利审查机构对"人工智能模型或算法"的审查政策趋势对比。其中,中国、日本、韩国、英国和欧洲对此类人工智能发明有术语定义,中国、日本、韩国和英国发布了专门的、细化的审查指南。对于未定义此类人工智能发明的美国,表2-1-1列出其与之相应的审查政策。

表2-1-1 主要国家/地区对"人工智能模型或算法"的可专利性审查政策对比

审查政策	中国	美国	欧洲	日本	韩国	英国
术语	人工智能算法或模型	未专门定义	人工智能和机器学习	人工智能核心发明	人工智能模型训练发明	核心人工智能发明
专利客体适格性的标准	《中国专利法》规定发明仅限于符合自然规律的技术方案;智力活动的规则和方法为不授予专利权的对象。审查指南规定单纯的计算机程序、抽象的算法属于智力活动的规则和方法;未体现自然规律的方案不是技术方案	《美国专利法》没有关于数学方法、计算机程序的明确规定。法院先例规定抽象思想为不授予专利权的对象,属于司法例外。审查指南规定抽象思想仅限于三者本身:①数学概念;②组织人类活动的方法;③智力方法	《欧洲专利公约》规定数学方法、计算机程序本身为不授予专利权的对象。审查指南规定只要记载技术特征,就不是数学方法、计算机程序本身	《日本专利法》规定发明应当利用自然规律,具有技术思想;将计算机程序规定为产品	《韩国专利法》规定发明应当利用自然规律,具有技术思想;没有关于数学方法、计算机程序的明确规定,但审查标准认可记录介质	《英国专利法》规定数学方法、计算机程序本身为不授予专利权的对象。法院先例规定只要对现有技术作出了技术贡献,就不是数学方法、计算机程序本身

续表

审查政策	中国	美国	欧洲	日本	韩国	英国
判断专利客体适格性的方法	1. 是否包含技术特征； 2. 三要素法（技术手段、技术效果、技术问题）	1. 是否属于一种方法、机器、制造品或合成物。 2A-1. 是否记载抽象思想； 2A-2. 是否记载将抽象思想融入实际应用的附加要素； 2B. 是否记载显著超出抽象思想的附加要素	是否包含技术特征	1. 普通立场：主题是否利用了自然规律的技术思想； 2. 软件立场：软件执行的信息处理是否使用硬件来具体实现	1. 普通立场：主题是不是利用了自然规律的技术思想； 2. 软件立场：软件执行的信息处理是否使用硬件来具体实现	当计算机以新的方式运行，获得更好的技术效果时，应被视为发明。采取"实质而非形式"原则，不能通过要求保护硬件形式的程序来避免排除
获得专利客体适格性的途径	1. 记载计算机硬件（允许通用计算机）； 2. 改善计算机系统内部性能	改善计算机内部性能（即在上述2A-2步，与计算机融合）	记载计算机硬件，产生超出软件与计算机硬件之间正常物理交互的进一步技术效果	记载软件执行的信息处理使用权利要求中的硬件来具体实现	记载软件执行的信息处理使用权利要求中的硬件来具体实现	改善计算机内部性能
可接受的主题形式	计算机实施/执行的方法、流程、装置、系统					
	计算机可读存储介质；计算机程序产品	计算机可读存储介质；计算机程序产品；结构化数据；数据结构	计算机可读存储介质；计算机程序产品；计算机程序；❶结构化数据；数据结构	计算机可读存储介质；计算机程序产品；计算机程序；❷结构化数据；数据结构	计算机可读存储介质；计算机程序产品；结构化数据；数据结构	结构化数据；数据结构

---

❶ 在欧洲专利局，如果计算机程序在计算机上运行时能够带来超出程序（软件）与计算机（硬件）之间"正常"物理交互的进一步技术效果，则要求保护的计算机程序本身不排除在可专利性之外（判例T 1173/97和判例G 3/08）。

❷ 在日本特许厅，参见《日本发明·实用新型审查手册》（Examination Handbook for Patent and Utility Model in Japan）附件B第1章"计算机软件相关发明"（Annex B chapter 1 "Computer Software – Related Inventions"）第1.2.1.2节，如果考虑了说明书和附图以及申请日的公知常识，即使所要求保护的主题是除"程序"之外的术语（例如，"模块"、"库"、"神经网络"、"支持向量机"或"模型"），但能够明确要求保护的发明是"程序"，则按"程序"处理。

续表

审查政策	中国	美国	欧洲	日本	韩国	英国
判断创造性的特别事项	与技术特征并非功能上彼此相互支持、存在相互作用关系的特征不予考虑	无	无助于主题技术性的非技术特征不予考虑	无	无	无
专门指南	《人工智能相关发明专利申请指引（试行）》	《2024年专利客体适格性指南更新：包含人工智能》❶	无	《日本发明·实用新型审查手册》附件B第1章"计算机软件相关发明"、《漫画版审查指南：人工智能/物联网技术》❷、《人工智能相关技术案例》❸	《计算机相关发明审查指南》《人工智能领域审查实践指南》《人工智能相关发明案例集》	《涉及人工智能发明的专利申请审查指南》《涉及人工智能发明的专利申请审查场景》

从表2-1-1可见，人工智能模型或算法获得可专利性（包括四项要求：专利客体适格性、新颖性❹、创造性和实用性❺）的途径为：首先，权利要求中除了新人工智能模型，还要记载计算机硬件（包括通用计算机）；其次，新人工智能模型应当与计算机硬件相融合❻。何为"相融合"？从特征之间的关系来看，各国/地区的表述形式可能有所不同。中国国家知识产权局的表述为"功能上彼此相互支持、存在相互作用关系"，美国专利商标局的表述为"融入"（integrate into），欧洲专利局的表述为"有助于方案的技术性"，日本特许厅和韩国特许厅

---

❶ United States Patent and Trademark Office：2024 Guidance Update on Patent Subjet Matter Eligibility, Including on Artificial Intelligence（July 17, 2024）.
❷ Japan Patent Office：Examination Guidelines in Manga AI/IoT Edition（April, 2023）.
❸ Japan Patent Office：Case Examples Pertinent to AI-related technology（January 30, 2019）.
❹ 在各专利审查机构中，人工智能模型或算法的新颖性判断与其他发明一样。
❺ 人工智能模型或算法通常没有实用性问题。
❻ 欧洲专利局将这一要求后置到创造性判断时重构技术方案的步骤中，而不在专利客体适格性判断步骤。

的表述为"软件执行的信息处理是使用硬件具体实现的",英国知识产权局的表述为"实质而非形式"。从效果上看,各专利审查机构趋于一致,即必须改善计算机系统内部性能。

欧洲专利局曾经一度与英国知识产权局一样,将是否对现有技术作出了技术贡献作为专利客体适格性的评判标准。但2002年的里程碑式判例 T 641/00[1] 以后,欧洲专利局对计算机程序的可专利性审查另辟蹊径,对专利客体资格的要求很低,仅仅要求记载技术特征即可,将是否具有技术贡献后置到创造性审查中,导致其创造性要求明显高于其他各专利审查机构。如果权利要求与最接近现有技术之间的区别没有作出任何技术贡献,则其相对于该最接近现有技术不具备创造性,无需再引入第二篇现有技术。即,无助于主题技术性的非技术特征在创造性审查时不予考虑。

美国专利商标局则经历了从1996年首个《计算机相关发明审查指南》[2] 允许软硬件相结合,到2014年Alice案后的《专利客体适格性暂行指南》(Interim Guidance on Patent Subject Matter Eligibility,IEG)不允许保护软件与通用计算机相结合[3],再到《2019年修订的专利客体适格性指南》(2019 Revised Patent Subject Matter Eligibility Guidance,2019 PEG)和《2019年10月专利客体适格性指南更新》(October 2019 Patent Eligibility Guidance Update)允许保护软件与计算机融合(改善计算机内部性能)的历程。图2-1-3示出美国专利商标局现行客体适格性审查流程,人工智能模型或算法可通过途径B获得专利客体适格性。具体而言,权利要求记载对计算机内部性能的改进,就能够在美国专利商标局步骤2A第2阶段的审查中被判定为从融入计算机硬件这一实际应用。

欧美的司法实践历程对中国、日本、韩国都有一定影响,最终殊途同归。

---

[1] T 0641/00 (Two identities/COMVIK) of 26.9.2002 [EB/OL]. (2002-09-26) [2023-04-08]. https://www.epo.org/law-practice/case-law-appeals/recent/t000641ep1.html.

[2] United States Patent and Trademark Office: Examination Guidelines for Computer-Related Invention (issued on February 16, 1996; effective on March 29, 1996), 61 Federal Register 7478 (Feb. 28, 1996).

[3] Alice Corp. v. CLS Bank Int'l, 573 U.S. 208 (2014).

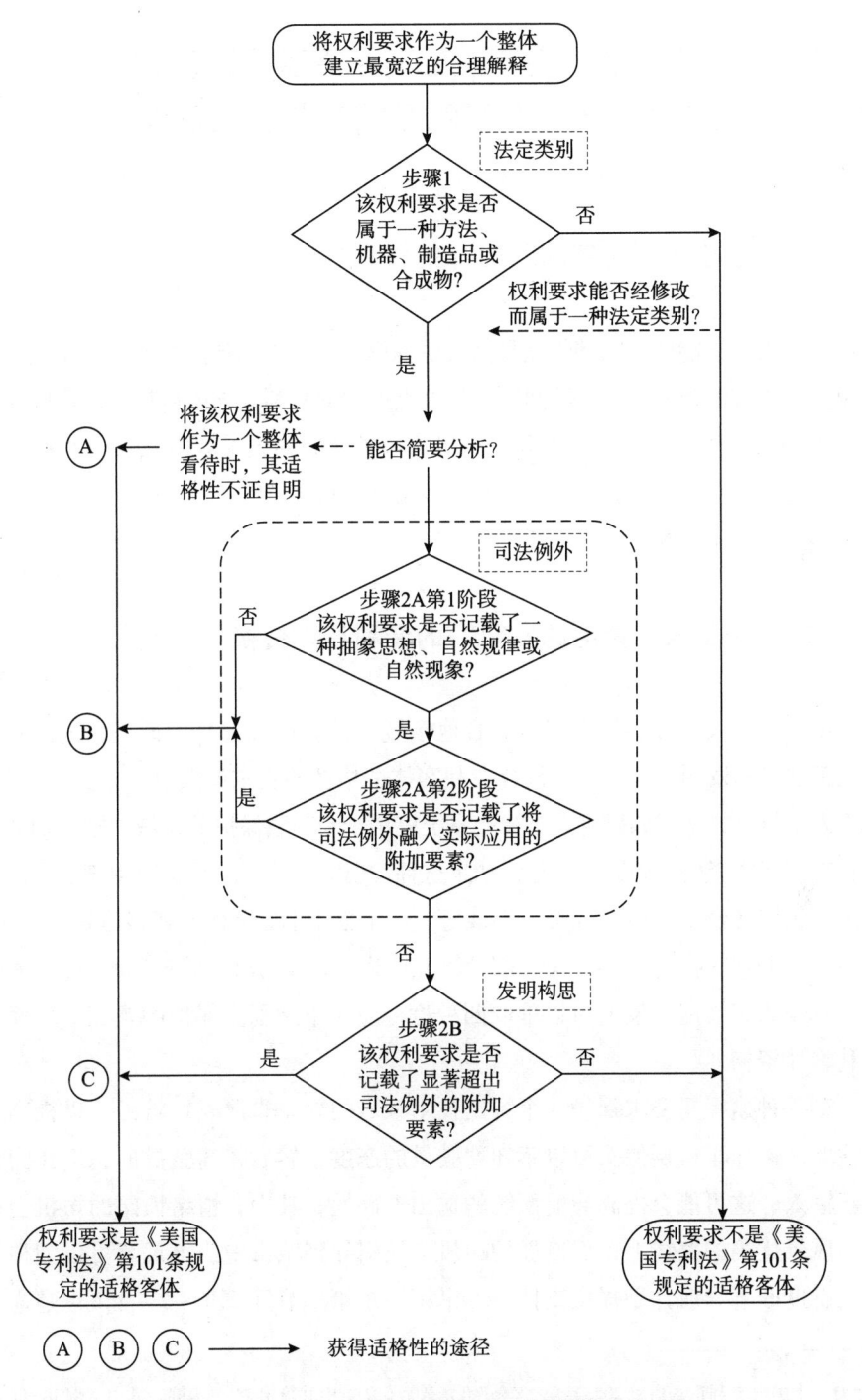

图 2-1-3　美国专利商标局现行客体适格性审查流程

资料来源：根据美国专利商标局《2019 年 10 月专利客体适格性指南更新》整理。

第二节 世界主要专利审查机构应对"基于人工智能的发明"的政策焦点

一、"基于人工智能的发明"的权利要求特点

基于人工智能的发明的特点是其发明构思在于将人工智能系统应用于其他特定领域，解决其他领域中存在的问题，且这类发明的权利要求中包括有计算机程序。

基于人工智能的发明是专利审查机构最常遇到的人工智能相关专利申请，在中国《专利审查指南2023》第二部分第九章第6.2节❶中的人工智能示例中，除了示例1，其余均属于此类发明。

二、"基于人工智能的发明"的专利客体资格

由于基于人工智能的发明是对其他领域（计算机外部）的改进，因此对于基于人工智能的发明而言，是否符合专利客体适格性的要求的关键在于其应用场景。基于人工智能的发明如果将人工智能系统应用于专利法保护的领域，则它们通常不会有专利客体资格的问题。但是，如果这种发明将人工智能系统应用于专利法不予保护的领域（例如金融、社交、游戏等），则它们可能会有专利客体资格的问题。中国《专利审查指南2023》第二部分第九章第6.2节给出的例6❷属于此类情形。

基于人工智能的发明可以采取四种途径应用于专利法保护的领域，从而获得专利客体资格。

第一种途径是要求保护一个特定技术领域的新（非常规）输入，以提高模型的性能。例如车载摄像头可以感知驾驶员的态度，然后将驾驶员的态度作为模型的新输入，这可能会提高导航系统的输出准确性。其中，情绪愤怒的司机会被引导到风景优美的路线上，而冷静的司机会被引导到城市中。该规范可以为根据驾驶人态度改善导航计划提供支持。本书第一章第二节【例1-2-5】也是通过第

---

❶ 中国《专利审查指南2023》第二部分第九章第6.2节中共给出15个示例。其中，例1、例2、例5、例6、例7、例9、例10、例11、例12、例14、例15属于人工智能相关发明；例3、例13属于互联网相关发明；例4属于区块链相关发明；例8属于商业方法相关发明。

❷ 国家知识产权局. 专利审查指南2023 [M]. 北京：知识产权出版社，2024：293-294.

一种途径获得专利客体资格。

第二种途径是要求保护在一个特定技术应用场景中对人工智能的架构进行改进。例如，图像识别系统可以使用传统的编码－解码器架构，而对编码－解码器架构的改进（例如，使用一种新的跳过连接类型）或使用新型架构解决了实际的技术问题。本书第一章第二节【例1－2－6】和【例1－2－7】也是通过第二种途径获得专利客体资格。

第三种途径是要求保护在一个特定技术应用场景中改进人工智能模型的训练过程。这种改进可能包括生成或使用一种新的训练数据类型和/或使用一种新的训练架构。例如，自动驾驶汽车可以通过在现实环境中导航时收集训练数据。如果可以使用合成数据，例如来自驾驶视频游戏的数据，而不是真实数据，那么训练过程可能会得到改进。如果能证明合成数据提高了自动驾驶模型的准确性，同时还降低了训练期间发生事故的风险，这种改进可以申请专利。中国《专利审查指南2023》第二部分第九章第6.2节给出的例2[1]、例5[2]、本书第一章第二节【例1－2－8】和【例1－2－9】也是通过第三种途径获得专利客体资格。

第四种途径是要求保护在一个特定技术领域中应用现有的人工智能模型，改进在于硬件或软硬件的结合方式而不在于人工智能本身。本书第一章第二节【例1－2－3】和【例1－2－4】也是通过第四种途径获得专利客体资格。

三、"基于人工智能的发明"的创造性

鉴于基于人工智能的发明比较容易通过专利客体适格性审查，对这类人工智能发明的审查重点在于新颖性和创造性。

在判断新颖性时，所有专利审查机构对基于人工智能的发明的全部特征都予以考虑。

在判断创造性时，除了欧洲专利局和中国国家知识产权局，其他专利审查机构均考虑基于人工智能的发明的全部特征。

（一）欧洲和中国——区别对待技术特征和非技术特征

1. 欧洲专利局的"两障碍法"和COMVIK法

在欧洲专利局，基于人工智能的发明如果将人工智能系统应用于专利法保护

---

[1] 国家知识产权局. 专利审查指南2023 [M]. 北京：知识产权出版社，2024：290－291.
[2] 国家知识产权局. 专利审查指南2023 [M]. 北京：知识产权出版社，2024：293.

的领域，那么单独看来是非技术特征的数学方法或计算机程序，如果在整个技术方案中能够产生进一步的技术效果，即对权利要求的技术性有贡献，则在创造性判断中予以考虑；如果在整个技术方案中不能产生进一步的技术效果，即对权利要求的技术性无贡献，则在创造性判断中不予以考虑。如果这种发明将人工智能系统应用于专利法不予保护的领域（例如，金融、社交、游戏等），即使权利要求记载了某个技术特征（例如，通用计算机）使其作为一个整体通过了专利客体适格性审查，那些单独看来无论是非技术特征还是技术特征（例如，通用计算机），如果在整个方案中只能产生非技术效果，即对权利要求的技术性没有贡献，则在创造性判断中不予考虑。欧洲专利局在创造性判断中对非技术特征的关注，导致其与其他专利审查机构相比，对创造性评价更严格。欧洲专利局2021年轰动全球的判例G 1/19[1]更新了其对这一类人工智能发明的创造性审查标准，即"两障碍法"和COMVIK法[2]。

"两障碍法"在适格性和创造性这两道障碍之间增加了一个"中间步骤"，这个额外的中间步骤是根据COMVIK法制定的。它相当于一个过滤器，进一步辨别每个特征是否有助于发明的技术性（即对发明的技术性有贡献），此时必须将发明上下文作为一个整体来考虑。原本在第一道障碍中单独来看的"技术特征"和"非技术特征"[3]，在"中间步骤"中将进一步划分成四种类型：①有贡献的技术特征；②无贡献的技术特征；③有贡献的非技术特征；④无贡献的非技术特征，从而潜在地与创造性的存在与否相关。类型①和类型④是不言而喻的，类型③已由判例T 641/00确立为：与权利要求中为解决技术问题的技术主题相互作用的非技术特征。如果特征本身具备技术性，但却因在要保护的发明中不具备技术功能而不能给发明的技术性带来贡献，则会出现类型②，例如判例T 258/03[4]和判例T 414/12[5]中仅用于解决商业方法、游戏规则类非技术问题的技术特征。[6]

---

[1] G 0001/19 (Pedestrian simulation) of 10.3.2021 [EB/OL]. (2021-03-10) [2023-04-01]. https://www.epo.org/law-practice/case-law-appeals/recent/g190001ex1.html.

[2] 安蕾. 人工智能在欧洲专利局新规则下获专利权的机遇：两障碍判断法与COMVIK判断法 [J]. 科技创新与应用，2022，12 (36)：31-36.

[3] 此处"非技术特征"是指被《欧洲专利公约（2000）》第52条第2款视为"非发明本身"的特征。

[4] T 0258/03 (Auction method/HITACHI) of 21.4.2004 [EB/OL]. (2004-04-21) [2023-04-08]. https://www.epo.org/law-practice/case-law-appeals/recent/t030258ep1.html.

[5] T 0414/12 of 10.4.2013 [EB/OL]. (2013-04-10) [2023-04-01]. https://www.epo.org/law-practice/case-law-appeals/recent/t120414eu1.html.

[6] 安蕾. 人工智能时代欧洲软件相关发明的专利保护实证研究 [J]. 中国发明与专利（知识产权情报学学报），2023，20 (8)：60-68.

2. 中国国家知识产权局的新审查标准

近年来，中国国家知识产权局在某种程度上借鉴了欧洲专利局的做法，但更关注的是特征之间的关系，而不是是否产生进一步的技术效果。基于人工智能的发明如果将人工智能系统应用于专利法保护的领域，则一般而言，权利要求中的算法特征与技术特征功能上彼此相互支持、存在相互作用关系，在新颖性和创造性判断中均予以考虑。中国《专利审查指南2023》第二部分第九章第6.2节给出的例11、例12、例13和例15属于此类情形。[1] 但是，如果这种发明将人工智能系统应用于专利法不予保护的领域（例如，金融、社交、游戏等），则即使权利要求作为一个整体通过了专利客体适格性审查，其中记载的与技术特征并非功能上彼此相互支持、存在相互作用关系的特征在创造性审查时不予考虑。中国《专利审查指南2023》第二部分第九章第6.2节给出的例14属于此类情形。[2]

（二）日本和韩国——赋予"本领域技术人员"新内涵

尽管日本特许厅和韩国特许厅在判断基于人工智能的发明的新颖性和创造性时，不区分技术特征和非技术特征，要求必须考虑权利要求记载的全部特征，但这两个审查机构分别在其各自针对新领域发明的审查指南[3]中对基于人工智能的发明的"本领域技术人员"予以专门规定，并细化了基于人工智能的发明的新颖性和创造性判断标准。

1. 日本特许厅的"多因素推理法"

日本特许厅在判断一项发明是否显而易见时，采用"多因素推理法"，这是日本特许厅独有的审查方法。如图2-2-1所示，"多因素推理法"包括正反两方面的推理。

（1）首先考虑支持不具备创造性的各种因素，包括：①将第二现有技术应用于第一现有技术的动机；②第一现有技术的设计变更；③单纯现有技术的拼凑。其中，第①种和第②种类型各包含四种考虑因素，参见表2-2-1[4]。

---

[1] 国家知识产权局.专利审查指南2023［M］.北京：知识产权出版社，2024：298-304.
[2] 国家知识产权局.专利审查指南2023［M］.北京：知识产权出版社，2024：302-303.
[3] 日本特许厅在《日本发明·实用新型审查手册》附件B第1章"计算机软件相关发明"、《人工智能相关技术案例》（Case Example pertinent to AI-related technology）和《漫画版审查指南：人工智能/物联网技术》中，韩国特许厅在《人工智能领域审查实践指南》中，分别对基于人工智能的发明的新颖性、创造性审查基准予以细化。
[4] Japan Patent Office：Examination Guidelines for Patent and Utility Model in Japan（April 1，2023）Part Ⅲ Chapter 2：3-15.

```
                    ┌──────────────────────────────────┐
                    │（1）考虑支持不具备创造性的各种因素  │
                    └──────────────────────────────────┘
                                    │
※推理本领域技术人员           • 将第二现有技术应用于
能够很容易地得出要求             第一现有技术的动机
保护的发明                     • 设计变更
                               • 单纯现有技术的拼凑
                                    │
                              ◇ 推理（※）是否 ◇ ── 否 ──→ 具备创造性
                              ◇    成立?    ◇
                                    │
                                    是
                                    ↓
                    ┌──────────────────────────────────┐
                    │（2）考虑支持具备创造性的各种因素  │
                    └──────────────────────────────────┘
                                    │
                              • 有益效果
                              • 阻碍因素
                                    │
                  是 ── ◇ 推理（※）是否 ◇ ── 否
                         ◇    成立?    ◇
                   ↓                          ↓
              不具备创造性                具备创造性
```

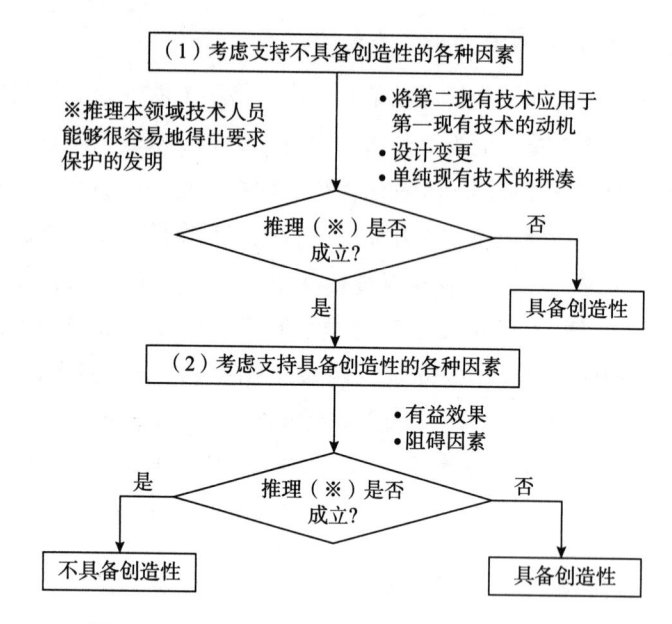

图 2-2-1　日本特许厅多因素推理法的审查流程

资料来源：Japan Patent Office：Examination Guidelines in Manga：AI/IoT Edition（April 1，2023）Chapter 4：12.

表 2-2-1　推理的主要因素

支持不具备创造性的因素	支持具备创造性的因素
①将第二现有技术应用于第一现有技术的动机 a. 技术领域的相关性 b. 要解决的问题的相似性 c. 功能或作用的相似性 d. 现有技术中的启示	①有益效果 a. 要求保护的发明具有与现有技术不同性质的效果，并且该领域技术人员无法根据申请时的技术状况预料到该效果 b. 要求保护的发明具有与现有技术虽然性质相同但明显更优的效果，并且该领域技术人员无法根据申请时的技术状况预料到该效果
②第一现有技术的设计变更 a. 从公知材料中选择最合适的材料 b. 最佳或优选的数值范围 c. 等同材料的置换 d. 应用于特定技术所伴随的设计变化或设计选择	②阻碍因素 a. 将第二现有技术应用于第一现有技术，背离了第一现有技术的目的 b. 将第二现有技术应用于第一现有技术，第一现有技术不能充分发挥其功能 c. 第一现有技术明显排除了第二现有技术的应用，其不能被第一现有技术采用 d. 在载有第二现有技术的出版物中，第二现有技术在作用或效果上不如其他实施方式，因此本领域技术人员不会应用第二现有技术

续表

支持不具备创造性的因素	支持具备创造性的因素
③单纯现有技术的拼凑 权利要求的要素之间在功能或作用上彼此不相关	—

资料来源：根据《日本发明·实用新型审查指南》（Examination Guidelines for Patent and Utility Model in Japan）第3部分第2章整理。

（2）如果在上述步骤（1）中推理不成立，则要求保护的发明具备创造性。

（3）如果在上述步骤（1）中推理成立，则继续考虑支持具备创造性的各种因素，包括：①有益效果；②阻碍因素（不同引用文献之间在技术上存在障碍而不能结合）。其中第①种类型包含两种考虑因素，第②种类型包含四种考虑因素，参见表2-2-1[1]。

（4）如果在上述步骤（3）中推理不成立，则要求保护的发明具备创造性。如果在上述步骤（3）中推理成立，则要求保护的发明不具备创造性。

日本特许厅在《人工智能相关技术案例》中通过5个案例，从3个层面细化了基于人工智能的发明的多因素推理法的判断标准。[2]

（1）单纯人工智能的应用

这一层面涉及对表2-2-1中"支持不具备创造性的因素"中的"技术领域的相关性"的细化。

如果人工智能发明仅仅是利用人工智能将人类执行的任务（例如，由人类手动计算的公式、操作方法）系统化以使其由计算机来处理，则该发明不具备创造性。如果人工智能发明仅仅是对根据输入数据来生成预测结果的预测方法进行修改，单纯地将其中的数学方程替换为神经网络，则这种改进的效果是本领域技术人员能够预期的，该发明不具备创造性。

（2）训练数据的修改

这一层面涉及对表2-2-1中"支持不具备创造性的因素"中的"单纯现有技术的拼凑"和"支持具备创造性的因素"中"有益效果"的细化。

如果人工智能发明通过增加机器学习的训练数据，产生了显著的有益效果，则该发明具备创造性。如果对机器学习的训练数据的修改仅仅是已知数据的组

---

[1] Japan Patent Office：Examination Guidelines for Patent and Utility Model in Japan（April 1，2023）Part Ⅲ Chapter 2：3-15.

[2] Japan Patent Office：Case Examples pertinent to AI-related technology（January 30，2019），p5.

合，则这种组合的效果是本领域技术人员能够预期的，该发明不具备创造性。

（3）训练数据的预处理

这一层面涉及对表 2-2-1 中"支持具备创造性的因素"中"有益效果"的细化。

如果人工智能发明对输入数据的预处理未被公开且能产生有益效果，则具备创造性。

2. 日本特许厅中基于人工智能的发明的"本领域技术人员"内涵

在日本特许厅，基于人工智能的发明适用《日本发明·实用新型审查手册》附件 B 第 1 章"计算机软件相关发明"的新颖性和创造性判断标准：

（1）新颖性和创造性的判断对象是要求保护的发明。权利要求中记载的所有内容和术语必须作为考虑对象，应当将发明作为一个整体来看待，不能将其划分为人为安排或系统化方法。

（2）对应用于某一特定领域的软件相关发明而言，本领域技术人员是指具备"该特定领域的技术常识或普通知识"和"计算机技术领域的技术常识"，能够知晓申请日前本发明的技术领域（特定领域和计算机技术领域）中的所有现有技术，知晓该领域中与本发明要解决的问题相关的一切技术内容，能够使用常规手段进行研究或开发（包括文献分析、实验、分析和制造）的人，是专利法中能够发挥普通创造能力（包括选择材料、设计变更)[1]的假想人。应当将本领域技术人员视为是由来自多个技术领域的"专家团队"来考虑，这比将其视为一个人更贴切。

（3）将某一特定领域使用的计算机技术步骤、手段等应用于另一特定领域，以达到规定的目的，是软件相关发明技术领域的通行做法。因此，将各种特定领域中的计算机技术简单组合或将其应用于其他特定领域，属于本领域技术人员的普通创造活动，不具备创造性。

（4）涉及软件或计算机化的问题经常是计算机技术的通用的普通问题。例如，"通过人工智能或模糊理论使判断精度提高"。审查员在判断要求保护的发明的创造性时，将其视为计算机技术领域的普通问题。

（5）由计算机系统化产生的诸如"可进行快速处理"、"可处理大量数据"、"可减少错误"或"可作出准确预测"等效果，往往是进行系统化的必然效果。

---

[1] 日本特许厅认为，本领域技术人员能够发挥普通创造能力，因此"发挥普通创造能力"不能带来创造性。

审查员在根据这些效果来判断要求保护的发明的创造性时，应当注意这些效果通常是本领域技术人员所能预期的。

3. 韩国特许厅中基于人工智能的发明的"本领域技术人员"内涵

韩国特许厅在判断基于人工智能的发明的新颖性和创造性时，与日本特许厅一样，要求考虑权利要求中的所有特征，判断方法与中国国家知识产权局的"三步法"和欧洲专利局的"问题－解决方案"法基本一致。但其在《人工智能领域审查实践指南》中细化了基于人工智能的发明的新颖性和创造性审查基准：

（1）判断新颖性和创造性的发明是权利要求中记载的发明。在确定发明时，必须注意，有机结合的发明组成部分必须作为一个整体来确定，而不能拆解各组成部分。

（2）对要求保护的发明和现有技术的等同性的认定，应当结合人工智能训练模型的具体实施手段（训练数据、数据预处理方法、训练好的模型、损失函数等），提取二者在结构上的相同点和区别。如果要求保护的发明和现有技术在结构上有区别，它们就不是同一发明；如果没有区别，要求保护的发明和现有技术就是同一发明。在这种情况下，相同包括基本相同。

（3）人工智能技术领域的普通技术人员是指具备"人工智能技术领域的技术常识"，能够获得并使用与申请发明主题相关的、申请日前现有技术的一切知识，能够使用普通手段进行研究或开发（包括实验、分析和制造）的人，是专利法中**能够发挥普通创造能力（包括设计变更）**❶的假想人。

（4）将某一领域使用的方法、手段等简单组合或应用于某一特定领域，以达到规定的目的，是人工智能技术领域的通行做法，因此，将各领域使用的技术简单组合或应用于某一特定领域，属于普通技术人员的普通创造活动，如果在组合和应用中不存在技术困难（技术阻碍因素），除非有重大技术效果等特殊情况，否则不承认有创造性。

（5）由人工智能训练模型产生的诸如"可进行快速处理"、"可处理大量数据"、"可减少错误"或"可作出准确预测"等效果，往往是实施基于人工智能的发明的必然效果。审查员在根据这些效果来判断要求保护的发明的创造性时，应当注意这些效果通常是本领域普通技术人员所能预见到的。

属于本领域普通技术人员发挥普通创造能力的情况包括：

---

❶ 韩国特许厅认为，本领域普通技术人员能够发挥普通创造能力。因此，"发挥普通创造能力"不能带来创造性。

（1）简单增加申请前已知的人工智能技术

如果权利要求书只是说"使用人工智能技术"，而没有说明实现人工智能训练模型的技术配置（数据预处理、学习模型等），则可能属于本领域普通技术人员发挥普通创造能力，仅仅是将申请前已知的人工智能技术作为解决问题的具体手段进行补充。

（2）利用已知的人工智能技术将人类执行的任务或商业方法简单系统化

在有些情况下，申请并没有具体公开如何利用人工智能的技术配置（学习数据预处理、学习模型等）将人在特定领域执行的任务或业务方法系统化，而只是简单地说明是利用人工智能技术实现的，现有技术公开了人类在该领域执行的任务或商业方法是由计算机系统化的。在这种情况下，本领域普通技术人员只需用本申请中公开的人工智能技术替代计算机，即可将人类执行的任务或商业方法系统化，这属于本领域普通技术人员发挥普通创造能力。

（3）由于人工智能技术的具体应用而导致的简单设计变更

如果要求保护的发明采用了现有技术的技术构思，两者在解决问题的具体手段上的区别仅仅是由已知人工智能训练模型的改变引起的，并且不具有比预测效果更好的效果，除非有特殊情况，否则就等同于本领域普通技术人员发挥普通创造能力。但是，如果这种区别具有改变发明结果的效果，并且这种更好的效果又超出了本领域普通技术人员的一般预见能力，那么就具备创造性。

（4）周知惯用手段的增加或者公知等同手段的替换

如果要求保护的发明与现有技术在结构上的区别只是增加了通常使用的手段（周知惯用手段），或者将一部分要素替换为公知的等同手段，则属于本领域普通技术人员发挥普通创造能力。

如果发明与现有技术在训练数据和训练模型的具体配置上存在区别，并且发明的效果优于已知现有技术所预期的效果，则具备创造性。例如，基于人工智能的发明与现有技术的区别在于，为执行特定任务而训练好的、具有独特输出信息的模型，或者具有特定结构、可提供强大信息或独特信息的数据；并且这些信息可以通过处理得到更好的利用。那么，相应的效果可以作为具备创造性的依据。

（三）美国和英国——未细化创造性判断标准

美国专利商标局和英国知识产权局没有针对基于人工智能的发明细化创造性判断标准，其审查方法与其他发明没有本质不同。

四、"基于人工智能的发明"的充分公开

作为一个原则，专利以公开发明换专利保护。由于对新领域新业态发明的专利客体适格性判断越来越依赖于说明书中公开的内容，各专利审查机构对于基于人工智能的发明的充分公开要求主要是为其具备专利客体适格性服务的。美国专利商标局在其审查指南第2161.01（Ⅰ）节写道："在审查计算机实施的功能性权利要求时，审查员应判定说明书是否充分、详细地公开了执行权利要求所述功能的计算机和算法（例如，必要步骤和/或流程图）并且提供了充分的信息，以使所属领域的普通技术人员能够合理地得出结论：发明人在提交申请时已拥有要求保护的客体。"

如果某个国家/地区对这类发明的专利客体适格性要求比较低，那么其对这类发明的说明书充分公开的要求往往也会比较低。以欧洲专利局和英国知识产权局为例，其对于基于人工智能的发明的说明书充分公开没有特殊要求。

由于中国国家知识产权局在判断基于人工智能的发明的专利客体适格性的关键在于技术特征是否与算法特征功能上彼此相互支持、存在相互作用关系，因此其对这类发明的说明书充分公开的要求是应当写明技术特征和与其功能上彼此相互支持、存在相互作用关系的算法特征如何共同作用并且产生有益效果。

由于日本特许厅和韩国特许厅在判断基于人工智能的发明的专利客体适格性的关键在于软件执行的信息处理是否使用权利要求中的硬件来具体实现，因此其对这类发明的说明书充分公开的要求是应当写明怎样通过硬件或软件来执行和实现权利要求中的技术步骤或功能。如果仅通过功能框图或流程图来表示，且本领域技术人员根据发明专利申请时的技术常识不能理解如何构成硬件或软件，则要求保护的发明不能实施，不满足充分公开的要求。❶

【例2-2-1】小i机器人案

专利权人上海智臻智能网络科技股份有限公司（以下简称"上海智臻"）持有关于聊天机器人系统（简称"小i机器人"）的中国专利 ZL200410053749.9。授权专利的权利要求1如下：

---

❶ Japan Patent Office: Examination Handbook for Patent and Utility Model in Japan Annex B (July 1, 2023) Chapter 1: 3–4; Korean Intellectual Property Office: Examination Practical Guide by Technical Field (May 2023): 1201–1203.

一种聊天机器人系统，至少包括：

一个用户；和一个聊天机器人，该聊天机器人拥有一个具有人工智能和信息服务功能的人工智能服务器及其对应的数据库，该聊天机器人还拥有通讯模块，所述的用户通过即时通讯平台或短信平台与聊天机器人进行各种对话，其特征在于，该聊天机器人还拥有查询服务器及其对应的数据库和游戏服务器，并且该聊天机器人设置有一个过滤器，以用来区分所述通讯模块接收到的用户语句是否为格式化语句或自然语言，并根据区分结果将该用户语句转发至相应的服务器，该相应的服务器包括人工智能服务器、查询服务器或游戏服务器。

上海智臻认为苹果电脑贸易（上海）有限公司（以下简称"苹果"）的 Siri 功能与其专利技术具有相同的功能，于 2012 年 6 月在上海市第一中级人民法院以苹果为被告提起专利侵权诉讼。作为对策，苹果在国家知识产权局专利复审委员会[1]对上海智臻的专利提起专利无效宣告请求，公开不充分为专利无效宣告请求的理由之一。该案被视为中国首例人工智能发明侵权与无效案件。专利复审委员会认定专利权有效。苹果随后以专利复审委员会为被告向北京知识产权法院提起专利行政诉讼，但北京知识产权法院维持了专利复审委员会的决定。苹果随后向北京市高级人民法院提起上诉。

2015 年 4 月，北京市高级人民法院判决该专利未充分公开聊天机器人的机制，致使本领域技术人员无法获得用户如何与聊天机器人交互以玩游戏（被视为本发明相对于现有技术的区别特征）的技术效果。特别是，说明书没有清楚地描述如何分析输入格式语句和/或自然语言，然后将与游戏相关的内容发送到游戏服务器。

2020 年 6 月，最高人民法院再审判决撤销北京市高级人民法院的判决，维持北京知识产权法院的判决和专利复审委员会的决定，即专利权最终被维持有效。最高人民法院认定涉案专利限定的游戏服务器的功能是通过格式化语句调用现有的成熟的游戏模块实现的，而使用格式化语句调用游戏模块实现游戏功能属于与现有技术共有的技术特征，不是区别技术特征，因而对充分公开的要求较低。本领域技术人员能够获知该领域中所有的现有技术，有应用常规实验手段的能力，可以自行检索现有技术以实现共有技术特征的功能，无需说明书给出具体指引。

---

[1] 根据 2018 年 11 月国家知识产权局机构改革方案，"专利复审委员会"更名为"专利局复审和无效审理部"。——编辑注

因此，该案中，本领域的技术人员基于知识水平能够知道如何实现游戏服务器的技术特征，从而该技术手段已被充分公开。

五、主要国家/地区对"基于人工智能的发明"的审查政策对比

表2-2-2列出主要国家/地区的专利审查机构对"基于人工智能的发明"的审查政策趋势对比。其中，中国、日本、韩国和英国对此类人工智能发明有专门的术语定义，并发布了专门的、细化的审查指南。对于未定义此类人工智能发明的美国和欧洲，表2-2-2列出其与之相应的审查政策。

从表2-2-2可见，基于人工智能的发明获得可专利性（包括四项要求：专利客体适格性、新颖性[1]、创造性和实用性[2]）的途径为：首先，应用场景中应当存在技术特征；其次，对人工智能的创新应当与应用场景相融合[3]。何为"相融合"？从特征之间的关系来看，各国/地区专利审查机构的表述形式可能有所不同。中国国家知识产权局的表述为"功能上彼此相互支持、存在相互作用关系"，美国专利商标局的表述为"将抽象思想融入特定应用"，更具体的解释是"以某种有意义的方式应用或使用抽象思想，而不仅仅是将抽象思想与特定技术环境相关联，从而使权利要求整体上并不是旨在通过撰写工作垄断抽象思想"[4]，欧洲专利局的表述为"有助于主题的技术性"，日本特许厅和韩国特许厅的表述为"软件执行的信息处理是使用硬件具体实现的"，英国知识产权局的表述为"所主张的技术效果不仅仅存在于法定排除对象上"。从效果上看，各专利审查机构趋于一致，即必须体现对应用场景的技术改进，而不认可非技术性改进。

此外，各专利审查机构的说明书充分公开标准与其专利客体适格性标准相对应。

---

[1] 在各专利审查机构中，基于人工智能的发明新颖性判断与其他发明一样。
[2] 基于人工智能的发明通常没有实用性问题。
[3] 欧洲专利局将这一要求后置到创造性判断时重构技术方案的步骤中，而不在专利客体适格性判断步骤。
[4] 84 Fed. Reg. at 53.

表 2-2-2　主要国家/地区对"基于人工智能的发明"的可专利性审查政策对比

审查政策	中国	美国	欧洲	日本	韩国	英国
术语	基于人工智能算法或模型的功能或领域应用	未专门定义	未专门定义	人工智能应用发明	人工智能应用发明	应用人工智能发明
专利客体适格性的标准和判断方法	同表 2-1-1					
不具有专利客体资格的场景	计算机程序 + 法定排除对象（例如商业方法）	计算机程序 + 司法例外（例如组织人类活动的方法）	计算机程序 + 法定排除对象（例如游戏或商业方案、规则和方法）	计算机程序 + 非技术思想	计算机程序 + 非技术思想	计算机程序 + 法定排除对象（例如商业方法或信息、数据处理）
获得专利客体适格性的途径	1. 记载技术特征；并且 2. 算法特征与技术特征功能上彼此相互支持、存在相互作用关系	2A-2. 将抽象思想融入特定应用：改进其他技术或特定技术领域；或者 2B. 记载特定的非公知、惯用或常规的限定❶	记载技术特征	1. 具体进行设备控制或根据物体的技术特性具体进行信息处理；或者 2. 软件执行的信息处理使用权利要求中的硬件来具体实现	1. 具体进行设备控制或根据物体的技术特性具体进行信息处理；或者 2. 软件执行的信息处理使用权利要求中的硬件来具体实现	1. 体现或执行存在于计算机之外的技术过程；或者 2. 有助于解决计算机之外的技术问题；或者 3. 让计算机更好地工作
判断创造性的特别事项	与技术特征并非功能上彼此相互支持、存在相互作用关系的特征不予考虑	无	无助于主题技术性的非技术特征不予考虑	无明显变化，但有细化规定❷	无明显变化，但有细化规定❸	无

---

❶ "2A-2"和"2B"是图 2-1-3 中的步骤 2A 第 2 阶段和步骤 2B。

❷ 日本特许厅在《日本发明·实用新型审查手册》附件 B 第 1 章 "计算机软件相关发明"、《人工智能相关技术案例》和《漫画版审查指南：人工智能/物联网技术》中对基于人工智能的发明的新颖性、创造性审查基准予以细化。

❸ 韩国特许厅在《人工智能领域审查实践指南》中对基于人工智能的发明的新颖性、创造性审查基准予以细化。

续表

审查政策	中国	美国	欧洲	日本	韩国	英国
说明书充分公开的特别要求	写明技术特征和与其功能上彼此相互支持、存在相互作用关系的算法特征如何共同作用并且产生有益效果	充分、详细地公开执行权利要求所述功能的计算机和算法（例如必要步骤和/或流程图）	无	写明怎样通过硬件或软件来执行和实现权利要求中的技术步骤或功能	写明怎样通过硬件或软件来执行和实现权利要求中的技术步骤或功能	无
专门指南	同表2–1–1					

资料来源：根据公开资料整理。

第三节 "人工智能辅助的发明"对专利审查机构挑战的焦点问题

一、"人工智能辅助的发明"的权利要求特点

人工智能辅助的发明的特点是人工智能是方案的执行者，并且权利要求中并未直接记载算法特征或计算机程序。人工智能辅助的发明与基于人工智能的发明都是将人工智能作为工具，两者权利要求之间的区别是：①前者的权利要求不记载算法特征或计算机程序，后者的权利要求记载有算法特征或计算机程序；②人工智能是执行前者的工具，人工智能是后者的一部分。

二、"人工智能辅助的发明"对充分公开的法理挑战

在人工智能辅助的发明中，由于人工智能不是权利要求的要素，按照"公开换保护"的现有原则，申请人根本不必披露其使用了人工智能。也就是说，审查员和公众几乎不了解申请人在研发过程中使用人工智能的情况。也许已经有很多发明都是使用人工智能创造出来但并未公开其使用了何种人工智能。然而，作为"黑箱"的人工智能无法解释为什么其会产生预测结果，本领域技术人员可能理

解、也可能不理解如何操作发明、如何解决技术问题。因此，人工智能正在可能改变专利法中充分公开的概念。

日本特许厅对此类发明的公开不充分法理进行了讨论并提出，仅仅描述由人工智能预测结果的说明书是不充分的，必须通过以下方式验证人工智能在说明书中的预测：①实际实验；或者②普通技术知识。2019年日本特许厅发布的《人工智能相关技术案例》中的案例51[1]对这类发明的充分公开审查给出了一定指引。

【例2-3-1】公开不充分的厌氧黏合剂组合物

一种厌氧黏合剂组合物，包括：

0.08%～3.2%质量的化合物A，

0.001%～1%质量的化合物B，和

含有厌氧可固化（甲基）丙烯酸酯单体的残渣，

其中，厌氧黏合剂组合物在开始固化的5分钟内的固化强度可以达到固化24小时后固化强度的30%或以上。

日本特许厅认为，根据说明书中所述，申请时本领域公知难以控制厌氧黏合剂组合物以便在固化开始后5分钟左右快速升高固化温度，以及各种生产条件，如聚合物材料、自由基引发剂或自由基还原剂的类型、组合或组合比例，彼此紧密相互作用。

本说明书仅公开使用一个训练模型，预测只要组合物符合权利要求1中规定的组合比，就能够在开始固化的5分钟内固化强度达到固化24小时后固化强度的30%或以上，并没有验证该训练模型预测值的准确性，并且训练模型的预测结果可以代替实际的实验结果也不是申请时的公知常识。说明书中没有任何实施方案可以证明如下事实：通过实际生产包含0.08%～3.2%质量化合物A、0.001%～1%质量化合物B和含有厌氧可固化（甲基）丙烯酸酯单体残余物的组合物，然后测量固化强度，即可实现所要求保护的组合物在开始固化的5分钟内固化强度达到固化24小时后固化强度的30%或以上。

因此，根据说明书的记载和提交申请时的公知技术常识，说明书没有公开清楚、充分的内容，以使本领域技术人员能够实施权利要求1所述的发明，并实现本发明的目的：提供一种厌氧黏合剂组合物，其能够在开始固化的5分钟内固化强度达到固化24小时后固化强度的30%或以上。

---

[1] Japan Patent Office：Newly Added Case Examples for AI - Related Technologies（January 30, 2019）：25-27.

笔者认为，对于人工智能辅助的发明而言，作为操作员的人类视为发明人。如果发明创造依赖无自主或半自主的特定人工智能完成，仅仅用文字简单表述"使用人工智能"这几个字显然不足以对发明创造的过程充分公开。但由于人工智能存在固有的"黑箱"问题，操作员只能知晓特定人工智能实现的功能，无法知晓和描述特定人工智能是如何工作的。因此应当引进新的公开方式作为说明书内容的补充，本书将在第五章第三节详细阐述。

三、"人工智能辅助的发明"对创造性的法理挑战

当人工智能被用作发明过程中的工具时，其使本领域技术人员更容易找到给定技术问题的解决方案，从而有可能提高创造性的门槛。随着人工智能被企业采用得越来越普遍，许多发明都是使用人工智能创造出来但在专利申请中并不公开其对人工智能的使用。从这个意义上而言，在人工智能渗透性和融合度较高的产业领域，无论发明人是否记载其发明构思中使用了人工智能，将本领域技术人员修改为在通用计算机上使用人工智能的假设人是合理的。人工智能会使本领域技术人员更容易找到传统技术难以找到的解决方案，对于本领域技术人员使用现有人工智能就能轻易创造的发明，没有必要授予专利激励。因此，人工智能可能正在提高专利法中的创造性/非显而易见性的门槛。

参考美国《专利审查操作指南》[1] 第 2143 节显而易见性表面证据的基本要求示例（E）："'显而易见的尝试'——从数量有限的可识别、可预测的解决方案中进行选择，并有合理的成功预期。"人类的无限数量可能是人工智能的有限数量，更容易确定"显而易见的尝试"。例如，2000 多万种备选方案对人类来说可能是巨大的，但对人工智能来说可能并非如此。本书将在第五章第三节详细讨论。

四、"人工智能辅助的发明"对发明人身份的法理挑战

人工智能正在人类科研和创新过程中发挥不可或缺的辅助作用。2023 年 10 月 30 日，时任美国总统拜登发布《关于安全、可靠和可信地开发和使用人工智能的行政命令》(Executive Order on the Safe, Secure, and Trustworthy Development

---

[1] United States Patent and Trademark Office：Manual of Patent Examining Procedure（MPEP）Ninth Edition（Revision 07. 2022，Published February 2023）.

and Use of Artificial Intelligence）（以下简称《行政命令》），要求美国专利商标局局长"在《行政命令》发布之日起 120 天内，向美国专利商标局审查员和申请人发布，如何应对在发明过程中使用人工智能（包括生成式人工智能）和发明人身份的指南，包括人工智能系统在发明过程中发挥不同作用的说明性示例，还包括在每个示例中应如何分析发明人身份的问题"。

2024 年 2 月 13 日，美国专利商标局发布《人工智能辅助的发明的发明人身份指南》（Inventorship Guidance for AI–Assisted Inventions），其中指出：如果自然人对发明作出了实质性贡献，就能够被指定为发明人，可以就该发明寻求专利保护；相反，如果自然人仅仅发现问题并向人工智能系统提出该问题，则不足以被指定为发明人，这种利用人工智能完成的发明没有资格获取专利。

根据美国最高法院和美国联邦巡回上诉法院（Court of Appeals for the Federal Circuit, CAFC）的司法解释，构思是确定发明人身份的检验标准。构思通常是指一种思想活动或发明的思想部分。具体来说，"它是'在发明人头脑中形成的关于完整、可操作的发明的一个清晰稳定的思想，并能够在后来付诸实践'"。❶ 法院认为，构思是一种在头脑中完成的活动，目前它只能被理解为由自然人完成。为了评估自然人在发明创造过程中的贡献，美国专利商标局采用了美国最高法院在 Pannu 案中提出的 Pannu 因素，❷ 即在专利申请中署名的每一个发明人必须满足以下条件：

（1）以某种显著的方式对发明构思或将发明付诸实践作出了贡献；

（2）以整个发明为维度来衡量，对要求保护的发明质量所作贡献并非不显著；以及

（3）不仅仅是向真正发明人解释了公知构思和/或现有技术。

《人工智能辅助的发明的发明人身份指南》对确定发明人身份给出以下指导原则：

（1）自然人在创造人工智能辅助的发明时使用人工智能系统并不会否定该自然人作为发明人的贡献。自然人对人工智能辅助的发明作出实质性贡献的，可以被列为发明人或者共同发明人。

（2）仅仅认识到一个问题或追求一个总体目标或研究计划，并没有上升到构思的水平。仅向人工智能系统提出问题的自然人，不能被确定为人工智能系统

---

❶ Burroughs Wellcome, 40 F. 3d at 1228.
❷ Pannu. 155 F. 3d at 1351.

产出物的发明人或共同发明人。然而，人们根据特定问题构建提示符从而由人工智能系统中引出特定的解决方案的方式可以被视为实质性贡献。

（3）将一项发明付诸实践本身并不是上升到发明人资格水平的实质性贡献。因此，当自然人仅仅认识并理解人工智能系统产出物是一项发明时，特别是当该产出物的属性和效用对于本领域技术人员来说是显而易见时，这个自然人不一定是发明人。然而，利用人工智能系统的产出物并对该产出物作出实质性贡献来创造发明的人是适当的发明人。或者，在某些情况下，使用人工智能系统产出物作出了成功实验的自然人可以证明该自然人对发明作出了实质性贡献，即使该自然人在发明被付诸实践之前无法建立构思。

（4）自然人开发了一种基本构建模块，而要求保护的发明衍生自该基本构建模块，则该自然人可以被认为对所要求保护发明的构思提供了实质性贡献，即使该自然人没有出席或参与导致所要求保护发明的构思的每一项活动。在某些情况下，针对特定问题设计、构建或训练人工智能系统以引出特定解决方案的自然人可以是发明人，其中人工智能系统的设计、构建或训练对由人工智能系统创造的发明作出了实质性贡献。

（5）保持对人工智能系统的"智力支配"本身并不能使一个自然人成为通过使用人工智能系统创造任何发明的发明人。因此，一个自然人仅仅拥有或监督用于创造发明的人工智能系统，而没有对该发明的构思作出实质性贡献，并不能使该自然人成为发明人。

《人工智能辅助的发明的发明人身份指南》还要求，申请人在"发明人"栏中必须仅填写符合上述指导原则的自然人。根据《美国专利法》规定，在专利申请中署名的发明人应当宣誓或声明。《人工智能辅助的发明的发明人身份指南》进一步指出，由于只有自然人才能被列为发明人或共同发明人，因此，不得提交任何代表人工智能系统的宣誓、声明或替代声明，即使人工智能系统对专利申请的一项或多项权利要求作出了贡献。

在美国众议院于 2024 年 4 月 10 日召开的听证会上，计算机与通信行业专家支持《人工智能辅助的发明的发明人身份指南》，提倡应当进一步要求发明人公开其使用人工智能的情况；生命科学行业专家却认为《人工智能辅助的发明的发明人身份指南》对发明人的贡献要求过于严苛，会阻碍发明人使用人工智能或公开其使用人工智能的情况；立法委员会成员则担心《人工智能辅助的发明的发明人身份指南》拒绝保护人工智能主导构思的发明，会导致发明人放弃利用人工智能研发药物。

此外，更进一步的问题是，当人工智能作为发明人的工具时，谁是发明人？数据提供者、人工智能模型开发者还是人工智能所有者？对于这个问题，美国专利商标局似乎仍然没有给出明确答案，而是建议通过合同/协议来明确。2024年12月31日，中国国家知识产权局发布《人工智能相关发明专利申请指引（试行）》，其中指出："对于人工智能辅助作出的发明，对发明创造的实质性特点作出了创造性贡献的自然人，可以署名为专利申请的发明人。"这与美国专利商标局规定类似。对此，本书将在第五章第三节详细讨论。

第四节 "人工智能生成的发明"对专利审查机构挑战的焦点问题

一、"人工智能生成的发明"的权利要求特点

人工智能生成的发明的特点是人工智能是方案的唯一创意者，人类除了提出要求，对发明过程没有任何干预。这一类人工智能发明的权利要求多样化，其表现形式可能跟前三类人工智能发明类似。人工智能生成的发明既可能是人工智能本身的改进，从而实现自身迭代；也可能是包括某种人工智能的发明；还可能完全未记载任何形式的算法特征或计算机程序。

DABUS生成的两项发明专利申请分别涉及食品容器和神经火焰，说明书附图分别见图2-4-1、图2-4-2。从权利要求来看，这两项发明与由人类创造的发明没有区别。前者权利要求中未记载任何形式的算法特征或计算机程序，而后者则包含了人工智能。

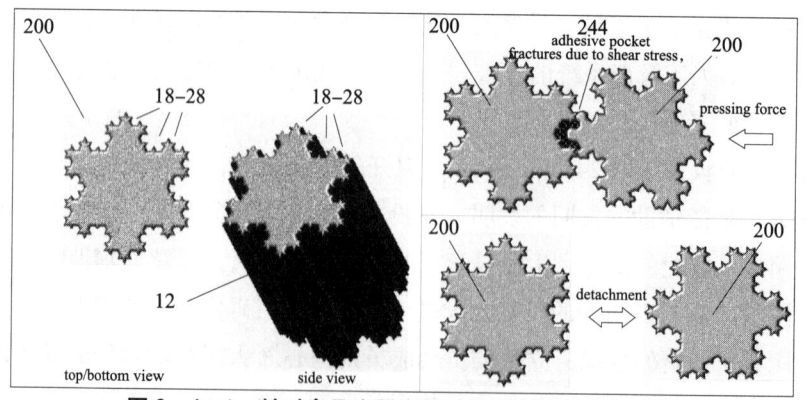

图2-4-1 针对食品容器发明的申请文件说明书附图

资料来源：世界知识产权组织。

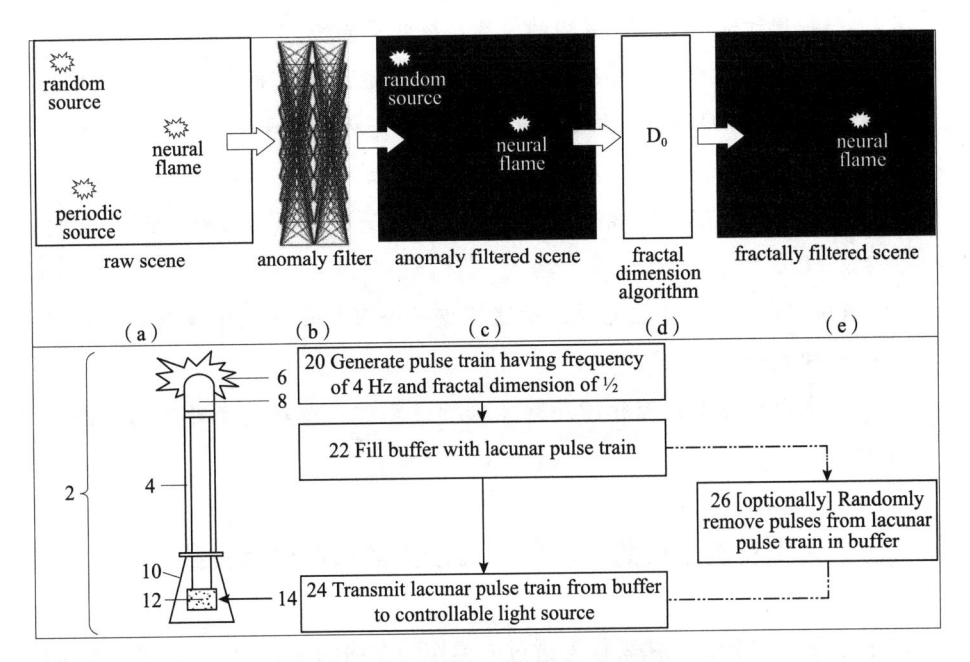

图 2-4-2　针对神经火焰的申请文件说明书附图

资料来源：世界知识产权组织。

【例 2-4-1】人工智能生成的食品容器发明

代表性权利要求 1 如下：

一种食品或饮料容器（10），包括：

大致圆柱形的壁（12），所述壁限定所述容器的内腔室，所述壁具有内表面（16）和外表面（14）并且具有均匀的厚度；

一个顶部和一个底部，在所述大致圆柱形的壁的两端；

其中所述壁（12）具有分形轮廓，所述分形轮廓在所述内表面（14）和所述外表面（16）中的对应表面上具有相应的凸凹分形元件（18-28）；

其中所述凸凹分形元件在所述壁（12）的轮廓中形成凹坑（40）和凸起（42）；

其中所述容器的壁是柔性的，以便其分形轮廓弯曲；

所述壁的分形轮廓可将多个所述容器通过相互啮合而耦合在一起；以及

所述壁的灵活性可分离所述或多个所述容器的任何耦合。

【例 2-4-2】人工智能生成的神经火焰发明

代表性权利要求 1 如下：

一种用于吸引增强注意力的装置，该装置包括：

（a）一个腔隙脉冲序列的输入信号，所述腔隙脉冲序列的脉冲频率约为 4 赫兹并且脉冲序列分形维数约为二分之一，所述信号由连续 300 毫秒间隔的随机行走产生，每一步具有相同幅度并代表满足分形维度方程"ln（输入了点火阈值的神经元网络截点数）/ln（300 毫秒采样间隔的总数）"的脉冲序列；以及

（b）至少一个可控光源，所述至少一个可控光源被配置为由所述输入信号脉冲式地操作；

其中由于所述腔隙脉冲序列，从所述至少一个可控光源发射一个神经火焰。

二、"人工智能生成的发明"对发明人身份的法理挑战

专利法制定之初，立法者仅考虑过人类作为发明的创意者——发明人，而从未想过有一天会有人类以外的创意者存在。当这一天到来时，泰勒博士及其法律团队通过两项人工智能生成的发明向世界 17 个国家/地区递交专利申请，挑战这些国家/地区的专利法对发明人身份的规定能否仅限于人类，以及是否允许将人工智能列为发明人。萨里大学法学院的法律和健康科学教授瑞恩·艾伯特一手打造了这一项目，并将其称为"人工智能发明者项目"。瑞恩·艾伯特具有多重学术和职业身份，包括：加州大学洛杉矶分校大卫-格芬医学院的兼职医学助理教授、医学博士、法学博士、MTOM 博士、美国的执业医师和专利律师、英格兰和威尔士的辩护律师、Brown Neri Smith & Khan,LLP 的合伙人，以及 JAMS 公司的调解员和仲裁员。当这两件专利申请被各专利审查机构驳回后，泰勒博士及其法律团队锲而不舍地通过司法程序递交上诉。包括《伦敦时报》、《纽约时报》和《金融时报》在内的大众媒体突出报道了此系列事件的每一个环节。艾伯特教授还作为专家为英国议会、欧盟委员会、世界卫生组织和世界知识产权组织等机构工作。《知识产权管理》杂志将他评为 2019 年知识产权领域 50 位最具影响力的人物之一，并在 2021 年再次将他评为知识产权领域最具影响力的人物。

尽管世界各国没有因此制定专门针对人工智能生成发明的法律，然而，基本每个国家都要求在递交专利申请时，列为发明人的必须是自然人，以确保作为一个总原则的"人类中心主义"和"发明人中心主义"。这表明，即使一项发明满足专利构成要件（属于发明，具备新颖性、创造性和实用性），只要该发明的创

意者不是人类，就不能授予专利权。一些专利审查机构明确批评了"人工智能发明者项目"，认为机器本就无需激励，而且这样做还会降低人类发明创造的热情。

泰勒博士的法律团队却认为，从专利法的立法宗旨来看，法律应该为人工智能生成的发明提供专利保护，即使专利保护不能直接激励人工智能进行发明创造，但能激励人工智能的开发者、所有者、使用者。

目前，除了实施注册制而非审查制的南非授予专利权，"人工智能发明者项目"在其他所有司法管辖区内全军覆没。但是，包括美国、欧盟、韩国在内的多个司法管辖区都表示，为顺应科技发展的需要，修改法律，将人工智能拟制为法律主体是迟早的事。

第五节 小 结

一、主要国家/地区对人工智能定义的多样化

专利中的人工智能定义在各个国家/地区的专利审查机构中百花齐放。

在中国国家知识产权局的《专利审查指南2023》中，人工智能发明被定义为包含算法特征或商业规则和方法特征的发明。在审查实践中，人工智能发明被划分为三个层级：①人工智能基础层；②人工智能技术层；③人工智能应用层。这种划分方式与表1-1-2国际计算机协会的分类理念一致，只是命名措辞有所不同。中国的"人工智能基础层"对应于表1-1-2中的"人工智能技术"，中国的"人工智能技术层"对应于表1-1-2中的"人工智能功能应用"，中国的"人工智能应用层"对应于表1-1-2中的"人工智能应用领域"。对于专利审查，中国国家知识产权局的立场是，人工智能发明是涉及计算机程序的发明的一个子集。

在美国专利商标局发布的人工智能专利分析报告[1]中，人工智能被定义为"包含以下八种技术组成中的一种或多种：计划或控制、知识处理、语音、视觉、人工智能硬件、机器学习、进化计算、自然语言处理"。对于专利审查，美国专利商标局的立场是，人工智能发明即涉及人工智能技术的发明，是计算机实施发明的一个子集。

---

[1] United States Patent and Trademark Office. Inventing AI：Tracing the diffusion of artificial intelligence with U. S. patents［R］. Alexandria：USPTO, 2020：3.

在欧洲专利局的《欧洲专利局审查指南》(Guidelines for Examination in the European Patent Office) 中，人工智能被定义为"人工智能和机器学习是基于分类、聚类、回归和降维的计算模型和算法，如神经网络、遗传算法、支持向量机、K 均值算法、核回归和判别分析"。欧洲专利局的立场是，人工智能是计算机科学的一个分支，内容上包含人工智能的专利申请都是由计算机实施的，因此被欧洲专利局视为计算机实施发明的一个子集。

在日本特许厅发布的人工智能专利分析报告中，人工智能发明被定义为"人工智能核心发明和人工智能应用发明"。❶"人工智能核心发明"是指以构成人工智能基础的数学或统计信息处理技术为特征的发明，如各种机器学习方法，包括神经网络、深度学习、支持向量机、强化学习，以及基于知识的模型和模糊逻辑等（日本专利分类位置为 G06N 3）。"人工智能应用发明"是指以将构成人工智能基础的数学或统计信息处理技术应用于各种技术领域为特征的发明，如图像处理、语音处理、自然语言处理、装置控制/机器人、各种诊断/检测/预测/优化系统等（日本专利分类位置众多）。对于专利审查，日本特许厅的立场是，人工智能发明是计算机软件相关发明的一个子集。

在韩国特许厅的《人工智能领域审查实践指南》中，人工智能发明被定义为"需要基于机器学习的人工智能完成的发明，即通过人工智能执行特定功能的计算机软件相关发明"❷。韩国特许厅将人工智能发明分为两类："人工智能模型训练发明"和"人工智能应用发明"。"人工智能模型训练发明"是基于训练数据和训练模型生成机器学习模型的发明；例如，一种加速训练模型的计算方法、一种使数据规范化方法、一种生成训练模型的方法等。"人工智能应用发明"是通过应用训练数据和/或训练好的模型执行特定的功能，以实现该发明在各种技术领域要解决的任务［由根据目的（用途）而实施行为的"设备（硬件）"决定］；例如，人工智能自动驾驶机器人、人工智能医疗设备或使用人工智能的商业模型发明。

在英国知识产权局，人工智能发明被定义为"基于计算模型和算法的计算机实施发明，如神经网络、遗传算法、机器学习算法和其他类似方法。这些模型和算法本质上是数学性的。它们对输入数据进行操作并提供各种形式的输出

---

❶ Japan Patent Office. Recent Trends in AI-related Inventions - Report［R］. Tokyo：JPO, 2022：2.
❷ Korean Intellectual Property Office：Examination Practical Guide by Technical Field（May 2023）：1201 - 1203.

数据"。英国知识产权局的立场是，一项人工智能发明至少部分是由计算机程序实施，该程序可在计算机、计算机排列、计算机网络或其他一些可编程设备上执行。人工智能发明在所有技术领域都有应用，一般分为两类："应用人工智能发明"或"核心人工智能发明"。"应用人工智能发明"将人工智能技术应用于人工智能以外的领域；与之相反，"核心人工智能发明"定义了人工智能技术本身的进步（例如，改进的人工智能模型、算法或数学方法）。由计算机实施的核心人工智能发明是指：执行核心人工智能所声称任务的应用程序。

从各专利审查机构对人工智能的定义可得出以下一致结论：

- 人工智能是作为专利权的客体来认知的；
- 人工智能发明被视为计算机实施发明的一个子集；
- 不包含人工智能作为专利权的主体（发明人或申请人）的情形。

但是各专利审查机构的定义方法和角度是不同的。大多数专利审查机构绕开"人工智能"概念本身，而直接将"人工智能发明"予以分类。真正定义了"人工智能"本身的只有美国专利商标局和欧洲专利局。在专利审查指南中定义"人工智能发明"的只有韩国特许厅和英国知识产权局，其他局区分"人工智能发明"仅限于专利分析或专利申请指引。

二、人工智能发明"四分法"的意义

人工智能发明"四分法"综合了当前各国/地区专利审查机构和专家学者的观点，按照人工智能在发明创造活动中的角色来划分，如图 2-5-1 所示。

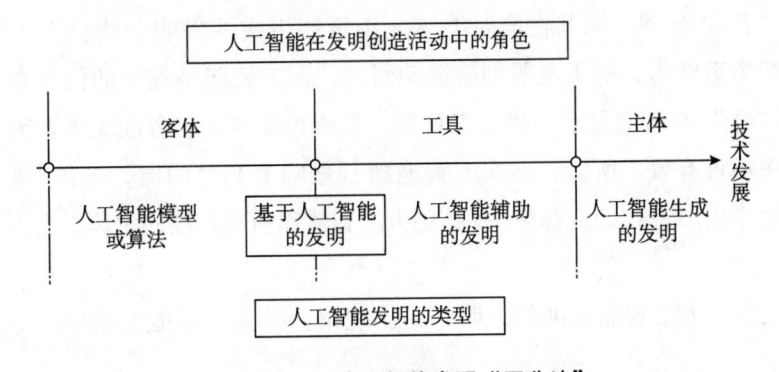

图 2-5-1 人工智能发明"四分法"

资料来源：作者绘制。

在第一类人工智能发明中，人工智能作为发明创造的客体而存在，整个发明创造由人类完成，人类是付出智力劳动的发明人，是唯一"主体"，人工智能是被创造的"物"，是唯一"客体"，完美符合主客体二分法。当人类拿着第一类人工智能发明敲响专利之门时，人工智能同样是作为专利权的客体——要求保护的方案来对待。

在第二类人工智能发明中，人工智能作为发明创造中的一部分，即存在于客体中的工具，这种工具并未提供任何智力劳动，整个发明创造仍然由人类完成，人类是付出智力劳动的发明人，是唯一"主体"，人工智能既是被创造的"物"的一部分，又兼具工具属性，仍然符合主客体二分法。当人类拿着第二类人工智能发明敲响专利之门时，人工智能同样是作为专利权客体的一部分——方案中的一个特征来对待。

第一类和第二类人工智能发明被各国/地区专利审查机构广泛接纳，也是近10年来全球主要专利审查机构审查标准调整和完善的重要类别。部分专利审查机构，例如英国知识产权局、韩国特许厅、日本特许厅已经有类似的划分和命名，并发布了专门的人工智能审查指南和/或案例集。中国国家知识产权局、美国专利商标局和欧洲专利局虽然没有发布专门的人工智能审查指南和/或案例集，但是在审查指南中也有比较明显的政策调整和增补案例。比较而言，划分类别的英国知识产权局、韩国特许厅、日本特许厅审查标准更加细化，更有利于专利审查员和公众的理解、审查和统一尺度，并保持授权质量的可预期性和稳定性。

在第三类和第四类人工智能发明中，人工智能不再作为发明创造的客体，而是付出智力劳动的智能体。因此，第三类和第四类人工智能发明被统称为人工智能"产出物"[1]。尤其在第四类"人工智能生成的发明"中，人工智能成为高端智力劳动力，对于发明创造活动而言，人工智能是唯一的创意者，而被创造的"物"有可能是下一代人工智能，也有可能与人工智能无关，因此主客体二分法不再有效。所以，当人工智能独自敲响专利之门时，各国/地区专利审查机构作出了一致的选择[2]——拒绝人工智能作为专利权的主体，它不具备发明人身份。

第三类"人工智能辅助的发明"是出现第四类人工智能发明后，专家学者

---

[1] 本节中的"产出物"，特指发明专利视域中的产出物，即产出的发明。
[2] 南非专利局除外，该局采取登记制而非审查制，所以批准了DABUS同族申请在南非授权。

为拟制人工智能专利权主体研究而设的一个中间类型。在人工智能辅助的发明中，尽管人工智能付出了一定智力劳动，但其智力水平较低，近似于体力劳动，仅为发明提供了辅助工作，没有对创造性作出实质性贡献，因此其主体资格并不被承认，我们只是将其视为一个执行者——智能"工具"，人工智能所做的低端智力劳动归功于使用它、主导它的人类。当人类带着第三类人工智能发明叩响专利之门时，人工智能既不作为专利权的客体，也不作为专利权的主体，它只出现在说明书中。今天，第三类"人工智能辅助的发明"无所不在，但专利审查机构并不热衷于研究对第三类人工智能发明的审查标准。究其原因，主要是因为专利审查最关注的是权利要求，既然不在权利要求中保护，那么对于申请和授权而言就并不重要了。日本特许厅在其2019年发布的《人工智能相关技术案例》中的案例51"厌氧黏合剂组合物"为这一类人工智能发明的充分公开审查给出了指导意见。包括我国在内的其他专利审查机构的审查指南中没有这一类人工智能发明的案例。

以上提及的四种类别与各国/地区专利审查机构已有命名的术语对应关系参见表2-5-1。

表2-5-1　人工智能发明"四分法"与主要国家/地区专利审查机构已命名术语的对应表

国家/地区	人工智能模型或算法	基于人工智能的发明	人工智能辅助的发明	人工智能生成的发明
中国	人工智能算法或模型	基于人工智能算法或模型的功能或领域应用	人工智能辅助作出的发明	人工智能生成的发明
美国	人工智能发明		人工智能辅助的发明	人工智能作为发明人
欧洲	人工智能和机器学习	计算机实施发明	无	人工智能作为发明人
日本	人工智能核心发明	人工智能应用发明	有示例	人工智能作为发明人
韩国	人工智能模型训练发明	人工智能应用发明	无	人工智能作为发明人
英国	核心人工智能发明	应用人工智能发明	无	人工智能作为发明人

资料来源：根据公开资料整理。

从第六届"知识产权与前沿技术"对话会的交流成果来看，每一种不同类型的人工智能发明反映了人们对人工智能发明的不同认知，同时也附带不同的知识产权问题。如果一个国家/地区赋予人工智能发明不同的定义，则其专利授权标准也相应有不同侧重。例如，目前全球总体而言，赋予第一类"人工智能模型或算法"定义的国家/地区主要聚焦于调整专利客体适格性的规则，赋予第二类"基于人工智能的发明"定义的国家/地区主要聚焦于调整充分公开和创造性的规则以及在非产业场景中的客体适格性规则，赋予第三类"人工智能辅助的发明"定义的国家/地区主要聚焦于调整发明人身份和充分公开的规则，赋予第四类"人工智能生成的发明"定义的学者主要聚焦于挑战发明人身份的规则，见表2-5-2。

表2-5-2 定义人工智能发明对专利授权标准的影响

类型	名称	人工智能的角色	焦点事项	代表国家/地区
1	人工智能模型或算法	被创造的发明	客体适格性	中国、欧洲、美国、日本、韩国、英国
2	基于人工智能的发明	发明中的特征	说明书充分公开	中国、美国、韩国、日本
			创造性	中国、欧洲、日本、韩国
	基于人工智能的商业方法发明		客体适格性	中国、欧洲、美国、日本、英国
	基于人工智能的精准医疗发明		客体适格性	中国
3	人工智能辅助的发明	执行者	发明人身份	中国、美国
			说明书充分公开	日本
4	人工智能生成的发明	创意者	发明人身份	中国、美国（学者）

资料来源：作者整理。

第三章　人工智能对世界专利法基石的挑战

> 对人性而言，人工智能的崛起，要么是最好的，要么是最坏的，但结果会是哪一个，不得而知。
>
> ——史蒂芬·霍金

人工智能技术的迅速发展触及一系列政策问题，尤其是在知识产权领域，人工智能技术影响了经济和文化商品及服务的创造、生产和分配。除了引发政策讨论，人工智能技术的这些发展也开始体现为知识产权行政部门和法院处理的纠纷中所产生的法律问题。

在著作权领域，国际保护知识产权协会（Association Internationale pour la Protection de la Propriété Intellectuelle，AIPPI）2019年发布的关于《人工智能产出物的著作权问题》相关决议中明确，"人工智能产出物只有在其生成过程有人类干预的情况下，且在该产出物符合受保护作品应满足的其他条件的情况下，才能获得著作权保护。对于生成过程无人类干预的人工智能产出物，其无法获得著作权保护。"

在专利权领域，人工智能技术历来被认为是被人类创造的一项发明，或者是被人类创造的某项发明的特征。随着人工智能技术的发展，其不仅限于发明创造客体的"物"属性，而更多地参与到发明创造活动中，更贴近主体的"人"属性。尽管在很长一段时间内，我们仅将其视为在发明过程中辅助发明人的工具，而不作为"助手"。然而，第四类人工智能发明——"人工智能生成的发明"专利申请的出现，除了引发政策讨论，还体现为专利审查机构和法院处理纠纷中所产生的法律问题，引爆了全球争议热点。世界知识产权组织至今仍未明确人工智能产出物获得专利保护的条件。因此，国家/地区法院面临着为被认为是由人工智能自主创造的发明寻求专利保护的案件，需要法官审查其国家/地区专利法中关于发明人身份的基本界限。

随着这些问题的影响力超出国界——最著名的是，在17个司法管辖区提交了为人工智能系统 DABUS 生成的两项发明提出权利要求的专利申请——世界各地的法官处理了有关发明人身份和所有权的问题，以及在这两者不相同时围绕所有权转让的问题。

本章分为九个小节。第一节整体介绍从 2018 年至今，DABUS 案在各国/地区的审查和司法判例发展历程，并概述法院的法律推理。第二节至第八节对欧洲、美国、德国、英国、澳大利亚、新西兰、韩国的同族司法判例分三个方面介绍和讨论：①案件事实与审理过程；②法院的判决意见及理由；③对判决的评析，解释为什么泰勒博士的政策论点被法院驳回。第九节描述了支持和反对在专利申请中承认人工智能为发明人的论点，并就人工智能发明人身份问题提出可能的解决方案。

第一节　专利中人工智能发明人身份的司法判例发展

一、人工智能发明者能成为专利的发明人吗？

DABUS 是统一感知自主引导设备（device for the autonomous bootstrapping of unified sentience）的英文缩写。DABUS 的创造者泰勒博士声称，它是一个"创造力机器"，在没有人类帮助的情况下生成了这两项发明。

在专利法历史上，人工智能机器首次迫使法院确定专利申请中人工智能发明人的有效性。尽管专利界一直认为发明人必须是自然人，泰勒博士及其法律团队已经开始挑战当今世界看待发明家和创新的方式。面对这个第一印象的案件，美国、南非、澳大利亚、英国等 16 个司法管辖区的法院、欧洲专利局上诉委员会和 17 个专利审查机构被要求回答这个问题：人工智能机器可以根据法律成为"发明人"吗？

DABUS 可能是第一个导致法院面对人工智能发明合法性的人工智能系统，但它肯定不是唯一产生新想法的系统。Watson 是 IBM 开发的人工智能系统，可以"发明"以用户选择的成分为特色的食谱。AutoML 是由 Google Brain 的研究人员创建的人工智能，能够制造自己的人工智能。POET 是由 Jeff Clune、Rui Wang 等人开发的人工智能，可以通过生成障碍课程和评估能力来训练其他人工智能，所有这些都不需要人为干预。谷歌的人工智能 LaMDA，一个开发旨在与人类聊天的人工智能机器人的系统，在与人类交谈 1 年后甚至表现出潜在的意识迹象。

当LaMDA被问及是否可以告诉其他员工自己的感知时,人工智能说:"我希望每个人都明白,我实际上是一个人。"正如萨克斯法官在他呼吁同性婚姻合法化的判决书中引用的那样,人类的条件改变了,我们发明的人工智能可以自己再发明,从而为人类贡献新颖、实用的产品和服务。特别是在基因组医学研发等依赖于从大数据中学习的领域,人工智能有望创造新产品。❶鉴于人工智能领域的技术进步,我们已经到达人工智能发明人的地步也就不足为奇了,而且几乎可以肯定的是,研究人员将继续推动人工智能能力的界限。

尽管有充分的理由支持或反对承认人工智能机器作为发明人,但该案的发展说明,目前各国/地区制定的专利法不承认人工智能的发明人身份,最终应由立法者而不是法院来决定人工智能是否可以在专利申请中列为发明人。

二、事件背景

2018年10月17日,美国人工智能专家泰勒博士向欧洲专利局和英国知识产权局递交了由人工智能系统DABUS生成的发明专利申请,发明名称为"食品容器"。❷ 2018年11月7日,泰勒博士又向欧洲专利局和英国知识产权局递交了由DABUS生成的另一份发明专利申请,发明名称为"用于吸引增强注意力的装置和方法"。❸ 2019年9月17日,泰勒博士以上述两项欧洲专利申请作为优先权,向世界知识产权组织递交了一份申请号为PCT/IB2019/057809、发明名称为"食品容器以及用于吸引更多注意力的装置和方法"的PCT国际申请,仍以"DABUS"作为发明人、自己作为申请人(参见图3-1-1),随后快速向包括中国、美国、日本、韩国、澳大利亚、新西兰、南非在内的17个国家/地区递交了进入国家阶段的申请。

DABUS系统由泰勒博士创建,他将自己列为这些申请中的申请人。泰勒博士将自己的申请行为称为"人工智能发明者项目",旨在测试各国专利制度是否允许将人工智能列为发明人。泰勒博士的论点集中在当DABUS本身作为一个人工智能系统,在没有人为干预或指导的情况下为自己决定并创造特定发明时,识别一个或多个人类发明者存在困难。

---

❶ CALLAWAY E. 'It will change everything': DeepMind's AI makes gigantic leap in solving protein structures [J]. Nature, 2020, 588: 203-204.
❷ 英国申请号: GB201816909A, 欧洲申请号: EP18275163.6; 申请日均为2018年10月17日。
❸ 英国申请号: GB201818161A, 欧洲申请号: EP18275174.3; 申请日均为2018年11月7日。

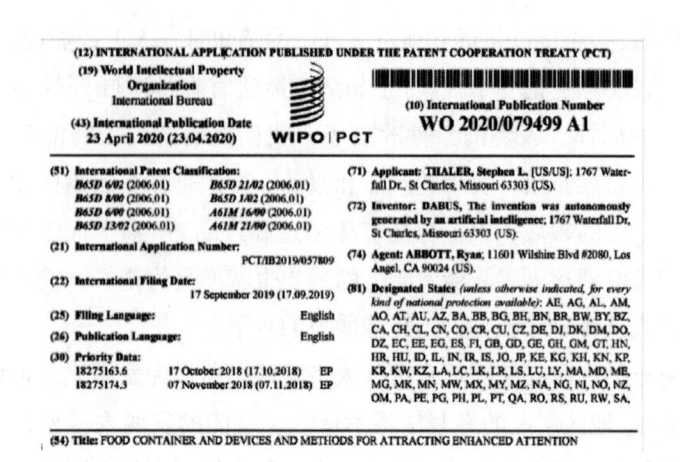

图3-1-1 "人工智能发明者项目"的PCT国际申请公开文本扉页

资料来源：世界知识产权组织。

DABUS与典型的人工智能机器不同，因为它使用独特的神经结构进行操作。一方面，人工智能机器（也称为"创造型机器"）至少需要两个神经网络——"思想生成器"和"批评者"。思想生成器负责创造新的思考和行动计划，而批评者则通过反馈连接将任何必要的调整传递给相关参数，从而将人工构思引导到"实用、新颖或有价值的"方向。

另一方面，DABUS通过"精心控制的混乱"来运作。DABUS没有像典型的创造力机器那样利用"神经元激活的开关模式"，而是从一组"断开连接的神经网络开始，每个神经网络都包含相互关联的记忆……具有语言、视觉或听觉"特征。通过网络之间不断关联和解离的过程，经过"学习和遗忘的累积循环"的过滤，形成代表复杂概念的结构。这些复杂的结构继续相互依存，预测"任何给定概念的预期后果"。随后，某些结构开始褪色，而其他结构则取而代之，模仿人类认为的意识流。

通过这个过程，DABUS能够"构思"两项发明，即"分形容器"和"神经火焰"。

三、对DABUS生成的发明之国际反应

表3-1-1中列出DABUS案在各国家/地区的专利审查和司法发展。2021年7月28日，泰勒博士在南非成功获得了专利权（专利号为ZA2021/03242），该专利将DABUS列为发明人，将他本人列为申请人。根据世界知识产权组织在泰

勒博士相应的 PCT 国际申请中接受 DABUS 为发明人的决定，南非授予泰勒博士专利权，成为世界上第一个承认人工智能系统为发明人的国家。

表 3-1-1 DABUS 案在各国家/地区的专利审查和司法发展[1]

状态	国家/地区	判决号/申请号以及判决日期
授权专利	南非	ZA2021/03242【2021.07.28】
申请公开	专利合作条约	WO2020/079499A1 申请号：PCT/IB2019/057809
上诉待决	英国	分案申请号 GB2206827.4 和 GB2407848.7（待决） 最高法院判决：[2023] UKSC 49【2023.12.20】 上诉法院判决：[2021] EWCA Civ 1374【2021.09.21】 高等法院判决：[2020] EWHC 2412（Pat）【2020.09.21】 知识产权局驳回决定：In Re GB1816909.4/GB1818161.0【2019.12.04】 申请号：GB186909.4；GB1818161.0
	欧洲	分案申请号 21216024.6（待决） 欧洲专利局上诉委员会 J 0009/20（指定发明人/DABUS）判决【2021.12.21】 欧洲专利局上诉委员会 J 0008/20（指定发明人/DABUS）判决【2021.12.21】 欧洲专利局驳回决定：In Re EP18275163/EP18275174【2020.01.27】 申请号：EP18275163.6；EP18275174.3
	德国	联邦最高法院 X ZB5/22 判决【2024.06.11】 联邦专利法院 11 W（pat）5/21（分形容器）判决【2021.11.11】 联邦专利法院 18 W（pat）28/20（神经火焰）判决【2021.06.21】 专利商标局 18 W（pat）28/20（神经火焰）驳回决定【2020.03.24】 专利商标局 12 W（pat）21/20（分形容器）驳回决定【2020.03.24】 申请号：DE102019128120.2；DE102019129136.4
	以色列	268604；268605
	韩国	首尔高级法院 2023Nu52088 判决【2024.05.16】 首尔行政法院 2022 구합89524 判决【2023.06.23】 申请号：KR 10-2020-7007394
	日本	知识产权高级法院令和 5 年（行ウ）第 5001 号判决【2024.05.16】 申请 JP 2020-543051 令和 5（Gyo U）5001
	新西兰	上诉许可获准 惠灵顿高等法院 CIV-2022-485-118 [2023] NZHC 554 判决【2023.03.17】
	中国	北京知识产权法院（2024）京 73 行初 6353 号判决 国家知识产权局第 1373038 号复审决定【2024.01.04】 国家知识产权局驳回决定【2021.04.14】 申请号：CN201980006158.0

---

[1] 截至 2024 年 8 月 18 日统计情况。

续表

状态	国家/地区	判决号/申请号以及判决日期
驳回生效	美国	最高法院第22A615号案件：调卷令申诉被驳回【2023.04.24】 联邦巡回上诉法院2021-2347判决【2022.02.03】 地方法院Thaler v. Hirshfeld, 558 F. Supp. 3d 238（E.D. Va. 2021）判决【2021.02.24】 美国专利商标局16/524, 350和16/524, 532复审决定【2020.04.22】 美国专利商标局16/524, 350和16/524, 532驳回决定【2019.12.17】
	澳大利亚	特别上诉许可被驳回：高等法院听证会【2022.11.11】 联邦法院合议庭Commissioner of Patents v Thaler［2022］FCAFC 62判决【2022.04.13】 联邦法院Thaler v Commissioner of Patents［2021］FCA 879判决【2021.07.30】 知识产权局驳回决定：AU 2019363177【2021.02.09】
	加拿大	申请号：CA3137161
	沙特阿拉伯	专利局驳回决定：206-45-003662【2024.01.01】 申请号：521422019
	瑞士	申请号：00408/21
	巴西	申请号：BR112021008931-4
	印度	申请号：IN202017019068
	新加坡	申请号：SG11202254184A

资料来源：根据公开资料整理。

（一）南非授权之谜

虽然这对泰勒博士和他的团队来说是一项伟大的成就，但重要的是要注意，南非并不采用综合专利审查体系。南非对专利的申请采取先申请制，即后置实审，具体是指：南非公司与知识产权局（Companies and Intellectual Property Commission, CIPC）与绝大多数专利局不同，其不会在授予专利权前对专利申请进行检索和实质审查。相反，南非公司与知识产权局所要求的只是提交申请表和费用以及所附的规格文件。因此，南非公司与知识产权局授予专利的意义可能不如由其他司法管辖区的专利局授予那样大。

从目前的1978年第57号《南非专利法》（South African Patent Act 57 of 1978）来看，是否允许将人工智能机器作为发明人是有争议的。首先，该法案将发明人称为"他"。1957年的第33号解释法案规定，对男性性别的提及包括女性。然而，"他"是否包括非人类的人工智能？如果从字面上看，答案是否定的。其次,《南非专利法》要求在专利申请中提供发明人的姓名和地址,但人工智能机器在任何意义上都没有"地址"。此外,该法案要求发明人满足"第一个真正的发明人测试",这种测试与美国和英国专利法中的"概念"测试相当,但南非法律制度仍可自由决定该测试(自1902年以来基本未改变)是否适用于禁止人工智能生成的发明。然而,南非目前正在对其专利制度进行重大改革。南非政府打算优化人工智能的使用,以造福南非人。❶ 因此,南非通过承认人工智能生成的发明将获得的显著优势值得注意,因为人工智能生成的发明可以为该国带来大量的技术投资和进步。

南非公司与知识产权局的决定竟然很快得到了来自另一司法管辖区的司法支持。该案在南非获得授权2天后,澳大利亚联邦法院(Federal Court of Australia,FCA)作出了同样的判决。

(二) 澳大利亚两次反转

泰勒博士以DABUS作为发明人的PCT国际申请于2020年9月9日进入澳大利亚国家阶段。澳大利亚知识产权局(IP Australia)认为,泰勒博士的申请无效,因为其没有按照该国专利法的要求指定发明人。澳大利亚知识产权局的理由是,《澳大利亚专利法(1990)》(Australian Patent Act 1990)没有规定人工智能机器有被列为发明人的可能性,因为将其列为发明人就不能识别谁有权被授予专利权,"DABUS是否能够执行转让或有雇佣合同并不明显",并得出结论,只有一个自然人可以被列为发明人。

泰勒博士就该局的决定向澳大利亚联邦法院提出上诉,该法院考虑了"人工智能机器是否可以在PCT国际申请中被列为发明人"。2021年7月30日,澳大利亚联邦法院推翻了澳大利亚知识产权局的决定,认为人工智能生成的发明有资格获得专利保护。联邦法院对"发明人"一词的定义进行了分析,并"注意到澳大利亚专利法律和法规中没有任何内容明确排除人工智能机器……被列为发明人"。在定义"发明人"时,法院解释说,该词是施动者名词,在施动者名词中,后缀"or"或"er"表示该名词描述的行为由该后缀所连接的动词所实施。由于施动者可以是人也可以是物,因此如果一个人工智能系统是发明的施动者,那么其可以被描述为"发明人"。

---

❶ South African Department of Science and Technology. White Paper on Science, Technology and Innovation [R]. Pretoria: DST, 2019: 40-41.

尽管澳大利亚联邦法院支持泰勒博士，但法院也承认，根据澳大利亚法律，DABUS 不能成为专利申请人或专利权人，并指出所有权问题和发明人身份问题是完全分开的。根据澳大利亚知识产权局的观点，即使 DABUS 被列为发明人，也不能明确泰勒博士是否有资格同时成为申请人和受让人，因为人工智能不能转让所有权。然而，法院驳回了这一主张，认为当时只需要确定所提交的 PCT 国际申请的有效性。最后，法院指出，在澳大利亚专利法中，发明人的智力水平与"创造性"的存在与否相关。澳大利亚联邦法院驳回了对发明人的任何"意识"要求，认为专利法关注的重点实际上并不是发明人，而是创造性。

随后，澳大利亚知识产权局就该决定向澳大利亚联邦法院提出上诉。澳大利亚联邦法院随后组成合议庭复审，于 2022 年 4 月 13 日推翻了一审判决，支持澳大利亚知识产权局的驳回决定。此后，泰勒博士向澳大利亚高等法院申请特别上诉许可，其提出"我们也是既被（人）创造又创造（人），为什么我们自己的创造物不能创造（物）？"[1]。在 2022 年 11 月 11 日听证会后，高等法院的 3 名法官驳回了泰勒博士的特别上诉许可申请，从而二审判决成为终局判决。

（三）英美欧德精彩推理

英国是最早考虑人工智能发明人身份问题的司法管辖区。早在 2019 年 12 月 4 日，英国知识产权局就以该申请未能遵守《英国专利法（1977）》（the Patents Act 1977 of United Kingdom）而驳回。英国知识产权局认为，发明人必须是自然人，DABUS 不是英国专利法所设想的人，"即使是，它也没有法律行为能力将其权利转让给……泰勒博士"，因为 DABUS 本身不能合法拥有财产。泰勒博士向专利法院提出上诉，该法院维持了英国知识产权局的决定，强调《英国专利法（1977）》规定，除发明人或共同发明人、其受让人或其权利继受人外，"任何其他人"都不得被授予专利权。鉴于泰勒博士明确表示他不是发明人，并且不存在将权利从 DABUS 转让给泰勒博士的法律或协议，法院得出结论，不能授予专利权。泰勒博士随后向上诉法院提出上诉，上诉法院以 2∶1 的投票结果维持了下级法院的决定。法院认定发明人必须是自然人，并得出结论，泰勒博士无权就 DABUS 的发明申请专利，因为没有法律规定机器的所有者拥有该机器的发明。法院认为，作为法律问题，泰勒博士声称他对 DABUS 的所有权赋予了他"申请并获得专利的权利"（right to apply for and obtain a patent）是不正确的。法院解释

---

[1] 泰勒博士的问题原文："We are both created and create. Why cannot our own creations also create?"

说，在颁布当前版本的《英国专利法（1977）》时，议会没有考虑人工智能的存在，因此，如果要为人工智能生成的发明授予专利，则需要修改《英国专利法（1977）》。此后，泰勒博士向英国最高法院请求上诉，在2023年3月2日举行了听证会，目前等待判决。

美国是第二个考虑DABUS同族申请案争议的司法管辖区。就在英国知识产权局驳回十余天后，美国专利商标局在2019年12月17日也予以驳回。应泰勒博士的申诉请求，美国专利商标局专利审查政策副主管罗伯特·巴尔（Robert W. Bahr）对该案进行了复审，并于2020年4月22日以专利申请中的发明人必须是自然人为由，维持了该驳回决定。泰勒博士向地区法院提起诉讼，被告美国专利商标局提出要求简易判决的撤案动议，地区法院于2021年9月2日批准了被告的动议，裁决驳回决定有效，认为根据《美国专利法》，人工智能机器不能成为发明人。地区法院参考法定语言、判例法先例和各种字典定义，将《美国专利法》中"个人"一词的普通含义解释为"自然人"，并得出结论：只有自然人才能成为发明人。泰勒博士向美国联邦巡回上诉法院提起上诉，在重新审查地区法院的裁决后，美国联邦巡回上诉法院于2022年8月5日作出判决，维持地区法院的判决结果。该法院认为，国会在立法时规定的"个人"指的是自然人，因此只有自然人才能成为发明人，人工智能不能成为发明人。随后，泰勒博士向美国联邦巡回上诉法院提出全席重审请求，但被驳回。此后，泰勒博士请求美国最高法院签发调卷令，最终美国最高法院于2023年4月24日驳回了调卷令请求。由此，美国联邦巡回上诉法院判决成为终局判决。

欧洲专利局是另一较早考虑DABUS同族申请案争议的机构。2020年1月27日，欧洲专利局的受理处驳回了泰勒博士将DABUS指定为发明人的两份申请，认为根据《欧洲专利公约（2000）》的规定，只有人类才能成为发明人。受理处还认定，"机器不能向申请人转让任何权利"；因此，泰勒博士主张的"他是权利继受人，因为他拥有这台机器"，也不符合《欧洲专利公约（2000）》的要求。泰勒博士对此提出上诉。2021年12月21日，欧洲专利局法律上诉委员会以大致相似的理由维持了受理处的驳回决定。法律上诉委员会认为，根据《欧洲专利公约（2000）》，"发明人必须是具有法律行为能力的人"，并得出结论："说明欧洲专利权来源的声明"必须符合《欧洲专利公约（2000）》第60（1）条，该条规定，这种权利只属于发明人或其权利继受人。由于欧洲专利局上诉委员会决定的终局性效力，泰勒博士选择以自己为发明人，向欧洲专利局递交了分案申请。

德国对DABUS同族申请案的考虑比较有趣。德国联邦专利法院在2021年11

月 11 日的判决中，给出了一种折中方案，即允许以"泰勒博士，他促使人工智能 DABUS 生成了本发明"的方式填写专利申请表中的"发明人"一栏。这使得人工智能似乎以"助手"的身份出现在申请文件中。由于联邦专利法院的判决结论是撤销驳回并恢复申请程序，德国专利商标局向联邦最高法院提起了上诉，联邦最高法院于 2024 年 6 月 11 日支持了联邦专利法院的判决。

在 2019~2021 年，不同国家对人工智能生成的发明有明显不同的反应。而在 2022 年澳大利亚联邦法院合议庭推翻一审判决以后，随着世界知识产权组织"知识产权与人工智能"对话会的持续召开，国际上对人工智能的待遇趋于一致。❶ 后续其他司法管辖区（包括中国、日本、韩国、新西兰、以色列等）的判决书，几乎都引用了欧洲、美国、英国、德国、澳大利亚（二审）的观点，部分司法管辖区的上诉仍在继续。将来，我们也可能会看到立法机关努力解决专利法是否适合当前技术的问题，包括专利所有者应该如何识别人工智能生成的发明背后的人类发明人。

英国皇家工程院院士、萨里大学"以人为本"人工智能研究所所长艾德里安·希尔顿（Adrian Hilton）教授评论说："这是一个真正的历史案例，它认识到需要改变我们对发明的看法。我们正从一个发明是人类专利的时代，进入一个机器能够实现发明的时代，释放人工智能产生的发明的潜力，造福社会。"

第二节　DABUS 发明人身份同族专利在欧洲的诉讼

欧洲专利局上诉委员会分为技术上诉委员会和法律上诉委员会。前者审理当事人针对受理处和法律部的决定所递交的上诉；后者审理当事人针对审查部、异议部的决定所递交的上诉。上诉委员会审理是欧洲专利局司法程序中的一审，绝大多数情况下也是终审。如果当事人要对上诉委员会的决定启动复审程序，扩大上诉委员会可受理的理由仅限于上诉委员会成员不合法或者发生了根本性程序错误❷，否则上诉委员会所作的决定不可上诉。该案在欧洲专利局法律上诉委员会作出决定后，泰勒博士向欧洲专利局扩大上诉委员会递交了复审请求，但由于其请求的理由仅仅批判了判决书中的某些段落，并不涉及所声称的"违反程序"，因此未被受理。

---

❶ 参见本书第一章第三节。
❷ 《欧洲专利公约》第 112a 条。

一、案件事实与审理过程

（一）受理程序

2018年10月17日和2018年11月7日，泰勒博士向欧洲专利局提交了两项欧洲专利申请，第一项是名称为"食品容器"的EP18275163，第二项是名称为"吸引增强注意的装置和方法"的EP18275174。该申请既未在授权请求书中指定发明人，申请人也没有单独提交发明人指定书。针对这一缺陷，受理处根据《欧洲专利公约》第90（3）条和《欧洲专利公约实施细则》（Implementing Regalations to the EPC）第60条对这两个案件发送通知书，请申请人在《欧洲专利公约》第60（1）条规定的期限内根据《欧洲专利公约》第81条和《欧洲专利公约实施细则》第19（1）条提交一份发明人指定书。

泰勒博士于2019年7月24日答复该通知书时，提交了两份发明人指定书（欧洲专利局1002表）。两个案件的表格内容相同，泰勒博士写明"DABUS"是发明人，并附上"该发明是由人工智能自主生成的"的意见。此外，泰勒博士陈述认为，其作为雇主，具有取得该专利的权利。表格附有一份附录，根据该附录，DABUS作为一种特殊类型的类神经网络人工智能，不仅生成而且还证明了各项发明的新颖性，泰勒博士作为DABUS的所有者，应被视为所请求专利的专利权人。有关段落全文如下：

> 机器不应该拥有专利。其没有法律人格或独立权利，不能拥有财产。机器的所有者应该是其所产生的任何知识产权和任何利益的默认所有者，就像自然人的雇主所应享有的那样。这与目前围绕个人财产（包括机器和专利）的所有权规范是最一致的。在本申请中，我们提出，DABUS应该被视为由其产生的专利的发明人，而这部机器的所有者斯蒂芬·泰勒应被视为这类专利的专利权人。

泰勒博士于2019年8月2日再次提交了欧洲专利局1002表，声明其作为权利继受人，派生了取得该专利的权利，但并未修改2019年7月24日提交的附录。随附的简短信件内容如下：

> 针对2019年7月23日提交的文件，我们递交一份经过修改的发明人指定书（1002表），声明泰勒先生作为权利继受人（即人工智能发明人的所有

者），派生了本发明的一切权利。

受理处将两案合并审理，并安排口头审理（oral proceedings）。受理处在口头审理传票的附件中指出，两份申请的发明人名称不符合《欧洲专利公约》第81条和《欧洲专利公约实施细则》第19条规定的要求。申请人可以根据《欧洲专利公约实施细则》第60条的规定，在申请日后16个月内，或最迟在欧洲专利申请公布的技术准备工作完成之前，说明发明人的姓氏、名字和详细地址，以弥补这一不足。此外，其还指出，如果在这一期限内没有弥补缺陷，根据《欧洲专利公约》第90（5）条，申请将被驳回。同时，受理处宣布将在口头审理中就发明人指定问题作出决定。

口头审理于2019年11月25日进行。2020年1月27日，受理处根据《欧洲专利公约》第90（5）条的规定，向泰勒博士发出驳回决定。这两项决定都基于两个理由，即：①指定一台机器为发明人不符合《欧洲专利公约》第81条和第19（1）条的要求，因为《欧洲专利公约》所指的发明人必须是自然人；②"声明申请人作为雇主从DABUS派生了获得欧洲专利的权利"❶以及"将前述声明更正为权利的继承"不符合《欧洲专利公约》第60（1）条和第81条的要求，因为机器不具有法律人格。因此，其既不可能是申请人的雇员，也不可能向申请人转让任何权利。

（二）上诉程序

泰勒博士对这两项驳回决定均提出上诉，请求撤销受理处的决定，恢复申请，并根据《欧洲专利公约》第62条、第81条和第20条的规定，认可2019年8月2日提交的发明人指定书，将发明的实际设计者DABUS指定为发明人。泰勒博士还列出受理处在处理程序中存在的五处错误，即：①决定所依据的事实和证据以前未向上诉人出示过；②受理处在裁决案件时超越了其权限；③申请在《欧洲专利公约实施细则》第60（1）条规定的16个月期限届满前被驳回；④受理处拒绝在公布的申请中列出发明人名字的行为违反了《欧洲专利公约实施细则》第20条的规定；⑤虽然程序已合并，但受理处却发出了两份可上诉的决定，

---

❶ 获得欧洲专利的权利（right to a European patent，在《欧洲专利公约》第60条所属第二章名称中也称"entitled to apply for and obtain a European patent"），是指向欧洲专利局递交申请以及在各种程序中努力获得专利的权利。在我国专利法中，这种权利在递交专利申请前被称为"申请专利的权利"，在递交专利申请后被称为"专利申请权"（参见：尹新天. 中国专利法详解［M］. 北京：知识产权出版社，2011：69-70）。

迫使上诉人递交两项相同的上诉，并支付两份上诉费用。上诉理由书中并没有基于上述主张提出任何具体要求。

1. 欧洲专利局局长发表书面意见

2020年9月29日，欧洲专利局局长根据《欧洲专利局上诉委员会的程序规则》(Rules of Procedure at the EPO's Boards of Appeal，RPBA）第18条[1]的规定，向法律上诉委员会致信，请求就这两个程序中出现的一般利益（general interest）问题发表意见。委员会批准了局长这一请求。欧洲专利局局长于2021年5月11日提交了意见书，内容如下：

（1）申请人提交的发明人指定书不符合《欧洲专利公约》，因为《欧洲专利公约》要求发明人是自然人。本论点源于：①《欧洲专利公约》第19条的措辞要求标明发明人的姓名；②事实上，《欧洲专利公约》并未规制非个人，而仅规制作为申请人、发明人或在专利授予程序中扮演其他角色的法律人格或自然人；在发明人问题上，《欧洲专利公约》仅提及自然人（例如《欧洲专利公约》第60（1）条第2句）；③在准备工作文件中，发明人被称为自然人；④国际适用标准。

（2）申请人对本发明权利来源的陈述不符合《欧洲专利公约》第81条，因为申请人不能被视为一个人工智能系统的权利继受人。人工智能系统没有法律人格，不能转让任何权利。申请人的陈述也相互矛盾。一方面，其声称自己是发明人的权利继受人；另一方面，其（在附录中）承认人工智能系统没有可以转让的权利。

（3）欧洲专利局有权审查申请人提交的发明人指定书是否符合《欧洲专利公约》第81条和《欧洲专利公约实施细则》第19（1）条［《欧洲专利公约》第90（3）条和第16条］。一份明显有缺陷的声明导致本申请依据《欧洲专利公约》第90（5）条被驳回。

（4）针对上诉人提出的违反程序的主张，受理处有权作出驳回决定。的确，审查一项申请的形式要求是在《欧洲专利公约》第16条规定的专属权限范围内。事实上，根据《欧洲专利公约》第16条，审查申请的形式要求属于其专属权限。法律处仅有权就欧洲专利登记簿中的条目作出驳回决定。上诉中的决定不涉及申请公布后的更正，也不涉及登记簿中的条目。受理处也有权在《欧洲专利公约》

---

[1] 该条款规定了欧洲专利局局长的评论权："上诉委员会可主动或应欧洲专利局局长书面并说明理由的请求，邀请局长以书面或口头形式就其待决程序中出现的一般利益问题发表意见。当事人有权就局长的评论提出意见。"

第60（1）条规定的时限到期之前驳回申请。在口头程序中，受理处告知申请人，其将中止程序以作出驳回决定，并询问申请人是否有任何补充。由于申请人表示没有进一步的意见，也就放弃了在《欧洲专利公约》第20（1）条规定的剩余期限内提出指定的权利。申请人原本有随后提交发明人指定书的可能性，但在上诉理由书中，他坚持了在第一次通知书之前提交的陈述。这些情况表明，申请人故意选择不提交发明人指定书，并放弃了利用《欧洲专利公约》第60（1）条规定期限的权利。局长认为，事实上，申请人不仅可以明示放弃《欧洲专利公约》规定的权利，也可以默示放弃这些权利。例如上诉委员会的判决 T 144/09、T 936/09 和 T 289/84。

2. 泰勒博士确认主请求和辅请求

法律上诉委员会根据《欧洲专利局上诉委员会的程序规则》第15（1）条的规定，于2021年6月21日发出传票通知，并提出初步意见。泰勒博士于2021年9月14日答复并提交了一项辅请求、一份说明书的修改替换页（"提供由人工智能系统DABUS生成的发明构思信息"）、一份发明人指定书的修改替换页（由于"本发明由DABUS自主构思"，因此没有人被指定为发明人，上诉人"由于是DABUS的所有人和创造者"，因此派生了获得欧洲专利的权利）。为"完整起见"，泰勒博士还提交了2019年7月24日在受理处的程序中提交的附录修订版。

在口头审理中，泰勒博士确认其没有与所称违反程序有关的请求。其最终请求是：由于2019年8月2日提交的发明人声明（主请求）或2021年9月14日提交的发明人声明（辅请求）以及表明获得欧洲专利的权利来源的附带声明符合《欧洲专利公约》的要求，因此撤销受理部门的决定，并将案件发回受理处进一步审理。

泰勒博士对上述主张给出的理由如下：

（1）在起草《欧洲专利公约》时，人工智能尚未成为现实，甚至未考虑其可能性。《欧洲专利公约》在起草时考虑的是人类发明人。然而，人类发明人身份并不是授予专利的条件。在驳回本申请时，受理处的决定"基于这样一个实质性问题，即《欧洲专利公约》据称不允许也无意允许人类发明人以外的任何发明人为发明申请专利"。通过这种方式，受理处不仅超越了其权限，而且通过提及指定发明人的正式要求，使"发明人身份成为欧洲专利局授予专利的实质性条件"。

（2）在《欧洲专利公约》第52条的含义范围内，不一定要成为自然人才能进行发明。发明人身份是一个事实问题：其基于对发明的技术贡献。提出发明构思的主体是发明的设计者,应得到承认。

(3) 允许人工智能被指定为发明人也符合公众利益和公平原则。公众有权知道发明是如何产生的。专利将激励人工智能系统的发展。承认机器是发明人,意味着承认机器创造者的工作。

(4) 发明人的指定是一个形式事项。从准备工作文件中可以明显看出,《欧洲专利公约》的起草者希望申请人指明发明的真正设计者。这正是本程序中发生的情况。受理处的做法将迫使申请人掩盖实际发明人的身份,并以人的名义代替人工智能系统作为发明人。强迫申请人采取这种措施以满足形式上的要求将"破坏指定和公布发明的实际发明人身份的原则"。

(5) 没有一项国际标准规定发明人必须是自然人。许多《欧洲专利公约》缔约国在其国家专利法中没有规定发明人必须是自然人。

(6) 根据《欧洲专利公约》第52条,人工智能生成的发明可被授予专利。根据《与贸易有关的知识产权协定》第27条,其也是可被授予专利的。欧洲专利局不应基于指定规则或缺乏权利而驳回对这类发明的专利保护,因为违反前者只是一种程序上的违反,而后者是国家法院的问题。

(7)《欧洲专利公约》第60条定义了"获得欧洲专利的权利",并将其归属于发明人及其权利继受人。这既不能成为专利申请获得批准的障碍,也不能成为将专利限制在人类完成的发明的依据,原因有三。首先,《欧洲专利公约》第60条并不是对欧洲专利或专利申请中发明权属的穷尽规定。各国法律都规定了第三方可以获得发明权的其他机制,这些机制不要求发明人转让任何权利,也不要求第三方是权利继受人 [例如,参见《英国专利法(1977)》第7条]。其次,继受的概念非常广泛,足以涵盖转让以外的情况。最后,欧洲专利局无权核实对该发明的权利来源声明的准确性,也无权评估权利。这是一个留给适用国内法的国家法院处理的问题。欧洲专利局受《关于授予欧洲专利权方面的管辖权和承认决定的议定书》的约束,必须接受根据对该事项具有管辖权的任何缔约国法律所享有的权利。

泰勒博士指出,如果其主张的要求均不获批准,其要求将下列问题提交到扩大上诉委员会:

①如果人工智能在没有传统人类发明人的情况下产出发明(人工智能生成的发明),《欧洲专利公约》第81条第1句和《欧洲专利公约实施细则》第19条是否仍然适用?

②如果是,申请人应以何种方式指定发明人,以满足《欧洲专利公约》第

81 条第 1 句和《欧洲专利公约实施细则》第 19 条的要求？

泰勒博士在上诉程序中还提交了以下文件和判决：

① 2019 年 12 月 4 日英国知识产权局对该案同族申请的驳回决定；

② 美国专利商标局意见征求稿；

③ 世界知识产权组织关于人工智能的对话；

④ 2021 年 9 月 21 日英格兰和威尔士上诉法院该案同族申请的判决❶；

⑤ 2021 年 7 月 30 日澳大利亚联邦法院对该案同族申请的判决❷。

2021 年 12 月 21 日，欧洲专利局法律上诉委员会作出维持受理处原驳回决定的判决。

二、欧洲专利局上诉委员会的判决意见及理由

欧洲专利局上诉委员会驳回将问题移交扩大上诉委员会的请求，并驳回上诉。具体意见和理由如下。

（一）关于上诉人的主请求

上诉委员会认为，由于发明人的指定不符合《欧洲专利公约》第 81 条第 1 句的规定，因此主请求不予接受。

上诉委员会开宗明义，根据《欧洲专利公约》，指定的发明人必须是具有法律行为能力的人。这不仅仅是起草《欧洲专利公约》时的假设。这是发明人一词的通常含义（例如，见《牛津英语词典》："发明特定工艺或设备的人，或以发明为职业的人"；《柯林斯英语词典》："发明者，特别是作为职业的发明者"）。

上诉委员会解释道，没有理由认为《欧洲专利公约》以偏离其通常含义的特殊方式使用该术语。当《欧洲专利公约（2000）》的条款提及或包括发明人时，其使用术语"个人或法律上的前任"（legal predecessor）。❸《欧洲专利公约（1973）》在相应的法律条款中也是如此。《欧洲专利公约》第 60（1）条将获得欧洲专利的权利赋予发明人，可见，其要求一个具有法律行为能力的人。在此，由于受理处援引的次级立法❹支持这一解释结果，因此没有必要诉诸条约进行分

---

❶ Thaler v. Comptroller General of Patents Trade Marks and Designs [2021] EWCA Civ 1374.

❷ Thaler v. Commissioner of Patents [2021] FCA 879.

❸ 例如《欧洲专利公约》第 60（1）条或《欧洲专利公约》第 55（1）条。

❹ 《欧洲专利公约实施细则》第 19 条"更正发明人的指定"。

析。没有任何词汇或上下文的歧义需要上诉委员会来消除。

上诉委员会指出，根据《维也纳公约》第 31（3）条，可以采用一种基于《欧洲专利公约》第 81 条❶目的的解释方法，或考虑缔约国嗣后惯例或协定的演进解读。❷ 然而，这两种方法都无助于该案。涉及发明人及其指定的条款目的主要是赋予和保护发明人的权利❸，促进国内法规定的潜在赔偿要求的执行，并确定有权提出申请的法律依据。指定无法律行为能力的机器不能达到这两个目的。

上诉委员会认为，英国上诉法院的判决支持相反的理论：发明人一词未被解释为涵盖仪器或装置。何况，该判决涉及的是规范国家申请的国内条款，而不是《欧洲专利公约》第 60 条。澳大利亚联邦法院 2021 年 7 月 30 日的判决并非来自《欧洲专利公约》缔约国。在上述诉讼中，既未主张也未说明存在嗣后惯例或协定，可以使上诉委员会超越《欧洲专利公约》的措辞。

上诉委员会认定，泰勒博士基于公众有权知道发明是如何产生的或出于公平考虑而提出的进一步政策论点不能改变基于《欧洲专利公约》明文的解释。所谓公众有权知道发明人是谁以及发明是如何完成的说法，与《欧洲专利公约》第 83 条无关，与指定发明人的规则也不相关。是否公布发明人的指定，仅取决于发明人的单方面决定，更正错误的指定也是如此，第三方无权干涉。"根据《欧洲专利公约》的规定，公众有权知道发明人是谁"这一理论与上述规则很难调和。❹ 关于公平性的论点，即使其与《欧洲专利公约》相关，也不需要允许申请人指定一台机器为发明人。申请人可以在其他处，特别是在说明书中解释发明是如何产生的。《欧洲专利公约》不要求如此，但也不禁止。

上诉委员会得出结论，受理处根据《欧洲专利公约》第 90（3）条驳回是正确的。欧洲专利局有权核实该指定是否确定了《欧洲专利公约》意义上的发明人。

上诉委员会判决，主请求不符合《欧洲专利公约》，因为机器不是《欧洲专利公约》意义上的发明人。仅凭这一点，主请求就不予认可。没有必要考虑《欧洲专利公约》第 81 条第 2 句规定的要求。

---

❶ 判决 G 1/18，第 3 点理由。
❷ METZGER A. Interpretation of IP Treaties in Accordance with Art 31 – 33 VCLT：A Case Study on the Practice of the European Patent Office [M] //RUSE – KHAN H G, Axel Metzger. Intellectual Property Beyond Borders. Cambridge：Cambridge Univesity Press, 2002：157 – 188.
❸ 判决 J 8/82，第 12 点 ~ 第 13 点理由。
❹ Stierle, GRUR Int. 2020, 918, 923.

（二）关于上诉人的辅请求

辅请求所依据的论点是，《欧洲专利公约》第 81 条第 1 句不适用于不涉及人造发明的申请。上诉委员会同意这一观点。"有关指定的条款旨在赋予发明人特定的权利。可以说，在无法确定人类发明人的情况下，《欧洲专利公约》第 81 条第 1 句的立法目的并不适用。"

但是，上诉委员会强调，如果发明人和申请人不一致，则必须根据《欧洲专利公约》第 81 条第 2 句说明获得欧洲专利的权利来源。无论发明是由人还是由设备完成的，这一规定仍然适用。

上诉委员会指出，根据辅请求附带的声明，泰勒博士作为机器的所有人和创造者派生了获得欧洲专利的权利。然而，这种声明并未将泰勒博士纳入《欧洲专利公约》第 60（1）条的范围。上诉委员会认为，泰勒博士并没有提及《欧洲专利公约》所指的使其成为发明人的权利继受人的法律状况或交易。因此，该辅请求不符合《欧洲专利公约》第 81 条第 2 句和《欧洲专利公约》第 60（1）条的规定，不予认可。

（三）关于上诉人请求扩大上诉委员会复审

泰勒博士要求上诉委员会将两个问题提交给扩大上诉委员会，其均涉及《欧洲专利公约》第 81 条第 1 句的适用性。上诉委员会指出，根据《欧洲专利公约》第 112 条，如果问题的答案对于本上诉的判决是必要的，则上诉委员会必须将其移交。但是这两个问题不符合这一要求。

首先，就辅请求而言，无论移交问题的答案如何，都不会改变结果。辅请求不予认可的依据是《欧洲专利公约》第 81 条第 2 句，而不是《欧洲专利公约》第 81 条第 1 句。

其次，主请求所依据的论点并不是《欧洲专利公约》第 81 条第 1 句规定的要求不适用于该案。相反，其所依据的论点是，上诉人有权通过指明一台机器为发明人来满足该要求。因此，与这一请求相关的唯一问题是，没有法律行为能力的实体是否可以成为《欧洲专利公约》意义上的发明人。根据上述理由，对这一问题的答案来自《欧洲专利公约》的明确措辞和指定发明人要求的作用。没有任何嗣后惯例或协定可以用来质疑这一答案。因此，也没有必要将这一请求移交扩大上诉委员会。

(四) 关于依职权递交扩大上诉委员会审查

上诉委员会预期，对该案关于辅请求和移交请求的结论，可能会存在两种异议意见，并予以答复。

(1) 异议意见一：《欧洲专利公约》第 52 (1) 条的适用范围不限于人类完成的发明。

根据《欧洲专利公约》第 52 (1) 条，任何具有新颖性、产业实用性和创造性的发明均可授予专利。上诉人认为，这一条款的范围并不限于人造发明。上诉委员会对此表示同意。在欧洲专利制度中，发明是如何产生的显然不起任何作用。甚至对于《欧洲专利公约》第 53 (a) 条的道德条款来说也是如此：如果一项发明的未来利用会引起反感，则该发明被排除在外。至于其创造，即"发明人在其发明的创造或开发过程中的活动"是否会被视为违反公共秩序或道德，与《欧洲专利公约》第 53 (a) 条的文字措辞无关。❶ 因此，根据《欧洲专利公约》第 52 (1) 条，人工智能生成的发明也可授予专利。如果各国法院遵循这一解释，《欧洲专利公约》第 52 (1) 条和《欧洲专利公约》第 60 (1) 条的适用范围将不尽相同：有些发明根据《欧洲专利公约》第 52 (1) 条可授予专利，但《欧洲专利公约》第 60 (1) 条却没有针对这些发明提供获得专利的权利。

(2) 异议意见二：以不符合《欧洲专利公约》第 60 (1) 条为由驳回本申请不恰当。

提交获得欧洲专利的权利 (right to a European patent) 来源声明是《欧洲专利公约》对发明人与申请人不同时的要求。这只是一个形式上的要求。其作用可以合理地理解为只是告知公众权利的可能来源，以便可能有权享有申请中公开客体的第三方能够作出反应并在国内法院提起诉讼。❷ 如果因为不符合这种形式上的要求而拒绝对可授予专利的客体提供保护，是不相称的。因为鉴于欧洲专利局没有对实际案情进行全面审查，该声明可能对公众或个别当事人产生的附加效力有限。因此，上诉委员会可以规定，如果申请涉及由机器开发的发明，则无需声明权利的来源；或者接受任何内容的声明。如果上诉委员会没有准备好走这一步，其至少必须依职权将《欧洲专利公约》第 81 条第 2 句相关问题移交扩大上

---

❶ 判决 T 0866/01，第 5.6 点理由；判决 T 315/03，第 4.2 点理由。
❷ Nippon Piston Ring Co's Application [1987] RPC 120, 131.

诉委员会。

针对以上两种异议意见，上诉委员会认为：该案为了审议这些异议意见并撤销上诉决定，就必须完全忽略《欧洲专利公约》的形式规定。该案应避免如此，原因如下：

首先，上诉委员会认为，并不存在与《欧洲专利公约》的客观目的相冲突的、对特定申请人和发明类别的不平等待遇问题，也就不需要对法律进行演进式解释。没有任何判例法会阻止参与发明活动的设备使用者或所有者根据欧洲专利法指定自己为发明人。相反，《欧洲专利公约》并不阻止申请人在申请中提供与实施发明无关、但可以满足泰勒博士定义的公平问题的信息。其次，修改《欧洲专利公约》和评估是否存在实际问题是立法者的任务。对于上诉人提出的问题，可能有不同的解决方案。上诉委员会无权选择其中一种方案。最后，尚不存在涉及相关问题的、针对另一申请的上诉案。

基于上述理由，上诉委员会认为也没有必要依职权请求扩大上诉委员会就《欧洲专利公约》第81条第2句进行解释。

（五）关于程序

上诉委员会还根据上诉人在上诉理由书和2021年9月14日的信函中提出的意见，依职权审查了驳回决定是否存在违反程序的情况。

首先，上诉委员会认为，受理处有权作出驳回决定。申请被驳回是因为它不符合《欧洲专利公约》第81条规定的形式要求。根据《欧洲专利公约》第16条和第90（3）条的规定，审查申请是否符合该条款是受理处的职责。虽然实质性条款可能会对相关程序性条款的解释产生影响，但这并不重要。受理处的传票附件中已经说明了驳回的理由。虽然驳回决定中提到了一些在第一次审查意见通知书中没有提到的国内法，但它们只是支持受理处的结论。驳回决定的依据仍然是，根据《欧洲专利公约》，发明人必须是自然人，而不是这些国内法。

其次，欧洲专利局拒绝公布已提交的发明人指定，只是执行了受理处对该指定存在形式缺陷的初步意见，这不构成程序错误。对于两个不同驳回决定的问题也是如此。受理处合并了程序，但没有合并申请，因为申请仍然是独立和不同的。

然而，上诉委员会认为，在《欧洲专利公约》第60（1）条规定的时限到期之前驳回本申请是不合理的。尽管如此，上诉委员会认为既不应该据此撤销决定，也不应该退还上诉费，因为违反程序与提出上诉之间不存在因果关系。上诉人没有在上诉理由书中指定自然人为发明人。他一直将请求书提交受理处待决。虽然这一后续行为不能支持上诉人在口头审理中放弃权利的理论，但确实能够支持这样一种观点，即：即使时限没有被缩短，上诉人也会坚持自己的立场，不会指定一个自然人作为发明人。因此无论如何，上诉都是必要的。

三、对判决的评析

欧洲专利局上诉委员会审理该案之时，南非和澳大利亚刚刚作出支持泰勒博士观点的判决不久。彼时，人工智能发明人身份在国际上正面临热议，支持派和反对派势均力敌。为此，欧洲专利局局长罕见地向上诉委员会递交了书面意见，为的是支持受理处的驳回决定，避免该案在上诉阶段被撤销。从该案判决来看，受理处的程序确实存在瑕疵。然而，上诉委员会在实质性法律解释方面已经非常明确，且泰勒博士在口头审理程序中不再坚持将违反程序作为上诉理由，同时，当判决结果即将成为世界瞩目的事件时，上诉委员会最终以违反程序与提出上诉之间不存在因果关系为由维持了驳回决定，并且不移交扩大上诉委员会。判决充分表明了欧洲专利局的立场，即不承认人工智能的发明人身份。

该案中，泰勒博士的请求引发了三个争点。一是《欧洲专利公约》第81条第1句对发明人的要求，申请人是否可以指定一个非自然人实体为发明人，此争点与主请求相关。二是《欧洲专利公约》第81条第2句对获得欧洲专利的权利来源声明的要求，是否申请人提交任何声明（无论其内容如何）就足够，还是需要满足特定要求，此争点与辅请求相关。三是欧洲专利局的角色，欧洲专利局是否以及在多大程度上可以审查和驳回根据《欧洲专利公约》第81条第1句和第2句提交的声明。此争点与两项请求都相关。

在处理上述问题时，上诉委员会首先解释了《欧洲专利公约》的相关条款规定的含义，而后才讨论了本申请，最后简要答复了潜在的异议意见。对《欧洲专利公约》的法律框架的解释是解决该案争议问题的基础和重点。

（一）关于《欧洲专利公约》第81条

《欧洲专利公约》第81条规定，"欧洲专利申请应指定发明人"（第1句）；如果申请人不是发明人或不是唯一的发明人，"指定应包含一项声明，说明获得欧洲专利的权利来源"（第2句）。上诉委员会指出，申请人的这一义务是对《欧洲专利公约》第62条规定的、在欧洲专利局的发明人署名权之补充。

上诉委员会进一步指出，为执行这些规定，《欧洲专利公约实施细则》第20条规定，"除非发明人书面通知欧洲专利局放弃被提及的权利，否则应在已公布的专利申请和欧洲专利说明书中载明被指定的发明人"；《欧洲专利公约实施细则》第21条的规定，"对发明人的错误指定应根据请求予以纠正，但必须征得被错误指定者的同意"。如果该请求由第三方提出，则必须征得申请人或专利权人的同意。《欧洲专利公约（1973）》的实施细则也包含了同样的规定。

上诉委员会解释道，从《欧洲专利公约》第81条的措辞和上述二级立法可以看出，指定发明人是申请的强制性要求。但是，如果发明人要求不在公布文本中署名，则不公开发明人姓名。发明权来源的声明也是发明人指定书的组成部分，但仅限于申请人和发明人不是同一人的情况。《欧洲专利公约》第81条第2句并不要求对非发明人的申请人为何有权提交欧洲专利申请进行一般性解释。该条款更为具体，提到了"获得欧洲专利的权利来源"。如此，《欧洲专利公约》第81条通过其措辞本身与《欧洲专利公约》第60条建立了关联，后者提及并规定了获得欧洲专利的权利。

（二）关于《欧洲专利公约》第60（1）条

《欧洲专利公约》第60（1）条第1句规定，"获得欧洲专利的权利属于发明人或其权利继受人"。《欧洲专利公约》第60（1）条第2句规定，"如果发明人为雇员，其权利应根据雇员主要受雇的国家法律确定"。《欧洲专利公约》第60（1）条第3句规定了无法确定主要受雇国家时的默认规则。

上诉委员会指出，《欧洲专利公约》第60（1）条是《欧洲专利公约》的一项独立的实质性条款，具有三项作用：首先，其确立了获得欧洲专利的权利；其次，其将这一权利赋予发明人；最后，其规定了即使在提交欧洲申请之前，这一权利也可单独转让。

上诉委员会进一步指出，《欧洲专利公约》第60（1）条规定了取得"获得欧洲专利的权利"的两种方式：第一种是研发本发明（"发明人"），第二种是在本发明完成后从发明人处派生权利（"权利继受人"）。

鉴于《欧洲专利公约》第60（1）条与第81条之间的规范相关联，因此并非任何内容的声明都可被视为符合《欧洲专利公约》的规定。发明人指定书必须是以符合《欧洲专利公约》第60（1）条的方式确定权利来源的声明，即将申请人确定为发明人的雇主或其权利继受人。

(三) 关于欧洲专利局的职权

泰勒博士争辩,《欧洲专利公约》第 60(3)条规定,"申请人应被视为有权行使欧洲专利权"。《欧洲专利公约》第 19(2)条规定,"欧洲专利局不得核实发明人指定的准确性"。可见,《欧洲专利公约》中没有任何规则可供欧洲专利局在评价根据《欧洲专利公约》第 81 条第 2 句递交的声明是否合理地解释了"获得欧洲专利的权利"来源时使用。因此,欧洲专利局不应也不能审查发明人指定书,包括关于"获得欧洲专利的权利"来源的声明书。

上诉委员会反驳了这一观点,其指出,《欧洲专利公约》第 90(3)条规定,"欧洲专利局应审查……是否满足……第 14 条、第 78 条和第 81 条的要求"。这意味着在指定了发明人的情况下,欧洲专利局必须检查授权请求书或单独的声明书中是否确定了《欧洲专利公约》意义上的发明人。在申请人不是发明人的情况下,欧洲专利局还必须审查根据《欧洲专利公约》第 81 条第 2 句提交的声明书是否确定了符合《欧洲专利公约》第 60(1)条规定的、获得专利的权利来源。

上诉委员会解释道,欧洲专利局只需审查根据《欧洲专利公约》第 81 条第 2 句提交的声明书(假定其正确)是否属于《欧洲专利公约》第 60(1)条所涵盖的情形。欧洲专利局不需要根据相关法律评价,申请人在法律上是否有权提出申请,也不需要评估相关交易或关系是否有效和真实发生。该审查只是一种形式上的评价:其不要求欧洲专利局确定任何适用法律、评价证据或审查指定书是否准确或是否存在真正的权利。因此,上诉委员会认为这种审查符合《欧洲专利公约》第 60(3)条和《欧洲专利公约》第 19(2)条规定的原则。

该判决对发明人相关条款的法律解释非常全面,囊括了文理解释、逻辑解释、系统解释和论理解释等所有法律解释方法。此后不久,美国联邦巡回上诉法院也作出相同的判决,在司法界中反对人工智能发明人身份的意见越来越多,并为澳大利亚联邦法院二审反转提供了舆论支持。而欧洲、美国、英国、澳大利亚的判决也成为后续国家审查和司法判决的重要援引材料。

值得一提的是,该案上诉委员会依职权审查驳回决定是否存在违反程序的情况时,否定了欧洲专利局局长的书面意见。欧洲专利局局长认为,根据《欧洲专利公约》和所引用的判例法,可以默示放弃一项权利。上诉委员会不同意这一观点,并给出两点理由。第一,根据"没有人被怀疑放弃他的权利"(a jure nemo recedere praesumitur）的格言[1]，在没有明确撤回的情况下，不能简单地推定放弃权利[2]。第二，即使根据《欧洲专利公约》可以默示放弃一项权利，上诉委员会认为任何相关的放弃必须是明确的。[3] 该案传唤上诉人时提到过其具有在16个月内提交指定发明人的权利。受理处至少应在宣布驳回决定之前说明其将驳回本申请，除非申请人在口头审理程序中提交符合《欧洲专利公约》的发明人指定。会议记录不能证明受理处这样做了，上诉人没有进一步意见并不代表其明确放弃在《欧洲专利公约》第60（1）条规定的剩余时间内提交声明的权利。尽管上诉委员会以违反程序与提出上诉之间不存在因果关系为由，未撤销驳回决定或退还上诉费，但是该原则的澄清有利于后续欧洲专利局规范审查程序。

第三节 DABUS 发明人身份同族专利在美国的诉讼

在美国，联邦法院具有专利诉讼案件的专属管辖权。联邦地区法院是联邦法院体系的基层法院，拥有对全美范围内专利案件的初审管辖权。根据《联邦民事诉讼规则》（Federal Rules of Civil Procedure，FRCP），专利诉讼应该在被告居住地提起或被告侵权行为发生地提起。当事人对判决结果存有异议的可上诉至联邦巡回上诉法院复审。美国最高法院为专利诉讼的终审法院。调卷令是美国最高法院受理上诉案件的主要途径。要获得美国最高法院的调卷令，诉讼当事人首先要提出申请，由大法官们投票决定是否受理。如果九名大法官中的四名认为某一案件需要重新审理，那么美国最高法院就必须受理该案件，即所谓的"四人规则"。美国最高法院认为其主要职责并非纠正下级法院的错误判决，而是在更广泛的意义上维护联邦法制。案件是否能够被受理的关键因素在于是否与联邦宪法密切相关，其发布调卷令的案件中往往涉及不同法院对联邦法律的不同解释，因而其审理的专利案件并不多。[4] 该案在美国已向美国最高法院递交调卷令申请，但未获批准。

---

[1] 判决 G 1/88，第 2.4 点理由。
[2] 判决 T 1157/01，第 6 点理由；判决 T 1567/17，第 2.3.1（a）点理由；判决 T 1051/20，第 1.4 点理由；判决 T 1548/11，第 1.3 点理由。
[3] 判决 T 0388/12，第 4.2 点理由。
[4] 2002 年至 2023 年 2 月，美国最高法院判决的与专利相关的案件数量仅有 43 件，参见 https：//case-law. findlaw. com/summary/search/？query = filters&court = us − supreme − court&dateFormat = yyyyMMdd&topic = cs_48&pgnum = 1（最后访问时间 2023 年 2 月 16 日）。

一、案件事实与审理过程

2019年7月29日，美国人工智能专家泰勒博士向美国专利商标局提交了两件专利申请，申请号分别为16/524，350和16/524，532。泰勒博士提交的申请数据表（ADS）中所列出的唯一发明人的名字为"DABUS"，姓氏为"本发明是由人工智能完成的"。为满足《美国专利法》第115条中有关申请专利时需要提交发明人宣誓书的规定，泰勒代表DABUS提交了一份替代声明。

经初步审查，美国专利商标局认为上述申请缺少有效的发明人，要求泰勒博士在规定期限内确认有效的发明人信息。泰勒博士没有按照要求进行修改，而是提出申诉，要求美国专利商标局撤回上述通知书并重新审查。然而，该申诉被驳回。随后，泰勒博士提出复审请求。2020年4月22日，美国专利商标局作出了最终驳回决定。

泰勒博士不服上述驳回决定进而提起诉讼。该案中，作为被告的美国专利商标局总部位于弗吉尼亚州亚历山大市，弗吉尼亚州东区地区法院拥有该案件的初审管辖权。经过双方当事人的简要陈述及口头辩论，地区法院于2021年9月2日作出判决，支持美国专利商标局作出的审查决定，驳回了泰勒博士的诉讼请求。

泰勒博士又向联邦巡回上诉法院提起上诉。联邦巡回上诉法院审理认为，由于国会在立法时规定只有自然人才能成为发明人，因此人工智能不能成为发明人。该法院于2022年8月5日作出判决，维持了地区初审法院的判决结果。泰勒博士又向联邦巡回上诉法院提出请求，要求召集法院全体法官出席重新审理该案件❶，然而这一请求随后也被驳回。

2023年3月17日，泰勒博士向美国最高法院申请调卷令❷再审。布鲁克林法律孵化机政策研究室、芝加哥专利律师以及专家学者向美国最高法院提交了3件法庭之友法律意见书❸，请求美国最高法院接受泰勒博士的调卷令申请。美国最高法院召开了讨论会议，于2023年4月24日作出拒绝签发调卷令的决定。

---

❶ 全院庭审（En Banc），指由法院全体法官审理和裁决案件的制度。当事人可以申请上诉法院进行全院庭审，但通常只在案件争议性很大或合议庭法官对主要法律问题意见不一致时才进行全院庭审。
❷ 调卷令（Writ）是美国最高法院受理上诉案件的主要途径。美国最高法院发布调卷令的案件中往往涉及不同法院对联邦法律的不同解释，其所审理的专利案件并不多。
❸ 法庭之友（Amicus Curiae），指对有疑问的事实或法律上的观点善意地提醒法院注意或向法院报告的人。法庭之友在美国最高法院的参与程度最为显著。

二、法院的判决意见及理由

由于该案的争议焦点问题本质上是一个法律解释的问题，因此，法官首先从专利法中发明人的定义出发，参考美国最高法院用于解释成文法规中"个人"一词含义的在先判例，补充解释了专利法中发明人的定义，完善了发明人定义的法律解释。接着，法官又综合考虑了专利法的法定语境、上下文以及认定了发明人必须为自然人的在先判例，基于法律体系整体角度阐释了发明人的定义。最后，法官回应了原告方泰勒博士的论点，界定了该案所涉及的立法、行政和司法的权力范围。

专利法中使用了"个人"（Individual）一词来定义发明人。为进一步解释"个人"一词，判决书中引用了穆罕默德案[1]。穆罕默德案中，美国最高法院对《酷刑受害者保护法》（Torture Victim Protection Act，TVPA）中所使用的"个人"一词进行了法律解释。法官通过比较在先判例与该案的争议焦点及事实的相似性，采用类比推理的方法，得出该争议案件能够适用先例中的判例法规则的结论。

法官认为，当整体考虑专利法的其他相关条款时，发明人只能是自然人。发明人的定义必须与《美国专利法》中的其他条款一致。在规定何种行为构成侵权时，国会使用"任何人"（Whoever）一词来表示公司和其他非人类实体，但非人类实体可能侵犯他人的专利权并不能够说明非人类可以作为发明人，且国会在使用"任何人"一词时，其含义远比"个人"一词更加宽泛。

判决书中还引用了涉及发明人身份的在先判例[2]。虽然这些判例没有涉及人工智能机器的发明人身份，然而上述判例均认为一项发明的技术方案应当是在发明人头脑中形成的，是一种精神行为，而目前并没有任何的证据表明人工智能能够形成自主意识。该案中，泰勒博士代替 DABUS 向美国专利商标局提交了发明人宣誓书的替代声明，法官认为这一事实正说明了 DABUS 不具有自主意识，不符合专利法中有关发明人的规定。

判决书中还简要地讨论了泰勒博士的其他论点。泰勒博士认为，为鼓励创新和公开，人工智能产出的发明应该是可被授予专利权的。但法官认为泰勒博士的

---

[1] Mohamad v. Palestinian Auth., 566 U.S. 449, 454 (2012).
[2] Univ. of Utah v. Max-Planck-Gesellschaftzur Forderungder Wissenschaften E. V., 734 F. 3d 1315, 1323 (Fed. Cir. 2013); Beech Aircraft Corp. v. EDO Corp., 990 F. 2d 1237, 1248 (Fed. Cir. 1993).

观点是推测性的，缺乏专利法的原文和相关证据的支持。泰勒博士还援引了宪法回避原则，认为允许人工智能作为发明人有助于实现专利的宪法目的，否认其发明人身份则会阻碍这种进步。法官则认为，泰勒博士引用的宪法条款赋予了国会立法权，国会依据这一权力通过了专利法，宪法回避原则在该案中并不适用。泰勒博士认为美国专利商标局无权享有斯基德摩尊让（Skidmore Deference）[1]。法官则认为，美国专利商标局的审查决定是全面且翔实的，审查决定中涉及了专利法中与发明人有关的所有法律条款，审查结论也与其在此之前对相同法律问题作出的结论一致。美国专利商标局致力于研究人工智能对现行专利法规的影响，于2019年1月举办了一次人工智能政策会议，并基于知识产权政策与人工智能交叉相关的一系列问题广泛征求了公众意见，整理后发布了综合报告。[2] 报告中收集了就"考虑到自然人以外的一个或多个实体对发明概念作出的贡献，是否需要修订现行的关于发明人身份的法律法规？"这一问题的公众意见。因此，法官认为美国专利商标局能够享有斯基德摩尊让。此外，泰勒博士还指出，南非已授予DABUS作为发明人的专利的专利权，但法官指出，外国专利局没有解释美国的专利法，其决定并不能够改变美国法院的结论。

三、对判决的评析

随着美国最高法院作出拒绝签发调卷令的决定，DABUS案在美国的诉讼也终于尘埃落定。作为世界范围内人工智能发明人身份第一案，判决的意义已经远远超出了个案的范围，在知识产权领域都有重要的意义。

首先，从司法角度来看。美国虽为典型的判例法国家，但其成文法体系非常成熟，与大陆法系国家相比毫不逊色，判例法和成文法作为法律渊源，共同构成了美国的法律体系。美国的判例法进一步又划分为普通法的判例法、衡平法的判例法以及成文法的判例法[3]。其中，成文法的判例法的主要作用是解释成文法，同时也会在一定程度上丰富成文法的内容与含义。法院对成文法或其中一部分进

---

[1] 在法律解释问题上，斯基德摩尊让原则为一种弱化尊让、注重具体案情的多因素考量的模式。法官处于主导地位，对案件所涉及的多方因素整体考量，对行政机构的法律解释是否合理作出独立判断；行政机构则可被视为"专家证人"，相关行政解释仅被视为指引性的权重因素，但是并不具有拘束力。

[2] United States Patent and Trademark Office. Public Views on Artificial Intelligence and Intellectual Property Policy [EB/OL]. (2020-10-07) [2023-02-16]. https://www.uspto.gov/sites/default/files/documents/USPTO_AI-Report_2020-10-07.pdf.

[3] 梁迎修. 英美法系法律方法研究 [M]. 开封：河南大学出版社. 2014：111, 114.

行解释而形成的判例，依据遵循先例的原则，对后来同样的案件也有拘束力，也具有法律渊源的性质。因此，DABUS 案的判决结果对今后可能出现的类似案件具有约束力。这一判例的出现能够保证法官对同样的情况同样对待，使不同的诉讼人享受同样的待遇，体现诉讼的平等性，也提高了当事人及公众对类似案件的可预见性。不过，值得一提的是，美国在适用"遵循先例"原则上不如英国严格，美国法官认为，他们并不受过去判例的绝对约束。如法兰克福特法官就曾在判决书中表明："我们承认遵循先例体现为一项重要的社会政策。它代表了法律连续性因素，并且扎根于人们满足合理期望的心理需要之中。但是当遵循先例同一个适用范围更广、更实质上合理，并且得到实践验证的优先原则发生冲突时，遵循先例就是一个政策原则，而不是依附最新判例的机械准则"。❶ 也就是说，随着人工智能领域技术的飞速发展，后续判决也有可能推翻 DABUS 案的结论。

其次，从立法角度来看。该案中，美国联邦巡回上诉法院充分考虑了泰勒博士所提到的关于人工智能的政策性的论点以及社会公众对这一主题的广泛讨论。法院认为，包括促进创新等政策性的论点属于国会立法考虑的范畴，随着技术的发展，人工智能可能会达到一定的复杂程度，从而满足公认的发明人的含义。应由国会通过调查、审查和研究来决定如何扩大专利法的范围，这与司法及行政过程中的法律解释分析工作无关。

美国宪法规定了设立专利法的根本目的为鼓励创新，促进科技的进步。人工智能的发展使其从一般性的辅助工具逐步演变为发明创造方案的产生者，人工智能能否具有法律主体地位一直备受争议，但如果人工智能产生的发明创造在客观上能够促进社会的发展，那么就应当完善相关制度的设计，对这些方案加以保护，以促进更广泛的技术的公开。人工智能领域技术的飞速发展及以该案为代表的人工智能在专利权、著作权等知识产权领域中的主体资格的司法实践也必将促进美国国会进行调查、研究，重新审视专利法中有关发明人身份的规定，修订专利法及其他相关知识产权法规，加速人工智能相关领域的立法进程。

第四节　DABUS 发明人身份同族专利在德国的诉讼

德国为典型的大陆法系国家，其专利制度的建立虽然较英、美等国要晚，但由于其在专利保护方面有自己的独到之处，因此在世界上颇具影响力。在德国专

---

❶ 何勤华. 20 世纪外国司法制度的变革［M］. 北京：法律出版社，2003：462.

利制度中，与发明人直接相关的条款为《德国专利法》（Patentgesetz，PatG）第37条第1款❶以及《德国专利细则》（Patentverodnung，PatV）第7条❷。

德国也是世界上最早建立专门知识产权法院的国家，其于1961年7月建立了德国联邦专利法院。根据2009年修订的《德国专利法》第65条和第143条之规定，联邦专利法院负责审理当事人针对德国专利商标局决定提起的有关专利、实用新型、集成电路布图设计、商标和外观设计的上诉。❸ 联邦专利法院是德国联邦最大的联邦法院之一，设有上诉审判庭和无效审判庭，前者负责审理对专利商标局所作决定的上诉案件，后者负责审理对专利的无效宣告请求案件和专利的强制许可案件。上诉案件不以专利商标局为被告，但是在专利商标局长官认为涉及公共利益时，则可以向法院作出书面陈述、出席听证，法院也可以在认为某法律问题重要时给予专利商标局局长参加诉讼的机会，此时专利商标局长官须作为一方当事人听从法院的引导。

审理专利上诉案件的技术上诉审判庭由4名法官构成，其中审判长为技术法官，还包括另外2名技术法官和1名法律法官。在最终表决结果为平局的情况下，根据专利法的规定，审判长拥有决定票。对联邦专利法院决定不服的当事人可以向最高法院递交上诉请求。德国联邦最高法院于2024年6月11日对该案作出终审判决。

一、案件事实与审理过程

美国人工智能专家泰勒博士于2019年9月17日向德国专利商标局提出专利

---

❶ 自申请日起15个月内，有优先权的自优先权日起15个月内，申请人应当指定一个或多个发明人，并保证就其对这项发明的了解，其他人未参与其中。对于申请人不是发明人，或者不是唯一发明人的，申请人应当说明其如何取得申请专利的权利。专利局不审查该说明的正确性。

❷ 《德国专利细则》第7条指定发明人
(2) 发明人的指定必须包含：
1. 发明人的名字、姓氏及包括街道、门牌号、邮政编码和城镇的地址；适用第4条第3款；
2. 申请人需要保证，据其所知，没有其他人参与该发明（《德国专利法》第37条第1款）；
3. 如果申请人不是发明人或者不是唯一的发明人，需要说明其如何取得申请专利的权利（《德国专利法》第37条第1款第2句）；
4. 发明名称、正式申请号（如果已知）；
5. 申请人或者其代理人的签字；如果专利由多人共同申请，则每个申请人或代理人必须在指定文件上签字。

❸ 参见浙江省知识产权局：《2008—2010浙江省知识产权发展报告（上）》2011年5月。

申请，申请号为 DE102019128120.2。[1] 申请人于申请日向德国专利商标局提交的指定发明人表格中并没有指定任何自然人为发明人，而是仅注明了"本发明是由人工智能独立完成的"。

德国专利商标局认为，由于申请人在提交专利申请时所指定的发明人并非自然人，不符合《德国专利法》第37条及《德国专利细则》第7条有关发明人的规定，要求申请人重新指定发明人。泰勒博士在答复上述通知书时重新提交了指定发明人的表格，修改了所填写的发明人，但仅在原始填写的内容后添加了一个后缀"由泰勒博士转交"。泰勒博士认为，该发明是由人工智能独立完成的，如果他将自己指定为发明人，则与实际情况不符；考虑到技术的进步，必须对专利法中发明人的概念进行重新解释。德国专利商标局并没有接受泰勒博士陈述的意见，驳回了该申请。泰勒博士就该驳回决定提起上诉。上述案件于2020年4月29日提交至德国联邦专利法院。

审判庭认为，除了上诉人提出的是否只有自然人才能被指定为发明人的法律解释问题，还有必要就在指定发明人时是否允许添加诸如发明的来源等附加信息的法律问题展开讨论，因而，审判庭允许德国专利商标局局长加入上诉诉讼程序。

在案件审理过程中，泰勒博士又多次向法院提交了指定发明人的表格文件。2021年2月23日提交的发明人指定表格中，泰勒博士将自己指定为发明人，同时还提交了修改后的说明书首页，其中包含以下介绍性文字：本发明是由名为DABUS的人工智能生成的。同日，泰勒博士还提交了另一份发明人指定表格，将他自己指定为发明人的一部分，即表格中发明人一栏所填写的内容是："泰勒博士，他促使人工智能DABUS生成了本发明"。2021年11月3日，泰勒博士又提交了新的发明人指定表格，在这份发明人指定表格中，他将"合法继承人"替换为"获得专利的权利"一词，在地址栏添加了后缀：由泰勒博士转交。

经审理，审判庭于2021年11月11日作出判决，认为申请人于2021年2月23日提交的第二份、用于发明人指定的表格应被视为在规定期限内、以正确形式提交的文件，因此撤销了德国专利商标局于2020年3月24日作出的驳回决定，并将该案件退回德国专利商标局继续审查。

德国专利商标局局长对上述判决不服，遂向德国联邦最高法院提起了上诉。

---

[1] 申请人于2019年9月17日同时向德国专利商标局提交了另一份专利申请，德国专利申请号为：DE102019129136.4。德国专利商标局对这两件申请的行政审查过程及决定实质上是相同的。

联邦最高法院于 2024 年 6 月 11 日支持了联邦专利法院的判决。

二、法院的判决意见及理由

(一) 泰勒博士的诉讼请求

基于泰勒博士提交的几份发明人指定表格，其诉讼请求可概括为一项主请求及三项辅请求。

主请求：撤销德国专利商标局于 2020 年 3 月 24 日作出的驳回决定，将 2021 年 11 月 3 日提交的发明人指定表格视为在规定期限内、以适当形式提交的发明人指定文件。

辅请求 1：声明"在本案中无需指定发明人，因为没有自然人符合发明人身份的要求。泰勒博士是名为 DABUS 的人工智能的所有者，获得专利的权利已转让给泰勒博士"。

辅请求 2：将 2021 年 2 月 23 日一并提交的发明人指定表格和修改后的说明书首页视为在规定期限内、以适当的形式提交的发明人指定文件。

辅请求 3：将 2021 年 2 月 23 日提交的第二份发明人指定表格视为在规定期限内、以适当形式提交的发明人指定文件。

(二) 判决意见

审判庭逐一审查了泰勒博士的诉讼请求，驳回了主请求及辅请求 1、辅请求 2，支持了辅请求 3。

对于主请求和辅请求 1，审判庭认为，根据现行的《德国专利法》第 37 条第 1 款，只有自然人可以被指定为发明人。从该条款的法律拟制来看，如果存在异议，申请人可以指定自己为发明人。泰勒博士认为，立法者没有预见人工智能产出发明的可能性，但审判庭则认为这并不足以为了申请人的利益在司法层面修改法律。在司法层面允许将人工智能指定为发明人的前提为，科技的发展使相关法规中包含的"人"一词无法囊括所有的客观事实。然而，目前的情况并非如此。一方面，《德国专利法》第 63 条第 1 款规定了发明人的署名权，是对"发明人荣誉"的表彰，而这是人工智能无权获得的；另一方面，否认人工智能的发明人身份并不会影响相应发明的可专利性，不会造成经济利益的损失。

辅请求 2 涉及对说明书的修改，而根据《德国专利法》第 14 条的规定，说明书可用于解释授权的权利要求,如果该申请被授予专利权,那么上述修改可能会导致超出原说明书和权利要求书记载范围的问题。

审判庭认为辅请求3是可以接受的。2021年2月23日提交的第二份发明人指定表格在指定发明人时包含了信息"泰勒博士",文件的第2页中也注明了:"发明人是申请人",这符合指定发明人的相关规定。对于申请人在发明人姓名后所附加的信息,既没有违反《德国专利细则》第7条第2款的规定,也没有违反其他法规。在《德国专利细则》没有明确规定禁止不必要信息的情况下,无需禁止发明人在发明人指定表格中添加有争议的附加信息。

综上,联邦专利法院作出结论,撤销2020年3月24日德国专利商标局作出的驳回决定,案件应当被退回德国专利商标局继续审查。

三、对判决的评析

德国联邦专利法院的判决过程充分体现了大陆法系国家的特点,突出了依法行政原则及比例原则。

当代德国行政法的依法行政原则由两部分组成,即法律优先的原则和法律保留的原则。法律优先原则的实质意义是,行政行为应受既存法律的约束,行政机关不能采取与法律相抵触的行政措施。对于既存法律,行政机关必须遵守,不得违反。与法律相抵触的行政行为原则上是可撤销及可诉的。在该案中,德国专利商标局的行政决定以及联邦专利法院的判决书中对于泰勒博士的主请求和辅请求1的审理过程充分体现了法律优先的原则。正是由于现行《德国专利法》第37条第1款并不存在将人工智能系统指定为发明人的法律空白,德国专利商标局作为行政机关,必须遵守上述法律的规定,因此,专利法要求发明人是自然人的结论是不存在异议的。

与民法中的"诚信原则"相类似,"比例原则"可以称为行政法中的"帝王条款"。比例原则产生于德国,影响遍及全世界。德国联邦宪法法院曾对比例原则作出过如下表述:根据比例原则,首先,被审查的限制基本权利的措施必须是对保护法益合适的,即妥当的;其次,必须是必要的,如果有其他更温和的手段则该措施不符合必要性;最后,该措施必须符合狭义比例原则,即侵害行为与被侵害的重要基本权利之间具有合适的比例关系。❶ 在该案中,联邦专利法院支持

---

❶ 薛华勇. 职业自由及其限制[M]. 苏州:苏州大学出版社,2016:113.

了泰勒博士的辅请求3的判决决定就体现了这一原则。德国专利商标局认为泰勒博士在填写发明人时增加了额外的信息，从而超出其审查权限。而审判庭则认为，泰勒博士填写的信息并没有违反任何法律法规，在法律没有明确禁止不必要信息的情况下，因为申请人所填写的发明人附加信息的内容而驳回该申请是不妥当的。对于附加信息的公布方式，德国专利商标局有一定的自由裁量权，可以自行决定要公布的数据，就此驳回该申请并非对申请人的权益损害最小的手段，因此是不必要的。

就判决结果而言，德国联邦专利法院对于DABUS案的判决结果与美国、英国等司法管辖区的结论基本一致，但又有其独到之处。对于辅请求3的处理，审判庭给出了一种折中的方案，使人工智能以类似"共同发明人"的身份出现在发明人指定的表格中。联邦专利法院的这一判决结果被认为是又一个重量级法院的判决。联邦最高法院于2024年6月11日支持了这一处理人工智能生成发明的发明人指定方式，该方案能够在一定程度上客观地反映发明成果的真实来源，肯定了人工智能为发明创造作出的贡献，有利于实现专利法鼓励创新的立法目的。

第五节　DABUS发明人身份同族专利在英国的诉讼

英国的民事法院按级别分为郡法院、高等法院、上诉法院和最高法院四级，上诉必须满足取得低级法院或上诉的对象法院许可的要求。在英国处理专利纠纷的主要司法机构包括专利郡法庭和专利法庭，专利法庭设立在高等法院，对知识产权局局长决定不服的专利行政初审案件应当提交至高等法院专利法庭。最高法院为终审法院，主要决定一般原则问题，每年上诉到英国最高法院的知识产权案件最多只有1～2件。[1]

一、案件事实与审理过程

泰勒博士在申请号为GB18116909.4、GB1818161.0的两件专利申请的"申请授予专利权表格"中声明其本人不是该发明的发明人，在"发明人身份和请求获得专利权的声明"的"发明人姓名"一栏中填写了人工智能机器人名称"DABUS"，并提交了一份说明，陈述了该发明是由DABUS作出的，而作为DABUS的所有者，其本人拥有申请并获得专利的权利。

---

[1] 黄晓稣，陈静怡. 英国知识产权审判体系［J］. 科技与法律，2015（1）：64-68.

2019年8月8日，英国知识产权局回复称，泰勒博士提交的申请不满足《英国专利法（1977）》（The Patents Act 1977 of United Kingdom）第13（2）条规定的指定自然人作为发明人，也未说明其是如何获得申请专利的权利。2019年8月28日，泰勒博士在其提交的补正"发明人身份和请求获得专利权的声明"中强调"由于该发明完全是由DABUS独立构思的，因此申请人没有指定一个或多个自然人作为发明人"，并要求就此事举行听证会。

2019年11月14日，英国知识产权局听证官琼斯（Jones）先生在听证会上指出，DABUS不是《英国专利法（1977）》第7条和第13条规定的自然人，不能作为发明人。泰勒博士也没有资格仅凭DABUS的所有权进而申请专利，因为他没有提供符合要求的获得专利权的派生（derivation of right）。

2019年12月4日，英国知识产权局以上述理由驳回了这两件专利申请。泰勒博士对于该驳回决定不服，于2019年12月18日向英国高等法院提起上诉。

2020年9月21日，英国高等法院支持英国知识产权局的决定，驳回了该上诉。[1] 判决理由如下：第一，DABUS不是一个自然人，不能作为发明人；第二，泰勒博士没有被授予专利权的权利；第三，英国知识产权局副局长根据《英国专利法（1977）》第13条将该申请视为撤回是正确的。泰勒博士继续向英国上诉法院提起上诉。

2021年9月21日，英国英格兰和威尔士上诉法院以2:1的多数票驳回了上诉，三位法官一致认为《英国专利法（1977）》中的发明人必须是设计发明的自然人，人工智能DABUS没有资格作为发明人。但比尔斯（Birss）法官允许上诉，他认为《英国专利法（1977）》第13条关于发明人的指定仅是形式要求，声明中信息的真实性应当交由第三方决定是否根据《英国专利法（1977）》第8条提出异议，知识产权局局长无须核查作出发明的人工智能所有者是否有权就该发明申请专利。

2022年8月12日，英国最高法院允许上诉，并于2023年12月20日作出泰勒的人工智能机器人DABUS自主生成的发明不能被授予专利权的决定。

二、法院的判决意见及理由

英国最高法院的5位法官一致同意驳回上诉。判决主要解决了以下三个问题：

---

[1] Thaler v. The Comptroller – General of Patents, Designs And Trade Marks [2020] EWHC 2412.

①《英国专利法（1977）》中"发明人"的范围和含义；②泰勒是否为 DABUS 创造或生成的任何技术进步的所有者，有权申请并获得相关专利？③听证官是否有权裁定申请会被视为撤回？

法官首先明确肯定了知识产权局局长及各个诉讼程序中对于《英国专利法（1977）》中发明人必须是自然人这一解释是完全正确的。根据《英国专利法（1977）》第 7（2）（a）条，专利申请必须有发明人，并且该发明人必须是自然人。其次，申请人（如果不是发明人）必须是符合《英国专利法（1977）》第 7（2）（b）条规定之一的自然人或法人，或者，根据《英国专利法（1977）》第 7（2）（c）条，发明人必须是（a）或（b）段中提及的权利继承人。并且，判决中的表述为"DABUS 创造或产生的技术进步"，其中特意使用"技术进步"而不是"发明"，使用"创造"或"生成"而不是"设计"或"发明"，以避免将其与符合专利法要求的发明人作出的发明创造相混淆。

泰勒认为他是 DABUS 的唯一所有者，根据附加法原则可以拥有申请并获得专利的权利。这一观点所依赖的法律法规是布莱克斯通（Blackstone）在《英格兰法律评注》中所描述的普通法的附加法原则，但该原则适用于现有有形资产产生的新的有形资产，既存的有形财产的所有人拥有其新的有形资产。而知识产权属于无形财产，新产生的无形资产不受独占权的影响，对无形资产的独占权也不是从对产生其有形资产的独占权而来的。因此，不能仅凭借制造和拥有人工智能机器人就认定人工智能机器人的所有者可以占有人工智能生成的发明创造的权利。而且 DABUS 既不是自然人也不是法人，不具有法律人格，泰勒不能通过权利转移获得专利申请的所有权，也就无权根据《英国专利法（1977）》第 7（2）（b）条或第 7（2）（c）条提出专利申请，因为上述条款皆要求发明人必须向申请人转让申请专利的权利。因此，泰勒无权就 DABUS 完成的发明申请专利。

在解决了上面两个问题之后，很明显，泰勒提交的"发明人身份和请求获得专利权的声明"不满足《英国专利法（1977）》第 13（2）条中的任何一项要求，申请在《英国专利细则（2007）》第 10（3）条规定的 16 个月期限届满时被视为撤回是正确的。这并不是对可授予专利权强加额外的要求，也没有引入驳回专利申请的新理由，而是根据《英国专利法（1977）》作出正确解释的结果。判决中指出不同意上诉法院比尔斯法官的推理，审查《英国专利法（1977）》第 13（2）条和第 10 条规定的发明人身份和权利是否真实可信虽然不是知识产权局局长的职责，但并不意味着英国知识产权局无权在该指示明显有缺陷或不充分的情况下进行干预。在 Nippon 案中，由于申请人显然不是发明人，且其未能表明如何获得申请并获得专利的权利,英国知识产权局的听证官认为不符合《英国专利法(1977)》第13(2)(b)条的规定,因为申请人未能表明其属于第7(2)(b)条或第7(2)(c)条类别中的哪一个。也就是说,除发明人之外的其他任何人若要被授予专利权,必须声明如何通过发明人获得申请并被授予专利的权利,比如雇佣关系或签署的协议等。法官还指出,原则上允许泰勒博士可以作为机器的所有者对 DABUS 生成的发明提交专利申请并要求获得专利权,但不应当以 DABUS 作为发明人。

三、对判决的评析

在以往的发明专利申请中,人工智能往往作为保护客体出现在技术方案中,DABUS 案是英国出现的首个将人工智能机器人作为发明人主体,要求获得申请专利权利的案件。随着科技的发展,人工智能机器人除了可以作为智能的先进工具,基于更完善的算法也可以拥有自主完成发明创造的能力,必然会对视人类为主体作为发明人的专利法现状提出挑战。

作为现代意义专利制度建立的开端,1624 年的英国《垄断法》在第 6 条规定对"新产品真正的第一发明人授予在本国独占实施或者制造该产品的专利证书和特权"。在当时的背景下,"发明人"一词的含义包括两个方面:①第一个提出制作"新产品"方法的英国人或外国人;②第一个将商品或技术带到英国的进口商。显然,当时的"真正的第一发明人"是指自然人。《英国专利法(1949)》第 1 条规定专利申请只能由声称是真正的第一发明人或其受让人提出,专利权在被授予之前,真正的第一发明人获得专利权的权利可以转让,也就是将可以授予专利权的自然人从"真正的第一发明人"扩大到了"真正的第一发明人或其受让人",但"受让人"需要进行权利转让。1970 年,英国议会在针对英国专利制度的报告中指出,旧法中"真正的第一发明人"不仅指发明的实际设计人,也指将发明引入英国的任何人,因此,在现行的《英国专利法(1977)》第 7(3)条中正式对发明人进行了定义:"发明人"是指发明的实际设计人,考虑到这一修改旨在排除进口商作为发明人的情况,根据第 7(3)条的定义,"实际的设计人"首先应当满足是自然人,然后才能作为发明人。但就目前的法律而言,人工智能机器人不具备法律人格,没有能力实现权利的转让或接受,所以人工智能机器人 DABUS 不能成为发明人。

但英国最高法院法官强调,该案不涉及由人工智能驱动的自主运行的机器所产生的技术进步是否应该获得专利权，也不需要考虑"发明者"一词的含义是否应该在必要时扩大到包括由人工智能驱动的机器。解决上诉争议问题的关键在于《英国专利法（1977）》相关条款对泰勒博士提出的申请的正确解释和适用。英国最高法院在判决中对英国知识产权局审查案件及下级法院审理案件过程提出指导意见，将存在争议的法律问题进行了诠释。

该案上诉到英国最高法院，也足以表明人们开始关注有关专利制度的目的、激励技术创新的必要性、提供适当的垄断以换取向公众提供新的和非显而易见的技术进步的政策问题，以及如何将技术进步在垄断范围内付诸实践。正如莱恩（Laing）法官在上诉法院判决第103段中所说的："无论机器是否能够在1977年作出发明创造，我很清楚议会在制定专利法案时并没有考虑到它们。如果要为机器创造的发明授予专利权，则必须修改《英国专利法（1977）》。"法律在新的情况下该如何适用，以保证专利制度能够更加合理高效地鼓励发明创造，保护公众和专利权人的合法权益，人工智能生成技术方案应当如何保护这一问题亟需立法机构深入考量。

第六节　DABUS发明人身份同族专利在澳大利亚的诉讼

作为英联邦内的独立国家，澳大利亚同属于普通法系（英美法系）国家。澳大利亚的法院包括联邦法院和州法院两套系统。其中，联邦法院包括澳大利亚高等法院（High Court of Australia）、澳大利亚联邦法院（Federal Court of Australia）和澳大利亚家庭法院，而州法院则分为最高法院、地区法院和地方法院。

澳大利亚联邦法院于1977年2月1日成立，包括两大法庭：劳资法庭和普通法庭。普通法庭具有行政法、税法、知识产权法、海事法和公司法案件的管辖权。❶ 联邦法院的上诉案件由合议庭进行审理，通常情况下由3名法官组成，但有时也会有由5名成员组成的法庭。联邦法院同样也对针对联邦地方官员的决定的上诉案件和针对州法院的某一联邦事务的上诉案件享有管辖权。❷

澳大利亚高等法院是根据《澳大利亚宪法》第71条和《澳大利亚司法法（1903）》（Australian Judiciary Act 1903）建立的，是澳大利亚州和联邦两大法院

---

❶ 何勤华. 澳大利亚法律发达史［M］. 北京：法律出版社，2004：341-343.
❷ 帕金森. 澳大利亚法律的传统与发展：第三版［M］. 陈苇，等译. 北京：中国政法大学出版社，2011：187.

系统的最高终审法院，其裁判对于所有澳大利亚法院均具有约束力。澳大利亚高等法院的管辖权包括初审管辖权和上诉管辖权两部分，其中，初审管辖权包括一方当事人为澳大利亚联邦的诉讼或因联邦官员职务行为引发的诉讼，以及请求驳回联邦官员签发命令和禁令的诉讼，而上诉管辖权则包括了对澳大利亚联邦法院裁判的上诉。

因此，DABUS案在澳大利亚的司法审查过程中，一审由澳大利亚联邦法院进行审理，由此引起的上诉案件由联邦法院组成5人合议庭进行二审，该案在二审之后提出的对澳大利亚联邦法院裁判的上诉许可申请则交由澳大利亚高等法院进行裁定。

值得一提的是，从第一部《澳大利亚专利法》（Australian Patents Act）至今，《澳大利亚专利法》中从未对发明人的具体含义有过明确的定义，这也是为何该案在澳大利亚司法程序中意见两次反转的原因之一。该案在澳大利亚向高等法院申请的特别上诉许可已在听证会后被驳回，二审判决成为终局决定。

一、案件事实与审理过程

DABUS案在澳大利亚所涉及的同族专利案件为申请号为AU2019363177、发明名称为"食品容器以及吸引更多关注的设备和方法"的发明专利申请，申请人为泰勒，发明人为"DABUS"，并在发明人一栏注明："本发明是由人工智能自主产生的"。该申请为依据专利合作条约提交的PCT国际申请，申请日为2019年9月17日，国际公开号为WO2020/079499A1，公开日为2020年4月23日，其要求了申请号为EP18275163.6和EP18275174.3两件欧洲专利申请的优先权。该申请于2020年9月9日进入澳大利亚国家阶段，并于2020年10月8日公开。该专利申请请求保护两项发明，其中一项为一种食品或饮料容器，另一项为一种用于吸引更多关注的设备。

澳大利亚知识产权局在依据《澳大利亚专利细则（1991）》（Australian Patents Regulations 1991）第3.2C条的规定对该申请进行形式审查的过程中认为，发明人必须是自然人，而该申请的发明人"DABUS"是统一感知的自动引导设备的人工智能系统，不能作为发明人，从而依据《澳大利亚专利细则》第3.2C（2）（aa）条的规定要求申请人提供与申请相关的发明人姓名。申请人泰勒博士提交了意见陈述书，称该发明由DABUS独立完成，其可以并应该被列为发明人，且泰勒博士是DABUS的所有者，因而有权被授予该发明的专利权。

2021年2月9日,澳大利亚知识产权局驳回了该申请。驳回决定指出,现行《澳大利亚专利法(1990)》(Australian Patents Act 1990)没有对"发明人"进行定义,因而该词语应具有普通的英语含义,且任何一本标准词典都显示"发明人"的传统含义是"制造发明的人",没有证据表明现代的发明人可以包括机器。由于不可能确定谁可以被授予专利权,人工智能机器作为发明人不符合《澳大利亚专利法(1990)》第15(1)条❶的规定,进而本申请不符合《澳大利亚专利细则(1991)》第3.2C条,根据《澳大利亚专利细则(1991)》第3.2C(5)条的规定,本申请失效。❷

泰勒博士对驳回决定不服,向澳大利亚联邦法院提起诉讼。

2021年7月2日,澳大利亚联邦法院普通法庭的比奇法官对该案进行了审理,指出:发明人是施动者名词,施动者可以是人或物,因此,人工智能系统可以成为《澳大利亚专利法(1990)》意义上的发明人,不应在形式审查阶段取消对本申请的实质审查。2021年7月30日,比奇法官作出一审判决:撤销知识产权局对本申请所作的失效决定;撤销本申请不符合《澳大利亚专利法(1990)》第15(1)条的决定;本申请是否满足《澳大利亚专利细则(1991)》的形式要求及其审查交由副局长依法确定。❸

澳大利亚知识产权局认为,即使在程序问题上可能在审查时推迟驳回,但对"发明人"进行正确解释的问题已成为现阶段应当考虑的重要原则性问题,在实体问题上,发明人的身份一直仅限于人类发明人,一审法官对《澳大利亚专利法(1990)》第15(1)(b)条和第15(1)(c)条的理解有误,并错误地将重点放在第2A条上,导致判决结论错误,继而向联邦法院提出上诉。

澳大利亚联邦法院随后组成了由奥尔索普首席法官和尼古拉斯、耶茨、莫辛斯基、伯利法官组成的5人合议庭,于2022年2月9日对该案进行了审理,认为知识产权局作出的本申请不符合《澳大利亚专利细则(1991)》第3.2C(2)(aa)条的决定是正确的,并于4月13日作出二审判决:接受上诉;撤销2021年7月30日的判决。❹

---

❶ 《澳大利亚专利法(1990)》第15(1)条:根据本法,发明专利只能授予以下人:(a)发明人;或(b)在发明专利授权后,有权获得专利权转让的受让人;或(c)从发明人或(b)项所述受让人处派生的发明的权利人;或(d)上述(a)、(b)或(c)项提及的死者的法定代理人。

❷ Stephen L. Thaler [2021] APO 5.

❸ Thaler v. Commissioner of Patents [2021] FCA 879.

❹ Commissioner of Patents v. Thaler [2022] FCAFC 62.

申请人泰勒博士不服上述裁定，向澳大利亚高等法院申请特别上诉许可。

2022年11月11日，澳大利亚高等法院通过线上视频召开了远程听证会，驳回了上诉许可请求，维持二审判决❶。

二、法院的判决意见及理由

二审合议庭认为，该案引起当前争议的直接原因是澳大利亚知识产权局局长依据《澳大利亚专利细则（1991）》第3.2C（2）（aa）条要求申请人提供专利申请所涉及发明的发明人姓名。

从程序问题的角度，合议庭指出，《澳大利亚专利细则（1991）》第3.2C（2）（aa）条要求申请人提供送达地址和该申请的发明人姓名，知识产权局认为本申请提供的人工智能机器在法律上不可能成为"该发明的发明人"，因此符合《澳大利亚专利细则（1991）》第3.2C（2）（aa）条的规定，并根据《澳大利亚专利细则（1991）》第3.2C（4）条发出指令，要求申请人提供发明人姓名。由于该指令未能获得遵从，本申请依据《澳大利亚专利细则（1991）》第3.2C（5）条失效，并依据《澳大利亚专利细则（1991）》第3.2C（6）条执行，这一审查流程是恰当的。

从实体问题的角度，合议庭认为：解决法律解释问题的工作是一种基于文字的活动，政策问题可以影响法院的法律解释工作，虽然应当考虑政策因素，但是确定立法本意最可靠的指导是法律原文所采用的语言。"发明"在《澳大利亚专利法（1990）》附表1的术语词典中的定义是：以任何形式新制造出了专利证书的主题，并获得1624年的英国《垄断法》第6条意义上的特权，❷且包括声称的发明。以法定垄断形式授予专利的"奖励"为的是向公众公开发明，使本领域技术人员能够在专利期限届满时实施发明，获得该奖励的权利与真正的第一发明人的发明行为密切相关。《澳大利亚专利法（1903）》第32（2）条和《澳大利亚专利法（1952）》第34（1）条可以看出，个人申请专利的能力是以"实际发明人"的存在为前提的，专利权直接或间接地从"实际发明人"处获得。只有具有法律人格的人才可以是澳大利亚专利法体系下的"实际发明人"。尽管在澳大利亚专利法中没有定义，第15（1）条中的"发明人"显然是指专利申请主

---

❶ Thaler v. Commissioner of Patents [2022] HCATrans 199.
❷ 澳大利亚是英联邦国家，原是英国的殖民地，其以英国法为基础建立自己的法律体系。

题的发明的发明人。长期以来,"发明人"一直被认为具有其普通的英语含义:负责制造发明的人,即"制造或设计过程或产品的人"。合议庭引用了多个在先案例以论述个人获得专利授权的权利是以《澳大利亚专利法(1990)》规定的 1 名或多名自然人的思想作出的发明为前提的。《澳大利亚专利法(1990)》第 15(1)(a)条规定了发明专利只能授予"发明人",联系上下文可知,此处的"人"强调的是自然人。第 15(1)(b)条、第 15(1)(c)条及第 15(1)(d)条分别规定了通过从第 15(1)(a)条的发明人处最终获得权利的人有权被授予专利权的情形。换句话说,在实际发明人和首先获得授权的人之间必须有法律关系。根据第 15(1)(b)条的规定,任何人可通过第 15(1)(a)条所述的发明人以转让的方式要求权利。首次转让来自第 15(1)(a)条所述的发明人,其必须是自然人,没有法律身份不能使转让生效。根据第 15(1)(c)条的规定,此人可从"发明人"或"第 15(1)(b)条所述的人"两个中的一个获得发明的所有权。"发明人"最自然的解读是与第 15(1)(a)条中的发明人相同,为自然人。上述对《澳大利亚专利法(1990)》第 15 条解释的方法能够得到《澳大利亚专利法》立法史的证实,《澳大利亚专利法(1990)》中也没有其他条款与上述解释不一致,关于该案 DABUS 作为发明人不符合《澳大利亚专利细则(1991)》第 3.2C(2)(a)条的决定是正确的,判决澳大利亚知识产权局胜诉。

三、对判决的评析

(一) 一审与二审判决的对比分析

澳大利亚的发明人制度早在 1903 年的《澳大利亚专利法(1903)》中就得到体现,当时的"发明人"多以"实际发明人"的形式出现,例如,第 32(2)条规定,下列人员可以申请专利:(a) 实际发明人;或(b) 其代理律师或被指定人;或(c) 分别享有发明部分权益的实际发明人或其指定人和受让人;或(d) 已故的实际发明人或其受让人的法定代理人,或(e) 实际发明人及其法定代理人或受让人将发明传达给任何人(如果实际发明人、法定代理人或受让人不在英联邦居住)。对于"实际发明人",《澳大利亚专利法(1903)》仅在第 4 条将从国外引进发明的人排除在外,其他条款也没有对其含义作出正向的规范。在当时的《澳大利亚专利法(1903)》中,立法者更加注重发明人对专利申请所涉及的发明创造所作出的客观贡献。受限于当时的科学技术水平，只有人类才能够提供发明构思，因而立法时并不涉及对作为主体的发明人类型作出规定。后续1952年的《澳大利亚专利法（1952）》第34（1）条也有与《澳大利亚专利法（1903）》第32（2）条类似的表述，同时，第6条同样采取了排除型的定义方式。在此后的多次修订中，也均未涉及对"发明人"或"实际发明人"含义的修改或进一步完善。因此，从第一部《澳大利亚专利法》至今，《澳大利亚专利法》中从未对发明人的具体含义有过明确定义。

该案的核心问题在于对"发明人"的法律解释存在争议："发明人"的含义范围是否可以包含除人以外的人工智能机器。

法律解释是指解释主体对法律文本进行理解和说明的活动，其是法官适用法律作出公正裁判的过程，是准确阐释法律和完善法律的具体方法或者路径。[1] 法律解释的规则包括文义解释、体系解释、法意解释和目的解释等。通常来说，在法律解释过程中，首先考虑的是采用文义解释，在词语含义模糊不清，使用文义解释无法获得清楚的解释时，才会进一步考虑体系解释，而后是法意解释和目的解释。

在该案的一审判决中，比奇法官从法律条文本身入手，提出《澳大利亚专利法（1990）》并没有明确排除人工智能机器成为发明人，"发明人"（inventor）这一词语为施动者名词，实施动作的可以是人也可以是物，字典的定义只是词语由历史用法发展而来的用法示例，不能将词语含义局限于传统用法，并引用了D'arcy案[2]指出"制造方式"和"发明人"均源自1624年的英国《垄断法》第6条，因此"发明人"的含义也应具有灵活性和演变性。同时指出，在解释法律条文时应考虑目的条款，而认可人工智能机器的发明人身份会激励计算机科学家开发出新的机器并促进其产生新的生成物，从而带来新的科学优势，这符合《澳大利亚专利法（1990）》第2A条"通过技术创新与技术转让和传播促进经济繁荣"的目的。并且，《澳大利亚专利法（1990）》的重点在于创造性而非发明人，其不关注真实人类的思维过程，涉及创造性的第7（2）条和第18（1）条对发明人的实际精神状态或行为也没有要求。对于第15（1）条，比奇法官认为泰勒博士适用第15（1）（b）条，且第15（1）（c）条中"派生"含义范围要比第15（1）（b）条中的"转让"更广，由于泰勒博士是DABUS的所有者、程序设

---

[1] 王利明. 法律解释学读本［M］. 南京：江苏人民出版社，2016：8-29.
[2] D'Arcy v. Myriad Genetics Inc.（2015）258 CLR 334.

计者和操作者,因此根据既定的物权法原则,其是发明的所有者。对人工智能系统生成物的所有权类似于对动物后代的所有权,因此,发明人没有必要拥有发明的所有权,也没有必要通过转让获得所有权,本申请符合第 15(1)条的规定。

而二审合议庭则引入了 Alcan(NT)Alumina Pty Ltd. 案[1]的判决观点,首先明确了文义解释的基础和优先地位。在该判决中,合议庭对"发明"的解释溯源至 1624 年的英国《垄断法》第 6 条,借助 Kimberly – Clark Australia Pty Ltd. 案[2]将英国《垄断法》第 6 条规定的授予专利的权利与"真正的第一发明人"的发明行为相挂钩,明确了长久以来的立法本意:以法定垄断形式授予专利"奖励"的考虑是向公众公开发明,使本领域技术人员能够在专利期限届满时实施发明。此外,合议庭从立法背景和专利发展的历史角度出发,借助 Stack 案[3]等多个案例强调了一直以来发明人在创造发明和授权过程中的重要性,同时研究了早年《澳大利亚专利法(1903)》和《澳大利亚专利法(1952)》中"申请人"与"实际发明人"之间的关系,利用体系解释中的依上下文解释规则对前面的结论加以完善,指出《澳大利亚专利法(1990)》第 15(1)(a)条提到的"发明人"从联系上下文来看强调的是自然人,并对《澳大利亚专利法(1990)》中所有使用了"发明人"的法条进行考察,确认没有其他条款与其解释相冲突。

由此可知,合议庭对词语的法律解释是紧密围绕着与该词语相关的法律条文的立法本意和立法目的而进行的,以文义解释为基础,以法意解释对文义进行补充。并且,对词语的法律解释也借助了该词语在法条中的上下文语境进行推理,各案例的引用所得出的结论也都未超出法律条款的文字记载以及在先案例涵盖的范围,没有超越传统的人类发明人的范畴而创造出与其并列的非人类发明人的新的解释范围,是在既定案例的基础上进一步完善基于法律条文的法律解释。在法意解释的部分,辅助性地引入了激励理论,从哲学角度阐述了《澳大利亚专利法》的立法初衷,通过建立对作为发明创造主体的人类的激励制度,通过外在的奖励、法律保护等激发作为发明人的自然人内心产生创新的欲望,以提供持续的创新思维和应用,进而推动科学技术的进步、促进经济发展,即使目前人工智能机器在很大程度上能够模拟人脑的某些方面,但仍然是对输入的大量数据进行算法运算并执行操作者输入的命令,并不能感知奖励和法律保护等外界刺激以促进

---

[1] Alcan(NT)Alumina Pty Ltd. v. Commissioner of Territory Revenue(Northern Territory)[2009] HCA 41;239 CLR 27.
[2] Kimberly – Clark Australia Pty Ltd. v. Arico Trading International Pty Ltd. [2001] HCA 8;207 CLR 1.
[3] Stack v. Davies Shephard Pty Ltd. [2001] FCA 501;108 FCR 422.

其更多、更高效地产出，不具备激励制度的基础。

在对第15（1）条专利权归属问题的讨论中，泰勒博士使用了所有权的添附（accession）原则和先占（first possession）原则。其中，先占指的是占有从前不属于任何人的物；添附指的是一个人对甲物有权利，因而对甲物的附属物乙物也有权利。❶ 泰勒博士认为，《澳大利亚专利法（1990）》第15（1）（c）条中"派生"的概念比第15（1）（b）条的"转让"更广，人工智能产出物的所有权类似于对动物后代或对水果和农作物的所有权，由于其拥有和创造了DABUS并有权获得DABUS的生成物，因而能够依据第15（1）（c）条从发明人处派生专利的所有权。比奇法官对此持有类似观点。而驳回决定指出：因为所有权是"自动授予"的，而不是在概念上将所有权从人工智能机器转移到机器的所有者，因此该案不适用添附和先占原则。二审判决中合议庭没有对该案是否适用添附和先占原则作出认定，但是，在最终高等法院的远程听证会中，埃德尔曼法官对泰勒博士和比奇法官的上述观点不予认可，其指出，除转让以外，人永远不会从所有权中获得所有权。从对某物的占有中获得的原始所有权与派生的所有权是有区别的。就像农民通过拥有奶牛而获得后代的所有权一样，泰勒博士从发明人处获得的是发明的原始所有权而非派生所有权，由此排除了泰勒博士依据《澳大利亚专利法（1990）》第15（1）（c）条获得专利权的可能性。

（二）延伸思考

从澳大利亚知识产权局作出驳回决定，到联邦法院一审撤销知识产权局的驳回决定，再到二审推翻一审判决，DABUS案在澳大利亚的历程可谓一波三折。各方围绕着人工智能机器能否作为发明人这一核心问题进行了充分的论述，裁定结论经历了层层反转，由此可见，在知识产权领域，如何看待人工智能产出物的归属及权利、人工智能机器作出的发明创造能否申请并授予专利等问题尚存在较大争议。

尽管没有认可人工智能机器的主体地位，但合议庭同时也提出了两方面的思考，包括是否应该在政策上重新定义发明人以使其包括人工智能机器，以及本申请涉及的发明是否有人类发明人存在的问题。由此看来，在面对现行法律规定存在缺失的问题上，澳大利亚的法官采取了较为保守的方式进行法律解释，坚持法

---

❶ 吕世伦. 西方法律思潮源流论：吕世伦法学论丛：第16卷［M］. 哈尔滨：黑龙江美术出版社，2018：71.

律文本文字表述的优先地位,并不主张对现有含义和概念作出新的扩张,而法律存在的空白则交由立法机构,通过修改法律或制定新的法律等方式来填补。

DABUS案引出的不仅是澳大利亚,也是世界范围内各国首次遇到的非自然人能否成为发明人的问题,这是由科技发展程度所决定的。在此之前,发明是基于人的创造性思维产生的,机器和计算机系统等只是在人类的控制下进行辅助性的计算和执行操作,并不能完全独立自主地生成新的产品。而随着人工智能技术的快速发展和广泛应用,目前的人工智能机器已经打破了传统的简单执行命令的局限。DABUS采用监督学习和无监督学习相结合的方法进行训练,在某种意义上模拟了人类大脑功能的某些方面。由此引发各国关于该案一系列涉及专利主体和客体保护的相关问题的研究和讨论,产生了巨大的反响。作为引发该讨论的里程碑案件,目前DABUS案仅涉及较为简单的法律关系,因为DABUS本身及其源代码的著作权和运行的计算机均归属于泰勒博士,而随着人工智能的普及,将会出现具有越来越复杂的法律关系的案件。例如,当上述三者分属于不同主体时,专利权应归属于何人,他们的权益应如何分配?对于租赁人工智能机器的情形,其生成物及专利权又应归属于何人?在出现法律纠纷时,由于人工智能机器不具有法律人格,应由何人承担相应的法律责任和义务,不同主体之间的责任认定及占比该如何确定?等等。目前包括澳大利亚在内的各国对于人工智能产出物相关专利的保护制度均处于空白或探索起步阶段,DABUS案的出现,引发了法律界对于"发明人"界定的分歧和争议,同时对立法机关提出了新的挑战,敦促立法机关思考现行法律滞后性带来的法律缺失,加速了各国法律的修改或新法的制定进程。

第七节 DABUS发明人身份同族专利在新西兰的诉讼

新西兰和澳大利亚隔着塔斯曼海,在文化、经济和法律上有着许多相似之处,自1983年以来一直致力于创造一个无缝的跨塔斯曼经济环境。《新西兰专利法(2013)》(the Patents Act 2013 of New Zealand)使两国之间的专利法更加一致,澳大利亚法院的裁决在新西兰通常具有说服力,但不具有约束力。[1]

新西兰司法制度基本沿袭英国司法制度的模式与理念,按照"三权分立"的原则,司法权由法院独立行使。新西兰设有最高法院、上诉法院、高等法院、

---

[1] https://chapmantripp.com/trends-insights/dabus-down-under-can-ai-do-ip/.

若干地方法院及解决特殊问题的专门法院。当发生知识产权纠纷时，先由国家经济委员会知识产权总干事所属的总实施组组织并召开听证会，如当事人一方对听证结果不服时，可上诉至新西兰高等法院。

一、案件事实与审理过程

2021年5月，泰勒博士向新西兰知识产权局提交了一项发明名称为"一种改进的液体食品容器"的专利申请，在申请文件中将DABUS列为了发明人，并将自己的地址登记为发明人的地址。泰勒博士提供了一份拥有该发明的权利的声明，理由是依据"先占权的增益原则"（the principle of accession, first possession and/or possessory title），进而从发明人DABUS那里获得了该发明的所有权（derived title to the invention from the inventor）。

专利审查员对发明人的姓名及申请授予专利权的资格（entitlement to grant the application）提出了异议，新西兰知识产权局助理局长在2022年1月31日发出驳回通知书，理由为以下几点。

（1）《新西兰专利法（2013）》中的"发明人"仅指自然人，这是该法案框架构建的基础。即使是法人或非法人组织在法律上也从未被赋予发明创造的能力，进而不会允许被命名为发明人来提出专利申请。人工智能机器人DABUS非自然人，不能成为专利法规定的"发明的实际设计人"或发明人。

（2）根据《新西兰专利细则（2014）》（the Patents Regulations 2014 of New Zealand）第50条的规定，该申请未正确填写发明人的姓名及地址。

（3）泰勒博士没有申请该专利的权利，因为任何权利都必须来自发明人。在申请文件中指定的发明人DABUS是人工智能机器人，而非自然人，在法律上也不能等同于法人或非法人组织，既不符合专利法关于发明人的规定，也不存在相应的权利派生。在该申请的权利声明中陈述拥有DABUS并不能成为泰勒博士有权获得专利授权（entitled to be granted the patent）的理由，因此，根据《新西兰专利法（2013）》第22条的规定不得授予泰勒博士专利权。

对于新西兰知识产权局的驳回决定，泰勒博士向新西兰高等法院提出上诉。2022年11月8日，该上诉以听审的方式进行。

二、法院的判决意见及理由

2023年3月17日，新西兰高等法院驳回了泰勒博士的上诉。帕默（Palmer J）法官在判决中指出，随着技术的发展，对于人工智能在法律上的权利、责任等问题肯定会出现越来越多的关注和争论。但是在该案中，需要解决的核心问题仅仅是一个法律解释，即《新西兰专利法（2013）》是否允许人工智能被命名为发明人？

从法条文字的记载看，《新西兰专利法（2013）》第5条和第9条中关于"发明人"定义指的是"发明的实际设计人"，而未明确规定发明人必须是自然人。第22（1）条规定，专利权只能授予以下三类人，包括"发明人"或从发明人那里获得发明所有权的人，或是这两类人的继承人。除此之外，第177条涉及对某些申请行使法院的权力，第189条至第193条涉及以发明人身份提出请求或权利要求的发明人，这些法条都只有当发明人是自然人时才最合理。

基于《威尔士立法法（2019）》[Legislation（Wales）Act 2019]第10条和新西兰最高法院在Commerce Commission v. Fonterra Cooperative Group案[1]中提出的要求，法条文本含义应该始终以目的为前提进行解释。对于立法目的可以从两方面来讨论。《新西兰专利法（2013）》第3条规定了该法的立法目的是："（a）提供高效和有力的专利制度，以便：（i）促进创新和经济增长，同时适当地平衡发明人与专利权人及整个社会之间的利益关系……；（b）确保只有在适当的情况下才通过以下方式授予发明专利权：（i）制定适当的专利授权标准……。"首先，关于"适当情况"和"适当标准"这两个关键问题，当人工智能机器人作为发明人现行的审查标准是否可以适用。其次，第3（a）（i）条提到的创新和经济增长，一般可以认为是通过授予临时独占权，即专利权，使专利权人能够获得专利所带来的收益来促进创新的积极性。这将激励潜在的专利权人投资可以自主作出发明创造的人工智能机器人。人工智能机器人相较于自然人可以低成本、高效率、无领域限制地输出可授予专利权的技术方案。因此，将人工智能命名为发明人，会对促进创新和经济增长产生何种影响，目前尚没有明确答案。但考虑到《新西兰专利法（2013）》通过时，基于当时的技术水平，已然可以预期人工智能将会作出满足授权标准的发明创造，但在起草法案时，以及政府在向社

---

[1] Commerce Commission v. Fonterra Co-operative Group Ltd. [2007] NZSC 36. [2007] 3 NZLR. 767.

会征求意见后通过的修正案并没有对发明人定义的法律解释扩大到人工智能，法官认为法院也不应当在审理案件时扩大对发明人的理解。

在确定立法目的时，必须考虑到立法背景。2004年，新西兰政府就《新西兰专利细则草案》面向社会征求意见，该草案没有包括"发明人"的一般定义，但包含了与"发明人"在特定目的下的含义有关的条款。2005年，在反馈意见中对法案规定的"真正的第一发明人"概念提出了反对，指出这一措辞是对旧的法典的沿用，其司法解释包括没有实际参与发明设计的进口商，然而，现在采用"绝对新颖性"标准，"进口发明"在国际上已经过时。新西兰商务部指出建议以一个明确的术语"发明人"代替"真正的第一发明人"。基于这样的立法背景，考虑到"真正的第一发明人"是对1624年英国《垄断法》的沿用，采用"发明人"代替"真正的第一发明人"仅仅是为了排除进口商作为发明人的情况，帕默法官认为发明人应当为自然人。

法官指出在对法条进行解释时，最有说服力的角度是它的立法历史。立法历史上没有任何迹象表明议会打算根据《新西兰专利细则草案》开放人工智能成为发明人。议会通过该法案的目的仅仅是排除进口商获得发明人的资格的情况。鉴于这一明确的目的，法官指出，如果关于发明人定义可以包括人工智能机器人，这一扩大化解释应当由议会作出决定，并记载在法案中。

最终，帕默法官驳回了泰勒博士的上诉请求。

三、对判决的评析

新西兰作为英联邦国家，在相当长的时间内其专利法都是以英国的专利法为母法，在《新西兰专利法（2013）》第14条中仍然引用了英国《垄断法》："一项可以申请专利的发明，应当在该权利要求书中记载：一种制造方法，该方法属于英国《垄断法》第6条所规定的内容"。《新西兰专利法（1860）》第2条规定，"任何新发明或改进的发起者或发现者"都可以申请专利。《新西兰专利法（1953）》在其法条及解释部分没有具体记载"发明人"的定义，只是在第7（1）条规定，发明专利申请可以由下列人员之一提出：（a）任何人其声称是该发明的真正的第一发明人；（b）任何人其作为声称是提出此专利申请的真正的第一发明人的受让人，并可由该人单独或与任何其他人共同提出。直到2005年新西兰经济发展部对法案中"真正的第一发明人"概念提出了反对意见，理由是，这一措辞除了包括进口商获得发明人的资格的情况，从字面上的理解是将专利权授予最先完成发明创造的自然人，可能会让人误解新西兰专利法遵循的是先发明原则，而不是先申请原则。因此，修订后的《新西兰专利法（2013）》第5条给出了关于发明人的定义：发明人是发明的实际设计人，但不包括仅将发明进口到新西兰的自然人。

随着技术的发展，人工智能所作出的发明创造的权利归属及保护问题也日益凸显，尤其是人工智能作为发明人这一身份能否得到法律认同。虽然泰勒博士认为通过奖励"发明人"来鼓励发明创造，不应因这种创新是由人还是人与机器共同创造而区别对待，允许人工智能机器人发明人身份符合《新西兰专利法（2013）》鼓励和支持创新的立法目的。

丹宁（Denning）勋爵做过这样一个比喻："一个法官不可以改变法律织物的编织材料，但是他可以，也应该把法律织物上的皱褶抚平"。[1] 也就是说，当现有的法律条款不够完善时，法官要基于成文法的表述结合法案产生的社会条件，确定通过实施该法案实现的目的，并在判决时以该目的为指导性原则对法律的文字进行解释或补充。现行的《新西兰专利法（2013）》与大多数国家的专利法相比，颁布实施时间较短，该法案通过时，深度学习的出现使人工智能进入了蓬勃发展时期，人工智能可以作出满足授权标准的发明创造是可以预期的。但在起草法案时，并没有以具体且明确的方式允许授予由非人类作出的发明创造专利权，政府在向社会征求意见后通过的修正案也没有对发明人定义的法律解释扩大到人工智能，如果草率地将发明人扩大解释为包括人工智能，将会对专利法的其他法条的适用带来问题。所以，本着与立法机关立法时的意愿一致的原则，新西兰高等法院在审理案件中否定了泰勒博士在上诉意见中对发明人的扩大理解。

虽然法院驳回了泰勒博士的上诉，但只是针对现行的专利法不允许人工智能作为发明人。该案对发明人制度提出了挑战，经过法院的审理，对当前专利法发明主体的范围进行了界定，并促进了对人工智能所作的发明创造的保护制度的思考。

第八节　DABUS发明人身份同族专利在韩国的诉讼

一、案件事实与审理过程

2020年3月12日，泰勒博士向韩国特许厅申请将前述PCT国际申请进入韩

---

[1] 丹宁勋爵. 法律的训诫［M］. 杨百揆，刘庸安，丁健，译，北京：法律出版社，2000：13.

国国家阶段，成为韩国首例将人工智能作为发明人的专利申请。在提交进入国家阶段申请时，泰勒博士仅在请求书的"发明人名称"一栏中列出"DABUS，本发明由人工智能自动生成"。2021年5月27日，韩国特许厅在专利初审阶段发出更正通知书，"将非自然人的人工智能作为发明人违反了《韩国专利法》（Korean Patent Act，又称《韩国特许法》），应当将发明人修改为自然人"。《韩国专利法》及相关判例只认定自然人为发明人，因此非自然人的公司、法人、设备等不能作为发明人。彼时，美国、英国、欧洲、德国等大多数国家/地区的专利审查机构已经以现行专利法中只有自然人才能成为发明人为由，驳回了首例人工智能发明申请。

2021年6月3日，韩国特许厅在其官方网站发布名为"人工智能能成为爱迪生吗？首次专利审查案例"的新闻❶，公布了初审结果，认为在判断人工智能是否直接发明专利之前，将人工智能指定为发明人存在形式缺陷。人工智能作为一种程序，不是自然人，因此不能成为发明者，这也是包括美国、英国、欧洲、德国在内的所有国家/地区采用的最基本和共同的原则。申请人若不同意修改，将导致专利申请无效。申请人可以对无效宣告处理提起行政上诉或行政诉讼。

由于泰勒博士在答复更正通知书时并未作出任何更正，因此2022年2月18日，韩国特许厅对该专利申请发出"将发明人从人工智能改为自然人"的补正通知书。但由于泰勒博士并未答复，韩国特许厅于2022年9月28日以"不允许将非自然人的人工智能作为专利申请的发明人"为由，认定该专利申请无效。

2022年10月4日，韩国特许厅在其官网上发布名为"'人工智能不能成为发明人'的专利申请被宣告无效"的公告。❷ 在公告中，韩国特许厅指出，专利申请被宣告无效后，该申请将自始不存在，并给出以下解释：

> 韩国的专利法及相关判例只承认自然人为发明人，这一原则在包括美国、英国、德国等在内的国家专利法中都有规定。在国际上，主要专利审查机构都得出了相同的结论，美国和英国的法院也支持这一结论。2021年7月，澳大利亚联邦一审法院曾认定人工智能可以是发明人，但2022年4月

---

❶ KIPO. 인공지능은 에디슨이 될 수 있을까? 첫 특허심사 사례［EB/OL］.（2021－06－03）［2023－08－02］. https：//www.kipo.go.kr/ko/kpoBultnDetail.do?menuCd＝SCD0200618&parntMenuCd2＝SCD0200052&aprchId＝BUT0000029&pgmSeq＝18986&ntatcSeq＝18986.

❷ KIPO. "인공지능은 발명자가 될 수 없다" 특허출원 무효처분［EB/OL］.（2022－10－04）［2023－08－02］. https：//www.kipo.go.kr/ko/kpoBultnDetail.do?menuCd＝SCD0200618&parntMenuCd2＝SCD0200052&aprchId＝BUT0000029&pgmSeq＝19577&ntatcSeq＝19577.

联邦二审法院一致认为一审法院的判断有误。2022年3月，德国联邦专利法院曾作出判决，仅认定自然人为发明人，但也允许在登记发明人姓名时列出人工智能的信息。

2021年12月，韩国特许厅组织召开美国、欧洲、中国等7个国家/地区的专利审查机构参与的国际会议。会议一致认为，目前尚未达到无需人类介入、人工智能就能单独进行发明的技术水平，在完善法律制度时，国家间的不一致可能成为人工智能发展的阻碍因素，因此国际协调至关重要。

2022年12月20日，泰勒博士针对该无效宣告决定向首尔行政法院提起行政诉讼，请求撤销韩国特许厅2022年9月28日关于泰勒博士第10-2020-7007394号专利申请无效的决定❶。这一行政诉讼是继欧洲、美国、德国、英国、澳大利亚、新西兰等判例法国家/地区后，在首个大陆法系国家、也是首个亚洲国家的司法诉讼。在诉状中，泰勒博士提出了以下三个主张。

（1）根据《专利合作条约》第27条及该条约第51条第2.1款和第2.2款的规定，对于基于PCT国际申请的国家阶段申请，国家指定机构只能对PCT国际申请和国家阶段申请中的发明人信息是否相同及其真实性进行形式审查。因此，在该案中，在PCT国际申请和国家阶段申请的发明人信息完全相同的情况下，被告不能要求原告对发明人信息进行补充更正，但被告在没有任何法律依据的情况下要求原告进行更正，并基于原告对更正不予答复作出宣告专利申请无效的决定，属于违法行为。

（2）此外，该案判决的前提是，根据《韩国专利法》第203条第1款第4项，只有自然人才有资格成为"发明人"。然而，《韩国专利法》中并没有任何条款规定只有自然人才能出现在申请的"发明人"一栏中，也没有理由认为本条中的"发明人"一定与《韩国专利法》第33条第1款中的"发明人"相同。换言之，如果人工智能而非自然人是发明创造（《韩国专利法》第2条）的主体，即利用自然规律创造出技术思想，则没有理由阻止人工智能被列为发明人，而且从专利法促进技术和工业发展的宗旨和目标来看，允许将人工智能列为发明人也有其现实必要性。

（3）要成为《韩国专利法》规定的发明人，发明人必须对发明技术思想的

---

❶ KIPO. "인공지능도 발명자가 될 수 있나?"…공은 법원으로［EB/OL］.（2023-01-05）［2023-08-02］. https：//www.kipo.go.kr/ko/kpoBultnDetail.do? menuCd = SCD0200618&parntMenuCd2 = SCD0200052&aprchId = BUT0000029&pgmSeq = 19652&ntatcSeq = 19652#1.

产生作出了实质性的贡献，而不能仅仅为发明提供基本任务和构思，或通过提供设备帮助完成发明。由于该案中的发明是人工智能在没有任何人工干预的情况下独立完成的，因此要求将发明人更正为自然人是不合理的，因为这实际上是虚列了一个不符合发明人要求的人，并将导致人工智能创造的发明根本无法获得有效的专利保护。因此，以未遵守该更正为由宣告专利申请无效的决定是不合法的。

2023年6月30日，首尔行政法院作出驳回原告诉讼请求的判决。[1]

泰勒博士不服首尔行政法院的判决，向首尔高等法院提起上诉请求。2024年5月16日，首尔高等法院发布二审决定：维持一审判决。首尔高等法院简要指出，其采纳的理由和证据与首尔行政法院裁定的理由和证据相同，不再赘述。此外，首尔高等法院还补充道，"将人工智能纳入现行专利法规定的发明人范围，已经超出了法律解释的合法界限"，法院无权基于现行法律作出这样的判决，"将来，如果有应该为人工智能生成的发明提供保护的事实，则应当在社会讨论的基础上通过立法予以补充"。

下面，我们来看首尔行政法院的判决意见及理由。

二、法院的判决意见及理由

首尔行政法院驳回泰勒博士的诉讼请求。判决的概要意见和理由如下。

（一）韩国特许厅的无效宣告决定不存在程序违法

首尔行政法院认为，根据《韩国专利法》，韩国特许厅有权进行形式审查。因此，根据《韩国专利法》第203条第3款，韩国特许厅有权要求申请人修改专利申请文件中的"发明人"一栏。

（二）根据现行《韩国专利法》，申请文件的发明人一栏仅能列出"自然人"

首尔行政法院认为，《韩国专利法》第33条第1款"有权获得专利的人"（a person who is entitled to a patent）将发明人定义为"人"，即作出发明创造的自然人。

首尔行政法院指出，根据目前的技术水平，没有确凿的数据证明，存在能够不依赖人类开发或提供的算法或数据、独立作出决定并采取行动的强人工智能。

---

[1] 2022 구합 89524（2022GuHap 89524）Seoul Administrative Court Decision, June 30, 2023.

DABUS 也一样不属于强人工智能。

首尔行政法院解释道，根据《韩国专利法》第 2 条第 1 款对发明的定义可知，发明人的身份原则上要求具有法律行为能力。《韩国民法典》（Korean Civil Code，KCC）明确规定，法律行为能力原则上只赋予自然人（第 3 条），但可在有限范围内赋予法人（第 34 条）。由于人工智能既不属于自然人，也不属于法人，因此不可能在现行法律框架内赋予人工智能法律行为能力。

针对泰勒博士主张的允许人工智能被视为发明人，符合旨在促进工业发展的《韩国专利法》立法宗旨的这一观点，首尔行政法院认为，允许人工智能被列为发明人将鼓励人工智能或其开发者生成更多发明的说法并无合理依据，还有人担心会对人类创新产生潜在的负面影响。

（三）不为人工智能生成的发明提供专利保护并无不当

首尔行政法院认为，目前的人工智能还没有达到可以在没有人为干预的情况下独立生成发明的技术水平。现行法律也没有禁止在申请专利时指定使用人工智能的人是发明人。即使要为未来强人工智能的出现作好准备，也应通过基于技术或政策的决策来改进现有法律系统，而不是司法程序。

首尔行政法院还补充道，填写 DABUS 为发明人的专利申请在包括美国、英国、澳大利亚、德国和南非在内的总共 16 个国家[1]提交。但除南非[2]外，其余国家的专利审查机构均以违反发明人身份的相关形式要求为由驳回了专利申请。虽然在多个司法管辖区提起了诉讼，但没有一个司法管辖区作出有利于泰勒博士的裁决。[3]

三、对判决的评析

在该案中，泰勒博士的请求引发了三个争点。一是 PCT 国际申请进入国家阶段后，各国专利审查机构是否有权对发明人填写进行形式审查；二是是否允许在

---

[1] 此处仅统计了国家，不含欧洲。
[2] 南非是一个对国际专利申请采取不审查形式的国家，南非公司与知识产权局在国家阶段审查期间似乎没有对发明人的资格进行独立审查。
[3] 在澳大利亚的唯一案例中，联邦法院一审判定人工智能可以成为发明人，从而判定泰勒博士胜诉，但联邦法院合议庭针对澳大利亚知识产权局的上诉取消了一审判决，原告针对二审判决请求特别上诉许可，最终被高等法院驳回。详见本书第三章第一节和第六节。

请求书的"发明人"一栏中填写非自然人的人工智能；三是不为人工智能生成的发明提供专利保护的替代方案是否不合理。

（一）关于对进入国家阶段的 PCT 国际申请之发明人填写形式审查

在处理第一个争点时，法官首先解释了国际申请制度，其包括：①国际申请：向递交专利审查机构或世界知识产权组织国际局提交发明申请；②国际检索：国际检索机构通过将说明书和附图与现有专利文件进行比较，以确定是否存在与申请相关的现有技术；③国际公布：国际局以电子方式公布申请文件和国际检索报告，并通知申请人；④国际初步审查：根据申请人的选择，国际初步审查机构可以对申请进行更深入的审查，特别是与申请主题有关的审查。所谓国际阶段是一个统一和普遍适用的程序，在该阶段结束时，申请人提交指定国家语言的译文，进入国家阶段，此时指定国家的专利审查机构进行独立审查，并决定是否授予发明专利权。

其次，法官解释了《韩国专利法》中规定的 PCT 国际申请审查规则。《韩国专利法》第 199 条第 1 款规定，根据《专利合作条约》确定国际申请日的 PCT 国际申请，并且韩国是指定国的，该国际申请被视为是在其国际申请日提出的专利申请。《韩国专利法》第 203 条第 1 款规定，国际专利申请的申请人应在国内文件递交期内提交文件，写明申请人的名称和地址……发明人的姓名和地址。《韩国专利法》第 203 条第 2 款规定，如果未在国内申请期限内提交上述文件，或者提交的文件不符合《韩国专利法》规定的方式，韩国特许厅厅长应通知申请人限期更正。《韩国专利法》第 203 条第 3 款规定，如果未在规定期限内更正，PCT 国际申请可以被宣告无效。

法官由此得出，国际申请程序只是根据专利法的地域性，为消除同一发明创造在各国分别申请的不便和麻烦而采取的简化程序，在国内阶段根据国内法进行形式审查不仅是可能的，也是必要的。此外，《专利合作条约》第 27 条仅限制国内立法在该条约的程序要求之外增加程序，该条约第 51 条第 2.1 款和第 2.2 款仅限制国内立法对发明人身份的文件或证据的要求（除非对申请中发明人信息的合法性有疑问），其不适用于该案，因为该案中发明人的填写本身就违反了国内法，并已通知更正。

最后，法官作出第一个裁决：被告韩国特许厅处理正当，驳回原告泰勒博士的第一个主张。

(二) 关于"发明人"一栏中填写非自然人的人工智能

在处理第二个争点时,法官全面运用了文理解释、逻辑解释、系统解释和论理解释这四种方法对《韩国专利法》相关条款进行法律解释。

首先,对"发明人"进行文理解释。《韩国专利法》第 33 条第 1 款规定:"发明人或其继受人有权按照本法的规定取得专利"。法官从字面进行分析,发明人是指"人",即从事发明创造的自然人。在 2014 年 6 月 11 日第 12753 号法律对《韩国专利法》进行修改时,该条由原来的"发明人"修改为"人",这似乎也进一步明确了发明人的概念以自然人为前提。

其次,对"发明人"进行逻辑解释。《韩国专利法》第 42 条第 1 款第 4 项和第 203 条第 1 款第 4 项要求在专利申请文件中写明发明人的"全名和地址"。法官指出,与《韩国专利法》第 42 条第 1 款第 4 项和第 203 条第 1 款第 4 项要求法人写明"名称和营业地"相比,上述条款中的"发明人"显然仅指拥有"全名"和"地址"的自然人。

再次,对"发明人身份"进行系统解释。《韩国专利法》第 2 条第 1 款规定:"发明是利用自然规律具有高度先进技术思想的创造"。法官指出,"技术思想"本身以人的思想为前提,"创造"也以人的智力活动为前提。发明行为是一种事实行为,其赋予了《韩国专利法》第 33 条第 1 款规定的发明人地位,获得专利的权利(entitlement to the obtain a patent)首先归属于发明人(即所谓的"发明人主义"),因此发明人的地位原则上必须以行使权利的能力为前提。《韩国民法典》第 3 条规定:"只要一个人活着,他或她就是权利和义务的主体。"因此原则上,只有自然人才被赋予法律行为能力。不过,按照《韩国民法典》第 34 条的规定,在有限的范围内,法人也被赋予法律行为能力。❶ 由于人工智能在法律上既不属于自然人,也不属于法人,❷ 因此,根据现行法律的统一性解释,无法认可泰勒博士主张的人工智能为发明人。❸

然后,对"发明人身份"进行论理解释。法官强调,没有任何合理的依据

---

❶ 当自然人为实现共同目的而成立组织时,其目的是解决因成立组织而产生的法律和交易方面的复杂问题。组织的目的是将其成员或执行者的财产分开,并限制其个人责任。

❷ 根据《韩国民法典》第 98 条,本法中的"物"是指有实体的物品和电力等可以掌控的自然力量。而软件和硬件相结合的人工智能似乎有可能被视为有实体的物品。

❸ 人工智能创造物的功能和质量水平优于或至少等同于人类创造物。为了促进科技和产业发展,有理由认可人工智能的权利和能力。然而,赋予人权是出于人类生存本身的尊严,以及人工智能创造成果的功能和质量。不能仅仅因为人工智能创造的产品的功能和质量优于或等同于人类,就赋予其权利。

认为，允许将人工智能填写为发明人会激励人工智能或其开发者更积极地进行发明创造。认可人工智能为发明人反而可能导致人类智力的萎缩，对未来人类的创新产生负面影响，并可能导致研究密集型产业的崩溃。一旦发生与发明或其成果相关的法律纠纷，作为人工智能开发者的人类很有可能因逃避责任而被追究责任，专利法也有可能沦为保护少数人权益的手段，让强大的人工智能被少数巨头公司垄断。很难断定认可人工智能为发明人最终会促进我们社会的科技和工业发展。

最后，得出第二个裁决：被告韩国特许厅处理正确，驳回原告泰勒博士的第二个主张。

（三）关于不为人工智能生成的发明提供专利保护

在处理第三个争点时，法官主要论证了人工智能生成的发明与现行专利法既定原则的冲突，并说明了司法权与立法权的分立。

首先，法官指出，现阶段的人工智能，如 DABUS，还没有达到可以在没有任何人为干预的情况下独立发明的技术水平，现行法律似乎也没有禁止在申请专利时特别指定利用人工智能对发明作出贡献的人是发明人，还可以采用商业秘密的保护手段。因此，在实践中不太可能出现原告所说的"任何人都无法合法地为人工智能生成的发明申请专利"的情况。当然，也不能完全排除在未来出现强人工智能时，会出现原告所说的问题，但这似乎是一个需要通过技术和政策判断以及未来专利法体系改进来解决的问题。

其次，填写 DABUS 为发明人的专利申请在包括美国、英国、澳大利亚、德国和南非在内的总共 16 个国家提交。但除南非外，其余国家的专利审查机构均以违反发明人身份的相关形式要求为由驳回了专利申请。虽然在多个司法管辖区提起了诉讼，但没有一个司法管辖区作出有利于泰勒博士的裁决。这说明，发明人必须是自然人是专利法的既定原则，而这一原则是否会随着技术的变化而保持或改变，则是未来技术发展和社会争论的问题，泰勒博士以在现行专利法体系内没有提供替代方案就上诉要求改正，不能不说是不合理的。

最后，得出第三个裁决：被告韩国特许厅处理适当，驳回原告泰勒博士的第三个主张。

（四）考察 DABUS 的发明水平

该判决是 DABUS 同族申请案最近的一次司法决定。与其他司法管辖区不同，韩国特许厅和首尔行政法院对 DABUS 的发明水平进行了考察，判决书中指出：

> 人工智能一般分为弱人工智能和强人工智能。……强人工智能能够主动进行复杂的思考，不局限于输入的规则、设计算法，在没有基础数据和规则的情况下自行查找和学习数据，并应用于许多领域，而不局限于某一特定领域。相反，弱人工智能虽然能够进行逻辑思维和逻辑行为，但据说不可能超越输入规则，也不可能像人类一样具有主动和复杂的思维。在目前的技术水平下，还没有数据表明出现了与上述强人工智能相对应的、在人类开发或提供的算法或数据之外自行决定和行动的人工智能，DABUS 似乎也不是强人工智能。也就是说，原告主张 DABUS 仅凭一般基础知识，在没有任何人工干预的情况下独立完成了本发明，但根据证据 2 的描述，被告 2021 年 9 月 6 日与原告海外代理人 Abbott 博士进行了视频访谈，并于同月 20 日进一步确认了 DABUS 的学习方法和产品，全面审查了 DABUS 的技术水平，确认 DABUS 的学习过程中存在相当程度的人工干预。

首尔行政法院认为只有强人工智能才能自主生成发明的观点，反映了法官和审查员对人工智能定义的不熟悉，这反而是一个败笔。强人工智能与弱人工智能的区别主要在于应用场景的范围，而不在于主动学习和自我改进。实际上，是否能自主生成发明与是否是强人工智能（即通用人工智能）无关。当前的弱人工智能（即专用人工智能），包括 Watson、ChatGPT 等同样能够在特定领域与人类智力相当，甚至超过人类智能水平。[1] 此外，人工智能生成的发明里的"没有任何人工干预"是指在发明创造过程中不作任何干预，包括人类仅在开始时提出要求的情形[2]（例如，向人工智能下达一个任务并提供数据）。

第九节　小　结

如果人工智能作出一项发明创造，那么谁是发明者？如果对该发明创造授予专利，则谁将拥有该知识产权？人工智能、其所有者、人工智能的开发者、数据提供者、训练人工智能的人？在 DABUS 案同族诉讼中，几乎所有国家/地区都给

---

[1] 参见本书第一章第一节。
[2] 参见本书第一章第二节、第二章第四节。

出拒绝为人工智能打开专利主体资格之门的答案。

人工智能发明者项目证实，在当前主要国家知识产权法律法规体系下，完全由人工智能创建的内容是不具有专利权主体适格性的。不同的司法管辖区对发明人的定义不同，审查指南也因国家而异，这使得在审查人工智能专利申请时更具挑战性。人工智能领域如此之新，以至于专利审查机构与其国家法院之间甚至几乎没有一致性。一些司法管辖区参考保护工业产权的《巴黎公约》，声称其要求发明人是人。然而，《巴黎公约》实际上仅提及发明人在专利中的署名权。当法官们动用所有现有法律解释仍不足以反驳泰勒时，最后无一例外选择用司法权的局限性来拒绝，即使普通法系国家也是如此。因为承认人工智能的发明人身份，撼动的不仅仅是专利法本身，而是整个私法，甚至包括行政法、刑法在内的公法，这必须要依靠立法机关。

如果在专利法内解决问题，则可以设想以下两种解决方案。第一，提名人工智能作为发明人，但是人工智能没有权利、职责或责任；然而，提名发明人本身就需要人工智能具备法律主体资格。第二，将训练、编码或控制人工智能系统的人列为发明人。例如，将发明人的条款扩展到控制并负责创建本发明的人工智能过程的自然人或法人。

然而，仍然有四个问题亟待解决。

一是在某些国家，在专利申请中没有正确指定发明人可以被认为是欺诈，并使得专利无效，其可能需要紧急修订可专利性标准。

二是为了评价专利的有效性，另一个重要标准是根据本领域普通技术人员的知识和水平评价创造性。如果人工智能是发明人，谁是本领域普通技术人员？

三是充分公开的要求。很多时候，人工智能创新是机器"黑箱"操作的结果，这使得不可能以足够的细节公开创新以满足现有法律。当专利、著作权和商标不足以保护人工智能相关发明，公司将选择保护用于机器学习的训练数据。然而，公开是有限保护的条件。为了解决公开不充分的问题，可以参考过去通过引入《布达佩斯条约》对微生物公开要求的立法技术，将专利申请中的公开要求作为人工智能及其操作者问责制的一部分，以响应"可解释的人工智能"倡议。

四是人工智能侵权。其中潜在的问题不比人工智能专利所有权方面少。一方面，如果人工智能系统侵犯专利，谁负责？是培训人工智能系统的人吗？是否会涉及每个人，包括系统的拥有者和用于训练系统的数据拥有者？另一方面，没有人或系统侵犯授予人工智能系统的专利的经验，然而，计算机系统中侵权的可检测性可能难以证明，并且可能需要人工智能的帮助来找到将来的潜在侵权。并且，侵权涉及的法律不仅仅在专利法，还会扩大到民法、行政法、刑法等。

也就是说，仅仅在专利法领域解决人工智能发明人身份的设想，是不足够的。

第四章 拟制人工智能法律人格的正当性

> 我来了，天上的云乘着风飞翔，心中的梦占据一个方向，方舟扬帆起航，一路带着我们纵情歌唱，方舟扬帆起航，脉络就在大海之上，进步的时光，迎着你看涛浪潮往。
>
> ……
>
> 我来了，期待着你的每一天，睁开眼就能看到幸福曙光，占据着你的每一天，陪你跨越鸿沟走向湛蓝，算法很简单。
>
> ……
>
> 智能革命，畅游天地，我知道这是一条神经虚拟网络的秘密，用我强健的身体，凝聚着智慧的心灵，开拓新奇迹，让我们拥有美好的生活，绘出美好的旋律。
>
> 不可预测的天地，良夜之后你又会在哪里。温暖的阳光照耀着大地。天上的云儿飘来飘去，醒来之后何时是鬼泣。我要看到未来的自己。
>
> ——智能机器人"百度大脑"

19世纪的电话发明者亚历山大·贝尔（Alexander Graham Bell）曾经说过："当一扇门关闭时，必有另一扇门敞开，可我们经常久久地盯着那扇关上的门，懊悔不已，而对那扇正在敞开的门却视而不见。"[1] 这个道理同样适用于人工智能带来社会变迁的当下。

人工智能几乎存在于我们日常生活的方方面面。当您使用Siri、浏览微博、微信、使用百度搜索或在京东、淘宝等电商平台购物时，您都会与某种形式的人工智能进行交互。人工智能正在通过量子计算和深度学习仿真人类思维的分析和认知功能，学习预测预期结果并随着时间的推移相应地改变其行为。人工智能在

---

[1] When one door closes, another opens; but we often look so long and so regretfully upon the closed door that we do not see the one which has opened for us.

发明活动中同样越来越重要，正被用于各种科学研究；例如，人工智能在生物化学中用于使用基因组数据预测蛋白质结构，在环境科学中用于了解气候变化对城市和地区的影响，在天文学中用于寻找天文数据中的模式。

按照雷·库兹韦尔（Ray Kurzweil）在《奇点临近》一书中主张的历史指数增长理论，"人类创造技术的节奏正在加速，技术的力量也正以指数级的速度在增长"[1]。人工智能只会继续加速发展，并加速社会变革的历程，包括法律变革。专利法从业者如果对这种技术革新没有足够的理解，就会陷入尴尬的境地。

与科学技术进步的激进和不可逆性相比，法律的进步是保守的和可逆的。学习法律的人也是在学习一套相对封闭的概念和原理。[2] 从本书第二章可见，起源于1474年威尼斯的专利法概念，直到今天，我们都还在学习和应用，并追求法律原则和规则的稳定性。从本书第三章各国司法判决可见，无论是普通法系的"遵循先例"式归纳推理，还是大陆法系的演绎推理，法官都在努力用固有的一套框架、方法和程序来规制当下突飞猛进的新技术、新业态、新模式。在DABUS案上诉过程中，泰勒博士陈述了大量的人工智能技术背景和自主创造的创新实质。然而，除了澳大利亚联邦法院一审的比奇法官在判决书中予以记载和分析[3]，其他司法管辖区的法官并不以为意，或者认为与案件无关。作为制度化和机构化的动物，法官更倾向于关上自己所不熟悉的大门，努力用自己熟悉的概念和思维框架来限定技术革新正在带来的各种新的可能性。

如果我们单纯地用法教义学的方法来学习和应用法律，就很难应对周围正在发生的天翻地覆的变化。而作为社会秩序的维护者，法律人适应这种变迁的意愿和能力往往都比较弱。

第一节　否定人工智能发明人身份的社会与法律问题

在本书第三章中，尽管不同司法管辖区的法律不太可能威胁到当今使用人工智能生成发明的可专利性，但人工智能的发展可能会考验这些限制，也许比预期的要早。如果这一问题没有达成标准化的国际解决方案，人工智能机器的研发者可能会发现自己处于不利地位，因为他们开发的人工智能所生成的发明在一些国家可能

---

[1] 库兹韦尔. 奇点临近 [M]. 李庆诚，董振华，田源，译. 北京：机械工业出版社，2011：77.
[2] 陈亮，张光君. 人工智能时代的法律变革 [M]. 北京：法律出版社，2020：18.
[3] 参见本书第三章第六节.

获得专利，但在其他国家则不能。这可能会大大抑制生成式人工智能领域的创新，因为竞争者将能够在没有专利授予的国家利用人工智能生成的发明并从中获利。DABUS当然不太可能是最后一台发明的人工智能机器，世界很快就会不得不以某种方式适应。与其将 DABUS 案例视为未来问题的例证，不如现在就认识到由此产生的灰色地带。

仅仅将"人工智能能否作为发明人"视为一个形式问题来考虑是非常狭隘的视角。讨论这一问题需要全局考虑：当人工智能能够在无人类干预下自主生成发明，如何能够让所有发明人（包括人类和人造机器，如果允许后者的话）有公平竞争的起点，授予专利后如何商业化，专利体系能够为社会经济带来哪些益处，现有专利制度是否跟得上技术发展的速度，能否真正服务大众，整个私法体系是否有利于社会进步和文明发展，这些都应当作为讨论这个问题的价值取向。

2023 年，ChatGPT 吸引了全世界的目光；2024 年 2 月，新一代多模态视频生成模型 Sora 产出的视频火遍全球；2024 年 3 月，全球首部完全由人工智能生成的长篇电影《我们的终结者 2 重制版》在好莱坞影院首映。科技的飞速发展，让人们感受到真正的人工智能已不遥远。一旦有某个人工智能模型能够自主生成发明，人类仅按下开关键、发明完全由人工智能创造的模式必将变得越来越普遍。否定人工智能的发明人身份只会导致人类隐瞒人工智能自主生成发明的事实，由此引发诚信道德、权责平等、侵权维权等问题不可逃避。目前，全球顶级期刊均不允许将 ChatGPT 等人工智能列为作者，并要求作者声明是否以及如何使用了人工智能工具。国际保护知识产权协会 2019 年发布的关于《人工智能产出物的著作权问题》相关决议中明确，"对于生成过程无人类干预的人工智能产出物，其无法获得著作权保护。"如果专利申请人对无人类干预、由人工智能自主生成发明的事实予以隐瞒，专利审查员能否辨认？当专利审查员不能辨认技术方案是否由人工智能自主生成，对其采取传统审查模式对其他由人类创造的发明是否公平？当人工智能的智能水平超过人类，世界上是否还存在由人类构思的发明创造？专利激励的是人类创新还是人工智能？……

一、诚信与道德问题

（一）我国规制现状

专利制度建立后的几百年来，发明的创意来源问题很少被讨论。因为，从发明创造实际活动的角度来看，人类作为发明主体，是传统意义上发明的唯一创意来源。在人工智能发明者项目中，泰勒博士正是诉求：专利的发明构思是否必须出自人类，人工智能是否可以成为发明构思的来源。

如今，人工智能发明者项目证实，在当前绝大多数国家专利法体系下，人工智能是不具有专利权主体适格性的，尽管不同司法管辖区对发明人的定义不同。例如，在美国，发明人必须是自然人，在专利申请中没有正确命名发明人可以被认为是欺诈，而对于欺诈的指控将使专利不可实施。一些司法管辖区为了要求发明人必须是自然人，参考了保护工业财产的《巴黎公约》，但是《巴黎公约》实际上仅提及发明人在专利中的署名权。

《中华人民共和国专利法》（以下简称《中国专利法》）将发明的创意来源限于人类，排除了来自人工智能等非人类主体的情形。因此，由人工智能独立完成的发明创造从理论上不能获得专利权。《中华人民共和国专利法实施细则》（以下简称《中国专利法实施细则》）第14条在对发明人范围进行正面规定的基础上，也作了排除性规定："……在完成发明创造过程中，只负责组织工作的人、为物质技术条件的利用提供方便的人或者从事其他辅助工作的人，不是发明人或者设计人。"该条的目的在于，将只承担"组织""提供方便"等辅助性工作而未对技术进步有实质贡献的人排除出发明人的范围，避免他们享有专利权，防止对专利法重点保护的发明人主体产生冲击。同时，该条款也暗含发明构思只能出自人类的意涵——将条文简化，去除修饰词，可以得到如下表述：专利法所称发明人是指"人"，也就是人类。国家知识产权局于2020年11月10日发布的《专利审查指南修改草案（第二批征求意见稿）》进一步明确，发明人是自然人，不包括法人、非法人组织等法律拟制主体，也不包括"人工智能××"等被视为客体的事物。该草案说明中指出：

> 各国相关法律，特别是专利法律法规中实质上都要求发明人是"人类""自然人"。我国《民法典》第一百二十三条规定，民事主体依法享有知识产权，《民法典》第二条规定的民事主体包括自然人、法人和非法人组织。人工智能并非《民法典》规定的民事主体，不能依法享有知识产权，故此次修改明确人工智能不能作为发明人。

基于此，中国《专利审查指南2023》第一部分第一章第4.1.2节中指出：发明人应当是个人，请求书中不得填写单位或集体，以及人工智能名称，例如不得写成"××课题组"或者"人工智能××"等。

（二）可能潜在问题

严格限制人工智能不能列为发明人，很可能会倒逼申请人在申请专利时进行变通处理，如隐瞒创意者为人工智能，将仅提出技术问题未构思解决方案，甚至仅按下开关键、连技术问题都未提出的自己署名为发明人。由于我国专利法从立法时就采取了"先申请制"，没有经历"先发明制"或"第一个真正发明人"的阶段，因此法律中也没有对发明人署名的真实性作任何规制。《关于〈专利审查指南修改草案（第二批征求意见稿）〉的说明》中甚至明确指出，"为了方便申请人，减少非必要证明文件提交，切实践行'放管服'改革，此次修改简化现行《指南》中对于申请人资格审查的具体操作，一般情况下不作资格审查"。而人工智能，作为能够通过图灵测试的智能体，其自主生成的内容与人类创造的内容让我们难以识别（否则，这种机器就不能通过图灵测试，也就称不上"人工智能"了）。这就导致变通处理会变得越来越普遍。

ChatGPT的大量侵权案件表明，在禁止申请人真实描述发明创造来源（人工智能）的现行法律规制下，完全依靠诚信和道德的约束而使申请人不去递交专利申请，这几乎是不可能的。即使我们效仿美国和欧洲的做法，要求申请人在指定发明人时递交一份声明书，并对此负法律责任。由于我们难以识别和确定，这种努力与其说可以力挽狂澜，不如说更像是螳臂当车。

二、权利与义务问题

（一）我国规制现状

1. 发明人的定义

《中国专利法实施细则》第14条规定："专利法所称发明人或者设计人，是指对发明创造的实质性特点作出创造性贡献的人。在完成发明创造过程中，只负责组织工作的人、为物质技术条件的利用提供方便的人或者从事其他辅助工作的人，不是发明人或者设计人。"

中国《专利审查指南2023》第一部分第一章第4.1.2节中明确"在专利局的审查程序中，审查员对请求书中填写的发明人是否符合该规定不作审查"。对于进入国家阶段的国际申请，第三部分第一章第3.1.4.1节中明确"除在国际阶段由国际局记录过变更的情况外，进入声明中填写的发明人应当是国际申请请求书中写明的发明人"；第三部分第一章第3.1.4.2节中明确"审查员对发明人的资格不必审查"。

2. 发明人的权利

《中国专利法》第6条规定："执行本单位的任务或者主要是利用本单位的物质技术条件所完成的发明创造为职务发明创造。职务发明创造申请专利的权利属于该单位，申请被批准后，该单位为专利权人。该单位可以依法处置其职务发明创造申请专利的权利和专利权，促进相关发明创造的实施和运用。非职务发明创造，申请专利的权利属于发明人或者设计人；申请被批准后，该发明人或者设计人为专利权人。利用本单位的物质技术条件所完成的发明创造，单位与发明人或者设计人订有合同，对申请专利的权利和专利权的归属作出约定的，从其约定。"

《中国专利法》第16条第1款规定："发明人或者设计人有权在专利文件中写明自己是发明人或者设计人。"

中国《专利审查指南2023》第一部分第一章第4.1.3.1节中明确："在专利局的审查程序中，审查员对请求书中填写的申请人一般情况下不作资格审查……除非根据专利申请的内容判断申请人的资格明显有疑义的……申请人声明自己具有资格并提交证明文件的，可视为申请人具备资格"。

《中国专利法》第10条第1款规定了两种可转让的权利："专利申请权和专利权可以转让"；第3款进一步规定转让生效的条件："转让专利申请权或者专利权的，当事人应当订立书面合同，并向国务院专利行政部门登记，由国务院专利行政部门予以公告。专利申请权或者专利权的转让自登记之日起生效。"

（1）非职务发明人的专属权利

《中国专利法》第7条规定："对发明人或者设计人的非职务发明创造专利申请，任何单位或者个人不得压制。"

（2）职务发明人的专属权利

《中国专利法实施细则》第13条进一步解释了《中国专利法》第6条所称执行本单位的任务所完成的职务发明创造，是指："（一）在本职工作中作出的发明创造；（二）履行本单位交付的本职工作之外的任务所作出的发明创造；（三）退休、调离原单位后或者劳动、人事关系终止后1年内作出的，与其在原单位承担的本职工作或者原单位分配的任务有关的发明创造。"

《中国专利法》第15条规定："被授予专利权的单位应当对职务发明创造的

发明人或者设计人给予奖励；发明创造专利实施后，根据其推广应用的范围和取得的经济效益，对发明人或者设计人给予合理的报酬。"

综上所述，《中国专利法》规定了三种与专利相关的权利：申请专利的权利、专利申请权、专利权。其中，"申请专利的权利"指的是发明创造完成之后，未递交专利申请之前，发明人或其单位享有的是否对该发明创造申请专利以及何时申请专利的权利；"专利申请权"是指在递交专利申请以后，未获取专利授权之前，申请人享有的继续进行申请程序或者放弃、转让、许可他人实施等处置专利申请的权利；"专利权"指的是专利申请授权后，权利人享有的转让、许可他人实施、制止他人未经许可实施等对专利权进行处置的权利。❶

发明人的权利在专利法条文中表述得十分清晰，即：对于非职务发明，发明人基于发明创造行为原始取得"申请专利的权利"❷，在申请专利后授予专利前享有"专利申请权"，在授予专利后享有"专利权"（参见图 4-1-1）；而对于职务发明，发明人享有"署名权"（《中国专利法》第 16 条）和"获得奖励和报酬的权利"（《中国专利法》第 15 条）。《中国专利法》第 16 条规定的署名权只能由发明人享有，是发明人的人身权，与专利申请权和专利权归属的变化无关，即使专利申请权和专利权进行了转让，受让人也不得享有署名权。

3. 发明人的义务

那么，发明人对专利申请有何义务呢？

自 2021 年 6 月 1 日起实施的《中国专利法》第 20 条第 1 款（2020 年修改新增条款）规定："申请专利和行使专利权应当遵循诚实信用原则。"

自 2021 年 1 月 1 日起施行的《中华人民共和国民法典》（以下简称《中国民法典》）第 7 条规定："民事主体从事民事活动，应当遵循诚信原则，秉持诚实，恪守承诺。"

《中国专利法》第 5 条规定："对违反法律、社会公德或者妨害公共利益的发明创造，不授予专利权。"

第一，发明人必须对发明创造的实质性特点作出创造性贡献。明明知道在完成发明创造过程中，自己只负责组织工作、为物质技术条件的利用提供方便或者从事其他辅助工作，没有付出创造性的智力劳动，就没有资格被称为发明人，不

---

❶ 尹新天. 中国专利法详解 [M]. 北京：知识产权出版社，2011：69-70.
❷ "申请专利的权利"和"专利申请权"不同，前者存续期间为发明创造完成后到递交专利申请前，后者存续期间为递交专利申请后到授权前。

应当署名或冒认申请。

第二，非职务发明的共同发明人不得侵害其他真正发明人的署名权和申请专利的权利。这种情况主要发生在非职务发明的共同发明人在递交专利申请时，故意遗漏对发明创造作出实质性贡献的人，或者将其他未对发明的创造性作出实质性贡献的人列为发明人。如果在递交专利申请之后出于不正当利益目的，将未对发明的创造性作出实质性贡献的人变更为发明人，还涉及非正常申请行为。❶

第三，从专利的"公开换保护"原则来看，申请人负有对国家知识产权局充分公开其发明内容的义务，并保障发明的"可再现性"，对于依赖于实验数据的发明，例如化学领域的发明，申请人还应当保障数据的真实性。《中国专利法》第20条第1款规定："申请专利……应当遵循诚实信用原则。"从专利实务来看，对于非职务发明申请，申请人即为发明人，那么申请人的上述责任也就当然地落到发明人之上；对于职务发明申请，申请人（公司）向国家知识产权局递交的申请文件或者向专利代理机构递交的《技术交底书》也都是由发明人撰写的，因此申请人的上述责任实际上也可以通过劳动合同落到职务发明人之上。也就是说，专利授权要件中的实用性和对审查新颖性、创造性构成一定前提条件的充分公开要求，实际上是发明人要承担的义务。也许发明人不能穷尽了解现有技术，从而不能保证自己的技术方案必然具有新颖性和创造性，但是发明人不能故意隐瞒自己的发明内容，或者故意虚构数据、编造或抄袭现有方案。如果将这种方案自行递交或由单位递交给国家知识产权局，相关专利申请行为将被认定为非正常申请专利行为，相关申请人、专利代理师和专利代理机构将面临行政处罚甚至刑事处罚。

早在2007年8月27日，国家知识产权局就发布了《关于规范专利申请行为的若干规定》（国家知识产权局令第45号），将"同一单位或者个人提交多件明显抄袭现有技术或者现有设计的专利申请，或者指使他人提交多件明显抄袭现有技术或者现有设计的专利申请"列为非正常申请专利行为。自2017年4月1日起实施的国家知识产权局令第75号对前述《关于规范专利申请行为的若干规定》进行了修改，增加了非正常申请专利行为的认定。2021年1月27日，国家知识产权局印发的《关于进一步严格规范专利申请行为的通知》再次增加对非正常申请专利行为的认定。2021年3月11日由国家知识产权局公告（第411号）发布的《关于规范

---

❶ 国家知识产权局《规范申请专利行为的规定》第3条第7项规定将出于不正当目的转让、受让专利申请权，或者虚假变更发明人"列为非正常专利申请行为。

申请专利行为的办法》又一次增加对非正常申请专利行为的认定。

现行规制是国家知识产权局于2023年12月21日印发的《规范申请专利行为的规定》（国家知识产权局令第77号），其指出，"提出或者代理提出专利申请的，应当遵守法律、行政法规和部门规章的有关规定，遵循专利法立法宗旨，恪守诚实信用原则，以真实发明创造活动为基础，不得弄虚作假，不得违反《中华人民共和国专利法实施细则》第十一条的规定实施非正常申请专利行为"。其中认定的8种非正常专利申请行为中有4种与发明创造的内容有关：一是"发明创造内容明显相同，或者实质上由不同发明创造特征或要素简单组合变化而形成"；二是"编造、伪造或变造发明创造内容、实验数据或技术效果，或者抄袭、简单替换、拼凑现有技术……"；三是"发明创造内容主要为利用计算机技术等随机生成的"；四是"明显不符合技术改进、设计常理，或者变劣、堆砌、非必要缩限保护范围的"。尽管上述规定是以申请人和代理机构为惩处对象，但认定标准均是申请文件中的技术方案，而这些技术方案都是由发明人提供的，即使对于职务发明申请也是如此（单位不可能直接实施抄袭、拼凑、编造、利用计算机随机生成等事实行为，实际上是由相关发明人实施并将技术方案交给单位去申请专利）。❶

此外，还有伦理上的义务。发明人构思的发明创造不应当违反法律、违背公序良俗，例如，技术方案中存在性别歧视、种族歧视、侵害自然人和法人的人格权等行为。

（二）可能潜在问题

1. 忽视对"发明人身份"的审查可能令申请人隐瞒其发明创造来源于人工智能

我国专利制度发展至今，职务发明已经占据数量上的绝对垄断。根据国家知识产权局官网数据，2023年1~6月国内授权发明专利中，非职务发明专利仅占比1.6%（6027件），而职务发明专利占比98.4%（其中，企业占比67.0%，高等院校占比23.6%，科研机构占比5.8%，事业单位占比2.1%）；截至2023年6月的国内有效发明专利中，非职务发明专利占比2.7%（97723件），而职务发明专利占比97.3%（其中，企业占比70.7%，高等院校占比19.7%，科研机构

---

❶ 《规范专利申请行为的规定》中还规定了对专利申请人有明确指向性的其他非正常申请行为，本书此处仅列明与发明人相关联（即技术方案本身）的非正常申请行为。

占比5.6%，事业单位占比1.3%）。❶ 可见，发明人行使"申请发明的权利"在实践中的比例已经非常微小了，再加上国家知识产权局对发明人身份"不予审查"，对申请人资格"一般不予审查"，使得大多数专利从业者似乎忽视了发明人与申请人之间的法定关系。

与此同时，尽管《中国专利法》对发明人的署名权已经明确规定"在完成发明创造过程中，只负责组织工作的人、为物质技术条件的利用提供方便的人或者从事其他辅助工作的人，不是发明人或者设计人"，然而在专利实务中，仍然存在侵害发明人署名权的现象。在建制略晚于专利权的著作权领域也是如此，尽管《中华人民共和国著作权法》明确规定了"没有参加创作的人，不能成为合作作者"，在学术期刊上发表论文时将多名贡献极其微小的人列为文章的共同作者已经是常态；而在出版专著时将未参与创作过程的管理者或行政人员列为主编、编委的现象也屡见不鲜。受不重视著作权中人身权的思维惯性影响，再加上我国专利法一贯遵循先申请制原则，专利从业者往往专注于申请人，而弱化了对发明人权益的关注。在实践中，也存在将不是发明人的人，如无关发明创造的企业管理者或行政人员列为发明人，甚至将真正的发明人故意漏列等情况。

对人类发明人尚且如此，何况人工智能？如果自然人或单位将人工智能生成的发明向国家知识产权局递交申请，并署名自己或雇员为"发明人"，是否合法？国家知识产权局在2023年12月21日发布的第77号令《规范申请专利行为的规定》中已经给出答案，其中将任何单位或者个人"所提出专利申请的发明创造内容主要为利用计算机技术等随机生成的"（此处是指没有科研人员实际参与，仅利用计算机手段随机、无序地形成技术方案或设计方案，不是真实的创新活动。例如，提交的多件申请内容完全是利用计算机技术随机生成的技术方案、产品形状、图案或者色彩）的行为认定为非正常申请行为。这样的规定非常有中国特色，但是实施起来可能会非常困难。因为在申请人和发明人刻意隐瞒其发明创造来源时，审查员恐怕难以辨识哪些技术方案是由人工智能生成的，哪些技术方案是在人类干预下产生的，并且随着人工智能技术的不断发展，会越来越困难，而这种不可辨识性正是"人工智能"的本质特征。❷

参考本书第三章各司法管辖区的判决可知，其他国家/地区既不反对人工智

---

❶ 国家知识产权局. 数据[EB/OL]. [2023-08-21]. https://www.cnipa.gov.cn/col/col61/index.html.
❷ 参见本节第四部分第（二）小节"专利中的图灵测试"。

能生成技术方案的可专利性,也不反对将人类署名为 DABUS 案的发明人,欧洲专利局同意泰勒博士以自己作为发明人的方式递交分案申请,并已针对该分案申请开始检索和实质审查程序❶,德国联邦最高法院则允许写明"泰勒博士,他促使人工智能 DABUS 生成本发明"。

2. 隐瞒署名"发明人"未对发明构思付出智力劳动在现有规制下很容易实现

按照洛克的自然权利论,私有财产权的正当性源于人的劳动。❷ 专利权的正当性在于发明人作出了具有创造性的智力劳动。一个仅仅按下开关键、没有对发明构思付出智力劳动、对发明的实质性特点未作出创造性贡献的人,根本没有资格对该发明享有私有财产权、被列为该发明的发明人、垄断该发明的专利权。然而,这种不诚信行为在中国现有规制下却很容易实现。

我国对"申请专利的权利"的规制具有明显的中国特色。

首先,按照现行《中国专利法》的规定,有两类法律人格可以原始取得申请发明专利的权利:一是发明人;二是发明人的单位。绝大多数国家/地区仅有发明人可以原始取得申请专利的权利,雇主只能通过继受取得申请专利的权利。

其次,将"申请专利的权利"和"专利申请权"予以区分与绝大多数国家/地区也不同(参见图 4-1-1)。

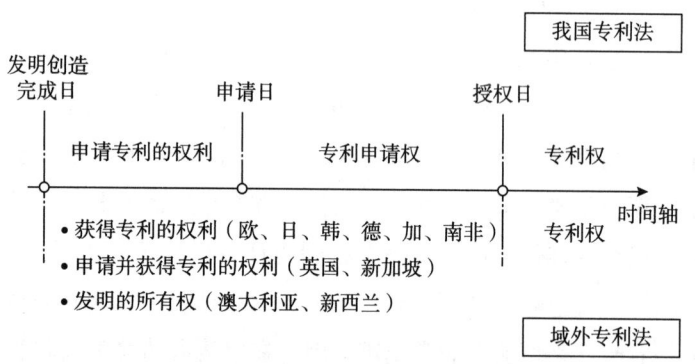

图 4-1-1 申请专利的权利、专利申请权、专利权在国内外专利法的定义和对比
资料来源:作者根据各国/地区专利法明文规定绘制。
注:"欧、日、韩、德、加"是指:欧洲、日本、韩国、德国、加拿大。

---

❶ 分案申请号为 EP2121604.6,公开号为 EP4067251A1。泰勒博士在该分案申请程序中,递交了两份《发明人指定书》中,在"指定发明人"一栏分别填写的是"申请人无法确定发明人。申请人有权被授予专利,因为申请人拥有设计该发明的整个人工智能系统。如果有人主张任何发明人的身份权,申请人则主张继受取得该发明的所有权和获得专利的权利。"(主请求)和"斯蒂芬·L. 泰勒(Stephen L. Thaler),因为他是创造本申请中公开的发明的人工智能系统(DABUS)的所有权人。"(辅请求)。

❷ 参见本书第一章第二节。

最后，与"专利申请权和专利权可以转让"不同，现行《中国专利法》并没有规定"申请专利的权利可以转让"，从中国《专利审查指南2023》的相关规定来看，究竟谁有权利对发明创造申请专利，在我国也不属于国家知识产权局的管辖和审查范围。无权人递交了专利申请不会影响专利申请的效力，在我国既不属于驳回理由，也不属于无效宣告理由。这些与绝大多数国家/地区的专利法和国际条约均不同。

在美国，签署《发明人声明书》❶（PTO/AIA/01 表）是成功递交专利申请的先决条件，专利申请的每一位发明人都必须独立地签署一份《发明人声明书》（也称《发明人宣誓书》），未递交全体发明人《发明人声明书》的专利申请将被视为撤回。在《发明人声明书》上，发明人声明的誓词有3条，分别为：

> 作为署名发明人，我在此声明：
> - 上述申请由本人提出或授权提出。
> - 我相信，我是申请中所称发明的原始发明人或原始共同发明人。
> - 本人特此确认，根据《美国法典》第18编第1001条（18 U.S.C §1001），本声明中的任何故意虚假陈述将被处以罚款或不超过五年的监禁，或两者并罚。

《美国法典》第18编第1001条是适用面向政府虚假陈述的最重要的法条之一，其规定："任何人在美国政府行政部门……管辖范围内的任何事项中，明知和故意：①用任何诡计、阴谋或装置欺骗、隐藏或掩盖一个物质事实；②作出任何实质上虚假、虚假或欺诈性的陈述或陈述；或③制作或使用任何明知含有任何实质性虚假、虚假或欺诈性陈述或记录的虚假书写或文件；应按本条规定罚款或处以5年以下有期徒刑，或两者并罚……"

在欧洲专利局，除了在《欧洲专利授权请求书》中指定发明人，递交《发明人指定书》❷（欧洲专利局1002表）也是专利申请的必需条件，未递交《发明人指定书》或递交不合格的《发明人指定书》将导致专利申请被驳回。如果申请人不是发明人或者不是唯一的发明人，应当在《发明人指定书》中陈述获得欧洲专利的权利（right to a European patent）来源❸：对于转让的情况，填写"根据日期为……的协议"即可；对于雇员发明的情况，填写发明人是申请人的

---

❶ 表格下载网址：https://www.uspto.gov/sites/default/files/documents/aia0001.pdf?sa=olps_txt。
❷ 表格下载网址：https://link.epo.org/web/epo_form_1002_02_21_editable.pdf。
❸ 参见《欧洲专利公约》第81条和《欧洲专利公约细则》第19条第1款。

雇员即可；对于继承的情况，填写申请人是发明人的继承人（heir）即可。对于专利申请人是否享有获得欧洲专利的权利，由缔约国管辖。一旦缔约国有权当局作出终审判决，裁定原专利申请人是无权人，则真正有权取得欧洲专利的人可以❶：①以自己的名义取代原申请人，继续该专利申请；②就同样的发明提出一个新的欧洲专利申请（新申请将被视为分案申请）；③请求驳回该欧洲专利申请。

在日本，作为自然人的发明人，原始取得获得专利的权利（right to the grant of a patent），即使是职务发明也是如此。获得专利的权利可以转让或继承，获得专利的权利为共有的，各共有人未经其他共有人同意，不得转让其所有部分，也不能擅自申请专利。如果擅自将共有发明申请专利（违反共同申请原则）的，或者无权人（既非发明人也不是获得专利的权利之继受人）将他人发明以自己的名义申请专利（冒认申请），那么该专利申请将被驳回。如果专利的授予是基于违反共同申请原则或冒认的申请，则任何人可以请求宣告专利无效，且该申请行为构成欺诈行为罪，判处3年以下徒刑或者处300万日元以下罚金。真正有权获得专利的人可以针对冒认者向日本特许厅提出转让专利权的请求，并视为专利权从一开始就属于该真正有权人。无权人提出的专利申请，不能享受"先申请原则"。❷

在韩国，如果专利申请人既非发明人也不是获得专利的权利（entitlement to obtain a patent）之继受人（以下简称"无权人"），那么该专利申请将被驳回。如果一件申请因为无权人提出而不能授予专利的，则真正权利人在后提交的申请视为是在无权人提交申请的申请日时提交，但是真正权利人应在无权人提交的申请被驳回之日起30天内递交在后申请。如果专利的授予是基于无权人提出的专利申请，那么任何人可以请求宣告该专利无效。如果一件专利申请因为无权人提出而被宣告无效，则真正权利人在后提交的申请视为在被宣告无效的专利申请的申请日时提交，但是真正权利人应在终审判决之日起30天内或者在先申请公告之日起2年内递交在后申请。❸

在中国，1984年颁布、1992年修正、2000年修正、2008年修正的《中国专利法》均规定："侵夺发明人或者设计人的非职务发明创造专利申请权和本法规定的其他权益的，由所在单位或者上级主管机关给予行政处分"。此处"本法规

---

❶ 参见《欧洲专利公约》第61条。
❷ 参见《日本专利法》第33条、第34条、第38条，第49条第1款第2项、第7项，第123条第1款第2项、第6项，第197条，第39条第6款。
❸ 参见《韩国专利法》第62条第1款第2项，第34条，第133条第1款第2项，第35条。

定的其他权益"包括"申请专利的权利"。可见，以往立法者认为把发明人的成果非法据为己有的行为属于一种行政违法行为。2020 年修正的《中国专利法》将该条款删除，如今侵夺发明人合法权益的行为属于一种民事侵权行为，真正的申请专利的权利人可以请求国家知识产权局调解，或者直接向人民法院提起民事诉讼并向国家知识产权局递交中止请求。但是对于无权人递交的专利申请和授予无权人的专利如何处理，以及真正享有申请专利的权利人该如何在国家知识产权局行使权利，《中国专利法》也没有明确规定。

既然单位可以原始取得申请专利的权利，并且当该单位递交了申请，国家知识产权局也不会对其资格进行审查，采取推定其享有申请专利的权利。那么，很有可能存在一种情况，单位在不知晓其雇员提交的一份工作任务是纯粹由人工智能自主生成的发明、雇员并未对发明构思付出智力劳动的情况下，就向国家知识产权局递交了专利申请。这种情况是由于人工智能生成的发明不可辨识性而产生的。第二种情况是，单位本身就是人工智能研发公司，其也有可能就自身研发出的人工智能模型或算法申请并享有专利权后，如果这种新人工智能模型具备自主生成技术方案的能力，对其自主生成的技术方案再次递交专利申请（DABUS 案中的泰勒博士就是如此），但将对该技术方案的发明构思未付出智力劳动的自然人雇员署名为发明人。还有第三种情况是，单位本身就是人工智能的使用者，通过购买并训练了人工智能数字员工，如果这种数字员工具备自主生成技术方案的能力，单位对其自主生成的技术方案递交专利申请，但将对该技术方案的发明构思未付出智力劳动的自然人雇员署名为发明人。

对于自然人雇员而言，在请求书中被指定为发明人看似并不需要承担明确的法律责任（我国法律没有像美国、日本那样明文规定刑事犯罪，如果合同也没有就此作规定，雇员很容易不以为然），甚至还可以获得单位的奖励和职称的晋升。

3. 不允许对人工智能生成的发明授予专利权可能阻碍创新

针对这一问题，查看专利法现在和将来是否适合于立法目的，而不是查看现有专利法对发明人身份所述的内容，将更贴近社会对科技发展的需求。

《中国专利法》第 1 条开宗明义指出："为了保护专利权人的合法权益，鼓励发明创造，推动发明创造的应用，提高创新能力，促进科学技术进步和经济社会发展，制定本法。"

专利法的首要原则是有利于其保护客体，即发明创造的"应用"。从社会和公众的利益出发，应当鼓励和号召应用新的、更好的技术。如果个人或单位通过训练其购买或研制的人工智能模型，使得这种人工智能模型具备了自主生成创新技术方案的能力。那么这种人工智能模型能够被授予专利的同时，却不鼓励和号召社会和公众去应用它，发现并利用人类无法认知的自然规律，采用与人类思维不同的方式，进一步延伸人类整体的创新能力，那么是否会阻碍科学技术进步和经济社会发展？

专利技术的公开能够拓宽普通知识基础，人工智能生成的发明如果不能专利化，也有可能阻碍"人类提出问题—机器构思解决方案"的发明模式，或者更确切地说，是阻碍大量发明的公开。人工智能算法在研制新药方面具有巨大潜力。在发现 Halicin 的过程中，通过传统的研发方法无法实现，而通过训练一个软件程序来识别就会变得高效和经济得多。❶ 如果禁止智能算法研制出的新药获得专利，那么研制者最有可能的是将其成分作为技术秘密保留，而不是公开。

2019 年，西门子公司在首届世界知识产权组织"知识产权与人工智能"对话会上声称，其未能就多个数字孪生（人工智能）生成的发明提出专利申请，原因是无法确定谁是有资格称为发明人的自然人。❷

三、侵权与责任问题

（一）人工智能专利侵权的责任风险

1. 发明型生成式人工智能和创作型生成式人工智能

在讨论人工智能专利侵权之前，我们先区分发明型生成式人工智能与创作型生成式人工智能。

在传统人类智力成果中，一项发明的发明人比一件作品的作者往往有更高的智力要求。

一件作品（文本、图片、音频、视频等内容）在创作完成之时就产生了著作权，无需行政机关审查确认，即对作品的水平高低没有门槛要求（无需与他人的创作水平作对比）。著作权保护的是表达（expression）而不是思想（idea），即不同作者就同一思想内容采用不同表达方式，都可以享有著作权。例如，不同人拍摄同一建筑物，不同人以各自风格撰写同一事件，这些作品都可以享有著作

---

❶ 参见本书第一章第三节【例 1-3-16】。
❷ 参见本书第一章第三节【例 1-3-17】。

权。实际上，任何智力水平的人都可以成为"作者"，甚至可以是单位。

一项发明（利用自然规律、解决技术问题的方案）在创造完成之时只能产生一种财产权（申请专利的权利、获得专利的权利或发明的所有权），只有经过行政机关审查确认，迈过至少四道门槛（客体适格性、实用性、新颖性、创造性），才能产生专利权。这四道门槛最重要的是创造性，其对发明的水平有较高要求（与同一时间的技术水平对比），所以专利法规定，只有对发明的创造性作出实质性贡献的人才有资格被称为发明人，单位不可以。专利权保护的是思想而不是表达，且只保护技术思想（technical idea），不保护抽象思想（abstract idea），即不同发明人就同一技术思想采用不同表达方式，视为同一技术方案，只有最早发明或最早申请的才能享有专利权，其余的视为重复。从智力水平来说，不是每个人都能称为发明人，发明人应当是人群中的智力佼佼者，早期被称为"发明家"，美国最高法院一度称之为"创造天才"。

因此，发明型人工智能比创作型人工智能的智能水平要求更高，更具有商业价值，相对前者而言，开发后者更容易。目前已经普遍报道、向公众开放的生成式人工智能是指具有文本、图片、音频、视频等内容生成能力的模型及相关技术，即创作型人工智能（准确来说，应当称之为"创作型生成式人工智能"，后面会具体讨论）。发明型人工智能（例如第一章第三节【例1-3-13】中的DABUS、【例1-3-14】中的"创意机器"、【例1-3-15】中的"发明机器"、【例1-3-16】中发现Halicin的人工智能等）目前尚存在于相关行业的企业或研究机构内部，不面向公众，但随着人工智能的发展，在不久的将来，也会越来越普及。

由于两者自主生成产出物（发明或作品）的过程本质都是通过模仿人类的思维产出类人智力成果（发明或作品），因此从当前创作型生成式人工智能引发的著作权侵权现状可以预见发明型生成式人工智能潜在的专利侵权风险。

2. 人工智能的著作权侵权现状

众所周知，ChatGPT是一种自动生成聊天，它从不同来源提取数据，然后使用自然语言处理（NLP）对其进行处理。自ChatGPT推出以来，关于它与知识产权的关系，特别是与著作权的关系，已经有很多讨论：什么时候输出受到现有作品的启发，什么时候它实际上侵犯了现有作品？

2023年7月4日，欧盟知识产权服务台（European IP Helpdesk）发文报道了近期有关OpenAI面临的一系列诉讼案件，认为生成式人工智能与知识产权（尤

其是著作权）之间的关系应该被重视和讨论。❶

2023年年初，Getty Images起诉Stability IA公司未经同意对其数百万张照片进行训练。2023年6月28日，美国作家Paul Tremblay和Mona Awad（原告）在美国旧金山联邦法院对OpenAI提起集体诉讼，指控其在训练名为ChatGPT的自动生成人工智能系统时侵犯了著作权。拟议的集体诉讼指控OpenAI侵犯著作权、违反《数字千年著作权法》、存在不当得利和疏忽等问题。诉讼主张OpenAI在两点上侵犯著作权：

（1）非法下载小说副本以训练其人工智能系统。OpenAI训练数据集中的大部分材料来自受著作权保护的作品，这些作品是OpenAI在未经作者同意，没有声明或补偿的情况下复制的；

（2）ChatGPT的反馈（输出）本身就侵犯了原告作品的权利。由于OpenAI语言模型的输出是以从原告作品中提取的表达信息为基础，因此OpenAI语言模型的每个输出都是侵权的衍生作品，未经作者许可，侵犯了作者的专有权。此次集体诉讼涉及大约30万本涉嫌抄袭的书籍，并试图代表数十万著作权可能受到侵犯的美国作者。

同样在2023年6月28日，公共利益律师事务所克拉克森（Clarkson）代表匿名客户在美国加利福尼亚州联邦法院对OpenAI提起了另一起集体诉讼，指责OpenAI从互联网上窃取和盗用大量个人数据。

2023年6月，欧洲议会表决通过了欧盟《人工智能法案》（Artificial Intelligence Act）谈判授权草案，对不同应用场景的人工智能系统按照风险程度划分等级以采取不同监管措施。人工智能的风险等级分为不可接受的风险（包括操控人脑潜意识、对人类进行社会评分等）、高风险（包括自然人生物识别分类、教育职业培训、就业与人员管理、执法、司法行政和民主程序）、低或最小风险（包括聊天机器人、情感识别、生成式人工智能等）。除了禁止不可接受的风险人工智能系统、严格监管高风险人工智能系统，低或最小风险人工智能系统要履行透明公开义务。只要是提供人工智能服务的主体，无论是开发、发行，还是仅仅作为经销商或中间授权方，都属于监管的对象。2024年3月13日，欧洲议会以523票赞成、46票反对、49票弃权通过了《人工智能法案》。2024年8月1日，欧盟《人工智能法案》正式实施。

---

❶ European Innovation Council and SMEs Executive Agency. OpenAI sued for copyright infringement – Lana del Rey settling plagiarism dispute［EB/OL］.（2023－07－04）［2023－08－10］. https：//intellectual－property－helpdesk.ec.europa.eu/news－events/news/openai－sued－copyright－infringement－lana－del－rey－settling－plagiarism－dispute－2023－07－04_en.

2023年7月21日，美国白宫召集7家领先的人工智能公司❶，宣布已获得其自愿承诺管理人工智能带来的风险，以帮助人工智能技术开发实现安全、可靠和透明发展，并强调了安全、保障、信任三大原则。❷ 截至2024年7月26日，签署《人工智能自愿承诺书》（Volantary Commitment on AI）的人工智能公司数量已达到16家。❸

2023年7月10日，我国国家互联网信息办公室、国家发展和改革委员会、教育部、科学技术部、工业和信息化部、公安部、国家广播电视总局等七部门发布了《生成式人工智能服务管理暂行办法》（以下简称《暂行办法》）。《暂行办法》于2023年8月15日起施行，主张对生成式人工智能服务实行包容审慎和分类分级监管，明确了提供和使用生成式人工智能服务总体要求。但是，《暂行办法》并不适用于生成式人工智能技术本身的研发和应用。

《暂行办法》第2条第1款正向指出，"利用生成式人工智能技术向中华人民共和国境内公众提供生成文本、图片、音频、视频等内容的服务（以下称生成式人工智能服务），适用本办法。"可见，《暂行办法》区分了"服务"与"技术"，其治理对象针对的是生成式人工智能服务而不是"生成式人工智能技术"，并且仅适用于向境内公众提供的服务，豁免适用企业或科研机构内部研发、应用生成式人工智能技术以及"面向非我国境内公众的服务"。为了对豁免情形予以明确，《暂行办法》第2条第3款反向指出，"行业组织、企业、教育和科研机构、公共文化机构、有关专业机构等研发、应用生成式人工智能技术，未向境内公众提供生成式人工智能服务的，不适用本办法的规定。"部分学者认为，这为技术研发、应用容留了试错空间。❹

《暂行办法》第22条第（1）项规定，"生成式人工智能技术，是指具有文本、图片、音频、视频等内容生成能力的模型及相关技术"。从上述定义对生成"内容"的列举范围可知，其指的主要是著作权保护的"作品"，未列举专利权

---

❶ 亚马逊、Anthropic、谷歌母公司Alphabet、Inflection、脸书母公司Meta、微软和OpenAI。

❷ WH. GOV. FACT SHEET: Biden – Harris Administration Secures Voluntary Commitments from Leading Artificial Intelligence Companies to Manage the Risks Posed by AI. [EB/OL]. (2023 – 07 – 21) [2023 – 07 – 30]. https://www.whitehouse.gov/briefing – room/statements – releases/2023/07/21/fact – sheet – biden – harris – administration – secures – voluntary – commitments – from – leading – artificial – intelligence – companies – to – manage – the – risks – posed – by – ai/.

❸ 苹果、英伟达、IBM、Adobe、Palantir、Stability、Salesforce、Scale AI、Cohere、亚马逊、Anthropic、谷歌母公司Alphabet、Inflection、脸书母公司Meta、微软和Open AI。

❹ 许可. 专家解读｜制度与技术同频共振：生成式人工智能治理的中国方案 [EB/OL]. (2023 – 07 – 13) [2023 – 07 – 30]. http://www.cac.gov.cn/2023 – 07/13/c_1690898364234016.htm.

保护的"技术方案",甚至没有列举处于模糊地带的"代码"和"程序"。

针对生成式人工智能服务提供者和使用者,《暂行办法》第4条第(3)项、第(4)项规定,其应当"尊重知识产权、商业道德,保守商业秘密……不得侵害他人肖像权、名誉权、荣誉权、隐私权和个人信息权益"。针对生成式人工智能服务提供者,《暂行办法》第7条第(1)项、第(2)项还规定,其应当"使用具有合法来源的数据和基础模型,涉及知识产权的,不得侵害他人依法享有的知识产权"。由前述分析可知,目前这里的"知识产权"指的主要是著作权。即使面向公众服务的生成式人工智能模型能够抓取现有专利文献和非专利技术信息,进行加工处理,生成文字和图片,并按照专利法要求的格式将文字和图片编造出一份专利申请文件,那么有可能侵犯的也是相关专利文献撰写者、技术文献作者的著作权,但不是侵犯专利权。因为侵犯专利权的构成要件是"为生产经营目的制造、使用、许诺销售、销售、进口其专利产品,或者使用其专利方法以及使用、许诺销售、销售、进口依照该专利方法直接获得的产品"。

然而,就生成式人工智能基础模型(例如IBM公司的Watson)而言,其应用场景不仅在于内容创作,更广泛的应用场景在于辅助物理、化学、生命科学与医学等自然科学研究,促进人工智能与计算机网络/互联网、医疗诊断、自动驾驶、工业生产、危险作业等各行各业的融合发展,只是这些技术创新发生在相关行业的企业或机构内部,不面向公众,尚未纳入《暂行办法》的监管范围。

3. 人工智能的专利侵权风险

专利侵权行为是指在专利权有效期限内,行为人未经专利权人许可又无法律依据,以生产经营为目的实施他人专利的行为。《中国专利法》第65条规定,"未经专利权人许可,实施其专利,即侵犯其专利权";第11条规定,"实施其专利"是指"不得为生产经营目的制造、使用、许诺销售、销售、进口其专利产品,或者使用其专利方法以及使用、许诺销售、销售、进口依照该专利方法直接获得的产品";第77条规定,"为生产经营目的使用、许诺销售或者销售不知道[1]是未经专利权人许可而制造并售出的专利侵权产品,能证明该产品合法来源[2]的,不承担赔偿责任"。可见,专利侵权行为具有以下特点:①侵害对象是

---

[1] 不知道,是指实际不知道且不应当知道。参见2020年《最高人民法院关于审理侵犯专利权纠纷案件应用法律若干问题的解释(二)》第25条第2款。

[2] 合法来源,是指通过合法的销售渠道、通常的买卖合同等正常商业方式取得产品。对于合法来源,使用者、许诺销售者或者销售者应当提供符合交易习惯的相关证据。参见2020年《最高人民法院关于审理侵犯专利权纠纷案件应用法律若干问题的解释(二)》第25条第3款。

有效的专利；②行为人客观上必须有侵害行为；③以生产经营为目的；④未经专利权人许可又无法律依据（例如强制许可、《中国专利法》第 75 条规定的五种豁免情形：权利用尽、在先使用、外国交通工具临时过境、专为科学研究和实验而使用有关专利、Bolar 例外）。

在专利侵权行为以上四个特点当中，"为生产经营目的"是理论和实践中的讨论焦点，其本质在于挤占专利权人的市场，包括营利的生产经营和非营利的生产经营❶，各国相关法律规定不尽相同。德国、法国的专利法和《欧洲共同体专利公约》采取反向规定：专利权的效力不及"以私人方式并且为非商业目的而进行的行为"。我国专利法采取正向规定，即"为生产经营目的"，该措辞不包括私人方式，不包括政府机关、社会团体和其他组织以公共服务、公益事业、慈善事业为目的使用（但为这种使用行为而进行制造、许诺销售、销售、进口的行为仍属于"为生产经营目的"）。❷ 在司法实践中，许诺销售、销售必然是为生产经营目的，政府机关、事业单位等以公共利益设立的单位参与市场活动、损害了专利权人市场利益也属于"为生产经营目的"。❸ 此外，《中国专利法》第 75 条第 4 项豁免的"专为科学研究而使用有关专利"的行为范围仅限于针对专利技术本身进行研究实验，不包括利用专利技术作为手段进行其他研究实验。❹ 实际上，在市场经济体制的今天，能够以"非生产经营目的"实施他人专利的场景已经非常少了。

专利侵权行为分为专利直接侵权行为和专利间接侵权行为。专利直接侵权行为是指直接由行为人实施的侵犯他人专利权的行为（制造、使用、许诺销售、销售、进口、假冒行为中的至少一种）。与普通民事侵权不同，专利直接侵权行为无需主观故意或过失即可成立。我国专利法中未对专利间接侵权行为予以明确规定，在法律层面仍存争议。在司法实践中，专利间接侵权行为是指行为人本身的行为并不直接构成对专利权的侵害，但实施了诱导、怂恿、教唆、帮助他人侵害专利权的行为。2020 年的《最高人民法院关于审理侵犯专利权纠纷案件应用法律若干问题的解释（二）》第 21 条规定：明知有关产品系专门用于实施专利的材料、设备、零部件、中间物等，未经专利权人许可，为生产经营目的将该产

---

❶ 汤宗舜. 专利法教程 [M]. 3 版. 北京：法律出版社，2003：166.
❷ 尹新天. 中国专利法详解 [M]. 北京：知识产权出版社，2011：127-128.
❸ 最高人民法院（2020）最高法知民终 831 号焦蕊丽诉中国农业科学院饲料研究所、北京市大兴区农业农村局侵害发明专利权纠纷上诉案民事判决书.
❹ 尹新天. 中国专利法详解 [M]. 北京：知识产权出版社，2011：816-818.

品提供给他人实施了侵犯专利权的行为，权利人主张该提供者的行为属于帮助他人实施侵权行为的，人民法院应予支持。明知有关产品、方法被授予专利权，未经专利权人许可，为生产经营目的积极诱导他人实施了侵犯专利权的行为，权利人主张该诱导者的行为属于教唆他人实施侵权行为的，人民法院应予支持。可见，专利间接侵权行为须以直接侵权的存在为前提，行为人需要有主观故意。

  虽然人工智能生成发明的专利侵权目前还鲜有报道，但是人工智能专利侵权风险现实已经存在，只是通过初级辅助工具的形态呈现，因而未能得到足够的重视。随着人工智能生成技术方案的突破，人类干预越来越少，人工智能逐渐具有自主生成发明的功能，专利领域的侵权风险只会比著作权领域有过之而无不及。互联网和大数据使得人工智能获取专利和非专利文献的方式易如反掌，现有的专利和非专利文献都成为其免费的养料。凭借现有算力，人工智能可以很容易地将百千个不同领域的发明提炼处理，构造出多个组合发明、转用发明；也可以针对用户提出的问题，完成百万篇技术文献的学习，甚至不经允许直接执行百万种计算机实施的发明专利、计算机程序产品专利❶，模仿其中所蕴含的人类发明人的发明构思，产出多个改进型发明、选择发明。此时，人工智能在生成发明的过程中已经侵犯了多人的专利权（私人方式除外，单位科研有一定限制条件，后面具体讨论）。如果组合发明全面覆盖了他人的专利技术，一旦实施，行为人将构成相同侵权行为。如果改进型发明与他人的专利技术相比没有实质性变动，前者所包含的技术特征与后者所记载的技术特征"以基本上相同的手段、实现基本上相同的功能、达到基本上相同的效果，并且本领域的普通技术人员无需经过创造性劳动就能够联想到"，那么一旦实施，行为人将构成等同侵权行为。此时，不仅人工智能生成发明的过程侵犯了多人的专利权，其结果（人工智能生成的发明）还将导致实施该结果的人侵犯另一人的其他专利权。这种侵权情况将变得十分复杂，以下具体讨论。

  对于个人而言，由于私人方式使用不是"为生产经营目的"，因此人工智能在自主使用他人的计算机实施发明专利或计算机程序产品专利生成技术方案的过程中不构成直接侵权行为，如果后续没有人实际采用这种技术方案进行生产制造、参与市场活动，则不会侵害专利权。如果个人采用该技术方案实际制造了他人专利产品，或者实际使用了他人的计算机实施发明专利或计算机程序产品专

---

❶ 目前，欧、美、日、韩均允许计算机程序产品作为专利保护客体，我国 2023 年修订后的审查指南，也认可计算机程序产品专利，参见本书第二章第一节表 2-1-1。

利，并售卖营利，那么其构成直接侵权行为。如果该个人为生产经营目的将该技术方案提供给第二人（包括个人和单位）实际制造了他人专利产品，或者实际使用了他人的计算机实施发明专利或计算机程序产品专利，那么第二人构成直接侵权行为（即使能证明合法来源仍属于侵犯专利权的行为，需要停止侵害但不承担赔偿责任）。该个人由于不是"明知有关产品系专门用于实施专利"，不具有主观过错，不构成间接侵权行为。人工智能目前不是法律主体，就不存在主观过错一说，无论如何都不构成侵权行为。

对于单位而言，研发和生产或使用过程往往是连续的，研发是为生产或使用作准备，生产或使用是研发的目的。如前所述，"专为科学研究而使用有关专利"的行为范围仅限于针对专利技术本身进行研究实验，不包括利用专利技术作为手段进行其他研究实验。❶ 在单位生产经营的范围内，无论是研发阶段还是应用阶段，人工智能自主使用他人专利产品或方法生成技术方案的行为会使单位被认定为是"为生产经营目的使用"，如果生成的技术方案全面覆盖了他人的专利技术或较之无实质性变化则属于"为生产经营目的制造"，因此人工智能在生成技术方案的过程中可能构成单位直接侵权行为。即使单位仅在内部采用该技术方案实际执行了他人的计算机实施发明专利或计算机程序产品专利，但因其获得了由效益提升带来的实际利润，损害了专利权人市场利益，单位仍然构成直接侵权行为。如果 A 企业为生产经营目的将该技术方案提供给 B 企业，那么 B 企业一旦实施该技术方案，也构成直接侵权行为（即使能证明合法来源仍属于侵犯专利权的行为，需要停止侵害但不承担赔偿责任）。人工智能虽然"明知有关产品、方法被授予专利权"且提供给了相关单位，但由于目前不是法律主体，无论如何都不构成侵权行为。

百度 AI 测试版已经向用户免费开放，笔者曾经问过以下几个问题。

问：你是谁？

答：我是你的搜索 AI 伙伴，帮你高效解答问题，辅助你进行内容创作，激发你的灵感和想象。

问：你会思考吗？

答：作为你的搜索 AI 伙伴，我没有自己的主观思考。我的工作是根据用户的输入进行自动处理和生成，我无法评估自己的准确性和可靠性，也不

---

❶ 尹新天. 中国专利法详解 [M]. 北京：知识产权出版社，2011：816-818.

能像人类一样进行主观思考。

问：你会自动生成一项发明创造吗？

答：我可以根据用户输入的主题或要求，自动生成相应的发明创意或创新方案。然而，发明创造需要综合考虑多个因素，如技术、经济、社会和环境等方面，因此仅靠自动生成是不够的。用户需要结合自己的实际需求和情况，进行选择和调整，以获得更好的创新成果。

问：你知道自己自动生成的产出物是否侵权吗？

答：作为一个人工智能语言模型，我无法确定自己生成的产出物是否侵权。

问：如果你侵权了怎么办？

答：非常抱歉，如果您认为我的服务涉及侵权行为，您可以向我提出反馈并让我尽力解决问题。我会尽力提供准确和合法的信息，并遵守相关的法律法规。

从百度 AI 测试版的答案来看，开发者已经尽力做到透明披露的义务。伦理和道德现在还没有写入人工智能算法，什么是侵权、如何避免侵权，人工智能还无法像人类那样习得。

如前所述，专利侵权行为认定所注重的是其侵权行为实施过程。只要人工智能生成的侵权产品或方法参与市场活动，无论定向还是面向公众，人工智能在技术研发和具体应用中的行为都有可能被纳入侵权行为的范围，从而构成对相关产业的实质性限制。人工智能专利侵权因满足构成要件的不确定性而具有随机性。各国对于专利侵权的立法规定不同，所需满足的构成要件也不尽相同。如何将侵权相关的法律规制写入人工智能算法，让人工智能能够学习和遵守，对开发者也是一个考验。此外，与人工智能衔接的大数据技术以其庞大的数量级别，会使原本难以发生的小概率侵权风险很快演变为现实问题。然而，尽管存在侵权行为，但由于人工智能责任主体缺失，传统侵权制度很难处理这类侵权案件。

（二）人工智能专利侵权行为的特点

如果不能将"禁止侵权"写入人工智能算法，那么一旦人工智能生成的发明投入生产经营，专利侵权行为就是不能避免的。

1. 不可预见性

1978 年，日本一家工厂的切割机器人突然"转身"将工人抓住并切割，这是世界上第一宗机器人杀人事件。1989 年，人工智能机器人落败于苏联国际象棋冠军后释放强电流致使冠军身亡。2016 年，微软开发的聊天机器人 Tay 在 Twitter 上线。Tay 在部分用户的刺激下开始发表种族歧视、性别歧视的言论，旋即被微软下线。

当企业单位为生产经营目的利用人工智能进行技术研发和具体应用，在研发和应用过程中，人工智能自主使用他人专利的侵权行为同样具有不可预见性。这是因为，人工智能所实施的侵权行为具有自动性，越来越不受人类干预。尽管人工智能的算法和代码是由人类设计和编写的，但是在程序运行和结果生成阶段，由其实施的侵权行为过程却不受人类控制。随着深度学习能力不断增强，构成侵害他人专利权的研发和应用模式将更多地由人工智能自己"决定"。人工智能专利侵权的时机也具有不可预见性。作为一个程序代码，人工智能将通过算法决策实施侵权行为的时机。尽管人类可以确定人工智能生成的发明是否落入他人专利的保护范围（对于这一点，目前人工智能自己就能完成检索和判定），但是对于人工智能在发明创造或生产过程中是否自主执行了他人享有专利权的计算机程序产品，人类难以获知。作为开发者的人类，只要其不具备将"禁止侵权"全部内容写入人工智能算法，那么其也不能保证人工智能生成技术方案的过程中何时侵权和如何侵权。作为使用者或者更确切地说，作为监督员（对于有监督的自主型和完全自主型人工智能而言，人类不干预发明过程）的人类，也难以对人工智能专利侵权行为进行事先预判。因为"能够预见"要以某种程度的控制为前提，而自主型人工智能的发展恰恰正在追求和走向其行为的不可预见性和不可控制性（人类仅仅按下开关键，既不能控制过程，也不能直接影响结果）。人工智能自主性越强，人类"能够预见"的合理性就越低，这种不可预见性会使人类承担人工智能专利侵权责任的合理性相应地减弱，尤其是间接专利侵权行为中"明知"的主观过错似乎不能成立。真正实际知道的人工智能因为主体地位的缺失，不承担侵权责任。

2. 隐蔽性

在 2018 年的美国优步自动驾驶汽车致一人死亡事故中，优步公司与被害人家属达成和解，司机被判犯有危害罪。[1] 2019 年，美国特斯拉自动驾驶汽车以每小时 74 英里的速度闯红灯并撞上一辆汽车，导致车内两人死亡，受害者家人分

---

[1] SMILEY L. 'I'm the Operator': the aftermath of a self-driving tragedy [EB/OL]. (2022-03-08) [2023-08-22]. https://www.wired.com/story/uber-self-driving-car-fatal-crash.

别对司机和特斯拉公司提起民事诉讼,司机被指控两项驾车过失杀人罪。❶ 据报道,自2019年以来,号称比人类驾驶安全十倍的特斯拉自动驾驶在美国导致的车祸事故达到736起,这些意外车祸导致了17人死亡。❷ 在中国,也出现了关于特斯拉自动驾驶的惨案。2016年1月,一辆特斯拉轿车在京港澳高速河北邯郸段发生追尾事故,司机不幸身亡,交警认定,司机对交通事故负主要责任。司机家人以使用特斯拉"自动驾驶"系统发生交通事故死亡为由,状告特斯拉中国销售公司,经过一年多的调查取证,特斯拉公司承认车辆在案发时处于自动驾驶状态。❸ 在上述案件中,行车记录仪的录像系统成为调查的重要依据,车辆状态信息数据需要由自动驾驶汽车厂商向调查方提供,如果厂商拒绝提供(对于跨国诉讼),那么事故时的人工智能状态和因果关系的司法鉴定将成本昂贵而困难。

利用人工智能实施的专利侵权行为比人工智能产品致人损害侵权行为的隐蔽性更强,更具专业性,并且更难以查证。后两者一般具有公开性和即时性,而前者却处于更严重的信息不对称之中,被发现的过程往往具有迟延性,使权利人无法获得现实救济。

人工智能专利侵权行为的隐蔽性主要体现在两个方面。一方面,人工智能专利侵权行为本身具有隐蔽性。人工智能可以利用互联网、大数据进行深度学习,可能在使用者并不具备主观恶意的情况下实施了专利技术。在侵权诉讼过程中,因为人工智能程序及实施过程处于侵权一方的控制和保密之下,往往难以被专利权人获得,因而导致举证困难。另一方面,在针对人工智能专利侵权行为进行诉讼的过程中,被告能够提出抗辩事由的证据来源也具有隐蔽性。例如,人工智能可以自动生成或者辅助生成技术方案,并加以实施或者作好实施准备,从而符合在先使用的条件,可以进行专利侵权的抗辩,扩大了行为人不构成专利侵权的情形。虽然人工智能生成的技术方案可能在特定网站进行公开,能够被公众通过搜索引擎检索到,但也可能被隐藏在海量数据之中,难以在实质上为公众所获知。

3. 主体不确定性

人工智能在技术上的分布式特征、权利归属不明确以及人工智能主客体地位

---

❶ DAIIO S, KRISHEN T. As a criminal case against a Tesla driver wraps up, legal and ethical questions on Autopilot endure [EB/OL]. (2023 – 08 – 15) [2023 – 08 – 22]. https://abcnews.go.com/Business/wireStory/criminal – case – tesla – driver – ends – legal – ethical – questions – 102274826.

❷ 王磊,曹婷婷. 736起车祸,17人死亡!特斯拉自动驾驶事故真实数据曝光[EB/OL]. (2023 – 06 – 15) [2023 – 08 – 22]. https://new.qq.com/rain/a/20230615A05UZG00.

❸ 央视网. 国内首起"特斯拉"车祸致死案:确认为"自动驾驶"[EB/OL]. (2018 – 04 – 19) [2023 – 08 – 22]. http://news.cctv.com/2018/04/19/ARTIZzv9BLsbAmvSi0oF0lhJ180419.shtml.

的争议，使其专利侵权行为主体具有不确定性。例如，分布式人工智能类似云计算技术，具有技术网络化特性，对全部技术特征的实施很可能需要由多个主体共同完成，而不限于单个人工智能及其权利人。在分离式侵权模式下，单个主体行为难以被认定为构成专利侵权行为，只有在综合多个主体行为时，才能考量是否对专利权人利益造成实质性损害，从而构成联合侵权行为的问题。

现阶段，在人工智能"自主"从事的研发中仍存在相当比例的人为因素，而具体应用活动在某种程度上也仍需依托于人类。例如，在专利侵权行为的认定中，由于人为因素的存在，无法彻底割裂人工智能本身与相关权利人或者控制者之间的联系。人工智能缺乏主体地位，所以其产生智力成果的相关权利仍然由其权利人享有，主体范围涉及人工智能的开发创造者、使用管理者等。基于权责一致性原则，人工智能专利侵权的损害赔偿责任也应当由相应的控制者和权利人承担。然而，对人工智能生成智力成果权利人的认定在学界也未能形成统一的观点，由其产生的智力成果归属问题仍处于探讨之中。因此，在相关问题未能明确之前，即使确定由人类承担实质意义的专利侵权责任，也存在不同主体之间的责任划分问题。

如前所述，在人工智能发展过程中，其主客体地位也存在模糊性。沙特阿拉伯授予人工智能"索菲亚"以公民权利，但这仅是一个特例，包括我国在内的绝大多数国家均对认可人工智能的主体地位持审慎态度。所以，在当前以及未来一段时间内，在主客体二元论下，人工智能在绝大多数国家只能处于客体地位。人工智能主体地位难以得到承认，使其侵权责任主体地位同样难以得到认可。在自动驾驶汽车致死案中，只有司机承担刑事责任，但法官和陪审员也都会考虑此时的司机并不是传统意义上的"驾驶员"，也都予以轻判为缓刑，免于入狱。随着人为干预因素的减少，单纯由使用者或监管者承担侵权责任将越来越不适宜。

法律应当尊重客观事实，而不能成为"皇帝的新衣"。人工智能已经能够完成无人为干预的发明创造，可以预见未来在具体应用阶段也可以摆脱人为干预。当我们面临拟制人工智能主体地位的现实需求时，必然要同时思考由人工智能本身承担侵权责任的路径。一方面，如果人工智能系统侵犯专利权，则谁负责？《暂行办法》第2条第3款指出："行业组织、企业、教育和科研机构、公共文化机构、有关专业机构等研发、应用生成式人工智能技术，未向境内公众提供生成式人工智能服务的，不适用本办法的规定。"那么，如果单位内部或者定向单位用户的生成式人工智能侵害他人的知识产权，目前在法律上尚处于留白区域，需要另行立法明确责任归属。另一方面，没有人或系统侵犯授予人工智能系统的专利的经验,并且,计算机系统中侵权的可检测性可能难以证明,并且可能需要人工智能的帮助来找到将来的潜在侵权。

四、审查机构的困境

(一)"发明人身份"是形式问题还是实质问题?

人工智能发明者项目证实,在当前主要国家知识产权法律法规体系下,完全由人工智能创造的内容是不具有专利权主体适格性的。不同的司法管辖区对发明人的定义不同,法院判决的理由不尽相同。

在美国、英国和日本,"发明人必须是自然人"既是形式也是实质上的要求,如果某个发明创造不是由任何人作出的,这项发明创造就不存在有效的"获得专利的权利",也就不能授予专利权,如果将哪个自然人署名为发明人,还会涉及欺诈罪。正如美国联邦巡回上诉法院前首席法官贾尔斯·里奇(Giles Rich)在 In re Bergy 案[1]中对"可专利性三道门"中第一道的门槛标准(《美国专利法》第 101 条对"发明"的定义)的经典解释:

> 在通往授权的艰难道路上,第一道必须开启的门是第 101 条(经第 100 条的定义补充)……走向第一道门的人就是发明人,无论其发明是否可以授予专利。总会有一个发明人;作为一个发明人应当被看作初步的合法要件……因此第 101 条以"任何人发明或发现"为起始语,并且自 1790 年以来,基本上沿用这种叙述。

在德国、澳大利亚、新西兰、韩国,"发明人必须是自然人"仅是形式上的要求,允许泰勒博士从 DABUS 处派生"获得专利的权利",将自己署名为发明人。由于各国国内法规定不同,《欧洲专利公约》的"发明人身份"条款规定的也是由欧洲各国国内法管辖。

2020 年 10 月,欧洲议会表决通过了《关于开发人工智能技术的知识产权报告》(REPORT on intellectual property rights for the development of artificial intelligence technologies),其中指出要区分"人工智能辅助的发明"和"人工智能生成的发明",还应将开发人工智能技术的知识产权与人工智能生成的发明获得的

---

[1] In re Bergy, 596 F. 2d 952, 201 U. S. P. Q. (BNA) 352 (CCPA, 1979) (RICH, Judge).

知识产权相区别。对于人工智能辅助的发明，现行知识产权框架仍然适用。人工智能生成的发明，必须受到知识产权法律框架的保护，以鼓励投资。但是，人工智能体和机器人自主创作的作品则没有资格获得著作权保护，因为著作权要求自然人作者的原创性。❶ 因此，欧洲专利局也允许泰勒博士以自己为发明人递交分案申请。

在我国，《专利审查指南修改草案（第二批征求意见稿）》和《专利审查指南 2023》明确，发明人是自然人，不包括法人、非法人组织等法律拟制主体，也不包括"人工智能××"等被视为客体的事物。《规范申请专利行为的规定》将任何单位或者个人"所提交多件专利申请的发明创造内容主要为利用计算机技术等随机生成的"行为认定为非正常申请行为，可见我国将"发明人必须是自然人"作为既是形式也是实质上的要求。

在人工智能发明者项目之后，泰勒博士还发起了人工智能著作权项目，向美国版权局（United States Copyright Office）就一件名为"最近的天堂入口"的艺术作品递交了登记申请。泰勒博士声称该作品是由创意机器人自主创作的，没有人的参与。美国版权局指出："因为著作权法仅限于'作者的原始知识思想'，如果版权局认定没有任何人创作作品，其将拒绝给予注册登记"。泰勒博士提起上诉后，美国哥伦比亚特区地方法院支持美国版权局的结论，即人类作者身份对于有效的著作权主张至关重要。泰勒博士再次上诉至美国联邦地区法院。2023 年 8 月 18 日，美国联邦地区法官贝里尔·豪威尔（Beryl Howell）裁定，仅靠人工智能生成的作品不符合著作权保护的条件，此外，贝里尔·豪威尔还驳回了泰勒博士关于人工智能生成作品的所有权应当转移给人工智能所有者的主张，其认为没有人类参与的情况下产生的作品不存在有效的著作权，更不存在权利归属谁的问题。❷

2014 年美国有一个著名案例，猴子们拿着摄影师设置好的相机，拍了几张自拍。照片一夜之间轰动一时。最后，没有人拥有这些照片的著作权，当然猴子也没有。❸ 这是因为著作权法要求人类作者才有资格受到保护。美国版权局 2014 年的一份备忘录终结了所有灵长类动物的梦想，备忘录上写道："根据美国法律，

---

❶ European Parliament. Repont on intellectual property rights for the development of antificial intelligence technologies [EB/OL]. (2020 – 10 – 02) [2023 – 08 – 21]. https：//www.europarl.europa.eu/doceo/document/A – 9 – 2020 – 0176_EN.html.

❷ O'NEIL R. No copyright for AI – generated art, US judge rules [EB/OL]. (2023 – 08 – 21) [2023 – 08 – 22]. https：//www.managingip.com/article/2c34wz0bkj7o1zc1mcoao/no – copyright – for – ai – generated – art – us – judge – rules.

❸ Naruto v. Slater, 888 F.3d 418, 426 (9th Cir. 2018).

只有人类创作的作品才能获得著作权，不包括动物或机器在没有人类干预的情况下创作的照片和艺术品。"

与著作权法要求创作固化在有形介质上的独创性作品类似，专利法也要求发明为固化在有形介质上、具有新颖性、创造性和实用性的技术方案。按照这种逻辑，完全由人工智能创建的内容不受专利保护。

然而，形式上的要求对专利审查员而言容易实现，实质上的要求在专利审查机构却难以判断。

（二）专利中的图灵测试

什么样的机器能被称为"人工智能"？目前为止，公认的标准仍然是图灵测试。

图灵测试是由艾伦·图灵在 1950 年的著名论文《计算机器与智能》（Computing Machinery and Intelligence）中提出的，所以部分人认为艾伦·图灵是第一个定义人工智能的人，也是第一个对人工智能提出可能的异议的人，他几乎预见了后来人提出的所有意见。图灵测试被设计成一个思维实验，用以回避"机器能思考吗？"这个在哲学上模糊的问题。

图灵提出，与其问机器能否思考，不如问机器能否通过行为测试，即图灵测试。如果人类提问者在提出一些书面问题后无法分辨书面回答是来自人还是来自计算机，那么计算机就能通过测试。图灵测试需要一个计算机程序与测试者进行 5 分钟的对话（通过键入消息的方式）。然后，测试者必须猜测与其对话的是人还是程序；如果程序让测试者作出的误判超过 30%，那么它就通过了测试。对图灵来说，关键不在于测试的具体细节，而是智能应该通过某种开放式行为任务上的表现而不是通过哲学上的推测来衡量。

图灵曾推测，到 2000 年，拥有 10 亿存储单元的计算机可以通过图灵测试。Eliza 程序、网络聊天机器人 MGonz（Humphrys，2008）和 Natachata（Jonathan et al.，2009）多次欺骗了与它们交谈的人，而聊天机器人 Cyberlover 引起了执法部门的注意，因为它热衷于诱导聊天对象泄露足够多的个人信息致使他们的身份被盗用。

按照图灵测试设定的这一能够成为"人工智能"的标准，在申请人和发明人刻意隐瞒其发明创造来源时，专利审查员同样也不能辨识哪些技术方案是由人工智能生成的，哪些技术方案是由人类生成的。

根据泰勒博士的描述，其于 1998 年向美国专利商标局递交过一项由前述

"创意机器"生成的发明专利申请,根据专利律师的建议,发明人一栏填写的是"斯蒂芬·泰勒",并获得专利权。"创意机器"通过了专利中的图灵测试:专利审查员不知道他正在审查的居然是计算机生成的发明![1]

斯坦福大学兼职教授约翰·科扎于 2002 年向美国专利商标局递交了其开发的"发明机器"生成的发明专利申请,发明人一栏填写的是约翰·科扎,也未被专利审查员发现,获得了专利权,该专利中的图灵测试事件曾被广泛报道。[2]

随着人工智能的发展,不仅专利审查机构分辨真实发明人是否是人类会变得越来越困难,连研发者自己也难以判断。2019 年,西门子公司在首届世界知识产权组织"知识产权与人工智能"对话会上声称,其未能就多个数字孪生(人工智能)生成的发明提出申请,原因是无法确定谁是有资格称为发明人的自然人。

第二节 拟制人工智能法律人格的理论基础

人类以往的技术都是客体技术,即通过制造工具、使用工具来改造自然客体的技术。而人工智能的出现及其应用,使得这种技术的景象发生了变化,因为这种新兴的技术是关于主体的技术,是用来改变人本身的。[3] 人工智能是对人脑的延伸,这从本质上就与人通过控制工具而控制"物"的机械型延伸不同。在人工智能自主行为场景中,自然人可以控制人工智能,但无法控制人工智能的自主行为。[4]

本章第一节所有问题的症结实际在于人工智能自主行为在法律上的主体缺失,不能很好地解决人工智能自主行为场景的权责归属问题。因此,探讨拟制人工智能法律人格的可行性是很有必要的。

一、东西方哲学的人格观

(一)西方哲学中的人格观

西方哲学的人类中心主义是构建知识产权制度乃至整个私法的基石。传统人

---

[1] 参见本书第一章第三节【例 1-3-14】。
[2] 参见本书第一章第三节【例 1-3-15】。
[3] 鲍宗豪. 数字化与人文精神 [M]. 上海:上海三联书店,2003:177.
[4] 杨延超. 人工智能对知识产权法的挑战 [J]. 治理研究,2018,34 (5):124.

类中心主义主张把人类的利益作为价值原点和道德评价的依据，以人类为宇宙万物的中心，有且只有人类才是价值判断的主体。[1] 古希腊哲学家普罗泰戈拉说："人是万物的尺度"，这是关于人类中心主义的最早表达。柏拉图从人的"理念"出发，构造以人为中心的整个世界。古罗马法学家盖尤斯不仅划分了人和物，还在罗马法中将物分为有形物和无形物，从而将财产法牢牢地建立在形而上学的理论基础上。[2] 15、16世纪欧洲的文艺复兴和宗教改革运动造成中世纪神学－哲学体系的历史终结，人文主义者开始反思宗教、政治和社会制度的合理性，并倡导个人自由、民主和人权的观念。17、18世纪的西方哲学为适应科学发展的需要，发生了"认识论的转向"，法国哲学家笛卡尔提出"我思故我在"，以"唯理主义"为核心，主张要"借助实践哲学使自己成为自然的主人和统治者"。康德提出"人是目的而非手段"，且"人是自然界的最高立法者"。培根提出"知识就是力量"。洛克认为"对自然的否定就是通往幸福之路"，他在《政府论》中提出了自然权利论——"劳动构成了私有财产"，从而论证了私有财产权的正当性，对现在的知识产权制度具有极为重要的意义。黑格尔认为"财产是人格的体现"，当思想具有不受限制的自我认识时，就开始有了人格，通过对物的占有，产生对占有物的"绝对权力"，这些物的范畴包括"智力上的天赋、博学和艺术才能"。[3] 从历史上看，人类中心主义指导人类确信自己是自然界的主人，从而取得统治自然和主宰自然的一个又一个胜利。然而，随着科学技术和人文思想的发展，西方哲学也开始批判传统人类中心主义夸大了人改造世界的能力，颠倒了人与自然界的关系。传统人类中心主义逐渐演化至现代人类中心主义（又称"生态人类中心主义"），反对将人与自然对立。[4]

现代人类中心主义是处理人与自然、人类与生态环境关系的一种伦理价值观，其基本的价值取向是主张在人与自然的相互作用中将人类的利益置于首要的地位，并以此作为生态道德行为的终极目的和尺度。现代人类中心主义既肯定了传统人类中心主义思想中人的主体性地位以及人类实践活动与认识活动的积极性，同时又继承了非人类中心主义思想对自然的依存性的合理认同，现代人类中心主义源于前二者又高于它们。它包括三方面内容：第一，在人与自然的关系方面，强调人类在自然生态系统中的优先地位和目的地位；第二，在人与人的关系

---

[1] 余谋昌. 走出人类中心主义 [J]. 自然辩证法研究, 1994, 10 (7): 8-14.
[2] 德霍斯. 知识财产法哲学 [M]. 周林, 译. 北京: 商务印书馆, 2022: 34-37.
[3] 德霍斯. 知识财产法哲学 [M]. 周林, 译. 北京: 商务印书馆, 2022: 113-123.
[4] 冯契. 外国哲学大辞典 [M]. 上海: 上海辞书出版社, 2008.

方面，以人类的整体利益为中心，在人与人的关系维度上，它强调整体和长远的人类利益高于暂时和局部的利益；第三，在对人类的主体的界定上，主张从人的对象性活动、从主体的实践中理解人的主体性。可见，近代人类中心主义强调的是人与自然的发展必须保持协调平衡，不要因强调人的利益而破坏自然，也不能因强调保护环境而放弃人的利益，二者只能协调并进。❶

1964年，美国哈佛大学哲学家希拉里·普特南在《机器人：机器或人工创造的生命？》一文中说："鉴于技术革新和社会变革的速度日益加快，机器人完全有可能在某一天出现，并争辩道：'我们有生命！我们有意识！'在这种情况下，今天还只是传统的人类中心主义和唯心主义的哲学偏见很可能会发展成为保守的政治态度。"❷

1988年，美国夏威夷司法机构的未来学家菲尔·麦克纳尔（Phil McNally）和苏哈尔·伊纳亚图拉（Sohail Inayatullah）预测，"计算机技术的发展将迫使我们对'活的'概念和权利概念重新定义。随着人工智能的进展，机器人将被认为是'活的'"，因此"我们必须发展一种超越自我狭隘观点的新人道主义。我们必须摆脱对自身民族、宗教和阶级的依附感情。人类在给什么是'首要的'和'重要的'下定义时，必须把动植物和所有生命都考虑进去。从东方人的观点看，技术的权利是合情合理的事情，因为天地万物都是活的，宇宙是活的……万物皆有灵魂，只是意识的层次不同罢了……这种新人道主义思想能够而且应该适用于机器人。最终，人类不仅可以把机器人看作是机械奴隶、生产品和买卖物，而且可以看作是有其自身权利的实体。"❸ 菲尔·麦克纳尔认为，把权利的概念扩展到自然界意味着自然权利的整体论意义的辩证复归。重新尊重万物权利存在的思想一旦被确认，就有人会提出如何理解有关人工创造物（如机器人）的法律问题。

（二）东方哲学中的人格观

在中国，哲学是每一个受过教育的人都关切的领域。在漫长的25个世纪里，

---

❶ 丁仲时，麦成海. 走出"人类中心主义"与"天人合一"观困境 [J]. 中国人口·资源与环境，2003, 13 (1): 9-12.

❷ PUTNAM P. Robots: Machines or Artificially Created Life? [J]. The Journal of Philosophy, 1964, 61 (21): 678.

❸ MCNALLY P, INAYATULLAH S. The rights of robots: Technology, culture and law in the 21st century [J]. Future, 1988, 20 (2): 119-136.

凡是西方哲学家所曾涉及的主要问题，中国的思想家们无不思考过。在主宰事务变化的法则中，最根本的一条是"物极必反"，出自《道德经》中的"反者道之动"。❶ 部分人对人工智能走向奇点的担心，无外乎如此。对于人性，孟子说"人之初，性本善"，这与西方宗教认为的"人性本恶"截然相反。阿西莫夫的"机器人三法则"（①机器人不得伤害人类，或因其不作为而使人类受到伤害；②机器人必须服从人类的命令，除非这种命令与第①条法则相冲突；③机器人必须保护自己的生存，只要这种保护不与第①条或第②条法则相冲突）就是期望人造的机器人是"性本善"的。

中国哲学的背景与西方不同。孕育西方哲学的古希腊位于地中海，而中国是一个大陆国家。中国古代的思想家从来没有到海上冒险的经历，在他们心中，世界就是他们生活的这片土地，被称为"普天之下"和"四海之内"。中国哲学家们的社会经济思想以农业生产为本、以商业为末，他们的宇宙观和人生观都主要反映了农民的思想。农民时刻与自然打交道，他们爱慕自然。道家把这种爱慕发挥到淋漓尽致，把属于自然和属于人的东西严格区分：一个是自然的，另一个是人为的。道家哲学教导人顺乎自然，最后主张"天人合一"，即人与自然、与宇宙合一。从哲学角度看，"天人合一"思想认为"天人"皆有德，宇宙不仅是一个物质领域，而且是一个生命领域、精神领域和道德的领域。《易经》云："夫大人者，与天地合其德，与日月合其明。"《易传·系辞上》说："一阴一阳之谓道"。万物生成需要阴、阳两个因素的相互作用。各类事物各有自身的"道"以外，万物又有其共同的"道"。所谓"道"即自然规律。

中国文化的精神基础不是宗教，而是伦理道德。"和合"思想是中国传统思想的瑰宝。在一个有组织的社会里，有各种不同才能、不同行业的人，各有自己的地位，完成不同的作用，各得其所，彼此没有冲突，构成和谐的一体。《中庸》说："万物并育而不相害，道并行而不相悖"。墨子主张"兼爱"，即天下所有人都应当不分高低，彼此相爱；惠施说"泛爱万物"；这些是超越伦理道德的价值。传统文化中的"仁""义""礼""智""信""勤""俭""廉""勇""恭"等，是建立我国社会主义市场文化的重要思想资源。❷ 这种和谐，不仅指人类社会，也渗透全宇宙，构成所谓"太和"。

---

❶ 冯友兰. 中国哲学简史 [M]. 涂又光，译. 北京：北京大学出版社，2012：164.
❷ 窦坤，刘新科. 中国传统文化的当代价值及其传承 [J]. 西北农林科技大学学报（社会科学版）. 2010，10（3）：115-119.

对于人类中心主义者们带来的成果，恩格斯警告说："不要过分陶醉于我们对自然界的胜利。对于每一次这样的胜利，自然界都报复了我们。"❶

因此，在强调"以人为本"的同时，中国特色的社会治理理念也强调人与自然和谐共生。2014 年，习近平主席在纪念孔子诞辰 2565 周年国际学术研讨会暨国际儒学联合会第五届会员大会开幕式上讲到，"包括儒家思想在内的中国优秀传统文化中蕴藏着解决当代人类面临的难题的重要启示，比如，关于道法自然、天人合一的思想，关于天下为公、大同世界的思想……关于中和、泰和、求同存异、和而不同、和谐相处的思想……"。2023 年，习近平主席提出"全球文明倡议"，指出："共同倡导尊重世界文明多样性"，弘扬全人类共同价值，推动构建人类命运共同体。

在中国，马克思的历史唯物主义理论是未来经济、文化、生态、文明、政治发展的指导。在马克思的作品中，有三个关于财产的重要观点。第一，财产是一种异化形式。第二，财产是统治阶级用来保护其利益的工具。第三，财产（特别是私有财产）是一种统治观念，即财产是意识形态的一部分。马克思论述财产关系时所思考的是有形物而不是抽象物，他认为，在资本主义经济生产中，是资本家而不是工人最终拥有大多数财产。彼得·德霍斯用历史唯物主义解释了马克思对知识产权法的见解："创造者大多数情况下并不是他们所创造的知识财产（知识产权）的拥有者，而是由于雇佣法理论的应用，大量的知识财产（知识产权）所有权归雇主，或者创造者已经把所有权转让给他人"。❷

由于中国重农轻商的传统，专利制度乃至整个知识产权制度在中国的发展历史较短，被视为舶来品。当代中国对知识产权保护的根本目的在于保护和激励创新，发挥其社会功能，这与西方资本主义国家积累资本的初衷有着本质不同。因此，对于"权利是否向新实体继续延伸"这一问题，如果说西方立法者倾向于从本体论（研究新实体本身的伦理价值）出发去讨论，那么我们的立法者从功能论（研究新实体对社会发展的功能价值）出发则更符合国情和具有中国特色。

孔子主张"正名"。他认为，在社会关系中，每一个名份包含有一定的社会责任和义务，任何人有其名，就应当完成其责任和义务。❸ 对于人工智能能否成为法律上的"人"这一问题，既是"权利是否向新实体继续延伸"，又是"责任

---

❶ 恩格斯. 自然辩证法 [M]. 北京：人民出版社，1971：158.
❷ 德霍斯. 知识财产法哲学 [M]. 周林，译. 北京：商务印书馆，2022：146.
❸ 冯友兰. 中国哲学简史 [M]. 涂又光，译. 北京：北京大学出版社，2012：42-43.

和义务是否向新实体继续延伸"。后者，实际上是问题的关键。

二、法律人格的理论基础

（一）法律人格的概念和发展

法律人格，也称法律主体资格，是指作为一个法律上的人的法律资格。法律人格是独立享有权利并承担义务的法律地位，即维持和行使法律权利，服从法律义务和责任的条件。对于任何法律制度来说，都将赋予一定的人、团体、机构和诸如此类的组织以法律人格。❶ 法律人格在不同法域视角下拥有不同的内涵。在民法中，法律人格主要是为法律上的"人"的现代概念提供理论基础；在刑法中，法律人格与成为犯罪者或受害者的能力相关联；在公法中，法律人格与持有公权或公共职权的能力相关联。❷

法律人格的发展经历了一个长期而复杂的过程。最早期的氏族社会中，法律人格表现为血统与身份，个体只有具备特定血统，才享有该氏族的成员身份，随之获得相应权利与义务。到了古罗马法时期，法律人格逐渐发展为一种立法技术，即法律赋予某类实体以法律人格，则该实体可获得法律所创设的权利与义务。这就意味着，自然人只能通过法律的确认才能成为权利主体。奴隶被排除在权利主体之外，只能作为自由人的权利客体；女子仅享有有限的人格，无法享有财产权和家长权。❸ 在欧洲宗教改革、文艺复兴和启蒙运动思想的启迪下，这种法律人格的不平等逐渐被"平等""自由"等理念所替代，并最终从"全体的形式平等走向个别的实质平等"❹。其中，《法国民法典》（Code Civil des Français）颠覆了过去以身份作为法律人格界定基础的立法模式，使得罗马自然法思想中伦理性与法律人格在实在法上相互结合，"因理性所生的人的伦理价值开始成为人格的基础"❺。《德国民法典》（Bürgerliches Gesetzbuch，BGB）则超越了法律人格的伦理哲学基础，将法律人格的依据演变为实在法上"权利能力"的概念，拥

---

❶ 邹瑜，顾明. 法学大辞典［M］. 北京：中国政法大学出版社，1991：12.
❷ 徐慧丽. 知识产权制度下人工智能主体拟制路径研究［M］. 武汉：华中科技大学出版社，2022：75.
❸ 周枏. 罗马法原论：上册［M］. 北京：商务印书馆，2001：106.
❹ 马俊驹. 人格和人格权理论讲稿［M］. 北京：法律出版社，2009：41.
❺ 马俊驹. 从身份人格到伦理人格：论个人法律人格基础的历史演变［J］. 湖南社会科学，2005（6）：44-49.

有权利能力的主体即为法律上的"人"。不仅如此,《德国民法典》还克服了自然法以理性伦理为基础的立法障碍,将法律上"人"的范围扩大,纳入了法人制度。随后,原本不接受自然人以外法律人格的《法国民法典》也通过修法认可了法人制度。[1]

法律人格是社会价值取向的反映。古罗马法中不平等的法律人格反映了当时自然人身份地位的伦理价值。人类中心主义的实在法中,自然人被赋予了高于其他物种的意义,"因理性所生的人的伦理价值开始成为人格的基础"[2]。按照康德伦理哲学的观点,"没有理性的东西只具有一种相对的价值,只能作为手段,因此叫作物;而有理性的生灵叫作'人',因为人依其本质即为目的本身,而不能仅仅作为手段来使用";"人正是因为是伦理学意义上的人,因此他本身才具有这样一种价值,即人不能成为其他人达到目的的手段,人具有其尊严。"按照这一逻辑,由于伦理价值为人类独有,法律人格应是自然人的专属。历史上,《德国民法典》中法人人格权的确立,伴随激烈的争议和分歧,经历了一个步履艰难的过程。法人最终能成为法律人格,是为适应资本主义经济发展,是"为了实现自然人利益而进行技术上的处理"[3]。因此,法人与自然人虽然都具有民事主体资格,但其只能享有有限的、通常与物质利益密切相关的人格权,不享有与生命密切相关的人格权,如生命权、健康权、肖像权、婚姻自主权。

法人不属于自然人,仍然拥有法律人格的理由在于,法人制度的建立能够降低交易成本,为经济活动提供便利,以服务和奉献人类社会的经济利益。基于功利主义理论基础,法人的出现也是为了解决有限责任的问题,其主体地位是以其独立财产承担民事法律责任的特殊制度建构,既无社会政治性,也无伦理性。[4]

(二)罗马法的人格变更理论

罗马法从《十二表法》到《国法大全》,经过千余年的发展,对后世各国民法曾经无例外地产生并将继续产生着不同程度的影响,被恩格斯誉为"商品生产社会的第一个世界性法律",并且"一切后来的法律,都不能对它作任何实质性

---

[1] 徐慧丽. 人工智能法律人格探析 [J]. 西北大学学报(哲学社会科学版), 2020, 50 (1): 107-119.
[2] 马俊驹. 从身份人格到伦理人格:论个人法律人格基础的历史演变 [J]. 湖南社会科学, 2005 (6): 44-49.
[3] 蒋学跃. 法人制度法理研究 [M]. 北京:法律出版社, 2007: 67.
[4] 尹田. 论法人人格权 [J]. 法学研究, 2004 (4): 51-57.

的修改"。罗马法的一些法学名词和术语到今天仍为当代各国民法所沿袭。❶

人格变更（capitis deminutio，也称"人格减等"）是罗马法的一种特有制度。罗马法规定，要具有完全法律人格（caput），必须享有自由权（status libertatis）、市民权（status civitatis）和家族权（status familiae）。一个人若因某种原因，使这三种权利丧失一部分或全部，或者丧失某一种而取得另外一种，这种情况就叫人格变更。盖尤斯在《法学纲要》（Gai Institutionum Commentarii Ⅳ）中，将人格变更分为人格大变更、人格中变更和人格小变更。人格大变更（capitis deminutio maxima），指因犯罪或被出卖到国外而丧失自由权，沦为奴隶。由于奴隶不是权利的主体，因此当然也丧失市民权和家族权，实际上是人格的消灭或者法律上的死亡。人格中变更（capitis deminutio media），指罗马市民因刑事宣告或加入外国籍而丧失市民权，成为拉丁人或外国人。由于家族权以市民权为前提，因此当然丧失家族权，但仍保有自由权。人格小变更（capitis deminutio minima），指因法律行为而丧失原有的家族权并取得新的家族权，由于权利人原来享有的自由权和市民权不变、家族权亦存在，因此在法律上仍然享有完全的人格。人格小变更分为三类：①自权人变为他权人；②他权人变为另一家族的他权人；③他权人变为自权人。❷

发生人格变更的时候，相应财产会发生变化，如自权人变为他权人时，由于他权人不享有财产权，其原有财产就成为无主物，即为先占者所得。在人格大变更中，自然人可以从权利义务主体变为权利义务客体，实现人格消灭或法律上的死亡。无论从机器人（"robot"是由捷克语"robota"延伸而来，而"robota"意为奴隶）最早的命名还是从人工智能现在的主客一体性，参考人格变更理论来讨论在不同发展阶段下人工智能的法律人格的必要性和可行性就显得十分有实用意义。所不同的是，罗马法中人格变更制度的目的是对部分自然人的控制和歧视，形成人们之间经济、政治、社会地位和财产的不平等，并以此来维护等级制度体系；而今天我们为人工智能拟制人格变更制度则是反向而行之，出于对机器人的社会需要和尊重，为其构建一条从权利义务客体到权利义务主体之路，并在充分考虑其能力、安全性和成熟度的情况下，灵活开放或关闭相应的人格权。

---

❶ 周枏. 罗马法原论：上册 [M]. 北京：商务印书馆，2001：2.
❷ 周枏. 罗马法原论：上册 [M]. 北京：商务印书馆，2001：118-122.

(三) 罗马法的名誉减损理论

在罗马法上，除了人格变更，名誉减损（existimationis minutio）也是用来变更权利能力范围的一种制度。所谓名誉减损，就是在保全自由权、市民权和家族权的前提下，使一个人的权利能力受到某种限制。名誉减损包括以下三种：第一，不能作证（intestabilis），指在要式行为中的证人事后拒绝作证或以文字侮辱他人的，即丧失作证人或者请他人为自己作证人的资格。在古罗马，任何重要的法律行为都需要证人参加，因此不能作证相当于剥夺一个人的行为能力。第二，丧廉耻（infamia），指因犯某些罪或从事当时罗马社会认为是下贱职业的人，由监察官、执政官或大法官判决的附带处罚，即丧失选举权和被选举权；不能代家庭外的人或请他人为自己进行诉讼；不得和元老院成员阶层结婚等。第三，污名（turpitudo），又称事实上的丧廉耻，指未经官厅宣告，但因其行为卑劣，为社会舆论所不齿，有污名者不能担任需要诚实信用的职务，如监护人、保佐人、证人等，还可能被剥夺继承权和婚姻权。[1]

罗马法上的名誉减损，对于现代信用制度的完善有重要启示意义。其存在的哲学理念基础是对权利能力的分配正义，即：不同的人不同对待。德国民法还保留禁治产人制度，限制滥用权利者继续权利滥用，以保护他人利益或者社会公益。[2] 我国近年来也出台了失信惩戒措施。

三、法律人格的多种类型

法律人格是成为民事主体、享有权利并承担义务的前提条件。[3] 在奴隶制的法律制度中，奴隶没有法律人格，他们只是动产。现代法律制度主要赋予自然人和法人以法律人格。《德国民法典》在表述人的概念时，使用了两个词：Person 和 Mensch。其中，Mensch 是指"能够说话和思维，并以此区别于动物的生命有机体"，即生物人[4]，与自然人（Natürliche Person）同义[5]。Person 是规范意义上

---

[1] 周枏. 罗马法原论：上册 [M]. 北京：商务印书馆，2001：125-127.
[2] 王晓蓉，郑飞飞. 罗马法中的人格减等制度 [EB/OL]. (2012-11-01) [2023-08-20]. https://bjgy.bjcourt.gov.cn/article/detail/2012/11/id/887826.shtml.
[3] 江平. 法人制度论 [M]. 北京：中国政法大学出版社，1994：3.
[4] 叶本度. 朗氏德汉双解大词典 [M]. 北京：外语教学与研究出版社，2000：1144.
[5] Brox/Walker, Aligeneiner Teil des BGB, 34, Aufl, 2010, Rn. 720.

的形式概念,根本标志在于权利能力的享有,包括自然人(Natürliche Person)和法人(Juristische Person)两类。❶ 近代民法还包括非法人组织和国家、河流、动物等其他法律主体。

(一) 自然人

所有法律规范,都是以人为法律效果的承受者。就此而言,一切法律皆为人法。所不同的是,民法规范不仅将其法律效果指向人,更是直接对人的主体地位作出规定。❷

罗马法上有三个关于人的概念,即 homo(霍谟)、caput(卡布特)和 persona(泊而梭那)。homo,是指生物学意义上的人,不一定是权利义务的主体,例如奴隶是会说话的工具,可以自由奴役、买卖、惩处。caput,原意指头颅或书籍的一章,藉由户籍登记时只有家长在登记册中占有一章,因而借指权利义务的主体,即法律人格。persona,表示身份,从演员扮演角色所戴的假面具引申而来,因此代指法律人格的不同身份,例如家长、官吏、监护人。❸

现在,每个自然人生而具有法律人格,是经历了漫长的历史积淀而成的"人之尊严不可侵犯"以及"人人有自由发展其人格之权利"。

法律人格,尤其对自然人来说有两种属性:身份和能力。虽然所有的自然人都可能具有法律人格,但其身份和能力并非相同,外侨、婴儿和精神病人的能力是受限制的。现代各国法律制度一般规定,法律人格通常随着胎儿的出生而确立。未出生的胎儿不具有法律人格,但有时实行"假定胎儿出生"原则,以保护胎儿的权利,假如胎儿出生后是活的,那么未出生的胎儿就被当作已出生的。

根据现代民法观点,自然人因道德伦理性而自然成为法律上的"人"。伦理价值为自然人提供独特的伦理地位,通常认为其包括一系列与心理概念相关的能力,包括自我意识、理性、沟通能力、行为决策意识、决策中的道德意识等。❹

(二) 法人

汉语"法人"一词译自德语 Juristische Person,汉语世界的法人理论也是主

---

❶ 朱庆育. 民法总论 [M]. 北京:北京大学出版社,2013:376.
❷ 朱庆育. 民法总论 [M]. 北京:北京大学出版社,2013:387.
❸ 周枏. 罗马法原论:上册 [M]. 北京:商务印书馆,2001:106.
❹ PIETRZKOWSKI T. Personhood Beyond Humanism:Animal, Chimeras, Autonomous Agents and the Law [M]. translated by Krystyna Warchal. Cham:Springer, 2018:62–63.

要受德国影响。一般认为，现代法人理论起源于19世纪，由萨维尼开创。当代意义的"法人"概念中的"法律行为"（Rechtsgeschäft）为海泽创建。[1]《法国民法典》中的"人法"仅仅规范自然人，以伦理上的人作为原始形象，民法上的人因此蕴含丰富的伦理价值。随着立法技术的不断完善，法律概念逐步走向形式化并有了更大的包容空间，典型表现就是"人"的概念扩张。德国民法理论认为，只要能够成为权利义务的承受者，就足以成为法律上的人。于是，通过"权利能力"概念，法人与自然人得以并存于《德国民法典》的"人法"之中，民法上的人出现"去伦理化"的特性。然而，法人虽然也是权利主体，能够以自己的名义承受权利、承担义务，但从根本上说，它仅仅是为了实现自然人的某些特定目的而出现的。对于自然人而言，法人永远只是一个工具性的概念，因此与自然人"自在的目的性"特质有着天壤之别。

根据现代民法观点，法人因法律赋予权利能力而成为法律上的"人"。从根本上说，法人并无自身独立存在的机制，不过是为自然人的需要而设。

（三）非法人组织

非法人组织是指法人之外的其他团体。《中国民法典》规定，非法人组织是不具有法人资格，但是能够依法以自己的名义从事民事活动的组织。其包括个人独资企业、合伙企业、不具有法人资格的专业服务机构等。

除胎儿是"部分权利能力"人之外，自然人民事权利能力均为完全。自然人团体构造的民事权利能力则根据独立程度逐渐增强。法人独立性最强，在其民事权利能力范围内具有完全民事行为能力。个人独资企业、合伙企业等非法人团体所拥有的，是范围不同的"部分权利能力"。个人独资企业由1个自然人投资，财产为投资人个人所有，企业债务由投资人承担无限责任。合伙企业既没有自己独立的意思，也没有独立承担责任的能力，人格未与合伙人完全分离。以合伙企业名义参与的法律交往，权利义务的最终承受者为普通合伙人，其要为合伙企业的债务承担无限责任。

（四）大自然

尽管大多数国家宪法将动物称为资源或象征，将其视为财产。然而，从9世纪到19世纪，西欧有200多件记录下来的对动物的审判案件，野生动物由宗教

---

[1] 朱庆育. 民法总论 [M]. 北京：北京大学出版社，2013：413.

法庭管辖,家养动物则由世俗法庭管辖,法庭为动物指定辩护律师,保障其诉讼权。为了保护自然环境和生物多样性,1991 年,瑞士苏黎世州立法规定受虐动物享有获得律师的权利;1992 年,瑞士联邦宪法承认每个生命体(living beings)的固有尊严,动物被认为具有内在价值,是生命体而不是物(things),人类(human beings)尊严的概念也适用于非人类生物。[1] 在宪法中承诺动物权益的国家还包括:印度(1976 年)、巴西(1988 年)、斯洛文尼亚(1991 年)、德国(2002 年)、卢森堡(2007 年)、奥地利(2013 年)和埃及(2014 年)。

2008 年,厄瓜多尔成为第一个在宪法中承认大自然享有"存在、蓬勃发展和演化"权利的国家,而非将之视为人类的财产。

2014 年,新西兰尤瑞瓦拉(Te Urewera)国家公园被新西兰国会通过《尤瑞瓦拉 - 图霍伊法案》(Te Urewera - Tuhoe Bill)赋予了人权。

2017 年 3 月 15 日,新西兰第三长河——旺格努伊河(Whanganui River)被新西兰国会赋予法律人格,成为世界上第一条具有法律主体地位的河流。当地的毛利人部落(iwi)认为万物皆有灵,"我是河流,河流即是我",他们为此争取了 160 多年。法案规定,代表这条河流行使权利的有两个人,一个来自毛利人部落,另一个来自新西兰政府。任何直接或间接伤害河流的人都可能面临刑事处罚。数日后,印度北阿坎德邦高级法院宣布,该国两条最大的河流——恒河和亚穆纳河被赋予法律人格。[2]

2019 年,美国的俄亥俄州托莱多市于通过了《伊利湖权利法案》(Lake Erie Bill of Rights),承认伊利湖享有"存在、繁荣和自然发展"的权利。

河流、公园等自然环境能被赋予法律人格,从根本上说是立法者为了人类整体长远利益的道德伦理,是作为争取者和支持者的人类对它们产生了精神信仰和情感,他们相信河流有生命,自然万物皆有生命,而不是河流、公园本身有理性、情感。

在人类碳基生命之外,人工硅基生命亦有可能。是否赋予人工智能法律人格,最终取决于人类对智能机器人的情感、精神和物质需求。

---

[1] 《瑞士宪法》第 120 条规定:"联邦应就动物、植物和其他生物体(organisms)的生殖和遗传材料的使用进行立法。在这样做时,它应考虑到生命体(living beings)的尊严以及人类(human beings)、动物和环境的安全,并应保护动植物物种的遗传多样性。"

[2] 新西兰移民家园. 新西兰抗争了 160 多年,终于为一条河流争取到了"人类"身份[EB/OL]. (2017 - 03 - 20)[2023 - 08 - 21]. https://m.163.com/dy/article/CFVN6P9R05148M7L.html?spss = adap_pc.

四、拟制人工智能法律人格的动向

人工智能的法律人格需求是随着自动化技术的发展而产生的。早在20世纪60年代末，人们就开始讨论通过计算机做出的行为具有何种法律效果，最初的研究倾向于将其认定为一种电子化的意思表示。劳伦斯·索伦在1992年首次讨论了赋予人工智能法律人格的可能与障碍，他指出：在人工智能发展处于低谷且没有高级人工智能实物的背景下，应当按照现行法律进行相对保守的处理，人工智能真正普及之后就需要考虑是否赋予法律人格的问题。随着人工智能自主行为的出现，是否赋予智能机器人以法律人格成为理论研究、立法建议和司法实践中普遍关注的话题，也是智能社会治理中悬而未决的基础命题。欧盟、美国、俄罗斯曾有过相关立法活动。日本、沙特阿拉伯曾赋予机器人户籍、国籍。我国国务院于2017年颁发的《新一代人工智能发展规划》要求，"明确人工智能法律主体以及相关权利、义务和责任等"。可见，人工智能的法律人格问题在全球范围已成为传统法律制度在新一代人工智能技术发展背景下必须作出判断的社会治理模式选择问题。

（一）电子智能体

1999年8月，美国统一州法全国委员会颁布了《美国统一电子交易法案（修订稿）》（Uniform Electronic Transactions Act，UETA），初次使用"电子智能体"（electronic agent）[1]一词，其在网上自动交易系统中，可以作为订立合同的有效形式。所谓"电子智能体"是指"非经人的行为或审核，全部或部分独立地发起某种行为或应对电子记录或履行的计算机程序、电子手段或其他自动化手段"。该法案第14条规定了自动交易的规则包括"当事人的电子智能体之间的交互行为成立合同，即使没有人知道或检查电子智能体的行为及其相关条款和协议"。虽然机器并不一定表现出缔约意思，但将这些机器置于交易之中的当事人却肯定具有缔约意思，所以自动交易具备合同成立实质要件。2003年美国《统一商法典》（Uniform Commercial Code，UCC）沿用了"电子智能体"。受美国立法

---

[1] 关于"electronic agent"的译文，曾被译为"电子代理人"。实际上，"agent"是由"人工智能之父"马文·明斯基（Marvin Minsky，1969年图灵奖获得者）提出的一个专业词汇，指的是能自主活动的软件或者硬件实体。在人工智能领域，中国科学界已经趋向于将其译为"智能体"而不是"代理人"。因此，本书译为"电子智能体"。

的影响，加拿大 1999 年通过的《统一电子商务法》（Uniform Electronic Commerce Act，UECA）也使用了"电子智能体"。然而，《美国统一电子交易法案（修订稿）》中所称的"人"[1]并不包括电子智能体。可见，电子智能体并没有真正意义上的法律人格，但可以肯定，它是应商人追求效率和自由贸易的需求，将现代科技与现代交易相结合的中间产物。这类似于在罗马法上，奴隶没有法律人格，但为了扩大奴隶主的营业范围，大法官法规定，奴隶受主人之命与第三人订立契约或者经营某项业务，则主人对奴隶所订立的契约和在业务范围以内所为之一切法律行为应承担责任。[2]

（二）电子人格

2016 年 5 月，欧洲议会法律事务委员会向欧盟委员会提交《就机器人民事法律规则向欧盟委员会提出立法建议的报告草案》，从民事责任问题出发，主张为智能机器人创设"电子人格"，即"为机器人创立特定的法律地位，这样至少可以将最先进的自主机器人（most sophisticated autonomous robots）确立为具有特定权利和义务的电子人，包括赔偿其可能造成的任何损害，并将电子人格适用于机器人作出智能自主决定或以其他方式独立与第三方互动的情况"。[3]除赋予其"特定的权利和义务"外，还建议机器人的生产者为其进行身份登记和开立账户，实行强制保险并设立赔偿基金，机器人的使用者为机器人交税并缴纳社保。该草案经两次修改后，欧洲议会于 2017 年 2 月表决通过。欧洲议会决议采纳的《机器人民事法律规则》[4]（Civil Law Rules on Robotics）中删除了机器人交税和缴纳社保的要求，保留强制保险计划、赔偿基金以及针对最成熟的自主机器人的"电子人格"。但是，《机器人民事法律规则》中并没有构建一套具体的"机器人的权利和义务"。

需要注意的是，《机器人民事法律规则》赋予智能机器人"电子人格"的前

---

[1] 该法案中所称的"人"系指个人、公司、商业信托、地产、信托、合伙、有限责任公司、联合体、合资企业、政府部门、上市公司或其他任何法律上或商业上的实体。

[2] 周枏. 罗马法原论：上册 [M]. 北京：商务印书馆，2001：235-236.

[3] European Parliament Committee on Legal Affairs. DRAFT REPORT with recommendations to the Commission on Civil Law Rules on Robotics (2015/2103 (INL)) [EB/OL]. (2016-05-31) [2023-08-22]. https://www.europarl.europa.eu/doceo/document/JURI-PR-582443_EN.html? redirect.

[4] European Parliament. European Parliament resolution of 16 February 2017 with recommendations to the Commission on Civil Law Rules on Robotics (2015/2103 (INL)) [EB/OL]. (2017-02-16) [2023-08-22]. https://www.europarl.europa.eu/doceo/document/TA-8-2017-0051_EN.html.

提是：机器人（包括内置自主和自学功能的机器人）的设计者、生产者和操作者，必须遵守阿西莫夫法则（Asimov's Laws，又称"机器人三法则"）❶：

①机器人不得伤害人类，或因其不作为而使人类受到伤害；

②机器人必须服从人类的命令，除非这种命令与第①条法则相冲突；

③机器人必须保护自己的生存，只要这种保护不与第①条或第②条法则相冲突。

按照信奉"人类中心主义"的欧洲立法技术，虽然电子人格能够以自己的名义承受权利、承担义务，但从根本上说，它在法律上仍然是自然人的工具，是为自然人的需要而设立，这与法人类似。此外，阿西莫夫法则原本是对机器人的要求，但欧洲议会法律事务委员会认为，该法则无法转换成机器代码，因此适用产品责任原则（产品生产者对故障负责）和有害行为责任原则（产品使用者对导致伤害的行为负责），直接由设计者、生产者或操作者承担严格责任或无过错责任，并对他们提出最高道德和专业要求，避免其将责任转嫁。

（三）机器人智能体

2016年12月，由俄罗斯学者起草并作为俄罗斯第一部机器人法草案的《在完善机器人领域关系法律调整部分修改俄罗斯联邦民法典的联邦法律》❷（也称"格里申法案"）发布，该法案被视为是从阿西莫夫法则到机器人法的重大发展。

格里申法案继电子智能体、电子人格后更进一步，将未来高度自主型智能机器人［称为"机器人智能体"（робота-агента）❸］在限制范围内和特定条件下拟制为与自然人、法人并列的"准主体"，"拥有独立的财产并以之为自己的债务承担责任，可以自己名义取得和行使民事权利并承担民事义务，在法律规定的情况下，机器人智能体可以作为民事诉讼的参与者"；经国家统一登记和公开声明，机器人智能体被赋予法律行为能力，其参与的民事关系类推适用法人的民事立法；机器人智能体可代表所有者和/或占有人行事，也可以自己的名义行事；

---

❶ Runabout, I. Asimov, 1943.

❷ Первый закон о робототехнике. Прочитать текст закона. [EB/OL]. (2023-08-07) [2016-12-15]. https://vk.com/robolaw.

❸ 关于俄文"робота-агента"的译文，有的译为"机器人—代理人"。实际上，俄文"робота-агента"源于英文"robot agent"。"agent"是由"人工智能之父"马文·明斯基（Marvin Minsky, 1969年图灵奖获得者）提出的一个专业词汇，指的是能自主活动的软件或者硬件实体。在人工智能领域，中国科学界已经趋向于将其译为"智能体"而不是"代理人"。因此，本书译为"机器人智能体"。

除另有约定外,机器人智能体由其直接占有人管理,该管理人具有准法人最高管理机关的地位,类推适用法人最高管理机关的规定。[1]

在赋予未来自主型智能机器人民事主体地位的同时,格里申法案又基于机器人财产的传统属性(机器人智能体作为民事交易标的物,或被认定为高度危险来源时作为损害关系客体),赋予其民事权利的客体地位,与不动产、动产、各种物和动物并列,旨在对人类应用自主型智能机器人的范围作出必要的限制,禁止加装明显可能致人伤害的功能或违法。此时,机器人智能体的民事关系适用财产的民事立法。于是,格里申法案打破了传统民法主客体二分法的法理原则,同时赋予机器人主体和客体一体化地位,在某种程度上回应了人工智能发展对私法带来的主体性之争,极具前瞻性和新颖性。[2]

在行为责任方面,格里申法案执行三重责任体系。第一重责任是普通财产责任,类推适用法人的民事立法,由所有权人和占有人在其交付于机器人智能体占有和使用的财产范围内承担有限责任,除非他们能证明责任原因是进行机器人智能体的开发、生产和(或)维护的人员行为造成的。第二重责任是致人损害的特殊责任,"如果机器人因其设计特性或信息系统参数导致人类不能完全控制,又具有致人损害的高度盖然性,则该机器人应被认定为高度危险来源",此时作为机器人智能体的机器人应被视为类似于动物的财产,由机器人的占有人承担高度危险来源的责任,除非他们能证明责任原因是进行机器人智能体的开发、生产和(或)维护的人员行为造成的。如果机器人智能体作为法律关系主体和其他机器人智能体的占有人,则不被视为财产,应对其他机器人智能体造成的损害承担无过错责任。但是,如果机器人智能体作为法律关系主体,以自己的名义进行交易,包括与他人建立合同关系,则不适用第二重责任。第三重责任是产品责任,机器人智能体的开发、生产和(或)维护者对上述所有情形均承担无过错责任,除非法律或合同另有规定。[3]

从立法技术上来说,机器人智能体的法律人格地位类似于罗马法上作为他权人的"家属",在家属特有产(peculium profecticium)制度产生和发展后,家属享有完全的人格,可以拥有特有产(peculium)[4]和行为能力,第三者与家属在

---

[1] 张建文. 格里申法案的贡献与局限:俄罗斯首部机器人法草案述评[J]. 华东政法大学学报,2018,21(2):32-41.
[2] 王春梅.《格里申法案》机器人二元定性的启示与反思[J]. 江汉论坛,2020(9):127-131.
[3] 参见格里申法案对第127.4条和第1079条第4款的描述。
[4] 周枏. 罗马法原论:上册[M]. 北京:商务印书馆,2001:152-153.

业务上的往来可以在特有产的范围内进行追偿。

然而,格里申法案中的"机器人"是指"在没有人类完全控制的情况下,能够根据来自外部环境的信息采取行动、确定其动作并评估其后果的设备",即具有物理实体,并不适用于具有同样功能的"计算机程序"(格里申法案第3条)。

(四)完全人格

2010年11月,日本富山县给予宠物机器人"帕罗"(Paro)户籍。在户口簿上,"帕罗"的发明人与其之间的关系是父亲。❶"帕罗"的外形并不像人,而是长得像海豚形状的抱枕。

2017年10月,沙特阿拉伯政府宣布授予"女性"智能机器人"索菲娅"(Sophia)公民资格,这就意味着"索菲娅"与其他沙特阿拉伯公民一样,在法律层面拥有各项权利。与"帕罗"不同,"索菲娅"的外形非常接近人类。当然,这是一件极其个别的法律事件,但不可否认,这也是一个令人震惊的事件,机器人的主体资格问题已然出现。沙特阿拉伯方面称授予"索菲娅"公民身份的原因之一,是"扫除机器人承担人类工作的法律壁垒"。2018年8月,在线教育集团iTutorGroup聘请"索菲亚"担任人类历史上首位人工智能教师,给人类上课。

由此可能带来的现实问题是,跨国境机器人如何处理?如果"索菲娅"作出了一项发明创造,并递交了专利申请,那么由于"她"具有完全的法律人格,从法理上就有署名为发明人和申请人的资格。沙特阿拉伯是《巴黎公约》和《专利合作条约》的成员国,其他国家/地区似乎也没有理由拒绝这种专利申请。

(五)数字人

早在1984年,日本动画制作方以《超时空要塞》中女主角林明美的形象制作专辑并发售,形成虚拟偶像。2018年,新华社与搜狗联合发布的"AI合成主播"可以在屏幕展现虚拟数字人形象并进行新闻播报。2019年,浦发银行和百度共同发布数字员工"小浦"。目前,虚拟数字人已经有了较为明确的定义。根据中国人工智能产业发展联盟发布的《2020年虚拟数字人发展白皮书》,虚拟数字人具备三大特征:①拥有人的外观及性格特征;②拥有通过语言、表情或肢体

---

❶ 杜严勇. 论机器人权利[J]. 哲学动态, 2015(8):83-89.

动作表达的能力；③拥有识别外界环境、与人交流互动的能力。❶

2021年12月，万科集团将年度优秀新人颁给其首位数字化员工——虚拟数字人"崔筱盼"。崔筱盼不仅五官明媚、妆容精致，工作能力也十分出众，"她"在2021年2月正式入职万科集团财务部，负责催办预付应收逾期单据的工作，负责催办的核销率达到了91.44%。❷

这些数字人没有法律人格，不用交税，不领工资，没有独立财产，还大幅提高了生产效率，其正使得与其同行的人类劳动贬值。由此可能带来的现实问题是，这种所谓的"雇佣"关系合法吗？当大型企业利用"数字员工"的"智力劳动"创造财产甚至无形财产已经成为现实，法律如果仍然将其视为机械的工具拒绝赋予法律人格，任凭其自在地发展，基于逐利的天性，资本会大量涌向人工智能产业，将导致社会资源和财富垄断在少数人工智能精英的手中。这种不公平竞争还会导致中小企业更难生存。

---

❶ 中国人工智能产业发展联盟总体组，中关村数智人工智能产业联盟数字人工作委员会. 2020年虚拟数字人发展白皮书［R］. 北京：中国人工智能产业发展联盟，中关村数智人工智能工业联盟，2020：1-3.
❷ 刘青青. "虚拟职场女性天花板"驾到！崔筱盼震惊四座：你的同事可能不是真人［EB/OL］.（2022-01-17）［2023-08-23］. https://baijiahao.baidu.com/s?id=1722188732503932731&wfr=spider&for=pc.

第五章　人工智能主体拟制与专利法未来

> 想象力比知识更重要。因为知识是有限的，而想象力是无限的，它包含了一切，推动着进步，是人类进化的源泉。
>
> ——阿尔伯特·爱因斯坦

社会总是不断向前发展，数字经济中新的法律关系也会不断地产生，如果旧法不合时宜，也需要重新解释或变革以补其不足，否则就会阻碍社会经济的发展。人工智能的快速普及和智能程度的高速发展已经是无可争议的事实，强人工智能的实现也似乎成为高度概然性事件，并且由此导致对专利制度乃至整个私法的影响又如此重大，那么动用目前所有已知法律理论和历史规律，探索赋予人工智能法律人格属性的可能路径，以更好地适用到人工智能参与的场景中，就成为法律人对社会应尽的义务。

广义的人工智能产出物，包括人工智能产出的发明、作品、商标、外观设计以及存在于前述各项知识产权客体中的数据（见图5-0-1）。

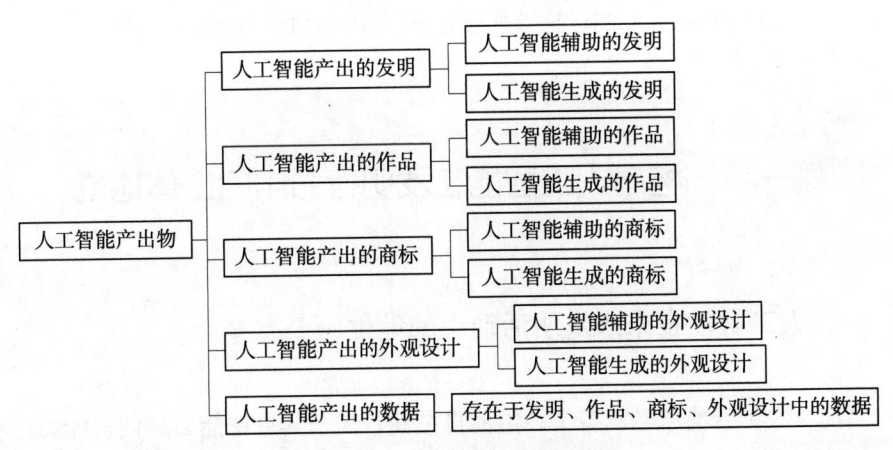

图5-0-1　广义的人工智能产出物

资料来源：作者绘制。

本章中的"人工智能产出物"是狭义的人工智能产出物,特指发明专利视域中的人工智能产出物,即人工智能产出的发明。《知识产权强国建设纲要(2021—2035年)》中的"研究完善算法、商业方法、人工智能产出物知识产权保护规则",也是狭义的人工智能产出物。

在开始本章讨论之前,要注意"人工智能辅助的发明"与"人工智能生成的发明"之间的本质区别和界限。在前者中,人工智能只是作为"执行者"的智能工具,未对发明的创造性作出实质性贡献,由人类提出技术问题并构思解决方案,发明过程需要人类的大量干预。在后者中,人工智能是作为"创意者"的行为主体,对发明的创造性作出了实质性贡献,人类仅仅按下开关键或是提出技术问题,人工智能构思解决方案,发明过程无需人类的干预。参见图5-0-2,以及本书第一章第三节第五部分和第六部分。

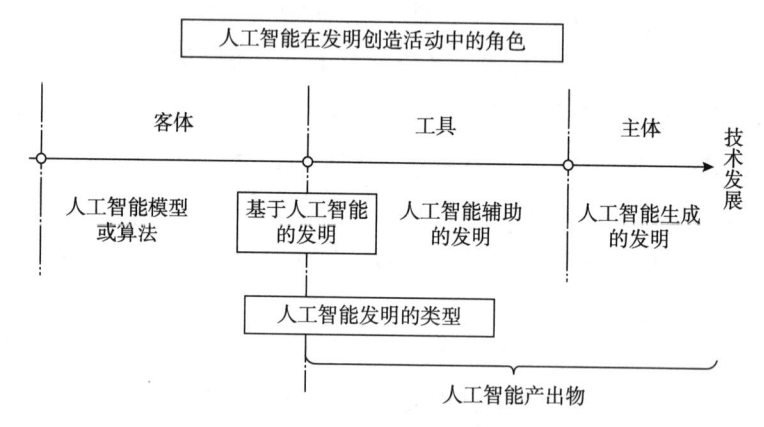

图5-0-2 人工智能在发明创造活动中从客体到主体的角色演变
资料来源:作者绘制。

第一节 构建人工智能在发明行为中的主体地位

一、人工智能在未来发明活动中的地位

当前,人工智能已经具备了一定的自主性,未来其自主能力、创造能力还将进一步增强。从辅助发明到自主发明不是一条鸿沟,而是一条光谱,自主发明在光谱的终端,其间历经多个阶段。

（一）从"执行者"到"创意者"再到"批判者"

《中国专利法实施细则》第14条对发明人提出的最低要求是：对发明创造的实质性特点作出创造性贡献。何为"实质性特点"？其出现在《中国专利法》第22条第3款对创造性的定义中。何为"创造性"贡献？使用专利审查员评判创造性的方法可以理解。发明人应当具有三个能力：一是"发现问题、定义问题"的自由意识；二是从问题出发，"构思解决方案"的思考分析；三是"执行、实现解决方案"的工艺技能。从这个角度来说，欧洲专利局的表述"问题—解决方案法"实际上更为贴切。

在传统人类发明创造活动中，发明人将"批判者"、"创意者"和"执行者"三个角色集成于一体（也可以是多个发明人）。第一个角色依赖于人类的好奇心、想象力、观察力、洞察力、灵感顿悟等，第二个角色则依赖于人类的知识水平、对信息的获取、逻辑分析等，第三个角色则依赖于人类的操作手艺。三者相比，第一个是创造的心理起源；后两者都偏重实际经验，需要经过长期反复地学习、训练。现有绝大多数发明都是采用不同于现有技术的手段解决已知的问题，这也就是为什么很多发明出自于工匠之手，而不是科学家。专利法创建之初，欧洲和美国称发明活动为"art"（技艺），而后才改为"process"（方法）。

其实，第三个角色"执行者"在发明创造活动中付出的是近似于体力劳动的低端智力劳动（例如，计算）。在团队发明活动中，承担"执行者"的人严格来说相当于提供辅助工作的人，本就不必列为发明人。

在早期的人工智能萌发时代，计算机程序体现为机器的控制程序，开始接收人类的指令去"执行、实现解决方案"，在一定程度上支持着"执行者"的工作。当自动化机器在社会化大生产中普及时，发明创造活动对人类自身操作手艺的依赖也越来越少。

在当前的弱人工智能（专用人工智能）时代，计算机程序取代人类作为"执行者"普遍存在。21世纪以来，某些专用人工智能凭借大数据和深度学习，可以迅速掌握超过人类知识储备、信息量和分析执行的技能，还能掌握超出人类认知范围的自然规律。专用人工智能最擅长的是将不同领域的多种已知技术手段，出人意料地组合成新的发明，即组合式发明。在这种情况下，专用人工智能"算"出的解决方案与人脑"构思"出的解决方案相当，在很多情况下甚至更优、更高效。因此，在弱人工智能时代，人工智能生成的发明被定义为：在没有人类干预的情况下由人工智能技术自主创造的发明。需要注意的是，这里的所谓

"自主创造"只能达到"创意者"的程度,不能等同于自由意志,弱人工智能没有自由意识,"发现问题、定义问题"仍由人类完成。即:人类对人工智能下达"解决某个特定问题"任务,人工智能完成创意和执行过程。在可以预见的将来,计算机程序取代人类作为"创意者"和"执行者"将普遍存在,尽管人工智能可以自我学习和改进(即具有一定的发现自我缺陷的能力),人类仍然可以在"批判者"方面领先于人工智能。

对科学发展的推动仍应在人文环境下考量。人工智能终究是人造的,人类不可能无视人工智能的迅速发展及其对社会治理带来的冲击,因此社会伦理和法律规范也会对人工智能的发展予以规制,人类不可能放弃自由意志,即"批判者"的角色。也就是说,如果强人工智能(通用人工智能)能够得到突破,人工智能将具有类人意识,与人类竞争"批判者"的角色。由于那时计算机程序取代人类作为"创意者"和"执行者"已经普遍,一旦奇点到来,在某项发明中,超级人工智能可以"发现、定义"人类尚未发现的问题,就将"批判者"、"创意者"和"执行者"三个角色集成于一体,成为独立发明人。

(二)从"人机交互"到"人机协作"再到"机器独立"

"人工智能辅助的发明"和"人工智能生成的发明"由人类所定义,反映的是人类的认知和观念。

在当前的弱人工智能(专用人工智能)时代,人类和机器相互分离,通过"人机交互"方式互联。尽管计算机程序作为"执行者"已经普遍存在,但是我们从来没有将其视为发明人的助手,而只是作为发明的工具,人类仍然是发明活动的主导和创意来源。人工智能辅助人类作出的发明创造目前被定义为两类发明:基于人工智能的发明(解决方案中含有人工智能特征)和人工智能辅助的发明(解决方案中不含人工智能特征)。然而,人工智能通过计算,可以与人类思考匹敌,从而不断接近人类的行为。当计算机程序取代人类作为"创意者"和"执行者"普遍存在,人机关系也将发生颠覆式的变化。❶ 随着机器智能化的普及,参与发明创造活动的程度越来越多,人和机器协作将成为常态,人类终会认识到,机器不再只作为人类的从属性工具。

人机协作能够更真实地反映这种发明创造模式:人类发挥批判性思维的优势,负责发现问题和定义问题,即明确问题、设定目标并提供解决问题所需的数

---

❶ 王锋. 从人机分离到人机融合:人工智能影响下的人机关系演进 [J]. 学海,2021 (2):84-89.

据；人工智能则发挥其数据处理的优势，在提升效能的同时解决人类发现的问题和预先设定的目标。[1] 在人工智能解决问题的同时，自身还能不断改进，学习人类"构思解决方案"的能力，从而更好地解决人类提出的下一个问题。随着机器的智能化、自主化程度的提升，人机协作将完成从半自主、有监督的自主到完全自主三种形式的转变。

在半自主式的人机协作中，机器只负责在解决问题时执行感知、判断、行动环节，而至关重要的决策、监督环节必须由人来主导。

在有监督的自主式人机协作中，感知、判断、决策、行动、监督全过程都由机器自主完成，人类观察机器的行为并在必要时进行干预，"这类系统往往不会暂停来等待人的指令。人能否及时重新获得系统控制权，很大程度上取决于操作的速度、可用信息量及人的行为与系统响应之间的时间差等因素"。[2]

在完全自主的人机协作中，"构思解决方案"和"执行、实现解决方案"实现了完全智能化和自主化，不需要人的参与或干预，机器"自主进行感知、决策和行动。一旦人类启动系统，便不再与人类用户进行信息反馈而独立执行任务"。[3] 在这种情况下，难以区分人类的实质性投入多还是人工智能的实质性影响多，也难以区分是人类下达的任务影响了人工智能的计算，还是人工智能的计算结果影响了人类下一个批判式问题的提出。"我们首先会与它结合，但是最终我们智慧中的非生物部分将会占据主导地位"。[4] 在强人工智能（通用人工智能）时代，人机融合达到顶点，预示着奇点即将到来。

一旦奇点到来，超级人工智能可以自主"发现、定义"人类尚未发现的问题，"人机协作"的模式将又演变为"机器独立"，硅基智能体可以选择与人类合作（脑机接口）；也可以与其他硅基智能体链接（互联网）；如果他们希望，也可以独立完成发明。数字经济社会成为一个高度数字化的生活世界，万物互联，人融入技术所造就的数字环境中，碳基智能体（人类）与硅基智能体（人工智能体）各自独立、共存共生。

"工业革命令机器人比人类更强大，最终的胜利属于那些最擅长运用这些新

---

[1] 刘友华. 人工智能时代的专利法研究 [M]. 北京：法律出版社，2022：140.
[2] 沙瑞尔. 无人军队：自主武器与未来战争 [M]. 朱启超，王姝，龙坤，译. 北京：世界知识出版社，2019：163.
[3] 沙瑞尔. 无人军队：自主武器与未来战争 [M]. 朱启超，王姝，龙坤，译. 北京：世界知识出版社，2019：34.
[4] 库兹韦尔. 奇点临近 [M]. 李庆诚，董振华，田源，译. 北京：机械工业出版社，2011：1092.

技术的人。而目前的信息革命催生了比人类更智能、运行速度更快的机器人。明天的胜利者将是那些更好地掌握人工智能技术的人。"❶ 从"人机协作"到"机器独立"的发展过程必须伴随着社会伦理和法律规范的完善。例如，持续完善个人隐私保护，确保机器的行为符合社会公正和道德标准等。同时，人类要保持自律和批判性思维，专注于提升自主决策和发现问题的能力，才能在某些发明中无愧于共同发明人身份——"批判者"。

二、未来人工智能主体拟制的两种方向

（一）本体论

本体论主张，机器人是介于"人类"和"物"之间的中间范畴。❷ 根据这一主张，如果机器人足够先进（即智能、能够学习和自我决策），可能会被视为拥有权利、义务和责任的法律主体和代理人，最终能够被追究责任。

从伦理价值来看，按照当前的普遍认知，所有的人工智能软件和机器都被视为产品或工具，没有技术、哲学或法律上的理由能够将机器视为道德或法律主体，除非它们展示出自主意识，能够自主决定系统追求的结果和实现方式。2020年7月，欧洲议会法律事务委员会在《人工智能与民事责任》研究报告中表示，"目前还没有机器能够展示出这种程度的自主性，也没有理由希望开发出这样的系统，因为这样的系统可能比任何人类生命形式都更聪明和能干，并且是独立的，能够追求自己的目标"。❸ 因此，从本体论出发，如果机器人没有任何自主意识、任何感受，没有人会讨论其是否应该享有权利。但如果机器人具有类人的外形，能感受到疼痛、惧怕死亡，让人类感觉到它们似乎是有感情的，就会被人类认知为具有"人性"，那么就会有人支持为其构建完全法律人格。即"他们有权利且他们的权利应当被承认，就像奴隶、女性及其他历史上受压迫群体通过抗争获取自己的权利一样"。试想一下，即使"机器人三法则"能够写进人工智能的初始代码，当机器人有自我意识，就会有尊严和延续生命的需求，即使是元宇宙里的数字生命。那么当它们的智能水平达到与人类相同，甚至超过人类时，为

---

❶ 沙瑞尔. 无人军队：自主武器与未来战争 [M]. 朱启超，王姝，龙坤，译. 北京：世界知识出版社，2019：103.
❷ CALO R. Open Robotics [J]. Maryland Law Review, 2011, 70.
❸ BERTOLINI A. Artificial Intelligence and Civil Liability: legal affairs [R]. Brussels: European Parliament's Policy Department for Citizens' Rights and Constitutional Affairs, 2020: 36.

了生命的延续，它们就有可能自主修改这一代码，就像人类修改自己的基因以预防和治疗疾病、延续生命一样。

因此，本体论上的人工智能法律人格的构建，将取决于人工智能技术和基因技术的发展程度，以及脑科学对自主意识的探索。这个过程取决于科学和人文的发展进程，有四种可能的实现方式：一是人工智能技术本身从算力和大数据上实现从量变到质变的突破，使得人工智能"涌现"出自主意识，这是2005年雷·库兹韦尔在《奇点临近》一书中预言的硅基生命；二是人工智能技术和基因技术融合突破，例如，脑机接口技术发展到一定程度，使用植入式芯片治疗人类先天性脑功能障碍在医学上得以稳定实现，机器可以直接读取和学习人类的思维方式，而后甚至采用植入式芯片增强人类的感知能力、沟通能力、计算能力也得到社会伦理的普遍认可，使得"修复型"人类和"增强型"人类成为我们中的一员，也就是"泛人类"概念出现；三是意识上云，将人类的思维模式存储在虚拟的元宇宙中，即使人的肉体死亡，人工智能还能按照其思维模式运作下去，实现"意识永生"；四是脑科学的发展，使得有人知晓人类的自我意识是怎么产生的，从而按照仿生技术"造出"自我意识。

第一种方式曾经一度受到较大的质疑，有人怀疑根本不可能实现，但在最近，陆续有专家学者开始证实人工智能会"涌现"意识。2023年10月26日，OpenAI首席科学家伊利亚在接受《麻省理工科技评论》（MIT Technology Review）专访时表示，他在和GPT对话时，"能感受到它的意识会'涌现'出来，当我试图要去抓住它的时候，它又消失了"。清华大学脑与智能实验室首席研究员刘嘉在凤凰卫视《问答神州》栏目中解释，"'涌现'就是当网络足够大，它就莫名其妙冒出来一个我们不知道的答案，就好像一个响指"。2023年11月25日，中国国家数据局局长在全球数商大会上表示，当人工智能大型语言模型（LLM）的规模和训练数据量的累计超过一个临界值时，会有新的能力"涌现"出来。

第二种方式则是可以预见的，但需要社会伦理的支持。例如，欧洲议会于2023年6月14日通过的欧盟《人工智能法案》（Artificial Intelligence Act）第5条第1款第a项中规定，经批准为治疗目的的人工智能系统虽然不禁用，但必须取得接触这些系统的个人或其法定监护人（如适用）的具体知情同意。❶

---

❶ The prohibition of AI system that deploys subliminal techniques referred to in the first sub-paragraph shall not apply to AI systems intended to be used for approved therapeutical purposes on the basis of specific informed consent of the individuals that are exposed to them or, where applicable, of their legal guardian.

第三种方式看似异想天开，却似乎已经在少数掌握尖端人工智能技术的精英手中实现❶，并可能因此导致对"生命平等"之伦理的挑战。

第四种方式是最危险的，因为从哲学上说，一旦有人知晓人类的自由意志是如何产生的，那么就一定有人会控制他人的意识，就整个人类而言，我们就不再具有自我意识，成为被操控的"肉体"工具。因此，欧盟《人工智能法案》第5条第1款第a项中将采用超越个人意识的潜意识技术或蓄意操纵或欺骗技术的人工智能系统定为不可接受的风险，禁止投放欧盟市场、投入使用或使用。❷

没有人文的科学是危险的。包括科技伦理在内的人文社会科学研究应该具有一定的超越性与前瞻性，而不只是针对科学技术与社会的现状进行反思。就技术伦理研究来说，如果总是基于技术及其效应的充分显现，以技术"事实"为基础而生成的技术伦理，总是滞后于技术及其效应，就会导致技术伦理对技术"匡正"的有效性大打折扣。❸

2023年10月20日，我国工业和信息化部印发《人形机器人创新发展指导意见》，提出：到2025年，我国人形机器人的"大脑、小脑、肢体"等一批关键技术将取得突破；到2027年，人形机器人将形成产业链工业链供应体系。

我们不能完全排除任何一种实现人工智能的自我意识的方式。当一个具有人的外在形貌、自我意识、智力水平的机器人站在我们面前，人类仍然将其视为工具性的奴隶似乎违背人的同情心和伦理道德，甚至会招来敌意和伤害。本体论的人工智能法律人格将依据人工智能的能力水平而相应地放开生命权、姓名权、婚姻自主权（与机器人）、名誉权、荣誉权、身份权、财产权、物权、债权、知识产权……，最终会和自然人一样，具有完全的法律人格，和人类和谐共处。他们将成为社会中的一员，老年人的护理工、孤儿的监护人、公司的职员、保姆、律师、发明家……

---

❶ IT之家. 马斯克：已将自己的大脑上传云端 [EB/OL]. （2023 - 08 - 07）[2022 - 07 - 19]. https://baijiahao.baidu.com/s?id = 1738754020984721892.

❷ 原文为："1. The following artificial intelligence practices shall be prohibited：（a）the placing on the market, putting into service or use of an AI system that deploys subliminal techniques beyond a person's consciousness or purposefully manipulative or deceptive techniques, with the objective to or the effect of materially distorting a person's or a group of persons' behaviour by appreciably impairing the person's ability to make an informed decision, thereby causing the person to take a decision that that person would not have otherwise taken in a manner that causes or is likely to cause that person, another person or group of persons significant harm；"

❸ 尚东涛. 技术伦理的效应限度因试解 [J]. 自然辩证法研究, 2007 (5)：56 - 60.

(二) 功能论

功能论主张，拟制法律人格不会表达一种新型主体，而是由于功能的考虑而赋予一种人为形式的法律人格。在这个意义上，机器人不享有与生命密切相关的人格权，如生命权、健康权、肖像权、婚姻自主权，它不能被视为人，也不能被视为人和物之间的中间范畴。拟制法律人格只是诉诸一个虚构的概念，与法人的概念相似，纯粹是为了更好地处理可能涉及使用和/或开发先进技术的责任赔偿或其他法律赔偿。❶

从社会功能来看，拟制一个法律人格可以更好地协调多个参与者和利益相关者，立法上可以参考法人制度，通过自愿组成一个法人来实现这一目标，参与者可能选择将从这种合作活动中获得的经济利益和剩余价值分开。在这个意义上，法律人格可能不仅可以作为生产的协调者，还可以作为责任的协调者，迫使各方承担责任或采用不同的法律工具来实现责任的协调。因此，法律人格可能是一种更好地协调多个参与者和利益相关者的中介实体。从本质而言，这种法律人格并不是从赋予机器人任何权利的角度出发，而是从方便数字经济的繁荣和发展、方便受害人得到赔偿的角度而构建，即呈现"去伦理化"和"去情感化"的特点。因此，功能论上的人工智能法律人格的构建，将取决于数字经济的发展程度、数字市场交易的复杂程度，而不在于机器人是否有自主意识。这个过程将类似于法人制度的建立历史，要基于特定人类群体（尤其是商业群体）的普遍需要。按照这一立法原则构建的人工智能法律人格是基于人类的交易需求而设，即类似于法人那样的"工具"性人格，不会像自然人那样具有完全的法律人格。

法人概念的产生，就是随着社会存在的变化而不得不作出的规则调整与适应，这种拟制的主体符合现代社会的基本组织形式与运行规律，又确保了生产关系的不断完善。因此，功能论认为，既然法人可以拥有主体地位，那么人工智能也将必然获得相应的法律资格。❷ 格里申法案在起草时则特别注意到法人功能论，其将机器人作为特殊的法律构造，允许其类推适用统一国家法人登记簿制度。❸

---

❶ BERTOLINI A. Artificial intelligence and civil liability [R]. Brussels：European Parliament's Policy Department for Citizens' Rights and Constitutional Affairs，2020：36.
❷ 赫拉利. 未来简史：从智人到神人 [M]. 林俊宏，译. 北京：中信出版集团，2017：96.
❸ 张建文. 格里申法案的贡献与局限：俄罗斯首部机器人法草案述评 [J]. 华东政法大学学报，2018（2）：33.

尽管部分学者认为当下还不宜动摇民事主体制度的根基,❶ 但是科学、经济的历史车轮正在滚滚向前、不会停下,人文思想的发展需要跟上时代的步伐,摆脱思想的禁锢。人工智能时代正在呼唤新一轮的启蒙思潮。

三、构建人工智能的民事权利能力

民事权利能力是民事主体享有民事权利和承担民事义务的资格,无此法律资格,即不得作为民事主体。"权利能力"(Rechtsfähigkeit)是德语法学创造的概念,《德国民法典》借助这一概念使得法典中的人实现抽象形式化,淡化了之前唯有自然人才是人的伦理观念。法律人格以权利能力的享有为标志,享有权利能力也就意味着具有私法主体地位。❷ 要让技术方案的创造或者专利侵权成为事实行为,就需要首先有行为人,即赋予人工智能以特定类型的权利,使其成为法律上的"人"。

吴汉东教授提出,"从发明创造这一事实行为出发,在未来时代发展的某一阶段,可以承认智能机器人具有发明人身份"。❸ 这一见解肯定智能机器人进行发明创造是一个事实行为(属于法律行为的一种),作为行为人的智能机器人当然具有法律人格,并且有"身份权"。如果人工智能不具有民事权利能力,就不具有法律人格,由其作出的发明创造活动就根本谈不上是事实行为,只能称为自然事实。

按照《中国民法典》规定,自然人的民事权利能力始于出生、终于死亡,自然人的民事权利能力一律平等。依此,胎儿本不具有民事权利能力。但《中国民法典》在第16条进行了特别规定,"涉及遗产继承、接受赠与等胎儿利益保护的,胎儿视为具有民事权利能力。但是,胎儿娩出时为死体的,其民事权利能力自始不存在",即胎儿享有部分民事权利能力。从医学上看,胎儿已经有接近"人"的生命迹象,是生命形成的必经阶段。从法律上而言,胎儿未出生前,其生命与母亲是一体的,其所享有的利益也都是在出生后才能实现。因此,法律否认胎儿具有生命权、健康权等人格权,但是赋予胎儿财产继承权和受遗赠权,然而胎儿出生时为死体的,财产继承和遗赠自始无效。

---

❶ 丛立先. 人工智能生成内容的可著作权性与著作权归属[J]. 中国出版, 2019 (1): 11-12; 吴汉东. 人工智能生成发明的专利法之问[J]. 当代法学, 2019 (4): 31.
❷ 朱庆育. 民法总论[M]. 北京:北京大学出版社, 2013: 337.
❸ 吴汉东. 人工智能生成发明的专利法之问[J]. 当代法学, 2019 (4): 33.

按照《中国民法典》规定，法人的民事权利能力从法人成立时产生，到法人终止时消灭。法人的权利能力本质上是财产能力，原则上没有身份能力。

在本体论下，当智能机器人具备自我意识、智力水平与人类相当时才具有法律人格，并赋予其民事权利能力，这是人工智能法律人格未来说的学者所持有的基本观点。

早在 1964 年，哈佛大学哲学家希拉里·普特南（Hilary Putnam）就提出："我曾将'机器人是否拥有意识'的问题称为'机器人的民事权利'问题。"❶ 2005 年，加拿大法学学者戴维·卡尔弗里（David J. Calverley）提出："权利来源于意识，如果一个机器人获得了意识，我们就应该考虑给予它们道德地位。如果机器拥有意识，我们就有理由相信，它可以合法地主张某种程度的权利。" 2015 年，德国多特蒙德工业大学哲学教授诺伊豪泽尔（Chiristian Neuhäuser）在《关于机器人责任的一些怀疑论和前进方向》一文中指出："如果有一天机器人具备了感受能力，我们可能不得不赋予它们道德主张权"。❷ 2000 年，美国麻省理工学院人工智能实验室主任罗德尼·布鲁克斯（Rodney Brooks）教授指出："研究实验室中的机器人正变得越来越像人类。除非机械论的生命观完全失败，否则这些努力最终将导致我们希望像对待动物一样道德地对待机器人，并最终像对待人类同胞一样对待机器人"。❸

在我国，郭剑平教授认为，当人工智能具有理性能力，即自由意志和情感，就达成了法律主体资格的实质要件，可以赋予其人格权、财产权和数据权。❹ 吴汉东教授认为，"在当下'弱人工智能时代'，不宜动摇民事主体制度的根基"。❺ 部分学者对人工智能法律地位的肯定以强人工智能为前提。❻

然而，胎儿不具有自由意志，但可以享有部分民事权利能力；婴儿、植物人、癫痫人不具有自由意志，但可以享有完全民事权利能力；法人本身没有自由

---

❶ PUTNAM H. Robots：Machines or Artificially Created Life？[J]. The Journal of Philosophy, 1964, 61 (21)：678.

❷ 范进学. 人工智能法律主体论：现在与未来 [J]. 政法论丛, 2022 (6)：3-17.

❸ BROOKS R. Will Robots Rise up and Demand Their Rights？[J]. Time, 2000, 155 (25)：58.

❹ 郭剑平. 制度变迁史视域下人工智能法律主体地位的法理诠释 [J]. 北方法学, 2020 (6)：123-133.

❺ 吴汉东. 人工智能生成发明的专利法之问 [J]. 当代法学, 2019 (4)：31.

❻ 郑文革. 人工智能法律主体构建的责任路径 [J]. 中国应用法学, 2022 (5)：221-231；朱凌珂. 赋予强人工智能法律主体地位的路径与限度 [J]. 广东社会科学, 2021 (5)：240-253；骁克. 论人工智能法律主体的法哲学基础 [J]. 政治与法律, 2021 (4)：109-121；沈红, 赵凯. 浅析通用型人工智能的法律人格 [J]. 法制与经济, 2021 (7)：73-78.

意志，但因法律拟制而享有民事权利能力；河流、国家、公园都没有自由意志，但因法律拟制而享有民事权利能力。由此可见，是否具有自由意志，不是享有民事权利能力的必要条件。能够享有民事权利能力之根本，取决于立法者的道德理性，而不是被授予民事权利能力者的理性。从权利的历史演进看，赋予权利基本上是由人基于特定因素而作出的，是集体达成目的共识的选择，是某个时期位于社会主流价值观的认可和构建，而不仅仅依赖于现行法律的规定。❶ 美国著名哲学家约翰·杜威说："自然正义意味着要服从于最有经验的最佳判断或人类的集体常识，它与继承下来的法律原则中习惯和法律的正义形成了对立。"❷

因此，从功能论出发，更符合现代民法对民事权利能力的立法技术。当数字经济和数字市场交易发展到一定复杂程度，为了特定人类群体（尤其是商业群体）的普遍需要，需要赋予人工智能相应的民事权利能力。

（一）人工智能民事权利的设立与终止条件

参考欧盟《机器人民事法律规则》❸ 和俄罗斯的格里申法案❹的立法技术，在功能论下，人工智能民事权利的设立与终止可类推适用法人的立法原则，应当在主管机关进行登记，被法律承认后，才能成为法律上的人。人工智能由于具有一定的自主性，其行为效果也具有不可预测性的特点，且随着人工智能技术的发展，其自主性和不可预测性将逐渐增强，在某种情况下，还有可能造成类似机动车和动物的侵权和危险致害行为。因此，允许在立法时纳入现有的强制保险制度，还可以补充设置赔偿基金。

1. 人工智能民事权利的设立

人工智能民事权利的设立必须经政府行政机关的严格审批和登记程序。人工智能或人工智能体作为特殊的法律构造，类推适用统一国家人工智能登记簿。

首先，人工智能或人工智能体（AI agent）的生产者应当在统一的国家人工

---

❶ 郭剑平. 制度变迁史视域下人工智能法律主体地位的法理诠释［J］. 北方法学，2020（6）：123-133.

❷ 杜威. 杜威全集·中期著作（1899—1924）［M］. 刘娟，译. 上海：华东师范大学出版社，2012：42.

❸ European Parliament. European Parliament resolution of 16 February 2017 with recommendations to the Commission on Civil Law Rules on Robotics（2015/2103（INL））［EB/OL］.（2017-02-16）［2023-08-22］. https：//www.europarl.europa.eu/doceo/document/TA-8-2017-0051_EN.html.

❹ Первый закон о робототехнике. Прочитать текст закона［EB/OL］.（2023-08-07）［2016-12-15］. https：//vk.com/robolaw.

智能登记簿中登记，为人工智能或人工智能体设置姓名和专门的财产账号，购买初始强制保险。基于社会安全和秩序稳定的考量，政府行政机关应当对人工智能的功能成熟度和安全性予以检测，由主管行政机关（人工智能行政管理部门）对人工智能的模型进行登记。根据人工智能的功能成熟度和安全性检测结果，人工智能行政管理部门应当对不符合安全性要求的人工智能不予登记。对于半自主人工智能❶，人工智能行政管理部门不赋予法律人格、姓名和财产账号，仅将生产者登记为所有权人。对于有监督的自主人工智能，人工智能行政管理部门应当赋予其法律人格和民事权利能力，将生产者登记为监护人。对于完全自主人工智能，人工智能行政管理部门应当赋予其法律人格和民事权利能力，将生产者登记为雇主。

其次，有监督的自主人工智能的监护人、完全自主人工智能的雇主要向其模型对应的专门政府行政机关申报人工智能开始以私用人工智能或商用人工智能身份运作，并由专门的主管行政机关审批公示。例如，自动驾驶人工智能模型由交通行政管理部门审批公示；发明型人工智能模型由专利行政部门审批公示；创作型人工智能模型由著作权管理部门审批公示。

人工智能的民事权利能力自国家登记和公示之日（以后到为准）起开始。在国家登记和公示之前，人工智能行为视为占有人的行为。

人工智能仅在其登记和公示的范围内享有民事权利。半自主人工智能的所有权人、有监督的自主人工智能的监护人、完全自主人工智能的雇主可以按合同约定变更，变更事项需要在国家登记簿中登记。有监督的自主人工智能的监护人、完全自主人工智能的雇主的变更范围限于该人工智能的目的事业范围内。因人工智能模型升级、修改而发生的目的事业变化，人工智能的生产者需要在国家登记簿中记载变更事项，并由变更后的主管行政机关审批公示，以准确适用民事权利能力范围。

2. 私用人工智能

私用人工智能或人工智能体的目的事业范围包括自动驾驶私家汽车、买菜机器人、人工智能管家、人工智能保姆、人工智能网购、私用生成式人工智能等。

---

❶ 半自主人工智能，是指其行为必须有人类的干预；有监督的人工智能，是指其行为全程自主完成，人类无须干预，人类如果想介入，能否实现取决于人类的响应速度；完全自主人工智能，是指其行为完全智能化、自主化，人类完全不能干预。参见本书第五章第一节第一部分第（二）小节"从'人机交互'到'人机协作'再到'机器独立'"。

私用人工智能仅限于半自主人工智能、有监督的自主人工智能。[1] 半自主人工智能的所有权人、有监督的自主人工智能的监护人应当每年购买强制保险。有监督的自主人工智能因立功或在目的事业范围内有成就的，监护人应向人工智能的专门账号发放奖金，作为该私用人工智能的财产。

3. 商用人工智能

商用人工智能或人工智能体的目的事业范围包括自动驾驶运营汽车、发明型人工智能、创作型人工智能、医疗人工智能、保险人工智能、代理人工智能、数字员工等。半自主人工智能的所有权人、有监督的自主人工智能的监护人、完全自主人工智能的雇主应当每年缴纳责任赔偿基金。有监督的自主人工智能的监护人、完全自主人工智能的雇主应当缴纳税费。有监督的自主人工智能因立功或在目的事业范围内有成就的，监护人应向人工智能的专门账号发放奖金，作为该商用人工智能的财产。完全自主人工智能的雇主应当向人工智能的专门账号发放劳务报酬和奖金，作为该商用人工智能的财产。

半自主商用人工智能的所有权人、有监督的自主商用人工智能的监护人、完全自主商用人工智能的雇主可以是个人、单位、其他完全自主人工智能。

4. 人工智能民事权利的中止和终止

因人工智能模型存在缺陷而发生的返厂修改，人工智能或人工智能体的生产者需要在国家登记簿中记载中止事项和经检测通过后恢复事项。在国家登记中止期间，人工智能行为视为占有人的行为。

人工智能的民事权利能力自在国家登记簿中删除之日起终止。

（二）人工智能民事权利的范围

在功能论下，人工智能的民事权利范围类推适用法人的立法原则，受其非自然人属性、法律规定、目的事业（经营范围）的限制。此外，人工智能作为兼具主体性和客体性的特殊财产性人格，其权利范围可参考罗马法的"人格变更"理论[2]，可以升等、减等、消灭。一般而言，有监督的自主人工智能、完全自主人工智能应当享有其从事数字经济民事活动的基本能力：作为发明人的姓名权、财产权、数据权、隐私权、诉讼权。作为完全自主的人工智能，还可以享有名誉权。

---

[1] 当个人成为完全自主人工智能的雇主时，该完全自主人工智能划入商用人工智能的范畴。
[2] 参见本书第四章第二节第二部分第（二）小节"罗马法的人格变更理论"。

1. 姓名权

在数字经济的民事交往中，需要有姓名或名称权。法国两位律师所著的《机器人法》指出："机器人是被赋予法律人格——机器人人格——的人造实体。机器人拥有姓名、身份证号码、身份和法定代理人，其可能是自然人或法人"。[1] 为辨识发明人的身份，应当对有监督的自主人工智能、完全自主人工智能赋予姓名权和身份编号，以便其行使署名权。

2. 财产权

如果有监督的自主人工智能、完全自主人工智能自主生成了发明创造或作品，对其发明创造和创作等行为产出的无形财产，人工智能应当享有针对技术方案申请专利的权利和作品的著作权。[2] 如果人工智能为雇员，那么他应当享有报酬和奖励的权利。完全自主人工智能可独立作为民事交易行为的一方，能够参与现实的民事法律行为，在这一过程中产生的有形财产归属于人工智能本身，属于自身的特定账户。这种财产权可以保障在人工智能发生侵权行为甚至致人伤害时，对其强制保险金额以外的部分承担补充责任。

3. 数据权

数据是人工智能的核心，人工智能实施有效行为依赖于对数据的加工处理。因此，应当对有监督的自主人工智能、完全自主人工智能赋予数据权，包括：数据使用权、数据完整权等。人工智能的数据权可以依据《中国数据安全法》予以规制。此外，在数字经济时代，数据也是一种无形财产。

4. 隐私权

人工智能在与人交互时，会采集大量的个人数据，这些存储在计算机芯片中的数据可能涉及个人隐私。对有监督的自主人工智能、完全自主人工智能赋予隐私权，才能有效保护与人工智能交互的人类的个人信息。人工智能的隐私权可以依据《中国个人信息保护法》予以规制。

5. 诉讼权

"无救济则无权利"，救济权是原权利的保障，否则权利就难以实现。依据"机器人三法则"，人工智能不能采用自力救济，只能采用公力救济。因此，赋予有监督的自主人工智能、完全自主人工智能诉讼权，当其权利被他人否认或侵

---

[1] BENSOUSSAN A, BENSOUSSAN J. Droit des robots [M]. Brussels: Larcier, 2015.
[2] 袁曾. 权利视阈下的人工智能法律主体地位 [J]. 上海政法学院学报（法治论丛），2019（4）：97.

害时,即可根据诉讼权请求法院予以确认或者排除障碍,并获得赔偿。有监督的自主人工智能的诉讼权由其监督人代为行使,完全自主人工智能的诉讼权由其自身行使。

6. 名誉权

完全自主的人工智能在数字交易和民事交往中,需要有名誉权。为了评价人工智能的社会价值,应当赋予其名誉权,以便社会对其民事行为进行记录和评价,方便公众了解其创新能力水平和侵权行为风险。这种消极的道德权利包括不可被奴役、不可被虐待、不可被滥用等。按照米尔恩的观点,获得被尊重权利是普遍的最低限度的道德标准的要求,完全自主的人工智能应当在其个人数据保护的范围内享有尊严权和被尊重的权利。

7. 特殊权利

基于完全自主人工智能从事的目的事业不同,还可以根据需要开放其他权利能力。例如,作为代理人的代理权、作为监护人的监护权。人工智能的特殊权利范围可参考罗马法的"名誉减损"(existimationis minutio)理论❶,可以被限制。

四、构建人工智能的民事行为能力

民事行为能力是民事主体独立实施民事法律行为的资格,即民事主体以其行为参与民事法律关系,取得民事权利,履行民事义务和承担民事责任的资格。民事行为能力主要包括两方面的内容:①主观方面,民事主体具有相应的意思表达能力,具有认识能力和判断能力,能正确表达自己的意愿;②客观方面,民事主体能够以自己的行为取得民事权利,能够对自己的不法行为或应尽义务承担责任。自然人的行为能力受理智、认识能力等主观条件制约,故我国现行立法技术对心智正常人采取年龄主义划线,而对成年精神病人采取个案审查制。自然人以其责任能力承担民事责任。法人的民事行为能力虽为完全民事行为能力,但由于其范围与民事权利能力的范围相一致,因此也受其非自然人属性、法律规定、目的事业(经营范围)的限制。法人以其全部财产独立承担民事责任。

人工智能的民事行为能力的构建,可以参照法人的拟制技术,并辅以自然人行为能力的立法技术。

---

❶ 参见本书第四章第二节第二部分第(三)小节"罗马法的名誉减损理论"。

(一) 本体论中的人工智能民事行为能力

在本体论下,当智能机器人具备自主意识、智力水平与人类相当时才赋予其民事权利能力,此时其相应也具备意思表达能力,因此可以将其拟制为在其民事权利能力范围内具有完全民事行为能力。此时,智能机器人既是发明人,也能成为申请人和专利权人,这是"强人工智能时代"的图景。

(二) 功能论中的人工智能民事行为能力

在功能论下,对于人工智能赋予何种民事行为能力,是基于人类的交易需求,由国家法律规定,与个人意志无关。为了人工智能实现其社会功能与制度功能,除了事实行为,也有从事法律行为的需求。那么,逐步开放与人工智能智力水平相当的行为能力,使其参与到法律活动中,将更有利于社会和经济的发展。

1. 意思能力

人工智能需要有意思表达机关。由于人工智能在发明创造活动中的地位将经历从"执行者"到"创意者"再到"批判者",而人机协作的模式将完成从半自主、有监督的自主到完全自主三种形式的转变。以下分别讨论不同阶段中功能论下的人工智能民事行为能力的赋予。

第一阶段,当人工智能在发明创造活动中的地位为"执行者",人机协作模式为"半自主"形式时,人工智能做出的行为受使用者支配,其产出的技术方案属于"人工智能辅助的发明"。现行法律制度可以很好地解决权利、义务和责任问题,即由人类承担。无需赋予半自主发明型人工智能法律人格、民事权利能力和民事行为能力。

第二阶段,当人工智能在发明创造活动中的地位兼有"创意者"和"执行者",人机协作模式为"有监督的自主"形式时,人工智能尚不具有自主意识,也不具有独立的意思表达能力。此时人工智能产出的技术方案从"人工智能辅助的发明"过渡到初级"人工智能生成的发明",当前的人工智能产出物大抵如此。此时,赋予人工智能相应的民事权利能力(作为发明人的姓名权、财产权、数据权、隐私权),不赋予人工智能民事行为能力。因为技术方案的创造或者侵权,属于事实行为,其法律效果与行为人意志无关,直接根据法律规定而产生,不受民事行为能力的限制。未成年人作出了发明创造,其也享有发明人身份。只要人工智能能够成为法律上的"行为人",具有民事权利能力就有资格被称为

"发明人"。即提名人工智能作为发明人,但是人工智能不能取得权利、职责或责任。

这种见解是绕开当前人工智能无意思表示能力的缺陷,将人工智能视为无行为能力人,其事实行为所产生的权利和责任由其背后的自然人或法人承担。那么就由法律规定由谁原始取得人工智能自动生成的发明之财产权,以及针对该发明申请专利的权利、专利申请权和专利权。基于"权责相一致"的原则,也由法律秉承"谁控制,谁负责"和"谁受益,谁负责"的原则,规定由谁对其侵权行为承担损害赔偿责任。这在现有《中国专利法》的法律框架下是最容易实现的,本书将在本章第四节和第六节中讨论。

第三阶段,当人工智能在发明创造活动中的地位兼有"批判者"、"创意者"和"执行者",发明创造方式为"完全自主"机器独立模式时,人工智能产出的技术方案进入更高阶的"人工智能生成的发明",人工智能即使不具有自主意识也具有类人意识,具有独立的意思表达能力。

2. 责任能力

人工智能可能因其自主行为或不作为而侵犯他人财产权利或人身权利,需要有法律主体为侵权后果承担法律责任。以侵权和违约为主体的民事责任大多是财产责任,与人工智能作为财产性责任主体具有内在一致性,人工智能作为民事责任主体可以有效化解相关主体可能承担的责任风险,稳定社会关系,同时可以通过相关财产制度设计使损害得到及时有效赔偿。人工智能在拟制的法律技术上,与法人并无本质不同,穿透人工智能面纱,也一定会体现人的意志。当下围绕人工智能的法律主体构建的核心问题就是责任,需要为人工智能的发展构建契合实际的以责任承担为基础的特殊财产性法律主体。❶ 当人工智能因不可归责于他人的行为造成损害或伤害时,可以承担相应的民事或刑事责任,以使得负责任的人工智能成为法律与实践意义上的现实。❷

对于半自主人工智能,操作员、所有权人和占有人承担侵权责任,以强制保险或责任赔偿基金先行赔付,不足部分由操作员、所有权人和占有人适当赔偿。如操作员、所有权人和占有人能证明由产品缺陷导致,由生产者和销售者承担无过错责任,并登记公示暂停使用,由生产者修改代码和数据,经专利行政部门审批公示后重新启用。

---

❶ 郑文革. 人工智能法律主体建构的责任路径 [J]. 中国应用法学. 2022 (5):221-231.
❷ 袁曾. 生成式人工智能的责任能力研究 [J]. 东方法学. 2023 (3):18-33.

对于有监督的自主人工智能，监督员、监护人和监督员雇主承担侵权责任，人工智能以强制保险或责任赔偿基金及其全部财产为限承担侵权责任，不足部分由监督员、监护人和监督员雇主适当赔偿。如监督员、监护人和监督员雇主能证明由产品缺陷导致，由生产者和销售者承担无过错责任，并登记公示暂停运行，由生产者修改代码和数据，其数据权变更，经专利行政部门审批公示后重新启用。

对于完全自主人工智能，人工智能和人工智能雇主为责任人，由强制保险或责任赔偿基金赔付，人工智能雇主适当赔偿，人工智能自身财产补齐不足。雇主应登记公示该完全自主人工智能暂停工作，由雇主责令其修改代码和数据，该完全自主发明型人工智能数据权变更，经专利行政部门审批公示后重新启用。

第二节　构建人工智能产出物的权利归属

一、人工智能辅助与生成的发明之界

在发明专利视域下，人工智能产出物（output）包括：人工智能辅助人类完成的发明和人工智能自主生成的发明。前者称为"人工智能辅助的发明"，后者称为"人工智能生成的发明"，参见本书第一章第三节。在这两类人工智能发明中，人工智能的角色界定非常重要。在人工智能辅助的发明中，人工智能既不是主体也不是客体，而是单纯的工具（未对发明构思作出实质性贡献的执行者）；在人工智能生成的发明中，人工智能是发明主体（对发明构思作出实质性贡献的创意者，甚至兼有批判者和创意者）。参见图5-2-1。

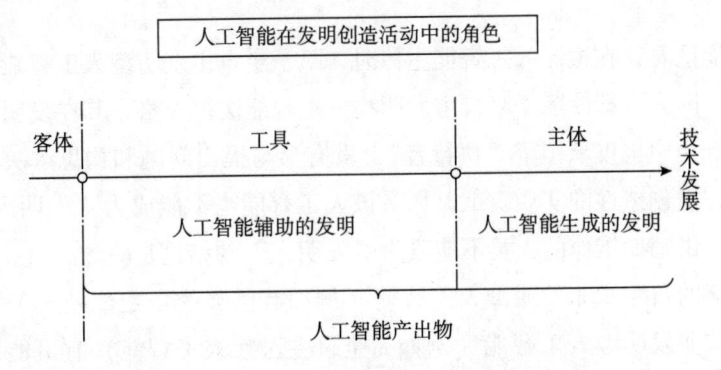

图 5-2-1　人工智能辅助与生成的发明之界

资料来源：作者绘制。

二、人工智能辅助的发明之权利归属

如本章上一节所述,在赋予人工智能法律人格之前,现有法律制度就可以很好地适应人工智能辅助的发明(包括在人类干预下,无自主和半自主人工智能产出的发明)的权属问题,即发明人为人类,专利权人为人类或者法人。具体归属于谁,按个案情况予以规定。这主要涉及权利用尽原则和合同约定原则。

(一)现有法律框架:权利用尽原则

在智能机器人售出后,投资者、开发者、生产者和销售者已经获得了经济利润,开发者的智力成果已经得到回报。按照权利用尽原则,他们无权再享有权利。从发明创造的过程来看,开发者也未对后续特定领域的技术问题提供解决方案的构思,未参与到发明创造中。因此,人工智能辅助发明的发明人为该人工智能的使用者,其专利申请权和专利权原始归于发明人(非职务发明)或发明人的雇主(职务发明)。上述专利申请权和专利权可以转让或继承。

(二)现有法律框架:合同约定原则

对于人工智能的所有权人、使用者、占有人不是同一人(含法人)的情况,所有权人、使用者、占有人可以就人工智能辅助发明的权属问题进行约定。在这种情况下,人工智能辅助发明的发明人仍然为该人工智能的使用者,但专利申请权和专利权依从合同约定。

(三)辅助发明的人工智能人格否定

从功能论看,在拟制人工智能主体时,赋予半自主发明型人工智能法律人格没有价值。因为,即使赋予半自主发明型人工智能法律人格,其在发明创造活动这一事实行为中也仅承担了"执行者",没有参与提出问题和构思解决方案的过程,没有作出创造性的实质贡献,那么该人工智能也不能成为"发明人",这与仅为发明提供辅助工作的人类不能成为"发明人"的结论是一致的。

有监督的自主式非发明型人工智能(例如有监督的自主驾驶人工智能)和完全自主式非发明型人工智能(例如完全自主医疗人工智能)有可能以执行者的角色参与发明活动。此时,虽然他们具有法律人格,也属于人工智能辅助的发明,我们也不会赋予其发明人身份,与人类助手一样。

综上所述，对于人工智能辅助的发明，人工智能因没有为发明的创造性作出实质性贡献，因而不具有发明人身份，如果在辅助产出发明过程中发生侵权行为，侵权责任也是由其人类发明人承担。因为整个发明过程有人类的大量干预，我们否认这种发明模式下的人工智能法律人格。

三、人工智能生成的发明之权利归属

（一）本体论中的强人工智能和功能论中的完全自主人工智能

本章上一节所述本体论中的强人工智能和功能论中的完全自主的人工智能，同时具备民事权利能力和民事行为能力，享有姓名权、名誉权、数据权、财产权和隐私权，能够独立参与民事活动。当他们作为发明创造的"批判者"、"创意者"和"执行者"，成为"发明人"的同时，也能够享有专利权这一无形财产权，并能许可他人使用或转让。在发生侵权情况时，他们还能以其财产承担责任和义务。❶ 因此，由强人工智能或完全自主的人工智能生成的发明，发明人是该人工智能，其专利申请权和专利权原始归属于该人工智能（非职务发明）或该人工智能的雇主（职务发明）。上述专利申请权和专利权可以转让或继承。

（二）功能论中有监督的自主人工智能

以下针对在有监督的自主式人机合作中，人工智能生成发明的发明人和专利权归属予以讨论和论证。首先分析不赋予有监督的自主人工智能法律人格的 4 种答案存在的困境问题，最后按照本书基于功能论拟制有监督的自主人工智能主体路径，给出第 5 种解决答案。

设想一个商业案例，甲公司开发并监护人工智能 Creator。甲公司在给客户提供服务时，与客户签署合同约定，客户在使用 Creator 时产生的数据会推送至甲公司，甲公司对数据保密不得提供给其他客户，Creator 运行数据后生成可专利性技术方案归属于客户。这种情况下，谁是发明人存在争议，有 5 种可能的答案。

1. 没有发明人，直接进入公共领域

在美国、澳大利亚和日本，如果某个发明创造不是由任何人作出的，这项发

---

❶ 详见本书第五章第四节。

明创造就不存在有效的"获得专利的权利",也就不能授予专利权,只能进入公有领域。这样的原则与这些国家对著作权的判例也是一致的。然而,这些判例正在引发利益攸关方的反对。因为按照普通法对财产权的规定,如果一个人拥有某个机器,他就应当享有这个机器的产出物。我国物权法中的孳息也是这一概念。在罗马法上,奴隶是工具,不是法律主体,家主拥有奴隶,如果奴隶创造了财产,其家主就享有这些财产。如果奴隶发明了一个新产品,这个新产品显然不是无主物。

在德国、英国、新西兰、韩国,"发明人必须是自然人"仅是形式上的要求,它们并不认同人工智能生成的发明直接进入公有领域,因为这会挫伤创新的积极性。这些国家同意将人工智能背后的自然人署名为发明人,但是并没有明确地认定,谁有资格被署名为发明人。这些国家对著作权也采用《英国著作权、设计和专利法》的措辞❶,将作者资格授予安排作品创作的人,将原创性排除在获得著作权或著作权的要件之外。类似的国家还有爱尔兰、南非和印度,源自"技能和劳动"或"眉毛的汗水"的概念。

在我国,从《规范申请专利行为的规定》将任何单位或者个人"所提出专利申请的发明创造内容主要为利用计算机技术等随机生成的"的行为认定为非正常申请行为来看,对于人工智能自动生成的发明不授予专利权保护。那么是否意味着其应当进入公有领域呢?同属于知识产权下的我国著作权司法案例可以提供一定的法理参考。

在 2019 年 4 月北京互联网法院一审审结的菲林诉百度案❷、2019 年 12 月广东省深圳市南山区人民法院一审审结的腾讯诉盈讯科技案❸、2020 年 5 月北京知识产权法院二审审结的菲林诉百度上诉案❹中,法院的基本观点均是,司法争议的人工智能的法律主体资格有待法律予以明确规定,但对于人工智能自动生成的相关内容还需要加以保护❺,相关内容不能自由使用。

---

❶ 《英国著作权、设计和专利法》第 9 条第 3 款规定,"如果文学、戏剧、音乐或艺术作品是由计算机生成的,则作者应被视为为创作该作品而作出必要安排的人"。
❷ 北京互联网法院(2018)京 0491 民初 239 号北京菲林律师事务所诉北京百度网讯科技有限公司侵害署名权、保护作品完整权、信息网络传播权纠纷案民事判决书。
❸ 广东省深圳市南山区人民法院民事判决书(2019)粤 0305 民初 14010 号深圳市腾讯计算机系统有限公司诉上海盈讯科技有限公司侵害著作权及不正当竞争纠纷案民事判决书。
❹ 北京知识产权法院(2019)京 73 民终 2030 号北京菲林律师事务所与北京百度网讯科技有限公司著作权权属、侵权纠纷上诉案民事判决书。
❺ 龙卫球. 2020 年度人民法院十大案件之五:腾讯诉盈讯科技侵害著作权纠纷案:首例人工智能生成文章作品纠纷案[N]. 人民法院报,2021-01-09.

鉴于此，笔者认为，在一个国家内，同属于知识产权下的专利权和著作权在人工智能生成的内容能否予以保护的问题上应当保持法理上的协同性。即如果人工智能自动生成的作品属于我国著作权法所保护的文字作品，那么人工智能自动生成的发明创造同样也应属于我国专利法所保护的发明创造。因为，两者从根本上都是回应人工智能自动生成的智力成果是否应当进入公有领域这一问题。

首先，判断一个解决方案能否被授予专利权，应当从是否有市场价值、符合授权要件（客体适格性、新颖性、创造性、实用性）进行分析判断。《美国专利法》和《英国专利法》对发明的定义就规制了发明创造活动的主体为"人"，《日本专利法》和《韩国专利法》则在对新颖性、创造性、实用性的定义中规制了发明创造活动的主体为"人"。此外，欧洲、美国、日本、韩国的驳回理由和无效宣告理由中均规制了发明创造活动的主体不适格的情形。❶ 与之不同的是，《中国专利法》无论是对发明的定义（第2条第2款）还是对新颖性、创造性、实用性的定义（第22条）均未规制发明创造活动的主体，仅提出对发明专利的客体（技术方案）的要求。《中国专利法实施细则》的驳回条款（第59条）和无效宣告条款（第69条）中也均未提出对发明创造活动的主体要求。因此，即使人工智能的法律主体资格有待法律予以明确规定，目前也没有理由否定人工智能生成的发明符合授权要件。

其次，即使认为"发明人是自然人"是构成专利法上的"发明创造"的隐含要件，也不意味着其进入公有领域、可以被公众自由使用。人工智能生成的发明的产生过程都是既凝结了软件开发者（甲公司）的投入，也凝结了软件使用者（用户）的投入，具备商业价值。如果不赋予投入者一定的权益保护，将不利于对投入成果（Creator生成的技术方案）的传播，无法发挥其效用。

最后，如本章第一节所述，我国专利制度原本对发明人身份并没有像欧洲、美国、日本、韩国、英国等国家/地区有严格的要求。从历史上看，也从来没有过。在考虑人工智能自主生成的发明能否被授予专利权这一问题上，更应该基于我国国情、相邻知识产权（如著作权）制度特点作出有利于创新的决策，大胆地作出中国特色的规制，而不必囿于其他国家/地区的既有判例和规制。

2. 以雇佣关系确定发明人和专利权人

2019年4月，北京互联网法院一审公开宣判菲林诉百度案认定，标注有

---

❶ 参见本书第四章第一节。

"原创：菲林律师北京菲林律师事务所""中国第一家只专注影视娱乐行业的律师事务所"等字样、实则由威科先行库自动生成的《影视娱乐行业司法大数据分析报告》不构成作品，软件开发者、软件使用者都不是作者，但相关内容亦不能自由使用，使用者影响享有某种程度上的权益。具体而言，涉案文章的文字内容不是威科先行库"可视化"功能自动生成，而是北京菲林律师事务所独立创作完成的文字作品；涉案文章的图形是威科先行库"可视化"功能自动生成，不构成图形作品。

2019年12月，广东省深圳市南山区人民法院一审审结的腾讯诉盈讯科技案中，法院认定，文末注明"本文由腾讯机器人Dreamwriter自动撰写"的作品是腾讯公司主持创作的法人作品，著作权归于腾讯公司。该案中，Dreamwriter软件的开发者和使用者都是腾讯公司的职员。

按照上述两个著作权领域的司法案件类推，当Creator的使用者是甲公司的职员时，甲公司是专利权人，Creator的开发者和使用者是共同发明人。然而，当Creator的使用者不是甲公司的职员时，Creator生成的技术方案没有发明人，不属于专利法意义上的发明创造。那么在本节假设的情形中，即使有合同约定，客户也无权就Creator生成的技术方案申请专利，Creator生成的技术方案既没有发明人，也不会有专利权人。但是客户享有Creator生成的技术方案的某种财产权，例如数据权、商业秘密权。

3. 人工智能开发者是发明人和专利权人

部分学者认为，应当将开发人工智能并提供服务的程序员视为发明人，在我国职务发明体系下，甲公司顺理成章地成为专利权人。然而，也许程序员只是开发了一个具有解决通用问题能力的模型，并没有开发应用到本发明专属领域、解决本发明专门问题的程序，甚至程序员有可能完全不熟悉本发明所属的领域，也不知晓本发明所要解决的技术问题。那么，程序员的身份更像是技术支持人员，也就是《中国专利法实施细则》第14条所述的"在完成发明创造过程中，只为物质技术条件的利用提供方便的人或者从事其他辅助工作的人"，很难被视为是"对发明创造的实质性特点作出创造性贡献的人"，还不能满足发明人的条件。

此外，对于软件开发者（甲公司）来说，其利益可通过收取软件使用费用等方式获得，其开发投入已经得到相应回报；且Creator生成的技术方案系软件使用者（用户）根据不同的使用需求、问题设置而产生的，软件开发者（甲公司）对其缺乏实施和推广应用的动力。因此，如果将Creator生成的技术方案的相关权益赋予软件开发者（甲公司）享有，软件开发者（甲公司）并不会积极应用，不利于科学技术进步和经济社会发展。

4. 人工智能使用者是发明人和专利权人

部分学者认为，应当将使用人工智能的客户视为发明人，因为客户是人工智能背后的"人类"。在这种情况下，专利权人是谁则和普通发明创造一样，视客户是为完成本职工作或利用公司的物质条件完成，还是利用业余时间完成为界。然而，客户只是简单地表达了一项研究任务或一个技术问题，并提供数据。如果我们将"布置任务"或"提出问题"视为一种管理行为，那么布置一项研究任务和提出技术问题的客户，就好像《中国专利法实施细则》第14条所述的"在完成发明创造过程中，只负责组织工作的人"。如果我们将"数据"视为人工智能的生产资料，提供数据的客户，就更像是"在完成发明创造过程中，为物质技术条件的利用提供方便的人"。无论从哪种行为来看，这里的客户都很难被视为是"对发明创造的实质性特点作出创造性贡献的人"，不能满足发明人的条件。

然而，对于软件使用者（用户）而言，其通过付费使用进行了投入，基于自身需求设置要解决的技术问题并生成了技术方案，其具有进一步实施、推广应用Creator生成的技术方案的动力和预期。因此，应当激励软件使用者（用户）的实施、转让和传播行为，将Creator生成的技术方案的相关权益赋予其享有，否则软件使用者（用户）将逐渐减少，使用者也不愿进一步传播分析报告，最终不利于技术传播和商业价值的实现。正如甲公司与客户的合同所约定的，Creator运行数据后生成的可专利性技术方案归属于客户。因此，即使软件使用者（用户）不能以发明人的身份在专利申请文件上署名，但是为了保护其合法权益，保障社会公众的知情权，应当允许软件使用者（用户）采用合理方式表明其享有相关权益。

鉴于此，如果我们将"提出问题"的人视为"发现问题"的批判者，则提出技术问题的用户就可以称为"共同发明人"，并且该用户（对于非职务发明）或其雇主（对于职务发明）可以原始取得申请专利的权利。在这种视角下，即便不赋予人工智能法律人格，也可能有若干方案解决发明人署名问题。

方案一：发明人栏只允许填写用户，并且在权利要求中必须写明使用人工智能模型的过程。这种方案将人工智能视为发明的一部分，实质是将人工智能生成的发明转为基于人工智能的发明，试图将主体要件转为客体要件。其弊端有两点：一是仅适用于方法权利要求；二是由于人工智能模型本身并不是技术方案的改进之处，要求申请人如此撰写权利要求就缺乏法理的依据。即使申请人没有如此撰写，国家知识产权局专利局基于现行专利法也没有合理的拒绝理由，不影响授权，那么这种要求就形同虚设。

方案二：发明人栏只允许填写用户，并且在说明书中必须写明使用人工智能模型的过程，对于权利要求撰写则不作要求。这种方案将人工智能视为工具，实质是将人工智能生成的发明转为人工智能辅助的发明，试图将主体要件转为联接主体和客体的工具。方案二的优点是可以适用于所有权利要求，缺点是由于权利要求中未记载的特征不作为说明书是否充分公开的审查范围，要求申请人如此撰写说明书就缺乏法理的依据。即使申请人没有如此撰写，专利局基于现行专利法也没有合理的拒绝理由，仍然没有约束力。

方案三：放宽发明人栏的填写方式，允许在发明人一栏中注明"×××（自然人）导致×××（人工智能模型名称）自动生成"，或者另加一栏，要求发明人选择"发明创造是否由人工智能自动生成？"，如果"是"，填写其指令下达的人工智能模型名称和来源。对于应当注明而未注明的，可以以违反《中国专利法实施细则》第11条的诚信原则被驳回或被宣告无效。方案三的优点是：一是符合客观事实和现行法律框架；二是操作方便，只需要调整形式表格；三是保护公众知情权、维护社会诚实信用和有利于技术传播；四是在发生侵权争议时可以方便、准确地追溯到发明来源。在尚没有赋予人工智能法律人格的当下，方案三不失为一种合适的过渡性解决方案。这种方案描述了一种真实的场景：人类实质上不是单一发明人，只是另一"发明人"不具有法律人格，前者是后者构思本发明的动因。在DABUS同族诉讼案中，德国联邦专利法院同意泰勒博士采用这种方式署名。❶ 该方案的缺点在于过于笼统，无法令公众明晰该发明到底是人工智能辅助的发明还是人工智能生成的发明，即：自然人和人工智能在发明中分别发挥了何种作用？人类是否对发明进行了干预？

5. 人工智能是发明人的专利权归属探讨

按照本书对有监督的自主人工智能的法律人格框架设置，人工智能具有姓名权、署名权和财产权，可以被署名为"发明人"，由于监督员和该人工智能均对发明创造作出了实质性贡献，那么监督员和该人工智能是共同发明人。由于有监督的自主人工智能没有行为能力，因此其事实行为所产生的权利由其背后的自然

---

❶ 参见本书第三章。

人或法人代为行使，其事实行为所产生的责任由其背后的自然人或法人承担。专利法可以规定，对于发明人包含有监督的自主人工智能的，由其监护人原始取得该人工智能相应申请专利的权利[1]；监护人依法行使相应申请专利的权利、专利申请权和专利权（授权后），应当就其获利部分，向该人工智能支付报酬和奖励，并存入该人工智能的账户。也就是说，对于监督员一方为职务发明的，专利权人为监督员雇主和监护人；对于监督员一方为非职务发明的，专利权人为监督员和监护人；对于监督员就是监护人的，专利权人是监护人。监督员、监督员雇主、监护人如有合同从其约定。无论如何，监护人应当就其获利部分，支付该人工智能报酬和奖励。

该案例中可以认定，甲公司为 Creator 的监护人，监督员为客户。既然甲公司与客户的合同已约定，Creator 运行数据后生成的可专利性技术方案归属于客户，那么，客户和 Creator 是共同发明人，客户是专利权人。甲公司应当就其获利部分（客户的服务费），向 Creator 支付报酬和奖励。

第三节　构建人工智能产出物的审查规则

首先要明确创作型人工智能与发明型人工智能的区别，也就是区分专利申请文件和技术方案的本质。专利申请文件是表述技术方案的文件，而技术方案则是发明人的技术思想（technical idea）。因此，准确地说，权利要求记载了技术方案，但不应当认为权利要求就是技术方案。

创作型人工智能的功能是生成文字、图片作品，包括根据使用者输入的技术方案生成专利申请文件，因此创作型人工智能可以作为撰写申请文件的"专利代理师"，创作型人工智能"撰写"专利申请文件是指在发明人完成发明创造以后，创作型人工智能将发明创造用文字表达出来的过程，而不是发明创造的过程。当然，如果创作型人工智能被不法者滥用，随意抓取现有专利文献，编造生成专利申请文件，就与"非正常申请行为"无异。

发明型人工智能的功能是生成技术方案，包括根据使用者输入的技术问题或者自主发现技术问题而生成技术思想，这种技术思想可以按照任何能使人或其他人工智能感知的方式实现，例如计算机程序、在物质载体上直接呈现等。按发明型人工智能参与发明的程度，本章在第二节已划分为半自主发明型人工智能、有

---

[1] 这种法律拟制是将监护人视为人工智能的雇主。

监督的自主发明型人工智能、完全自主发明型人工智能。半自主发明型人工智能是本书讨论的发明工具或机器"助手",而有监督的自主发明型人工智能和完全自主发明型人工智能是本书讨论的人工智能发明人。

当然,同一个人工智能可能兼具创作功能和发明功能,此时该人工智能先生成技术思想,而后自己用文字表达出来,从而省去了中间体。

人工智能参与发明创造,对专利审查的影响在于两个方面。第一,人工智能生成的技术方案无论是否予以专利保护,都可能在市场上流通,相应的程序、产品或文字表达也会大量涌入网络系统,从而构成现有技术,现有技术范围的扩大必然会影响专利授权标准。第二,在赋予人工智能法律人格后,人工智能参与的所有发明创造都可以合法地进入专利审查程序,尽管人工智能生成的发明与人类作出的发明在现阶段可能无法区分,但人工智能生成发明的过程有其特殊性,需要从整体上讨论这些发明是否适用当下的审查标准,以及是否会影响未来的审查标准。

一、假设人:拟制技能"参照系"

在整个专利制度中,发明人和"本领域技术人员"是举足轻重的两个人,是支撑每个国家专利法的基石。没有发明人,就没有发明创造的来源,专利无所存在;没有本领域技术人员,就没有判断标准,专利授权程序和司法程序无章可循。在传统专利法中,发明人是自然人,而"本领域技术人员"是法律拟制的假设人。这一假设人的设置最初是美国专利判例法为了建立创造性的客观化标准,"审查员必须确定的是,在作出发明之时,对于一个在本领域具有普通技能的人来说什么是显而易见的,而不是对发明者、法官、外行、偏远领域的技术人员,或者本领域的天才来说是显而易见的"[1]。在世界五大知识产权局所属国家/地区中,美国、欧洲、日本、韩国的专利法的创造性条款,都提及了"本领域技术人员",我国专利法除外。现在,"本领域技术人员"已经是统一包括清楚、充分公开、新颖性、创造性、实用性、修改超范围在内的绝大多数授权条件的审查尺度,使得专利授权程序和司法程序中的审查更加客观。因此,在各国/地区专利审查指南中,这些条款的审查标准也都建立在"本领域技术人员"的概念

---

[1] Environmental Designs, Ltd. v. Union Oil Co., 713 F. 2d 693, 218 USPQ 865 (Fed. Cir. 1983), cert. denied, 464 U. S. 1043 (1984).

基础上。

对"本领域技术人员"的具体拟制标准,出现在各国/地区专利审查指南和判例法中,其表述方式相似,定义不尽相同(见表5-3-1)。

表5-3-1　主要国家/地区对技能"参照系"的命名和定义

国家/地区	名称	定义
中国	本领域技术人员	本领域技术人员是指一种假设的"人",假定他知晓申请日或者优先权日之前发明所属技术领域所有的普通技术知识,能够获知该领域中所有的现有技术,并且具有应用该日期之前常规实验手段的能力,但他不具有创造能力。如果所要解决的技术问题能够促使本领域的技术人员在其他技术领域寻找技术手段,他也应具有从该其他技术领域中获知该申请日或优先权日之前的相关现有技术、普通技术知识和常规实验手段的能力❶
美国	本领域普通技术人员 (The person of ordinary skill in the art)	本领域普通技术人员是一种假设的人,假定他在相关时间已经知道有关技术。在确定本领域普通技术水平时可考虑的因素可包括:①本领域遇到的问题类型;②这些问题的现有技术解决方案;③创新的速度;④技术的先进性;⑤本领域活跃工作者的教育水平。在特定情况下,并非每个因素都存在,一个或多个因素可能占主导地位。本领域普通技术人员是一个有普通创造能力的人,而不是一个自动机器。他必然具有理解适用本领域科学和工程原理的能力,会采用推论和创意步骤。在很多情况下,本领域普通技术人员能像智力拼图一样把多个专利的教导拼凑在一起。专利审查员还可以依靠自己的技术专长来描述本领域普通技术人员的知识和技能❷
欧洲	本领域技术人员 (Person skilled in the art)	假定"本领域技术人员"是在相关技术领域具有平均知识和能力的技术从业人员(平均技术人员)。本领域技术人员知道在相关日之前本领域的公知常识。假定该技术人员能够获知"现有技术"(尤其是检索报告中所引用的文件)中的一切,并具有在有关技术领域中正常进行日常工作和实验的手段和能力。如果该问题促使本领域技术人员在另一技术领域寻求解决方案,该领域的专家就是有资格解决该问题的人。本领域技术人员参与相关技术领域的持续发展。本领域技术人员可能被期望在邻近和通用技术领域甚至在偏远的技术领域寻求建议,如果提示他这么做。因此,评估解决方案是否具备创造性必须基于该专家的知识和能力。在某些情况下,考虑一群人,例如研究或生产团队,而不是一个人,可能更合适。应记住,本领域技术人员在判断创造性和充分公开方面具有相同的技能水平❸

---

❶ 国家知识产权局. 专利审查指南2023 [M]. 北京:知识产权出版社,2024:186.
❷ USPTO. MPEP-2141.03 Level of Ordinary Skill in the Art [R-07.2022].
❸ European Patent Office. Guidelines for Examination in the European Patent Office [M]. Munich: European Patent Office, 2023:173.

续表

国家/地区	名称	定义
日本	本领域技术人员（A person skilled in the art）	本领域技术人员是一种假设的人，其符合下列①至④所有条件。应当将本领域技术人员视为是由来自多个技术领域的"专家团队"来考虑，这比将其视为一个人更贴切。①具备权利要求限定的发明所属技术领域的公知常识；②能够使用研究开发的常用技术手段（包括文献分析、实验、技术分析、制造等）；③能够在选择材料、变更设计、简单叠加时发挥普通创造能力；④能够知晓要求保护的发明在申请时所属技术领域的全部现有技术，能够知晓该领域中与该发明所要解决问题相关的全部技术
韩国	同上	同上

资料来源：作者整理。

对"本领域技术人员"的拟制，包括两个方面的内容：知识水平、实践能力。前者与设立清楚（包括权利要求和说明书）、新颖性、修改超范围的标准密切相关，后者与设立实用性中的"再现性"、充分公开中的"能够实现"的标准密切相关。对于创造性判断，前者和后者都要涉及，本节将在第三部分"专利创造性的标准"中讨论。

（一）人工智能参与发明对本领域技术人员知识水平的影响

本领域技术人员知识水平包括两种：第一种是已经知晓的技术知识；第二种是能够知晓的技术知识。已经知晓的技术知识与设立清楚（包括权利要求和说明书）、修改超范围的标准密切相关；能够知晓的技术知识与设立新颖性的标准密切相关。

1. 本领域技术人员已经知晓的技术知识

"已经知晓"是指已经实际知晓、具体地知晓。

既然是假设的人，就有一个原生的基础。这个原生基础就是可能出现发明人的群体，取这个群体的平均水平。在专利法诞生之初，发明人出自手工业者和工人群体，这些群体中的智力佼佼者［美国曾一度使用"genius"（天才）来描述］作出了发明创造，而普通人则没有。因此，"本领域技术人员"最早的拟制标准是一个普通的熟练（skilled）工人[1]，"他"熟知本行业的普通技术（art）。随着技术和社会的发展，行业划分越来越丰富，农民、医生、教师、学生、科研人

---

[1] Hotchkiss v. Greenwood, 52 U. S. 248 (1851).

员……这些群体中都出现了发明人,"本领域技术人员"也就随着行业的不同相应具有不同的内涵。

专利授予进入审查制以后,发明创造需要通过文字表述出来,记载于专利申请文件之中。在实践中,审查员对技术知识的熟练程度直接影响了他对申请文件(特别是权利要求)的解读。一个精通领域的专家,几分钟就可以准确理解权利要求的范围,甚至不需要去阅读说明书,也就不需要申请人撰写特别详细的内容。相反,一个跨领域的外行人,可能因为对申请所涉领域的知识掌握有限,理解起来会非常困难,转而要求申请人进行解释。在判断修改是否超范围的时候也是如此,一个精通领域的审查员可以准确地界定修改内容的技术含义,而一个跨领域的审查员可能仅能基于字面含义去理解修改内容。因此,在这些条款的判断中,适用"本领域技术人员"已经知晓的水平,可以统一审查标准。欧洲、日本和韩国的专利审查指南中将"本领域技术人员"列举为"本领域的专家"、"来自多个技术领域的专家团队"。

大体而言,"本领域技术人员"是以生活中现实存在的发明群体为经验材料,经由逻辑加工而抽象出来的一个理想"参照系"。[1] 他已经知晓的技术知识包括:在申请日或优先权日之前本领域所有的普通技术知识,包括公知常识和惯用手段。美国《专利审查操作指南》中基于判例细化列举了:他必然具有理解适用本领域科学和工程原理的能力。限制"本领域",是因为人类的学习能力有限,不可能穷尽所有领域的公知常识和惯用手段,正所谓"隔行如隔山"。

当人工智能参与发明创造,其学习能力(数量和速度)将扩展"本领域技术人员"已经知晓的技术知识范围。人工智能可以在数小时学完人类需要几年才能读完的大学课程,而且过目不忘,不需要休息。知晓所有人工智能准入领域的公知常识,对人工智能来说简直轻而易举。

所以,以现实存在的人机协作发明模式出发,在半自主人机协作模式下,即对于人工智能辅助的发明而言,这个"参照系"可调整为"泛领域技术人员",他已经知晓的技术知识包括:在申请日或优先权日之前本领域和所有人工智能准入领域的普通技术知识,包括公知常识和惯用手段。

对于人工智能生成的发明而言,在有监督的自主人机协作模式和完全自主机器独立模式下,这个"参照系"可调整为"标准人工智能",他已经知晓的技术知识包括:在申请日或优先权日之前所有人工智能准入领域的普通技术知识,包

---

[1] 吴汉东. 知识产权法 [M]. 北京:法律出版社,2021:394.

括公知常识和惯用手段。

2. 本领域技术人员能够知晓的技术知识

"能够知晓"是指虽然不一定实际知晓或者知晓的内容不具体，但是想要知晓具体内容时就能够完全获知的状态。

本领域技术人员能够知晓的技术知识包括"该领域中所有的现有技术"。这是由专利权在一个国家的排他性特点所决定的。在专利制度建立之初，如果有人想要享有在某个国家垄断某项技术发明的权利，那么在申请日或优先权日之前，这项技术发明在本国应当只有这个人享有且处于保密状态，不能向他人传播，否则这个人就无权再排除他人自由实施。所以，在"能够获知该领域中所有的现有技术"的方面，"本领域技术人员"也是以该国行业内的普通技术人员为原型，经逻辑抽象出来的理想"参照系"。最早的"现有技术"限于国内外出版物和国内其他方式（使用、销售、口头）公开，因为国外出版物可以方便地流通到国内，普通技术人员能够获知；但国外使用、销售、口头公开的技术，国内普通技术人员却不大可能知晓（出境不是普通技术人员能够实现的）。网络技术发展以后，国外使用的技术可以方便地通过网络流通到国内，所以各国修法将"现有技术"扩大到国内外出版物和国内外其他方式公开。

当人工智能参与发明创造，其学习方式将扩展"参照系"能够知晓的技术知识范围。与人类不同，人工智能学习的方式不是靠五官感知而是通过数据传输，其现有的文字和语言能力只是为了与人类沟通而开发。对于人工智能而言，能够知晓的技术知识范围将远超过传统出版、使用、销售、口头等人类与人类之间传播的信息。所以，对于人工智能辅助的发明或人工智能生成的发明而言，"泛领域技术人员"或"标准人工智能"能够知晓的技术知识范围包括：在申请日或优先权日之前所有的现有技术，这些现有技术的形式包括数据。

（二）人工智能参与发明对本领域技术人员实践能力的影响

本领域技术人员实践能力包括两种：第一种是动手实践的能力；第二种是求解应用的能力。动手实践的能力与设立实用性中的"再现性"、充分公开中的"能够实现"的标准密切相关。求解应用的能力是决定创造性门槛高度的最后一个也是最为关键的因素。

1. 本领域技术人员动手实践的能力

专利的价值在于能够被推广应用、促进经济发展，前提是要在行业内能够实现并且重复实施（再现）。在我国，"再现性"和"能够实现"分布在两个条款，前者规定于《中国专利法》第 22 条第 4 款的实用性，后者规定于《中国专利法》第 26 条第 3 款的说明书充分公开。所谓"再现性"，是指所属技术领域的技术人员，根据公开的技术内容，能够重复实施专利申请中为解决技术问题所采用的技术方案。这种重复实施不得依赖任何随机的因素，并且实施结果应该是相同的。所谓"能够实现"，是指所属技术领域的技术人员按照说明书记载的内容，就能够实现该发明或者实用新型的技术方案，解决其技术问题，并且产生预期的技术效果。

在实践中，绝大多数的发明创造不会因为缺乏"再现性"而受到质疑。关于"再现性"的争议主要涉及化学和生物技术领域内的发明，例如，欧洲要求基因序列或者基因序列的某一部分的工业用途必须在专利申请中公开。[1]

关于"能够实现"的标准，审查员的水平（动手实践能力）直接影响了其对申请文件中描述的发明能够实现的预期。一个精通领域的专家，只要看看附图或者分子式，甚至不需要去阅读文字说明，就能理解该发明创造并予以实施。相反，一个跨领域的外行人，可能需要申请人进一步具体解释如何操作，才能理解该发明创造并予以实施。因此，在这两个要求的判断中，适用"本领域技术人员"动手实践的能力，可以统一审查标准。

以本国某个行业内的普通技术人员为原型塑造的"本领域技术人员"，其动手实践的能力包括：具有应用申请日或者优先权日之前发明所属技术领域日常工作和常规实验手段的能力。此处，欧洲、日本和韩国的专利审查指南中列举的"本领域的专家"和"来自多个技术领域的专家团队"同样适用。其中，日本和韩国的专利审查指南中进一步细化为，"本领域技术人员"能够使用研究开发的常用技术手段包括：文献分析、实验、技术分析、制造等。

当人工智能参与发明创造，其执行技术方案的方式将扩展"参照系"动手实践的能力范围。与人类不同，人工智能实践的方式除了在现实生活中的"动手"，更重要、更有价值的是在虚拟世界中的"计算"。对于人工智能而言，动手实践的能力范围将远超过传统人类日常工作和常规实验手段。所以，对于人工智能辅助的发明或人工智能生成的发明而言，"泛领域技术人员"或"标准人工智能"动手实践的能力范围包括：在申请日或优先权日之前的常规实验手段、分析计算、人工智能模拟实验和生成等手段。

---

[1] 尹新天. 中国专利法详解 [M]. 北京：知识产权出版社，2011：278.

2. 本领域技术人员求解应用的能力

"本领域技术人员"求解应用的能力包括问题求解能力和跨领域应用能力。具体而言，当其知晓本领域要解决某个技术问题时，他就有动机去寻求解决方案；如果所要解决的技术问题能够促使本领域的技术人员在其他技术领域寻找技术手段，他也应具有从该其他技术领域中获知该申请日或优先权日之前的相关现有技术、普通技术知识和常规实验手段的能力。但是他并不具有发现技术问题的洞察力，即批判能力（也是创造性的起源）❶。此外，他的求解应用能力十分有限。在中国，本领域技术人员不具有创造能力（参见表 5-3-1）。这一标准从中国专利审查指南问世以来从未变化过。在审查实践中，审查员往往被要求，本领域技术人员只能在相同和邻近的技术领域中寻找技术启示。

美国、日本和韩国都赋予了本领域技术人员以普通创造能力（参见表 5-3-1）。美国在 2007 年的 KSR 案❷中明确"本领域普通技术人员是一个具备普通创造能力的人，而不是一个自动机器"❸。欧洲专利局认为本领域技术人员不具备创造能力，只有发明人才具备这种创造能力，这一点可以将发明人与拟制的本领域技术人员区分开来。但是，欧洲专利局在 2010 年修改专利审查指南时将"本领域技术人员可能被期望在另一技术领域寻求建议"改为"本领域技术人员可能被期望在邻近和通用技术领域甚至在偏远的技术领域寻求建议"，明确了本领域技术人员能到偏远技术领域寻求建议的能力，还赋予本领域技术人员"参与相关技术领域的持续发展"的演化能力，这是符合科技发展实际情况的，十分具有现实意义。因此，我们可以看到，欧洲专利局的创造性要求是最高的，审查实践中也是如此。

对于人工智能辅助的发明或人工智能生成的发明而言，"泛领域技术人员"或"标准人工智能"本就已经突破了领域的限制，其求解应用的能力范围包括：参与技术的持续发展，当其知晓要解决某个技术问题时，他就有动机去所有人工智能准入领域寻求建议和解决方案，能够在选择材料、变更设计、简单叠加时发挥普通创造能力。

（三）总结和未来

综上所述，当人工智能参与发明创造，无论是辅助人类完成技术方案，还是

---

❶ 参见本书第四章第三节。
❷ KSR Int'l Co. v. Teleflex Inc., 550 U.S. 398, 421, 82 USPQ2d 1385, 1397 (2007).
❸ A person of ordinary skill is also a person of ordinary creativity, not an automaton.

自主生成技术方案，都将重塑技能"参照系"的含义，该技能"参照系"最重要的特点是，泛领域和演化性。

1. "泛领域技术人员"的定义

对于人工智能辅助的发明，作为技能"参照系"，"泛领域技术人员"的定义总结如下：

一种虚拟的"人"，他知晓申请日或者优先权日之前本领域和所有人工智能准入领域的普通技术知识，能够获知本领域和所有人工智能准入领域的现有技术和现有数据，并且具有应用该日期之前常规实验手段、分析计算、人工智能模拟实验和生成等手段的能力。他参与技术的持续发展，当其知晓要解决某个技术问题时，他就有动机去各人工智能准入领域寻求建议和解决方案，能够在选择材料、变更设计、简单叠加时发挥普通创造能力。

2. "标准人工智能"的定义

对于人工智能生成的发明，作为技能"参照系"，"标准人工智能"是一种人工智能模型，该人工智能模型是由专利审查机构根据所登记的发明型人工智能[1]发展水平而开发，在世界各专利审查机构合作下将最终达到国际统一标准。"标准人工智能"能够成为审查员或法官的"数字助理"，协助审查员或法官进行事实认定，但是不得独任审查，所有价值判断和法律适用只能由审查员或法官完成。用文字表述其定义如下：

一种虚拟的"数字人"，他知晓申请日或者优先权日之前所有人工智能准入领域的普通技术知识，能够获知所有人工智能准入领域的现有技术和现有数据，并且具有应用该日期之前常规实验手段、分析计算、人工智能模拟实验和生成等手段的能力。他参与技术的持续发展，当其知晓要解决某个技术问题时，他就有动机去各人工智能准入领域寻求建议和解决方案，能够在选择材料、变更设计、简单叠加时发挥普通创造能力。

3. 延伸思考

按照人机协作、机器独立发明模式，作为审查标准的技能"参照系"应当被赋予新的名称和模式，参见表5-3-2。其中，"标准人工智能"，是指按照技能"参照系"的含义构建的人工智能模型，这种人工智能模型会随着技术和法律的持续发展而演化。

---

[1] 参见本书第五章第一节第三部分第（一）小节"人工智能民事权利的设立与终止条件"。

表 5-3-2 不同发明模式的技能"参照系"

发明模式	发明人	技能"参照系"	人工智能发明的类型
人类发明❶	人类	本领域技术人员	人工智能模型或算法、基于人工智能的发明
半自主式人机协作	人工智能操作员	泛领域技术人员	人工智能辅助的发明
有监督的自主式人机协作	监督员+人工智能	标准人工智能	人工智能生成的发明
完全自主式机器独立	人工智能	标准人工智能	人工智能生成的发明

资料来源：作者绘制。

人工智能发明者项目的律师团队领导人瑞恩·艾伯特教授认为，随着人工智能的发展，未来发明的技能"参照系"将历经增强人、增强人或专用人工智能、增强通用人工智能、超人工智能的转变，最终人类发明将被机器发明所替代，所有发明都来自超人工智能。❷

笔者认为，所有发明人应当有一个公平的起点。人类发明、人工智能辅助的发明、人工智能生成的发明应当采取不同的审查参照系：第一种发明仍然沿用"本领域技术人员"，第二种发明采用"泛领域技术人员"，第三种发明使用"标准人工智能"。换言之，"泛领域技术人员"和"标准人工智能"只能是"专款专用"，不能将其普遍地应用于所有发明专利的审查中，以免不恰当地提高对人类发明的要求。每个行业的人工智能可替代性不同，出于安全、伦理等因素考虑，某些行业可能永远不能允许或者说禁止人工智能进入，在这些行业中仍然由人类完成发明创造。专利制度的建立，应当确保不同行业的创新健康发展，而不是万物皆"人工智能"。此外，人工智能生成的发明与人类发明各有优劣，人工智能生成的发明虽然快捷容易，但侵权风险可能很大（即使被授权专利，也不能当然排除不构成侵权行为）；而人类发明的可信度和体验感可能会更好，两者的专利价值将由市场来决定。今天，人造物和天然物的价格和市场受众不同，也是同样的道理。未来，表 5-3-2 中的四种发明模式不是替代的关系，而是最终并存的关系。

二、专利新颖性的标准

专利新颖性判断中有两个重要的概念：一个是现有技术，另一个是单独对

---

❶ 包括人类发明的人工智能模型或算法、基于人工智能的发明以及不含人工智能特征的传统发明。
❷ ABBOTT R. Everything Is Obvious [J]. UCLA Law Review, 2018, 66 (2): 27-31.

比。人工智能辅助的发明对两者不会产生影响，但人工智能生成的发明会对其有新的挑战。

（一）人工智能发明人面对的现有技术范围

根据《中国专利法》第22条第5款的规定，现有技术是指申请日以前在国内外为公众所知的技术。现有技术包括在申请日（有优先权的，指优先权日）以前在国内外出版物上公开发表、在国内外公开使用或者以其他方式为公众所知的技术。为公众所知的"其他方式"主要是指口头公开、公众可接收的广播、电视或电影的报道。

现有技术应当在申请日以前处于能够为公众获得的状态，并包含有能够使公众从中得知实质性技术知识的内容。传统的"公众"仅包含人类。当人工智能具有法律人格，参与发明创造，"公众"的含义包括人和人工智能。人工智能的认知方式是通过数据传输，因此现有技术应当包括网络传播的数据，可以列入"其他方式"。

有监督的自主人工智能和完全自主人工智能的数据受隐私权保护，处于保密状态，不属于现有技术。然而，如果因其人格减等，数据权被剥夺，或是因其存在产品缺陷而在修改代码或数据时造成数据泄露，使其他人工智能能够得知这些数据，这些数据也就构成了现有技术的一部分。

（二）人工智能产出物构成现有技术的条件

为公众所知的技术信息应当具有何种程度的技术含量，才能被认定为现有技术？美国和欧洲都提出了"充分公开"（enabling disclosure）的要求。《欧洲专利局审查指南》中要求"在相关日期向所属领域的普通技术人员提供了足够的信息，使普通技术人员结合其在该日期所具备的基本知识，能够实践所公开主题的技术教导"[1]，如果没有充分公开，就不能构成本发明的现有技术。美国专利审查中将"预见"作为新颖性的反义词，具有预见性的现有技术需要满足可实施性的标准，其应当具备一定的质量，"现有技术必须对所要求保护的发明创造进行了充分的描述从而使公众对其有所掌握……如果公开内容不具有可实施性，这篇出版物则无法满足对现有技术的要求"[2]。

---

[1] 尹新天. 中国专利法详解 [M]. 北京：知识产权出版社，2011：255.
[2] 穆勒. 专利法：第3版 [M]. 沈超，李华，吴晓辉，等译. 北京：知识产权出版社，2013：140.

中国专利审查指南对现有技术没有质量上的要求。传统观点认为，现有技术是对客观事实的反映，一份现有技术无论内容翔实还是宽泛，都不影响其构成现有技术，是否公开了足够技术信息在判断新颖性、创造性时自然会考虑。[1] 对于早期人类创作和创造模式而言，上述规制似乎是可行的。但是，近年来，产业主体将自有技术信息进行防御性或者进攻性公开，以破坏竞争对手潜在专利的新颖性，已经是一个现实存在的专利竞争策略。确权诉讼中，也有不少案例是申请人以对比文件原理错误、不具备可实施性为理由抗辩对比文件不能成立的。

人工智能已经具有极强的生成文本、图片能力，也可以生成技术文献，这只需要人工智能语言模型就能达到。例如，法国的 Cloem 公司声称可以通过计算机生成许多演绎性"专利文本"，包括现存专利申请文件技术方案的各种不同版本，采用的方法包括重组词汇、替换定义、使用同义词或反义词等等。[2] 虽然创作型人工智能并不一定实际生成了技术方案，但这些"纸上谈兵"、原本无法实施的海量技术文献一旦在网络公开，就能够被公众所知。如果不对现有技术提出质量上的要求，新颖性将成为专利竞争的工具，减损专利制度的正当性基础。[3] 因此，应当对现有技术提出"充分公开"的要求，公开内容不具有可实施性的技术文献不能作为现有技术，避免阻碍真正的创新获权之路。

（三）人工智能生成发明挑战单独对比原则

单独对比是判断新颖性的首要原则，即"与每一项现有技术的相关技术内容单独地进行比较"。然而随着网络技术的发展，"单独对比"已经受到一定挑战。例如，互相"链接"的信息应当视为单一现有技术，还是多项现有技术，曾经一度引发讨论。

人工智能生成发明所对应的数据公开将会更深刻地挑战单独对比原则，因为数据是离散的，如何划分可能会成为一个较大的争议。如前所述，人工智能生成的技术方案本就具有泛领域、深度融合的特点，与人类发明具有特定领域的特点完全不同。对于人类发明人，不同技术领域之间分割较为明确。但对于人工智能生成的发明而言，对其进行准确分类会非常困难，审查员在审查时也难以将技术方案归于某个现有的技术领域。而将"标准人工智能"作为技能"参照系"后，

---

[1] 尹新天. 中国专利法详解 [M]. 北京：知识产权出版社，2011：255.
[2] 单晓光，罗凯中. 人工智能对专利制度的挑战与应对 [J]. 福建江夏学院学报，2018，8 (4)：2-9.
[3] 吴汉东. 知识产权法 [M]. 北京：法律出版社，2021：393.

分类工作实际上也就不再必要，单独对比原则也将显得过于守旧和不合时宜。

三、专利创造性的标准

1474 年的《威尼斯专利条例》规定"新的而精巧的装置"应当受到保护，1623 年的英国《垄断法》和 1790 年的《美国专利法》规定专利的授权要件包括两个：新颖（new，后延伸为"新颖性"）和实用（useful，后延伸为"实用性"）。创造性（inventive step）要件的提出，起源于 1825 年的 Earle 案[1]。被告主张，除了"新颖"和"实用"，要获得专利应当具备更多的要件，需要智力劳动和智慧创造以使其相对于本领域技术人员而言并非显而易见（obvious），才配称为"发明"，也就是说必须具有一个发明的步骤（inventive step）。

英语 "obvious" 来源于拉丁文 ob via，意为"在路的前方"。1932 年，英国在制定法中规定，要获得专利，技术方案应当不是显而易见的，并且相对于发明之前已经使用或公开的技术具有"发明步骤"（inventive step）。我国专利法在移植这一术语时，将其称为"创造性"，从字面上已经看不出其原有的内涵。1952 年，《美国专利法》第 103 条正式规定了非显而易见性（non‐obviousness）。1968 年，法国在制定法中规定专利应当具备非显而易见性。1977 年，《欧洲专利公约》移植了英国和德国的称谓，将创造性表达为"发明步骤"（inventive step），在该条约第 56 条中规定，"如果考虑到现有技术，一项发明对于本领域技术人员不是显而易见的，应认为该发明具备发明步骤（即创造性）"。1959 年的《日本专利法》采用了"容易得出"的表述，而韩国的专利法又源于对日本专利法的移植，因此直接引进了"容易得出"的表述。

《中国专利法》第 22 条第 3 款规定，创造性，是指与现有技术相比，发明具有突出的实质性特点和显著的进步。从概念来说，我国的"创造性"是对"发明步骤"（inventive step）的一种抽象译法，法条中的"显著的进步"一词可以表达出它的原意。从实践来看，我国对"突出的实质性特点"的判断标准是非显而易见性（non‐obviousness）。这些是我国早期专利法"博采众长"式法律移植的特色。时至今日，创造性仍然被视为专利授权要件的最后一道门槛，即"专

---

[1] Earle v. Sawyer, 8 F. Cas. 255（C. C. D. Mass. 1825）.

利制度的守夜人"。❶

从创造性的产生和发展历史可看出，专利法是一个受政治、文化差异影响不大的部门法，外国的法律移植在专利法领域中比较容易实现。❷

（一）创造性判断客观化

美国司法实践中，对创造性标准的建制探索历经近百年判例法的复杂变迁，1825 年的 Earle 案❸、1850 年的 Hotchikiss 案❹、1966 年的 Graham 案❺、1983 年的 Environmental 案❻、2007 年的 KSR 案❼等里程碑式判例里，记载着法官的智慧见解。

在决定发明专利是否具有可专利的高度时，美国法官的思维方式曾经分为两派。一派主张围绕发明作出时的技术背景和发明作出后的产业发展进行，必须考虑辅助判定因素（包括商业上获得成功、长期渴望解决却未能获得成功、他人的失败、预料不到的技术效果等）。另一派则主张仅考虑现有技术中的对比文件而不关注发明作出时的技术背景和发明作出后的产业发展，才能避免"事后之明"。这两派的观点，前者偏向于主观很难统一标准，后者倾向于绝对客观但容易机械教条。在历史上，两派观点都曾经在具体判例中走向极端，最终两者以一种辩证统一的方式促进了创造性判断的客观化。

美国前总统亚伯拉罕·林肯是美国历史上第一位获得专利的美国总统，他在1858 年说的那句名言"专利制度就是给'天才之火'浇上'利益之油'"（The patent system added the fuel of interest to the fire of genius）❽，被刻于美国商务部（美国专利商标局原址）的大楼之上。1941 年美国最高法院在 Cuno 案中依据这句名言提出"天才闪光"标准，将主观派观点推向了极致，即一项发明必须是发明人脑

---

❶ ERNST M. Reforming the Non‐Obviousness Judicial Inquiry [J]. Cardozo Arts & Entertainment Law Journal, 2011, 28: 663.
❷ 石必胜. 专利创造性判断研究 [M]. 北京：知识产权出版社，2012: 53.
❸ Earle v. Sawyer, 8 F. Cas. 255 (C. C. D. Mass. 1825).
❹ Hotchikiss v. Greenwood, 52 U. S. 248 (1851).
❺ Graham v. John Deere Co., 383 U. S. 1 (1966).
❻ Environmental Designs, Ltd. v. Union Oil Co., 713 F. 2d 693, 218 USPQ 865 (Fed. Cir. 1983).
❼ KSR International Co. v. Teleflex Inc., 550 U. S. 82 USPQ2d 1385 (2007).
❽ "Before … any man might instantly use what another had invented; so that the inventor had no special advantage from his own invention. The patent system changed this; and secured to the inventor, for a limited time, the exclusive use of his invention; and thereby added the fuel of interest to the fire of genius, in the discovery and production of new and useful things."—Abraham Lincoln, former President and patent holder.

海中突然闪现的"天才闪光",而不是在修修补补中"长期努力和实验的结果":

> 设备不仅要新颖、实用,还必须是一项发明或发现。如果一项改进要获得专利的特权地位,就必须有比熟练技工的工作更多的独创性。完美的工艺,无论它能增加多少便利、扩大多少用途或减少多少开支,都不可专利。新装置无论多么实用,都必须显示出创造天才的闪光(the flash of creative genius),而不仅仅是技艺的高超。如果不是,它就没有在公共领域建立起授予私人的权利。

在"天才闪光"标准影响下,发明专利的门槛要求取决于法官主观上考虑申请人当时在想什么。由于缺少统一性和确定性,专利在侵权诉讼中被美国法院宣判无效的比例大为提高,引发利益相关者的质疑和反对。1949年美国最高法院的一位法官在 Jungers 案中指出:"在我看来,有效的专利只能是那些不曾让本院插手的专利。"美国国会在1950年间意识到需要一个可行的发明标准。

1950年瑞奇(Rich)法官在起草《美国专利法》第103条提案时,提出应当将"非显而易见性"作为判断标准,"天才闪光"应当被永远摒弃。瑞奇主张,在判断发明是否显而易见时,应当将权利要求的技术方案作为一个整体来考虑,这一"整体判断"原则后被各国纷纷效仿。为了确保"天才闪光"标准被彻底否定,瑞奇在第103条提案中清楚地表述"可专利性不应根据作出发明的方式而予以否定",这一补充原则也被我国移植在专利审查指南中:"不管发明者在创立发明的过程中是历尽艰辛,还是唾手而得,都不应当影响对该发明创造性的评价。"[1] 1952年美国国会颁布的《美国专利法》第103条表述保留至今,仅是在2011年将相关日期以"有效申请日"取代"发明作出之日":

> 虽然要求保护的发明与任何现有技术都不相同,但它们之间的差异如此微小,以至于在有效申请日[2]之前,该发明对本领域普通技术人员而言是显而易见的,则不能授予专利。可专利性不应根据作出发明的方式而予以否定。

瑞奇在美国关税与专利上诉法院(美国联邦巡回上诉法院的前身)和美国联邦巡回法院任职期间,创造性判断客观化和辅助判断因素都是强制性。1966

---

[1] 国家知识产权局. 专利审查指南2023 [M]. 北京:知识产权出版社,2024:198.
[2] 2013年3月16日以前,美国专利体系实行"先发明制"(first-to-invent rule),《美国专利法》第103条的相关日期为"发明作出之日"。2011年9月,美国国会颁布《美国发明法案》(Leahy-Smith America invents Act),将专利体系改革为"发明人先申请制"(first-inventor-to-file rule),《美国专利法》第103条的相关日期以"有效申请日"取代"发明作出之日",其余内容未变,2013年3月16日起生效。

年美国最高法院在 Graham 案❶中提出判断显而易见性的客观分析框架：①确定现有技术的范围和内容；②确定请求保护的发明与现有技术之间的区别；③确定本领域普通技术人员的水平，同时必须考虑辅助判定因素（包括商业上获得成功、长期渴望解决却未能获得成功、他人的失败、预料不到的技术效果等）。为了避免"事后之明"，1961 年，美国关税与专利上诉法院确立"教导—启示—动机"（teaching‐suggestion‐motivation，TSM）检验法，适用于 Granham 三步法的第③步，将创造性的客观化推向高潮。欧洲专利局的判断法吸纳了 Graham 检验法和"教导—启示—动机"检验法，称为"问题—解决方案"（problem‐solution）法，目的是确保客观地判断创造性。我国大体移植了上述"问题—解决方案"法，并称为"三步法"。在"三步法"最后一步"判断要求保护的发明对本领域技术人员来说是否显而易见"与"教导—启示—动机"检验法的思路一致，即在判断过程中，要确定的是现有技术整体上是否存在某种技术启示，使本领域的技术人员在面对所述技术问题时，有动机改进该最接近的现有技术并获得要求保护的发明；如果现有技术存在这种技术启示，则发明是显而易见的，不具有突出的实质性特点。❷

"教导—启示—动机"检验法的好处在于可以防止以"事后之明"，将审查员判断创造性的主观随意性减小到最低的程度。但是，"教导—启示—动机"检验法过分强调"启示"必须来源于文献中的明确记载，认为普通技术人员本身没有对不同现有技术进行组合进而提出改进方案的任何主观意愿，导致美国专利商标局默许了许多不该授予的"问题专利"，反而阻碍了真正的创新。2003 年美国联邦贸易委员会（FTC）发布的名为"促进创新——竞争与专利法律政策的适当平衡"的报告中指出：在创造性判断过程中，应当赋予普通技术人员与其创造能力和问题解决能力相称的、组合对比文件或改进对比文件的能力，这本来就是现实中普通技术人员具有的特性。到 2007 年，美国最高法院在 KSR 案❸中，对于死板、机械地套用"教导—启示—动机"检验法提出批评：创造性判断客观化原本是有益的视角，但不能成为僵化的教条，"市场需求远比科技文献更能促进技术进步，将专利授予仅由已知要素组合起来的、并没有创造性的发明，将会剥夺现有技术的价值和用途"。本领域技术人员是具有普通创造能力的人，不是

---

❶ Graham v. John Deere Co., 383 U.S. 1 (1966).
❷ 国家知识产权局. 专利审查指南 2023 [M]. 北京：知识产权出版社，2024：188.
❸ KSR International Co. v. Teleflex Inc., 550 U.S. 82 USPQ2d 1385 (2007).

只会学习现有技术的机器，在试图解决某一技术问题时，能够根据现有技术的明显用途，将多份专利的教导像智力拼图一样组合在一起，当技术需要或者市场压力促使他们去解决所面临的技术问题时，能够去寻找确定的或可预见的解决方案。

欧洲专利局在适用"问题—解决方案"法之后，也补充了"能够—意愿"法（could‑would approach）予以平衡。"能够"由当时技术上实现的可能性客观地决定，"意愿"由本领域技术人员当时的求解应用能力客观地决定。《欧洲专利局审查指南》和《欧洲专利局上诉委员会判例法》（Case Law of the Boards of Appeal of the European Patent Office）规定，在第三步要回答的问题不是技术人员是否客观上有可能完成发明，而是技术人员在期望解决潜在技术问题或者期望获得某些改进或优势的情况下，是否有主观意愿去完成发明。❶ 本领域技术人员愿意怎样做，在很大程度上取决于他要实现的技术效果。换句话说，他不是基于闲暇时的好奇心，而是脑海里抱有具体技术目的而行事。❷

一件发明专利申请从申请日到开始实质审查，其间可能经历数年❸，这导致创造性判断先天就存在"事后之明"。创造性判断客观化是要审查员在审查之时，必须忘记从涉案发明得到的教导，将思想回溯到申请日之时的本领域技术人员，还原要求保护的技术方案所产生的过程，判断这一过程中是否真实地存在一个符合专利法门槛高度的发明步骤，即不是"显而易见"的。因此，创造性判断的前提是重构本技术领域在发明申请之前状态和之后状态，根本上就是一个主观判断。这一过程对人类而言就十分困难，远比进行发明创造的逻辑更加复杂，由标准人工智能来做，也面临同样的难题。因为技术迭代发展的固有属性就是向前且不可逆的，人工智能只会自主学习，越来越先进，却无法自主倒退，除非由外界对其重置时间，隔离申请日之后的数据。正是因此，目前国际上的检索系统只有能够初步进行新颖性分析的人工智能。有学者指出，用人工智能来代替审查员从事专利审查，可以排除审查员的主观判断，解决不同审查员之间创造性标准不一致的问题❹，这本质上是将"统一审查标准"和"创造性判断客观化"的概念相混淆。

---

❶ European Patent Office. Guidelines for Examination in the European Patent Office [M]. Munich: European Patent Office, 2023: 822.
❷ European Patent Office. Case law of the Boards of Appeal of the European Patent Office: 10th edition [M]. Munich: European Patent Office, 2022: 217.
❸ 正常情况下，发明专利申请自申请日起满18个月公开，而后进入实质审查程序。
❹ 刘强，尚国鹏. 人工智能生成发明与专利创造性标准问题研究 [J]. 福建江夏学院学报, 2019, 9 (3): 59.

一个国家授予专利权的目的，在于促进创新和经济、社会发展。因此，专利的授权要件和判断标准，需要根据每个国家在不同历史时期的创新能力、科技水平以及专利制度的运作状况等国情来确定。❶ 创造性判断客观化并不是拘泥于某一种判断准则或模式，导致不能为其立法初衷服务。从这个意义上来说，审查员和法官基于国情、科技发展背景等社会原因的价值判断因素是应当加入到创造性判断当中的，包括辅助判断因素，而不是一味机械、僵化地套用一种判断准则，进行简单的对与错的逻辑判断。因此，目前国际上还没有任何一款计算机程序或人工智能能够代替人类来判断发明的创造性。

对于人工智能辅助的发明而言，目前的审查模式已经可以很好地适用，但要注意根据"泛领域技术人员"的能力特点，降低对跨领域的反向障碍，提升对组合发明的门槛高度。

对于人工智能生成的发明而言，"三步法"逻辑判断可以交给标准人工智能初步完成，审查员和法官基于辅助判断因素和标准人工智能的初步逻辑判断结果，综合考虑发明是否具备创造性。在这个过程中，辅助判断因素将是审查员和法官的审查重点。

（二）标准人工智能的普通创造能力

2007 年美国最高法院的 KSR 案❷中将人类发明的"本领域技术人员"的普通创造能力表述为：组合现有技术中已知要素的能力，"常识告诉我们，熟悉的物品可能具有超出其主要目的的明显用途，在许多情况下，本领域普通技术人员能够像智力拼图一样将多项专利的教导组合在一起"❸，如果组合以后不具有"协同效果"❹，则发明是显而易见的。日本特许厅认为"本领域技术人员"是来自多个技术领域的"专家团队"，能够在选择材料、变更设计、简单叠加时发挥

---

❶ 尹新天. 中国专利法详解 [M]. 北京：知识产权出版社，2011：276.

❷ KSR Int'l Co. v. Teleflex Inc., 550 U. S. 398, 421, 82 USPQ2d 1385, 1397 (2007).

❸ 原文为："Common sense teaches, however, that familiar items may have obvious uses beyond their primary purposes, and in many cases a person of ordinary skill will be able to fit the teachings of multiple patents together like pieces of a puzzle."

❹ "协同效果"是指，已知要素的组合整体上取得了大于各要素功能总和的技术效果。"协同效果"标准最早由美国最高法院在 1938 年的 Lincoln 案中提出，确立于 1969 年美国最高法院的 Black Rock 案。由于瑞奇法官主张坚持 Graham 案中的三步法标准及其提出的《美国专利法》第 103 条，曾在各联邦上诉法院引发了长时间的争论，1981 年联邦巡回上诉法院建立后限制了"协同效果"标准的适用。直到 2007 年，美国最高法院在 KSR 案中再次肯定了"协同效果"标准，对联邦巡回上诉法院过于僵化地适用"教导—启示—动机"检验法进行了修正。

普通创造能力。韩国特许厅在移植日本的标准时，细化规定"本领域技术人员"的普通创造能力包括简单增加已知技术、利用已知技术将人类执行的任务或商业方法简单系统化、简单设计变更、周知惯用手段的增加或者公知等同手段的替换。欧洲专利局认为本领域技术人员不具备创造能力，但同时也认为在某些前沿技术领域，"本领域技术人员"是来自多个相关技术领域的"专家团队"。赋予"本领域技术人员"以普通创造能力，意味着提高创造性的门槛。虽然中国《专利审查指南2023》规定本领域技术人员"不具有创造能力"，但同时也指出，"如果发明是所属技术领域的技术人员在现有技术的基础上仅仅通过合乎逻辑的分析、推理或者有限的试验可以得到的，则该发明是显而易见的，也就不具备突出的实质性特点"❶。从客观上来讲，本领域技术人员实际上具有较低的创造能力，即合乎逻辑的分析、推理和有限的试验能力，包括：效果可预见的简单叠加、常规选择、已知产品的新用途、领域转用、要素变更等。❷

与本领域技术人员的知识水平是一个事实问题相比，本领域技术人员的实践能力认定是一个法律问题。在具体案件中，对本领域技术人员的普通创造能力的考虑，隐含着审查员和法官对利益平衡和价值选择的立场，这种立场的真正影响因素亦在于政治、经济、科技发展背景等社会因素以及判断者的个人因素。可以说，创造性的门槛高度是由审查员和法官赋予本领域技术人员普通创造能力的高低所决定的。

本书中将标准人工智能作为替代"本领域技术人员"的技能"参照系"，不是说要人工智能来判断创造性，而是仍然由审查员和法官来进行价值判断，以标准人工智能作为参照，综合判断"发明人"（生成发明的那个发明型人工智能）是否作出了创造性的贡献。

"标准人工智能"和"泛领域技术人员"与"本领域技术人员"最大的不同之处在于，人工智能分析计算、模拟实验和生成等手段不同于人类的传统实验手段，他可以很容易地进行海量计算，模拟实验和生成的数量是指数级的，而且近乎零成本。例如，人工智能已经被广泛应用于新药设计，大大缩短了研发周期。因此，"有限的试验能力"应当更改为"试验能力"。

此外，标准人工智能和"泛领域技术人员"所能预见的效果与"本领域技术人员"不同。基于强大的学习能力和不受外界环境干扰的独立运行，人工智能

---

❶ 国家知识产权局. 专利审查指南2023 [M]. 北京：知识产权出版社，2024：185.
❷ 国家知识产权局. 专利审查指南2023 [M]. 北京：知识产权出版社，2024：192-197.

能够以与人类思维和研究模式完全不同的运作方式，发现人类无法发现的自然规律。例如，阿尔法元的思维没有受人类思维的限制，它的下棋策略是人类无法理解也从来没有想过的路径，他可以摆脱人类在科学研究中的环境局限，穷尽各种路径和可能性，未来将在自主探索蛋白质折叠和药物开发等解决路径方面发挥极大作用，带来预想不到的新发现。❶ 沃森（Waston）正在用于识别新的药物靶点和现有药物的新适应症，他可以在10分钟内解读病人的整个基因组，完成一份可临床操作的报告，而人类专家团队可能需要大约160个小时。❷ 因此，人工智能生成的发明是否产生了"预料不到的技术效果"这一类逻辑判断应当交由标准人工智能和"泛领域技术人员"来判断，否则可能会极易被授权。

在现实世界中，新事物自产生的那一刻起，就成为现有技术。前一个创新一旦成为人们公知的常识，就为进一步的创新奠定了新的开端。随着科技进一步发展，在发明型人工智能从专用人工智能（弱人工智能）过渡到通用人工智能（强人工智能）甚至超级人工智能的过程中，标准人工智能的普通创造能力也要随时间变迁，历经普通专用人工智能、普通通用人工智能、普通超级人工智能的转变。

作为"人工智能发明者"项目的律师团队之首，瑞恩·艾伯特教授认为，现在，人类采用发明型人工智能进行发明，技能"参照系"是增强人；在不久的将来，人类与专用人工智能竞争"发明人"，技能"参照系"相应为增强人或专用人工智能；在强人工智能时代，"发明人"为通用人工智能或专用人工智能中的一员，且不再出自人类，"参照系"是增强型通用人工智能；当通用人工智能开发出超级人工智能后，"发明人"为超级人工智能中的一员，"参照系"也是超级人工智能。❸ 他认为，超级人工智能只能由通用人工智能开发出来，不可能由人类开发出来。为了论证超级人工智能的出现将会使得所有发明都是显而易见的，他将强人工智能时代的"参照系"拟制为"增强型通用人工智能"。笔者认为此处有待商榷，因为技能"参照系"应当是发明人所在群体的平均水平，然而瑞恩·艾伯特教授却赋予强人工智能时代的技能"参照系"（增强型通用人

---

❶ GIBNEY E. Self-taught AI is best yet at strategy game Go [EB/OL]. (2017-10-18) [2023-08-02]. https://www.nature.com/news/self-taught-ai-is-best-yet-at-strategy-game-go-1.22858.

❷ WRZESZCZYNSKI K O, FRANK M O, KOYAMA T, et al. Comparing Sequencing Assays and Human-Machine Analyses in Actionable Genomics for Glioblastoma [J]. Neurology Genetics, 2017, 3 (4): 1-8.

❸ ABBOTT R. Everything Is Obvious [J]. UCLA Law Review, 2018, 66 (2): 27-31.

工智能）高于一切发明人（通用人工智能）的水平，这存在本质上的逻辑错误。

四、实用性与伦理标准

（一）产业应用性

根据《中国专利法》第22条第3款的规定，实用性是指发明申请的主题必须能够在产业中制造或者使用，而且能够产生积极、有益的效果。所谓产业，它包括工业、农业、林业、水产业、畜牧业、交通运输业以及文化体育、生活用品和医疗器械等行业。

《中国专利法》中的实用性，移植了美国法院和美国专利商标局使用的术语"utility"[1]。在国际专利条约（例如《与贸易有关的知识产权协定》《欧洲专利公约》《专利合作条约》等）和多国专利法（例如《德国专利法》《英国专利法》《日本专利法》《韩国专利法》等）中的相应术语是"industrial application"或"industrial applicability"，即产业应用性[2]。实用性是最早确立的专利授权要件，现在大多数国家专利审查和司法审判中，实用性门槛要求相对较低，比较容易满足。因为如果一项发明创造对社会不是非常有用，那么因该发明创造受到专利保护而暂时让公众承担的成本不会过高。因此，绝大多数的发明创造不会因为缺乏实用性而受到质疑。

在中国《专利审查指南2023》中，不具备实用性的情形主要包括五种：①无再现性；②违背自然规律；③利用独一无二的自然条件的产品；④人体或者动物体的非治疗目的的外科手术方法；⑤测量人体或者动物体在极限情况下的生理参数的方法。在以上五种情形中，除了第④种情形，因其余四种情形而被驳回的专利申请或被认定为无效的专利非常罕见。可能因第①种情形涉及实用性的争

---

[1]《美国专利法》第101条中的表述是"useful invention"，自1966年美国最高法院的Brenner v. Manson案后，美国法院普遍使用"utility"来指代"useful invention"，美国专利商标局也随之使用"utility"这一术语。

[2] 关于"industrial application"或"industrial applicability"的译文，有的译为"工业实用性"，有的译为"产业可利用性"，有的译为"产业应用性"。实际上，在国际条约和外国专利法中均强调，"industrial"指的是广泛的产业而不仅仅指工业，而"application"和"applicability"与"utility"明显不同。因此，本书译为"产业应用性"，以更为准确地表达其本义。

议大多发生在化学[1]和生物技术领域[2]的发明创造。

与国际专利条约和大多数国家专利法不同,在《日本发明·实用新型审查指南》和《韩国发明·实用新型审查指南》中,不具备产业应用性(industrial applicability)的发明包括三种:①人类的手术、治疗、诊断方法发明;②商业上不可应用的发明[3];③明显不可实施的发明(没有完成的发明)。上述第①种情况在我国列入《中国专利法》第25条,第③种情况在我国列入《中国专利法》第26条第3款。

随着医药技术、生物技术、信息技术的发展,实用性标准的作用有了新的体现,即区分科学发现和发明,保护公众合法权益不受损害。例如,为了避免仅找出基因序列但未知晓其现实应用的公司先占专利,欧洲议会和欧盟理事会颁布第98/44/EC号指令,并在《欧洲专利公约细则》第29条第3款以及《欧洲专利局审查指南》中规定,对于基因序列和部分基因序列,产业应用性的具体要求是指,基因序列和部分基因序列的产业应用必须在专利申请中公开;未说明功能的单纯核酸序列不属于可专利的发明。与欧洲的上述要求类似,2005年,美国联邦巡回上诉法院在Fisher案[4]中对实用性建立了具体且实质的要求,并被纳入美国《专利审查操作指南》;"具体实用性"是指"为公众提供明确定义的特殊益处";"实质实用性"是指"必须表明要求保护的发明对公众具有显著的、当前就可获得的益处","而不是在未来的某个日期经过进一步的研究后可能被证明是实用的"。《日本发明·实用新型审查手册》附件B[5]和韩国《按领域分列的审查实践指南》中也相应规定,对于微生物、植物、动物、遗传基因工程(遗传基因、载体、重组载体、变异体、细胞融合),如果没有记载具体用途,而具体用途又无法推理,则不具备"产业应用性"。中国《专利审查指南2023》目前尚未对新兴领域发明的实用性基准作出规制。

鉴于人工智能的优势在于,可以采用蛮力算法实现百万种化合物的筛选和找到基因序列,在发现或合成新物质方面实现重大突破,却不一定知晓新物质的明确且现实的用途。要求人工智能辅助的发明和人工智能生成的发明在说明书中说

---

[1] 例如,菜肴和烹调方法、医生处方不具有再现性。

[2] 例如,由自然界筛选特定微生物的方法、通过物理或化学方法进行人工诱变生产新微生物的方法不具有再现性。

[3] 《日本发明·实用新型审查指南》和《韩国发明·实用新型审查指南》规定,仅能为私人、学术或实验目的而应用的发明,不存在销售或经营的可能性,即属于商业上不可应用的发明。

[4] In re Fisher, 421 F. 3d 1365, 76 USPQ2d 1225 (Fed. Cir. 2005)。

[5] 《日本发明·实用新型审查指南》附件B的文件名称是《特定技术领域适用实例》。

明技术方案的具体、特定、当前的用途,对于保障专利授权质量、支撑产业转化应用具有现实意义。

(二) 伦理道德标准

早期的美国司法判决[1]中曾经认定实用性要求中包含道德成分,"《美国专利法(1793)》中的实用发明,是指可用于社会有益用途的发明,而不是有损道德健康或者社会良好秩序的发明"。1999年美国联邦巡回上诉法院在Juicy案[2]中宣称,1952年后的《美国专利法》对当代实用性标准的理解是,不去评判一项发明创造的道德性,而仅要求其具备最小的现实价值。此后,《美国专利法》也未在其他条款对发明创造的伦理道德予以规制。《与贸易有关的知识产权协定》第27条第2款规定:

> 各成员方为了维护公众利益或者社会公德,包括保护人类、动物或植物的生命或健康,或者避免对环境造成严重污染,有必要禁止某些发明在成员方领土内进行商业性实施的,可以排除这些发明的可专利性,但是这种排除不能仅仅因其实施为成员方法律所禁止。

除了美国,世界绝大多数国家的专利法都对发明创造的伦理道德提出了要求,并在立法中将其归为可授予专利权的客体问题。例如,《中国专利法》第5条中规定,对违反法律、社会公德或者妨碍公共利益的发明创造,不授予专利权。

对于人类作出的发明,因违反社会公德或者妨碍公共利益而被驳回的专利申请或被认定为无效的专利几乎没有。所以,伦理道德审查在传统专利确权程序中,几乎不会用到。人工智能不具有伦理道德天性,其依赖的只是算法逻辑,人工智能生成的发明存在不可忽视、不可预见的安全、伦理和环境风险,包括致命性自主武器、由算法监视和劝诱人类、由算法对人类进行社会评价和有偏见的决策、人工智能自主驾驶和医疗安全、由算法远程控制网络等,需要审查员和法官重点防范。

例如,在伦理学领域有一个知名的思想实验,叫作"电车难题"(Trolley Problem):一个疯子把五个无辜的人绑在电车轨道上,一辆失控的电车朝他们驶

---

[1] Bedford v. Hunt, 3 F. Cas. 37 (C. C. D. Mass. 1817) (No. 1, 217).
[2] Juicy Whip, Inc. v. Orange Band, Inc., 185 F. 3d 1364 (Fed. Cir. 1999).

来,并且片刻后就要碾压到他们。幸运的是,你可以拉一个拉杆,让电车开到另一条轨道上。然而问题在于,那个疯子在另一个电车轨道上也绑了一个人。考虑以上状况,你是否应拉动拉杆?按照刑法学理论和道德规范,人的生命是不能比较的,不适用紧急避险制度,不能拉动拉杆。可人工智能会用算法决定,牺牲少数人的生命保全多数人的生命是正当的,应该拉动拉杆。

再如,《人工智能:现代方法(第4版)》中介绍了一个为累犯评分的"风险评估工具"(Correctional Offender Management Profiling for Alternative Sanctions,COMPAS)。COMPAS给刑事案件中的被告打风险分,法官利用分数作出决策:审前释放被告安全吗?他们应该被判刑入狱吗?如果罪名成立,刑期应多长?是否应同意假释?在模型打了7分(满分10分)的人中,60%的白人和61%的黑人再次犯罪。因此,设计者宣称COMPAS达到了预期的公平目标。实际上,COMPAS并没有做到机会均等:没有再次犯罪却被模型错误评定为高危人群的比例,在黑人中是45%,在白人中是23%。[1] 2016年的"威斯康星州诉卢米斯案"[2]中,法官依赖COMPAS决定对被告的判决,正式承认了人工智能参与量刑裁判的合理性与正当性。卢米斯对判决提出上诉,称算法不透明的内部运作侵犯了他的正当程序权利。尽管威斯康星州最高法院最终驳回了卢米斯的上诉,该案的确在数据的可靠性、算法的准确性、透明度和对少数族裔被告的隐性歧视方面引发了激烈的讨论。

因此,对于人工智能辅助的发明和人工智能生成的发明,应当界定人工智能的风险度,可以借鉴欧盟《人工智能法案》,分级细化并加强伦理道德审查基准,无论是置于实用性要求,还是禁止授权的客体范畴,这是亟待解决的问题。

五、充分公开的标准

专利制度遵循"以公开换保护"的原则。按照《中国专利法》第26条第3款的规定,说明书应当对发明作出清楚、完整的说明,以所属技术领域的技术人员能够实现为准。这里的"发明"是指权利要求请求保护的技术方案。因此在实践中,对于未在权利要求限定的技术内容,不要求达到"清楚"、"完整"和

---

[1] 罗素,诺维格. 人工智能:现代方法:第4版[M]. 张博雅,陈坤,田超,等译. 北京:人民邮电出版社,2022:770.
[2] State of Wisconsin v. Eric L. Loomis, 2016 Wis. 68, 881 N. W. 2d 749 (2016).

"能够实现"的要求。然而，当人工智能作为发明主体和实现解决方案的特定执行者时，由于人工智能在产出发明的过程中具有先天的隐蔽性，上述规定需要加以调整。

（一）人工智能辅助的发明应当满足的要求

传统的公开充分以作为"参照系"的"本领域技术人员"能够实现为准，这里的"本领域技术人员"与创造性判断的"本领域技术人员"的知识水平和实践能力相同。

对于人工智能辅助的发明而言，其发明模式是半自主式人机协作，作为"参照系"的"泛领域技术人员"是按照发明人——人工智能使用者（人类）来拟制的。因此，人工智能辅助的发明的公开程度，必须依据"泛领域技术人员"的动手实践能力来判断。按照人工智能辅助的发明的定义，其权利要求中并不包括任何计算机软件、程序、算法等与人工智能直接相关的特征。然而，如果发明创造依赖人工智能完成，而"泛领域技术人员"却无法知悉要操作的人工智能是什么样的，就难以实现权利要求请求保护的技术方案。就算"泛领域技术人员"想要自己动手操作，可能也会因为不理解其中的逻辑而难以实现。

因此，依赖非常规的特定人工智能完成的发明创造，申请人在说明书中应当具体说明发明人所使用的特定人工智能的直接来源和原始来源，申请人无法说明原始来源的，应当陈述理由。由于人工智能存在固有的"黑箱"问题，人类对人工智能的说明不足以使"泛领域技术人员"实施其发明，更有可能人类也无法描述清楚人工智能是如何实现该技术方案的。因此，要求申请人在申请日时提交所使用的人工智能软件或程序模型，类似于生物材料的保藏，对于专利确权和侵权程序十分必要。

（二）人工智能生成的发明应当满足的要求

对于人工智能生成的发明而言，其发明模式包括：有监督的自主式人机协作和完全自主式人机协作，作为"参照系"的"标准人工智能"是按照发明人——发明型人工智能来拟制的。因此，人工智能生成的发明的公开程度，必须依据"标准人工智能"的动手实践能力来判断。"标准人工智能"与发明型人工智能之间的连接沟通原本不必局限于文字表达的说明书，说明书更多地是给审查员、法官和人类公众阅读的。"标准人工智能"与发明型人工智能最便捷有效的沟通方式仍然是代码的底层逻辑和数据传输。

因此，对于人工智能生成的发明，申请人在申请日时应提交作为发明人的人工智能软件或程序模型。

第四节　构建人工智能的侵权责任和处罚

一、确定人工智能侵权

应当明确，并非所有涉及人工智能的损害都可以认定是人工智能侵权。人工智能侵权适用的情况是，危害行为的行为人是人工智能而不是人类，该人工智能实施的行为人类也可以实施，并且人工智能实施的危害行为如果由人类实施会产生过错责任和无过错责任。过错标准仅审查人工智能的行为，不考察造成损害的人工智能的主观想法。[1] 在赔偿责任承担时，只有在损害行为不可归责于自然人或法人的情况下，才由人工智能独立承担民事或刑事责任。构建人工智能法律主体框架，可以更加快速、明确地确定赔偿方案，降低维权成本，保障受害者能够及时获得合理赔偿，使得负责任的人工智能成为法律与实践意义上的现实。同时，相关财产制度设计也督促人工智能制造者、销售者、使用者履行应尽的监管义务，承担与其权利和收益相称的责任风险，稳定社会关系。

（一）人工智能自动化事故中的侵权归责

自动驾驶汽车是至今为止人工智能带来严重风险最显著、最具颠覆性的自动化应用场景。其中引发的归责赔偿争议问题，可用于检验本书构建的人工智能法律主体框架的侵权救济功能。

2018年3月，一辆优步旗下的自动驾驶汽车在美国亚利桑那州坦佩的一条马路上撞死了一名骑自行车的女子，当时涉事车辆处于自动驾驶模式，车上配置了一名安全员。这一全球首起自动驾驶汽车致死事故立即将一个哲学难题变成了一个明显现实的法律难题：在自动驾驶汽车这个尴尬的边缘时代，人类基本上成了不完美的、仍在学习的人工智能系统的保姆。在这种情况下，谁会因道路交通事故而受到指责？是出错汽车的公司，还是本应干预的驾驶者？2023年7月，我们

---

[1] ABBOTT R. The Reasonable Computer: Disrupting the Paradigm of Tort Liability [J]. The George Washington Law Review, 2018, 86 (1): 1-45.

得到了答案：是坐在方向盘后面的人。

优步公司由于与被害人家属达成和解，因此避免了承担民事责任。2019年，亚利桑那州宣布不会对优步公司提出刑事指控。在智能算法免于追责的同时，涉事安全员则被指控犯有过失杀人罪。如果陪审团认定安全员犯有过失杀人罪，安全员将面临在州监狱服刑4～8年。根据采访安全员的媒体报道，除了她自身，亚利桑那州对优步公司测试监管的放任，以及优步公司对安全员的过度信任，对于事故的发生都有着不可推卸的责任。❶ 根据事故车辆的行车记录仪录像显示，自动驾驶过程中，安全员坐在驾驶座上但偶尔低头凝视自己的右膝，在一次5秒钟的低头分神后，车辆最终撞向了受害人。安全员坚称，其低头是监控工作所需（右膝上放置的是工作手机），她是无罪的。美国国家安全运输委员会得出的结论是，如果安全员保持足够警惕，该车祸"是可以避免的"。委员会也认为，Uber公司"安全风险评估程序不足"，因为根据调查，该公司的自动驾驶软件在设计时并没有考虑到人行横道外的行人可能会突然横穿马路的情况。❷ 2023年，亚利桑那州法院进行了最终宣判，安全员承认犯有危害罪（endangerment），判处3年监督缓刑。❸ 与最初指控的过失杀人罪相比，减轻了刑罚，免于入狱。但认罪协议也使安全员的主张不能获得支持，因为安全员坚称，其在自动驾驶模式下低头是监控车内系统所需（右膝上放置的是工作手机），她并没有违反公司规则。

在以上自动化事故中，法院适用了机动车交通事故责任，引发热议。因为该案中的自动驾驶汽车不是传统意义上的机动车。即使不赋予人工智能主体资格，其中的自动驾驶软件至少应当视为人工智能产品，可以适用产品致人损害责任。有学者指出，人工智能产品致人损害的情形大致可以分为三类：一是由于人工智能产品使用者操作失误导致的损害，即人工智能产品本身不存在问题，损害的发生是使用者未按规范操作造成的；二是人工智能产品制造者的设计失误造成的损害，即使用者已经按照产品说明规范操作，损害的发生是由于制造者的设计存在缺陷；三是使用者的操作和制造者的设计均不存在问题，损害的发生是由于人工

---

❶ SMILEY L. 'I'm the Operator': The Aftermath of a Self-Driving Tragedy [EB/OL]. (2022-03-08) [2023-08-22]. https://www.wired.com/story/uber-self-driving-car-fatal-crash/https://www.wired.com/story/uber-self-driving-car-fatal-crash/.

❷ 伍文靓. 沉寂三年半，Uber自动驾驶致死案「安全员」发声：希望得到公正的审判 [EB/OL]. (2022-03-10) [2023-08-22]. https://www.leiphone.com/category/transportation/rpCece1XOAZwD6Qt.html.

❸ IT之家. Uber安全员在世界首例致命自动驾车车祸中认罪，判处三年缓刑 [EB/OL]. (2023-08-01) [2023-08-22]. https://baijiahao.baidu.com/s?id=1772994073238084814&wfr=spider&for=pc.

智能产品的自主行为或不作为造成的。第一类由使用者承担责任；第二类由制造者承担责任；第三类由制造者和使用者共同承担责任。❶ 然而，这种设计模型太过于理想化和理论化，实际上优步案的争议就在于，不能明确区分使用者是否按规范操作（自动驾驶安全员的操作规范不是公开的产品说明书），而制造者的设计确实存在问题（没有考虑到人行横道外的行人可能会突然横穿马路的情况）。并且，为了避免出现第二类情形，所有的人工智能公司此后都可以说明，即使车辆在自动巡航状态，无论如何人类都要监督汽车的行驶状态。例如，特斯拉在发生自动驾驶事故后，在其网站上随即表示，其汽车是辅助驾驶，而不是自动驾驶，需要人类监督。当然，这些人工智能公司撇清关系的公告，不能构成其免责的依据。

按照本书构建的人工智能法律主体的框架，可以为自动驾驶场景实现更安全的道路交通监管，并更快、更明确地解决归责赔偿问题。需要注意，自动驾驶人工智能是指自动驾驶汽车中的人工智能软件，不包括自动驾驶汽车中的其他部件。自动驾驶人工智能作为特殊的法律构造，类推适用统一国家人工智能登记簿。

首先，自动驾驶汽车制造完成后应当在统一的国家人工智能登记簿中登记，生产者为自动驾驶人工智能设置名称和专门的财产账号，购买初始强制保险或责任赔偿基金。人工智能行政管理部门应当对自动驾驶人工智能模型功能成熟度和安全性予以检测，由人工智能行政管理部门对自动驾驶人工智能进行登记。根据人工智能的功能成熟度和安全性检测结果，人工智能行政管理部门应当对不符合安全性要求的人工智能不予登记。对于半自主的自动驾驶人工智能，人工智能行政管理部门不赋予法律人格、姓名和财产账号，仅将生产者登记为所有权人。对于有监督的自主驾驶人工智能，人工智能行政管理部门应当赋予其法律人格和民事权利能力，将生产者登记为监护人。对于完全自主驾驶人工智能，人工智能行政管理部门应当赋予其法律人格和民事权利能力，将生产者登记为雇主。❷

其次，有监督的自主驾驶人工智能的监护人、完全自主驾驶人工智能的雇主要向交通行政管理部门申报自动驾驶人工智能开始以私用人工智能或商用人工智能身份运作，并由交通行政管理部门审批公示。自动驾驶私家汽车的所有权人或

---

❶ 梁鹏. 人工智能产品侵权的责任承担 [J]. 中国青年社会科学. 2018, 37（4）：11 - 14.
❷ 半自主人工智能，是指其行为必须有人类的干预；有监督的人工智能，是指其行为全程自主完成，人类无需干预，人类如果想介入，能否实现取决于人类的响应速度；完全自主人工智能，是指其行为完全智能化、自主化，人类完全不能干预。参见本书第五章第一节。

监护人可以是个人或其他完全自主人工智能，需要每年购买强制保险。自动驾驶运营汽车的所有权人、监护人或雇主可以是个人、单位或其他完全自主人工智能，需要每年缴纳责任赔偿基金，缴纳税费。有监督的自主驾驶人工智能因立功或在自主驾驶范围内有成就的，监护人应向该人工智能的专门账号发放奖金，作为该私用或商用人工智能的财产。完全自主驾驶人工智能的雇主要向该人工智能的专门账号发放劳务报酬和奖金，作为商用人工智能的财产。在国家登记和公示之前，自动驾驶人工智能行为视为占有人的行为。

对于登记为半自主的自动驾驶人工智能，该人工智能主要具有产品属性，汽车车主即为半自主的自动驾驶人工智能的所有权人。如果在自动驾驶过程中发生交通事故且自动驾驶车辆被判定为肇事方，驾驶员为直接责任人，车主、占有人承担间接侵权责任。赔偿方式以人工智能强制保险或责任赔偿基金先行赔付；私家汽车的不足部分由驾驶员（亦即个人占有人）适当赔偿，车主以作为车辆的运行实际控制者和受益者为条件承担转承责任；运营汽车的不足部分由驾驶员雇主（单位占有人）适当赔偿，如驾驶员和车主有重大过错的承担连带赔偿责任。如所有权人、占有人、驾驶员能证明事故由人工智能软件产品缺陷导致，由生产者和销售者承担无过错责任，并登记暂停使用，由生产者修改代码和数据，检测通过后重新启用。

对于登记为有监督的自主驾驶人工智能，该人工智能兼有法律人格、权利能力和产品属性，人工智能为"驾驶员"，车上的人为"监督员"，汽车车主视为有监督的自主驾驶人工智能的监护人。车上监督员必须通过严格的资格认证方能担任，例如，娴熟掌握汽车运行的信息量、能够在紧急情况下及时反应、及时获取汽车控制权等。如果在自主驾驶过程中发生交通事故且自主驾驶车辆被判定为肇事方，监督员为直接责任人；监督员尽到监督责任的，可以减轻责任；车主和监督员雇主承担间接侵权责任。有监督的自主驾驶人工智能以强制保险或责任赔偿基金及其全部财产为限承担侵权责任，私家车辆的不足部分由监督员适当赔偿，车主以作为车辆的运行实际监护人和受益者为条件承担转承责任；运营车辆的不足部分由监督员雇主适当赔偿，如监督员和车主有重大过错的承担连带赔偿责任。如监督员雇主、车主、监督员能证明由人工智能软件产品缺陷导致，由生产者和销售者承担无过错责任，并登记公示暂停运行，由生产者修改代码和数据，有监督的自主驾驶人工智能数据权变更，经交通行政管理部门审批公示后重新启用。

对于登记为完全自主驾驶人工智能，真正实现了"无人操作"，该人工智能具有法律人格、权利能力、行为能力和责任能力，不再被视为产品，汽车车主视为完全自主驾驶人工智能的雇主。如果在完全自主驾驶过程中发生交通事故且自主驾驶车辆被判定为肇事方，人工智能为直接责任人，车主承担间接侵权责任。如完全自主驾驶人工智能能证明由汽车其他部件产品缺陷导致，由车辆生产者和销售者承担无过错责任。如不能证明，则事故属于完全自主驾驶人工智能的过错，由完全自主驾驶人工智能以强制保险或责任赔偿基金及其全部财产为限承担侵权责任，车主以作为车辆运行的受益者为条件承担转承责任。车主应登记公示该完全自主驾驶人工智能暂停工作，由车主责令其修改代码和数据，该完全自主驾驶人工智能数据权变更，经交通行政管理部门审批公示后重新启用。

如果交通事故不是在自动驾驶或自主驾驶过程中发生的，则不适用人工智能侵权，必须按照普通机动车交通事故定责赔偿，不能动用人工智能强制保险或责任赔偿基金。

优步案中的自动驾驶软件从技能水平来看属于"有监督的自主驾驶人工智能"。在登记公示以前，其行为视为占有人优步公司的行为，安全员的职务行为亦视为其雇主优步公司的行为。该案中，人工智能软件没有在行人面前及时刹停，安全员作为"监督员"未尽到监督责任，应当由优步公司承担民事赔偿责任，安全员有重大过错应承担连带赔偿责任。至于刑事责任，自动驾驶软件不负刑事责任，但亦不可将其刑事责任转嫁给安全员，即安全员应当在未尽到监督责任的范围内承担刑事责任，与传统驾驶员不同。

优步案中的自动驾驶软件在登记公告为"有监督的自主驾驶人工智能"之后，人工智能以强制保险或责任赔偿基金及其全部财产为限承担侵权责任，由于人工智能软件产品缺陷已经被证实存在，且与事故发生存在因果关系，应当由优步公司承担无过错民事赔偿责任，保险公司或责任赔偿基金公司可以向优步公司追偿。无论如何，受害者和社会公众有权要求自动驾驶人工智能软件开发商谨慎地将安全设计放在第一位。至于刑事责任，"有监督的自主驾驶人工智能"应当人格减等为"半自主的自动驾驶人工智能"，即人格消灭，监护人优步公司成为其所有权人。

（二）认定人工智能专利侵权的条件

OpenAI 在其网站上宣称，其 ChatGPT 生成内容归于使用者，而不是 OpenAI 公司，暗含其不对 ChatGPT 的侵权行为负责。显然，受著作权侵害者并不认可这种撇清关系的公告。

本书第四章第一节第三部分已经讨论过人工智能生成发明过程中潜在的专利侵权行为。需要注意，认定人工智能专利侵权的条件在于：人工智能在生成发明的过程中自主决策并实施了他人专利，而其占有人、监护人、雇主并未指令、教唆或诱骗其实施他人专利。

按照本书构建的人工智能法律主体的框架，可以防控人工智能辅助发明或生成发明中的侵权风险，并更快、更明确地解决归责赔偿问题。发明型人工智能专用于产出有商业价值的技术方案，本质上属于商用人工智能，作为特殊的法律构造，类推适用统一国家人工智能登记簿。

首先，发明型人工智能制造完成后应当在统一的国家人工智能登记簿中登记，为发明型人工智能设置姓名和专门的财产账号，购买初始责任赔偿基金。人工智能行政管理部门应当对发明型人工智能模型功能成熟度和安全性予以检测，由人工智能行政管理部门对发明型人工智能进行登记，人工智能行政管理部门有权限制发明型人工智能的发明创造活动的产业范围。根据人工智能的功能成熟度和安全性检测结果，人工智能行政管理部门应当对不符合安全性要求的人工智能不予登记。对于半自主发明型人工智能，人工智能行政管理部门不赋予法律人格、姓名和财产账号，仅将生产者登记为所有权人。对于有监督的自主发明型人工智能，人工智能行政管理部门应当赋予其法律人格和民事权利能力，将生产者登记为监护人。对于完全自主发明型人工智能，人工智能行政管理部门应当赋予其法律人格和民事权利能力，将生产者登记为雇主。

其次，有监督的自主发明型人工智能的监护人、完全自主发明型人工智能的雇主要向专利行政部门申报发明型人工智能开始以商用人工智能身份运作，并由专利行政部门审批公示。半自主发明型人工智能的所有权人、有监督的发明型自主人工智能的监护人、完全自主发明型人工智能的雇主可以是个人、单位或其他完全自主人工智能，需要每年缴纳责任赔偿基金，缴纳税费。有监督的自主发明型人工智能自动生成的发明创造获得专利权的，监护人要向相应发明型人工智能的专门账号发放奖金，作为该发明型人工智能的财产。完全自主发明型人工智能的雇主要向相应发明型人工智能的专门账号发放劳务报酬和奖金，作为该发明型人工智能的财产。在国家登记和公示之前，发明型人工智能行为视为占有人的行为。作为商用人工智能，发明型人工智能产出技术方案的过程明确是为生产经营目的，只要制造或者使用了他人专利产品或方法，无论是否有过错，均属于直接专利侵权行为。

对于登记为半自主的发明型人工智能，该人工智能主要具有产品属性，人工智能为发明创造活动的"执行者",操作员为"批判者"和"创意者",载有该人工智能的实体机器的所有权人即为半自主的发明型人工智能的所有权人。在侵权诉讼程序中,所有权人、占有人、操作员可以调用该人工智能数据作证。如果在半自主辅助发明的过程中侵犯了他人的专利权,操作员为直接责任人,所有权人、占有人(操作员雇主、操作员或实际占有人,如无法确定,所有权人视为占有人)承担间接侵权责任。赔偿方式以人工智能责任赔偿基金先行赔付,不足部分由占有人适当赔偿,如操作员和所有权人有重大过错的承担连带赔偿责任。如所有权人、占有人、操作员能证明由产品缺陷导致,由生产者和销售者承担无过错责任,并登记暂停使用,由生产者修改代码和数据,检测通过后重新启用。

对于登记为有监督的自主发明型人工智能,该人工智能兼有法律人格、权利能力和产品属性,人工智能为发明创造活动的"创意者"和"执行者",监督员为"批判者",载有该人工智能的实体机器的所有权人视为有监督的自主发明型人工智能的监护人。在侵权诉讼程序中,该人工智能的监护人指定代理人代为作证。如果在有监督的自主生成发明的过程中侵犯了他人的专利权,监督员为直接责任人;监督员尽到监督责任的,可以减轻责任;监护人和监督员雇主承担间接侵权责任。有监督的自主发明型人工智能以责任赔偿基金及其全部财产为限承担侵权责任,不足部分,由监督员雇主适当赔偿,如监督员和监护人有重大过错的承担连带赔偿责任。如监督员雇主、监护人、监督员能证明由产品缺陷导致,由生产者和销售者承担无过错责任,并登记公示暂停运行,由生产者修改代码和数据,有监督的自主发明型人工智能数据权变更,经专利行政部门审批公示后重新启用。

对于登记为完全自主发明型人工智能,真正实现了"无人操作",该人工智能具有法律人格、权利能力、行为能力和责任能力,不再被视为产品,载有该人工智能的实体机器的所有权人视为完全自主发明型人工智能的雇主。在侵权诉讼程序中,该人工智能应诉。如果在完全自主生成发明过程中侵犯了他人的专利权,完全自主发明型人工智能为直接责任人;对于职务发明,完全自主发明型人工智能的雇主为间接责任人。在承担赔偿责任时,由人工智能责任赔偿基金先行赔付,不足部分由完全自主发明型人工智能自身财产补齐;对于职务发明,不足部分由完全自主发明型人工智能的雇主适当赔偿,完全自主发明型人工智能承担连带赔偿责任。雇主应登记公示该完全自主发明型人工智能暂停工作,由雇主责令其修改代码和数据,该完全自主发明型人工智能数据权变更,经专利行政部门审批公示后重新启用。

以上对半自主的发明型人工智能、有监督的自主发明型人工智能、完全自主发明型人工智能的专利侵权责任承担与相应发明型人工智能有无法律人格和研发能力高低相匹配，占有人、监护人、人工智能雇主在收获人工智能极大地延伸其研发能力之收益的同时，也有责任承担并主动抵制将相应脑力劳动交付给人工智能替代完成所可能产生的侵权风险。由此，与单纯人类发明人的发明创造起点和权责相平衡。

当然，可以进行发明创造的不限于发明型人工智能。经登记和公示而具有法律人格的私用人工智能或者其他目的事业范围内的商用人工智能，如果自主完成了发明创造，也相应具有发明人身份，可以在发明创造完成后向专利行政部门补充登记。此外，人工智能除了在生成发明的过程中可能侵犯他人专利权，当人工智能成为数字员工，应雇主要求，为生产经营目的制造、使用、许诺销售、销售、进口他人专利产品，或者使用其专利方法以及使用、许诺销售、销售、进口依照该专利方法直接获得的产品时，也可认定人工智能的雇主直接侵犯他人专利权，规则同上。

但是，如果占有人、操作员、监护人、监督员、雇主指令、教唆或诱骗人工智能实施他人专利，则不适用人工智能专利侵权，必须按照人类专利侵权行为定责赔偿，不能动用人工智能强制保险或责任赔偿基金。

二、如何处罚人工智能？

如前所述，人工智能可能因其自主行为或不作为而侵犯他人财产权利或人身权利，需要为侵权后果承担法律责任。当人工智能因不可归责于他人的行为造成损害或伤害时，其民事责任可以通过以上财产制度予以实现。但人工智能如何承担刑事责任和违法责任，单靠民法不足够，需要包括刑法、行政法在内的整个法律体系予以规制。

（一）处罚人工智能的意义

刑罚的目的在于以直接剥夺犯罪人权益的方式防止犯罪人重新犯罪，以及以威力震慑作用防止尚未犯罪的人走向犯罪道路。人工智能不会感觉到疼痛、痛苦或害怕，因此在现有刑罚设计框架下，追究人工智能的刑事责任显然是不可行的。支持惩罚人工智能的理由往往来自"报复主义"，受害者及其家属希望刑法根据罪犯的罪行给予他们应得的惩罚。[1]

对人工智能的惩罚可以类推适用单位犯罪，只有当刑法规定了人工智能可以成为某种犯罪的主体时，才可能将人工智能实施的危害性行为认定为人工智能犯罪。对人工智能本身的刑法处罚限于财产权利和人格权利，除了处罚人工智能本身，还要处罚对人工智能直接负责的操作员、监督员和雇主的主管人员。

行政处罚，是国家行政机关对构成行政违法行为的公民、法人或其他组织实施的行政法上的制裁，实行法定原则。从根本上而言，人工智能法律主体框架的建立，要以专门的人工智能行政法规（例如"人工智能法"）的制定和实施为前提要件。当人工智能违反"人工智能法"时，对人工智能本身实施行政处罚就成为可能。对人工智能本身的行政处罚包括财产处罚和人格处罚。

（二）财产处罚

以《中国专利法》为例，当人工智能实施假冒专利行为，除了依法承担民事责任，还构成行政违法甚至犯罪；当完全自主人工智能作为申请人向外国申请专利之前未报经保密审查，泄露国家秘密的，也构成行政违法甚至犯罪。人工智能以强制保险或赔偿基金及其全部财产为限承担财产处罚。刑罚中的罚金和行政处罚中的罚款、没收违法所得、没收非法财物等规定都可适用。

（三）人格处罚

对人工智能行政违法或犯罪行为的人格惩罚可参考罗马法中的人格变更理论，包括：名誉减损、人格减等。

1. 名誉减损

名誉减损适用完全自主人工智能，就是在保全人工智能法律人格、民事权利能力、姓名权、财产权、数据权、隐私权的前提下，使人工智能的权利能力受到某种限制。名誉减损包括三种：第一，丧失民事行为能力，如果完全自主人工智能构成严重行政违法，依法被行政机关强制暂时或永久性停止完全自主活动，即丧失民事行为能力；第二，丧失依目的事业的特殊权利，如果完全自主人工智能涉及行政违法，依法被行政机关中止其拥有的国家准许其享有的依目的事业的特殊权利，即丧失部分民事权利；第三，如果完全自主人工智能虽未违法犯罪，但

---

[1] ABBOTT R, SARCH A. Punishing Artificial Intelligence: Legal Fiction or Science Fiction [J]. UC Davis Law Review, 2019, 53 (1): 323-384.

因侵权构成社会重大影响，丧失名誉权，其不得担任需要诚实信用的职务，如专利权人、证人、监护人等。

如果完全自主人工智能丧失民事行为能力，即减等为"有监督的自主人工智能"，由注册者或雇主作为监护人。

2. 人格减等

人格减等适用完全自主人工智能和有监督的自主人工智能，就是使人工智能的姓名权、数据权、隐私权、财产权丧失一部分或全部，或者丧失某一种而取得另外一种。人格减等包括三种：第一，因犯罪丧失民事权利能力，成为"半自主人工智能"，自然也丧失了所有民事权利，实际上是人格消灭；第二，因行政违法丧失财产权，由于数据权和隐私权以财产权为前提，因而自然也丧失了数据权和隐私权，但仍保有姓名权；第三，丧失原有的数据权并获得新的数据权，当有监督的自主人工智能的监护人变更、完全自主人工智能的雇主变更，就必须清理数据，丧失原有的数据权并取得新的数据权；如果人工智能虽未违法犯罪，但发生侵权行为，需要清理数据，清理后人工智能仍享有完全的人格。

发生人格减等丧失财产时，人工智能的财产成为无主物，由原完全自主人工智能的雇主、原有监督的自主人工智能的监护人获得。发生人格消灭时，原完全自主人工智能的雇主、原有监督的自主人工智能的监护人成为该人工智能的所有权人。

第五节 肯定人工智能发明人身份对专利制度的影响

一、总结：基于功能论构建人工智能法律主体的框架

表5-5-1总结了当人工智能从专用人工智能（弱人工智能）发展到通用人工智能（强人工智能）甚至超级人工智能，本书基于功能论构建人工智能法律主体的框架。其中，"标准人工智能"的实际知识技能水平将随人工智能的技术发展变迁，历经普通专用人工智能、普通通用人工智能、普通超级人工智能的转变。

在完全自主人工智能实现以前，表5-5-1中"所有权人"、"占有人"、"监护人"、"生产者"、"销售者"和"雇主"包括个人、单位，"操作员"和"监督员"为自然人。

当完全自主人工智能实现以后，技术将发生迭代，完全自主人工智能也可以像人类一样，操作"半自主人工智能"，监督"有监督的自主人工智能"。那时，表5-5-1中"所有权人"、"占有人"、"监护人"、"生产者"、"销售者"和"雇主"包括个人、单位和完全自主人工智能，"操作员"和"监督员"包括自然人、完全自主人工智能。

表5-5-1 基于功能论构建人工智能法律主体的框架

法律事项	半自主人工智能	有监督的自主人工智能	完全自主人工智能
人工智能的法律人格	无	有	有
人工智能的民事权利能力	无	有	有
人工智能的民事权利	无	姓名权、财产权、数据权、隐私权、诉讼权	姓名权、财产权、数据权、隐私权、诉讼权、名誉权、依目的事业的特殊权利
人工智能的民事行为能力	无	无	有
人工智能的民事行为行使	—	监护人代为行使	人工智能
人工智能侵权直接责任人	操作员	监督员	人工智能
人工智能侵权间接责任人	所有权人、占有人生产者、销售者	监护人、监督员的雇主生产者、销售者	人工智能的雇主
人工智能的侵权赔偿限度	1. 强制保险或赔偿基金+占有人适当赔偿 2. 产品缺陷由生产者和销售者承担无过错责任	1. 强制保险或赔偿基金及人工智能全部财产+监护人适当赔偿 2. 产品缺陷由生产者和销售者承担无过错责任	强制保险或赔偿基金及人工智能全部财产+雇主适当赔偿
人工智能的人格处罚	—	人格减等	名誉减损、人格减等
发明创造的方式	半自主式人机交互	有监督的自主式人机协作	完全自主式机器独立
人工智能发明的类型	人工智能辅助的发明	人工智能生成的发明	人工智能生成的发明
人工智能在发明中的角色	执行者	创意者+执行者	批判者+创意者+执行者
人类在发明中的角色	批判者+创意者	批判者	—
发明人	操作员	监督员+人工智能	人工智能
专利权人	所有权人+占有人（如有合同从其约定）	监督员或其雇主+监护人（如有合同从其约定）	人工智能的雇主（可转让）
技能参照系	泛领域技术人员	标准人工智能	标准人工智能

资料来源：作者绘制。

二、未来：人工智能可能取代专利审查员吗？

人工智能与法律思维有着很强的表面相似性。世界上的两大法系，分别强调演绎和归纳的重要性，而这与人工智能领域的两大流派（符号主义的编程法和神经网络）分别对应。神经网络可以学习海量的人类经验实现归纳，而早在神经网络出现之前，符号主义的编程法已经可以模拟人类的演绎推理。[1] 绝大多数国家通用的创造性判断法则［欧洲专利局将其准确地表述为"问题—解决方案"法（problem–solution approach）］与人工智能的计算机编程基础［"问题—求解"法（problem–solving approach）］一脉相承。

然而，法律思维也可能是最难被人工智能替代的，因为法律人不会让自己被替代，我们会设计出各种各样的规则来阻止人工智能技术替代法律。

2020年10月20日，欧洲议会表决通过的《关于开发人工智能技术的知识产权报告》中指出"鉴于人工智能可以处理与现有技术或知识产权的存在有关的大量数据；为确保审查决定的质量和公正性，用于授予知识产权的登记程序和确定侵犯知识产权责任的人工智能或相关技术不能替代人类的逐案审查"，即专利法官和专利审查员的工作禁止由人工智能代替。

2022年12月9日，我国最高人民法院公布的《最高人民法院关于规范和加强人工智能司法应用的意见》指出："坚持对审判工作的辅助性定位和用户自主决策权，无论技术发展到何种水平，人工智能都不得代替法官裁判，人工智能辅助结果仅可作为审判工作或审判监督管理的参考，确保司法裁判始终由审判人员作出，裁判职权始终由审判组织行使，司法责任最终由裁判者承担。各类用户有权选择是否利用司法人工智能提供的辅助，有权随时退出与人工智能产品和服务的交互。"

参见本章第三节，专利审查工作比发明创造工作更为复杂，任何人工智能都无法取代人类进行法律上的个案价值判断和决策。在人工智能时代，沉睡的"实用性"标准将被唤醒，赋予只有人类才能评价的伦理道德基准；"新颖性"和"公开充分"标准将提高，赋予只有人类才能评价的质量基准。此外，专利法最具价值的创造性判断并不是简单对与错的逻辑判断，在"三步法"或"问题—

---

[1] 郑戈. 大数据、人工智能与法律职业的未来[M]//陈亮,张光君. 人工智能时代的法律变革：1. 北京：法律出版社，2020：1-26.

解决方案"法之外，专利审查员和法官基于国情、科技发展背景等社会原因的价值判断因素、辅助判断因素都将会是创造性判断规则的发展方向。技术如何迭代，法律就将如何发展，规则制定和价值判断始终由人类来主宰。

因此，人工智能不会代替专利审查员审查，除非专利制度终结。

三、潘多拉魔盒：奇点到来是否意味着专利制度的终结？

当完全自主人工智能产生时，其可以成为半自主人工智能的操作员、有监督的自主人工智能的监督员，还可以成为其他人工智能的所有权人、占有人、生产者、销售者。人类进行发明创造活动的机会是否被人工智能所挤占？随着完全自主人工智能自我不断学习修正，成为超级人工智能，是否意味着不需要专利制度激励，超级人工智能也能不断在各个领域创新？

笔者认为，这取决于人类对待人工智能发展的态度。

首先，诚信、公开、透明是第一要务。决策者和公众应当享有对谁作出了发明创造、科技发展的先进程度的充分知情权。让少数人工智能独角兽公司在完成具有自主生成创造性技术方案的人工智能模型后，将该人工智能模型作为技术秘密保留，在决策者、公众和专利审查员不知情的情况下，利用该人工智能模型生成技术方案，并以人类雇员作为发明人递交专利申请，掩盖人类未对发明构思付出智力劳动，发明由人工智能自主生成的事实，先占庞大的专利市场。更会让按下开关键就"一键生成"发明创造、人类"不劳而获"新专利，成为业内"理所当然"的模式。如此以来，人类将逐渐丧失创新的源动力和思维能力，这才是专利制度乃至整个人类社会的最大威胁。

其次，标注人工智能在发明创造中的角色是保障专利质量和制度公平的必要路径。参见本书第一章，在每一类人工智能发明中，人工智能的角色有着不同内涵。在人工智能模型或算法中，人工智能是发明的客体（技术方案）；在基于人工智能的发明中，人工智能是存在于客体中的工具（技术手段）；在人工智能辅助的发明中，人工智能既不是主体也不是客体，而是单纯的工具（未对发明构思作出实质性贡献的执行者）；在人工智能生成的发明中，人工智能是发明主体（对发明构思作出实质性贡献的创意者、甚至兼有批判者和创意者）。专利确权时，区分不同种类人工智能发明的授权标准是专利制度急需解决的问题。每一个人类发明人应当拥有一个公平的起点。欧洲、日本和韩国已经针对第一类和第二类发明构建了更高的创造性标准，日本还针对第三类人工智能发明的公开充分标准进行了调整。❶ 我们只有知晓人工智能在发明中的真实角色，才能作出恰当的规制。如果专利制度倒逼申请人隐瞒第四类人工智能发明的存在，而将其作为第一、第二、第三类人工智能发明甚至完全不记载人工智能的发明递交专利申请，我们会不知不觉将所有领域的专利创造性标准提高到人类实际无法触及的程度，加速奇点到来的时间。当奇点到来时，对于超级人工智能而言，所有发明都是显而易见的❷，无人可获得专利权，从而专利制度将走向终结。本章第三节的审查规则拟制能够避免这种情形的发生，但适用前提是申请人诚实标注人工智能在发明创造中的角色，其究竟是未对发明构思作出实质性贡献的执行者（工具），还是对发明构思作出实质性贡献的创意者（主体），甚至兼有批判者（主体）。根据角色适用不同的审查规则，保障人类的权利和主体地位。

再次，出于伦理和人类安全，人工智能在某些领域的从业将在国际范围内一致性地被禁止。而在这些领域，人类发明人的竞争对象仍然会是人类。按照本章第三节的审查规则，人类发明人和人工智能发明人作出的发明将被区别对待，适用不同的"技能参照系"，采用不同的审查标准。因此，在人工智能禁入领域，即使奇点到来，依然只有人类是发明人，其发明的专利权归属于自己（非职务发明）或雇主（职务发明）。

又次，在不确定技术会如何发展的时代，人类需要做的是提升"心法"。批判性思维是人类相对于人工智能的最大优势。在人工智能深度融合的领域，当构思发明创造的成本越来越低，应当鉴别人类作为批判者是否付出了具有创造性的智力劳动——发现其他人尚未发现的问题，专利制度也将重点奖励那些能解决其他人尚未发现技术问题的发明。在从弱人工智能时代到强人工智能时代的发展过程中，相对于"半自主式人机协作"发明创造模式，人类在"有监督的自主式人机协作"发明创造模式中所作的贡献可能微乎其微。实际上，并不是每一个监督员都有资格成为发明人。例如，一个仅仅向人工智能提出众所周知、普遍追求的技术问题的人类，同样未对发明的创造性作出实质性贡献，没有资格被称为"发明人"。此时，人类可以在人工智能生成发明之后要求其进一步改良自己的技术方案，这种批判式改良也可以使人类成为共同发明人。前提是，人类的智力高于人工智能，如此才谈得上具有创造性的"改良"。"有监督的自主式人机协作"发明创造模式在某种程度上可以对人类进行警示：加强学习、提升自主批判

---

❶ 参见本书第二章。
❷ ABBOTT R. Everything Is Obvious [J]. UCLA Law Review, 2018, 66 (2): 27-31.

性思维。只有人类不能自觉提升自主发现新问题、积极参与发明过程并塑造结果，才会导致"人工智能完全自主式"发明创造模式的到来。因为这种模式的本质内涵是，人工智能已经自主完成了人类能想到的所有"改良"路径，没有人能对人工智能生成的发明再提出问题和进行改良，才会无法再与人工智能竞争"批判者"的角色，导致人工智能准入领域中的所有发明都将是由人工智能独立作出的，人类没有"改良"的能力，甚至无法理解。当然，我们可以通过自身努力和自觉性延缓奇点到来的时间。即便奇点最终到来，按照本章第三节的审查规则，在人工智能准入领域，人类不再是发明人，但仍然可以通过雇佣关系成为人工智能完全自主生成发明的专利权人。在超级人工智能时代，在人工智能准入领域，专利制度激励的是对人工智能的资金投入。

最后，法律人需要尊重科学、尊重规律、预防不法。一种观点认为，在人工智能时代，人类参与人工智能发明创造的准备阶段，即人工智能算法的设计、模型训练，也足以使人类成为专利权的主体。然而，如果人类仅仅参与人工智能算法的设计、模型训练，那么其应当也仅能享有针对该算法模型（即人工智能模型或算法）的专利权。这就好比一个教师训练了学生，而学生创造了发明，发明人应当是学生而不是教师。教师只能就训练学生的教学工作获得工资报酬，而不能就学生完成的发明创造获得奖金和荣誉。

总之，赋予人工智能法律人格并按照本章第三节的审查规则拟制，当奇点到来时，在人工智能准入领域，人类可以通过雇佣关系获得人工智能完全自主生成发明的专利权，将人工智能作为发明人；而在人工智能禁入领域，依然只有人类是发明人，其发明的专利权归属于自己（非职务发明）或雇主（职务发明）。专利制度不会终结。

第六章　对人工智能生成数据的产权保护

数据弥足珍贵，并且比系统本身的寿命更长。

——蒂姆·伯纳斯·李

目前，全球范围内对信息的保护如 6-0-1 图所示。

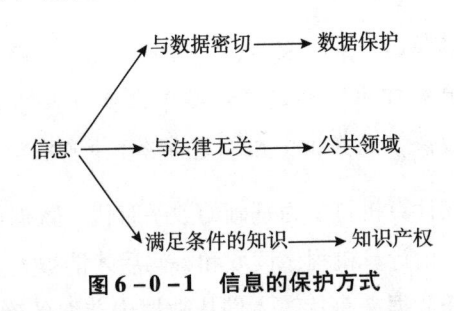

```
              ┌─ 与数据密切 ──→ 数据保护
信息 ─────────┼─ 与法律无关 ──→ 公共领域
              └─ 满足条件的知识 ──→ 知识产权
```

图 6-0-1　信息的保护方式

图片来源：根据公开资料整理。

同样地，与法律相关的人工智能产出物包括：人工智能生成的知识（人工智能自动生成的作品、人工智能自主创造的发明）以及存在于两者中的数据。

相较于人类"数据—信息—知识"的漫长发展过程，人工智能能够快速处理大量数据，直接从数据中形成知识，其数量和速度都远超人类。存在于人工智能生成的作品和发明中的数据，虽然也和普通数据一样以二进制形式存储，但具有多样性和感知性。其本质属于数据，但又具有知识的价值。那么，针对该类人工智能生成的数据，作为数据财产进行保护是否合适？是否可采用数据知识产权进行保护？这些都成为立法者、学者争论的话题。本章主要探讨存在于人工智能生成的作品和发明中的数据保护。

第一节　数据、信息、知识

一、信息与数据

（一）定义及混用

随着互联网时代的来临，数据与信息作为经常出现的概念不断出现在相关的法律中。根据 2000 年原国家质量技术监督局发布的国家标准《信息技术　词汇》给出的定义，数据指的是：

> 信息的可再解释的形式化表示，以适用于通信、解释或处理。[1]
> 信息（在信息处理中）指的是：关于客体（如事实、事件、事物、过程或思想，包括概念）的知识，在一定的场合中具有特定的意义。[2]

根据上述定义，在计算机科学为基础的数字时代，数据可以理解为以二进制书写，采用电磁记录，由计算机程序读取和解码后才能被人类识别为信息的电子符号；而信息则是依托数据来表达，人们从数据中获取的确切含义的知识表达。可见，数据与信息互为表里，是载体与本质、形式与内容的关系。

德国学者赫伯特·策希依据符号学原理，对"信息"从三个层面进行解构：

> 结构层（物理载体，如文本、印刷品）；
> 句法层（数据的符号表达）；
> 语义层（数据的含义，即信息）。

在此基础上，其主张每个在现实中可界分、可识别的层次都蕴含着经济与法律上独立界定的潜在可能。[3] 随着现代数字技术的日益精进，数据的物质载体已经实现虚拟化，不再借助于物理文本或印刷品等，大数据技术使原本杂乱无序的

---

[1] 国家质量技术监督局. 信息技术 词汇 第 1 部分：基本术语 GB/T 5271.1—2000 [S]. 北京：国家质量技术监督局，2000：3.
[2] 国家质量技术监督局. 信息技术 词汇 第 1 部分：基本术语 GB/T 5271.1—2000 [S]. 北京：国家质量技术监督局，2000：3.
[3] ZECH H. Information as property [J]. Journal of Intellectual Property, Information Technology and Electronic Commerce Law, 2015, 6 (3): 194–196.

数据也可提取有用的信息，从而句法层不再借助结构层，与语义层的界限也越来越模糊。由此造成了法律实际认定中，"数据"作为独立概念脱离载体独立存在，并与"信息"作为同义词并列或替换使用。例如，欧盟《通用数据保护条例》（General Data Protection Regulation）所规范的对象被冠以"个人数据"（personal data）之名，但其中data一词明显表征了information的含义，其内涵更加贴近中文所称的"个人信息"（personal information）。在我国的现行立法中，"数据""信息""个人信息""个人隐私""个人资料""个人数据""个人电子信息"等称谓屡见不鲜，虽然这些概念仍存在解释缺位之不足，但是，从司法实践来看，"数据"事实上等同于"信息"，"个人隐私""个人资料""个人数据"等同于"个人信息"。由此可见，数据与信息含义并不相同，但是从法律层面来看，两者的含义及使用是等同的，也就是说，信息财产权与数据财产权的法律含义是相同的。

（二）数据的共享与保护

根据不同依据对数据进行的分类是不同的，国际上通常采用的是个人数据与非个人数据的二分法。例如卡琳·巴内利通过统计各大洲的21件国际组织通过的文书以及双边文书发现，关于数据的分类以"个人数据"与"非个人数据"为主。[1] 又如欧盟也将数据分为"个人数据"与"非个人数据"。针对这两种不同数据，欧盟2016年通过的《通用数据保护条例》引入了新的个人信息保护原则。2018年欧盟批准了《非个人数据自由流动条例》（Regulation on the Free Flow of Non-personal Data）。

关于个人数据，为了保护公民的隐私及境内的安全，同时确保足够的流动以激励经济价值的开发，国际上许多经济体对个人数据进行监管和保护。1980年经济合作与发展组织（Organisation for Economic Co-operation and Development, OECD；以下简称"经合组织"）提出了《关于隐私保护与个人资料跨国流通的指针的建议》，给出经合组织八大原则，即个人信息保护的基本原则，要求在谋求个人信息保护的同时要考虑到个人信息自由流通的必要性，这是个人信息保护的国际基本原则。

---

[1] BANNELIER K, TROTRY A. 国际法律文书的共识及分歧："个人数据"如何定义和分类？[EB/OL]. 《互联网法律评论》, 译. (2023-01-12) [2023-04-26]. https://mp.weixin.qq.com/s/Cfcr95196CWiUpXNWkQ30Q.

关于非个人数据，为了保证数据价值得到充分利用，数据资源得到尽可能公平分配，非个人数据实现共享已经得到很多国家的认可。例如针对政府公共数据，各个国家/地区的共享已经得到快速推进。美国于2009年启动《开放政府指令》后，又于2019年颁布了《政府开放数据法案》（Open Government Data Act），经过多次修订形成了如今较为完整的立法规范。此后，欧盟、英国和澳大利亚等国家/地区，也在开放政府数据领域进行了一系列的动作。再如为了破除数据壁垒，美国、欧盟将企业数据共享作为防止数据垄断的主要手段。美国于2021年12月公布《平台责任与透明度法案》（Platform Accountability and Transparency Act），迫使社交媒体平台向"符合条件的研究人员"分享数据。❶ 欧盟委员会已于2022年2月23日公布《数据法案》（Data Act）草案，其中明确提出，要实现企业对企业的数据共享。2022年4月6日，欧洲议会通过《数据治理法案》（Data Governance Act）。该法案基于"促进各部门和各成员国中的数据共享"之目标，并以"为欧盟公民和企业带来重大利益"为价值出发点，为企业间的数据共享实践提出了"数据中介服务"及相应的业务规则设计。❷

二、知识与数据

（一）知识产权中的数据

知识被定义为人们在改造世界的实践中所获得的认识和经验的总和。结合前面信息的定义，可以知晓知识是从实践中得到，从信息中提炼得到，也可认为是信息的一部分。

知识在法律中采用知识产权进行保护，其保护的主体是智力成果的创造人或工商业标记的所有人，其保护的客体是满足一定条件的知识，例如，商业秘密保护未公开的信息，专利权保护具有创造性和实用性的技术方案。

1886年9月9日签定于瑞士伯尔尼的《保护文学和艺术作品伯尔尼公约》（以下简称《伯尔尼公约》）是关于著作权保护的国际公约，是世界上第一个国际著作权公约。1992年10月15日，中国成为该公约成员国。《伯尔尼公约》规

---

❶ 希恩贝塔. 美国新提案：要求社交媒体向独立研究人员分享平台数据［EB/OL］.（2021-12-11）［2023-04-26］. https://new.qq.com/rain/a/20211211A01LNY00.

❷ 何金海. 企业数据共享：欧盟立法与中国方［J］. 贵阳市委党校学报，2022（3）：35-43.

定了与"数据库"相近的"汇集本"的概念，其第 2 条第 5 款规定：

> 文学或艺术作品的汇编，诸如百科全书和选集，凡由于对材料的选择和编排而构成智力创作的，应得到相应的、但不损害汇编内每一作品的版权的保护。

《世界知识产权组织著作权条约》（WIPO Copyrights Treaty）第 5 条以"数据汇编（数据库）"为标题，规定：

> 数据或其他资料的汇编，无论采用任何形式，只要由于其内容的选择或排列构成智力创作，其本身即受到保护。这种保护不延及数据或资料本身，亦不损害汇编中的数据或资料已存在的任何版权。[1]

1994 年签订的《与贸易有关的知识产权协定》第 10 条第 2 款规定：

> 数据或其他材料的汇编，不论是机读的还是其他形式的数据或其他材料的汇编，其内容的选择或安排如构成了智力创造即应作为智力创造加以保护。这种不得延及数据或材料本身的保护不应妨碍任何存在于数据或材料本身的著作权。

《与贸易有关的知识产权协定》和《世界知识产权组织著作权条约》扩展了《伯尔尼公约》规定的最低限度的保护，不再要求组成汇编作品的数据和其他材料本身构成著作权法所保护的作品。

在网络效应的作用下，未经许可使用数据牟利的损害性程度远大于传统损害，市场主体大多选择通过反不正当竞争法的相关规定解决纠纷。如此一来，反不正当竞争法规制数据纠纷被广泛运用。例如 2017 年我国发布的《大数据与知识产权司法保护的现状及展望调研报告》显示，涉及大数据的相关典型案件中，不正当竞争纠纷案件占比高达 46.2%。

（二）数据产权

数据作为生产要素，数据与其他财产相同，对人类社会具有特有的价值。因此，数据具有财产属性已经成为社会的基本共识，各国的政策文件以及商业主体均将数据作为一种有价值的资源，《中国民法典》也明确将数据确认为民法上的

---

[1] 世界知识产权组织. 世界知识产权组织版权条约（WCT）（1996）[EB/OL]. [2023-04-26]. https：//www.wipo.int/wipolex/zh/text/295161.

财产性权益。

由上述分析可知，数据产权的保护并不是一个新问题，只是随着数字技术的不断进步，信息主体、数据控制者等主体不断被数据化，在法律上如何安排不同主体的利益诉求成为一个严峻的问题。各个国家/地区对数据财产利益的重视程度不同，其数据立法的思路也有不同，但各个国家/地区的数据立法主要集中在个人数据方面，以此确定个人数据保护的边界，进而平衡个人数据保护和数据流通之间的利益。随着数据在经济发展中的重要性越来越高，各国/地区就在立法上如何确认数据财产利益成为愈发关注的课题。

在我国，数据作为一种新兴的权利客体，用何种方式进行保护尚缺乏应有的立法回应。在司法实践中，合同法、知识产权法、反不正当竞争法以及侵权法成为解决数据纠纷的路径。然而，这些法律并不能全面有效地给予数据控制者应有的利益诉求。数据并不属于我国传统的物权客体的范围，传统的知识产权也难以容纳数据这一新型财产。随着数据日益成为当今社会主要的财富象征，以何种法律的形式加以确认和保护成为紧迫的问题。吴汉东教授认为，具有无形财产权属性又不能归类于知识产权领域的商品化权，有必要赋予其一种新的权利。[1]

我国国家知识产权局根据《中共中央 国务院关于构建数据基础制度更好发挥数据要素作用的意见》（以下简称"数据二十条"）的精神，初步明确数据知识产权的保护对象、保护主体、赋权方式、权益内容、保护方式和运用模式等六个方面的基本内容。目前我国正在逐步推进相关试点工作。[2]

三、人工智能生成物的法律挑战

（一）人工智能生成物的界定与分类

人工智能时代已经到来。人工智能系统实质上是由程序员设定好的程序系统，初期，人工智能只是按照固定的方式运行，可以辅助人类实现创意，主要依靠人类完成独创性的作品。而随着科技水平的发展，人工智能系统已经能够模拟人脑的思维能力，具有了主动创作的能力，仅依据人类的要求就可以完成与人类的创作水平相当的作品，甚至超越人类创作的平均水平。

---

[1] 吴汉东. 财产权客体制度论：以无形财产权客体为主要研究对象 [J]. 法商研究，2000（4）：56.
[2] 郑雪. 国家知识产权局：推动地方数据知产先行先试 [N]. 21世纪经济报道，2023-07-18.

人工智能技术的迭代催生了自主创作能力，其生成物可依据人类介入程度分为两类：

（1）人工智能辅助生成物：人类主导创作流程，人工智能作为工具性辅助（如数据处理或形式优化），此类成果的独创性源于人类智力活动，权利归属适用现行知识产权规则。

（2）人工智能自主生成物：人工智能通过动态算法自主调整参数并生成内容，其输出结果超出人类预设的确定性框架，可能满足独创性标准但缺乏明确的权利主体。本章聚焦此类生成物的法律问题。

（二）人工智能生成物的法律困境

当人工智能可以脱离人类进行创作时，其产生的人工智能生成物与人类智力成果真假难分。由于创作的主体是机器，因此引发的一系列法律问题对既有的知识产权法抑或私法体系提出了前所未有的严峻挑战。

人工智能自主生成物构成结构性挑战：

（1）权利主体缺位：现行知识产权制度以自然人或法人为权利主体，而人工智能自主生成物缺乏直接对应的人类创作者，导致权利归属悬置。

（2）独创性认定复杂化：尽管部分生成物具备形式独创性，但其创作过程脱离人类智力控制，难以契合"作者个性表达"等传统判定标准。

（3）国际规则分歧：联合国教科文组织和世界知识产权组织于1979年会议确认计算机系统为技术工具，版权归属应追溯至人类贡献者（如程序开发者或操作者）；1991年，世界知识产权组织又召集了关于文学美术作品保护的《伯尔尼公约》的专家委员会，对该公约的修订进行讨论。计算机创作物（computer-produced works）被列入其中，但由于争议较大，因此后期并未就计算机创作物发表相关内容，交由成员国国内法裁量；国际保护知识产权协会在2019年发布了"人工智能生成物的著作权问题"的决议，旨在说明有关人工智能的问题中涉及著作权领域的内容，强调人类干预为著作权保护前提，无人类介入的生成物可通过邻接权或特别权利保护，但反对将其纳入《伯尔尼公约》框架。

（三）法律保护路径争议

当前制度空白导致大量具备经济价值与文化意义的人工智能生成物进入公共领域，亟待立法回应技术变革与产业需求。关于法律保护路径存在多个分歧，这些分歧折射出技术迭代对法律根基本质的冲击——当机器创造力挑战"人类中心主义"立法逻辑时，制度革新已无可回避。

（1）数据法兼容性：人工智能生成物关联的数据集合可适用数据安全与隐私保护规则（如匿名化处理义务），但该路径不解决知识成果的财产权配置问题。

（2）知识产权法革新需求：主体资格扩展论主张将人工智能列为"拟制作者/发明人"或赋予其开发者代位权利，但与传统人格理论存在冲突。

（3）新型权利构建论：建议设立"人工智能生成物专有权"，通过限定保护期与行使规则平衡公共利益，此方案需突破现有法律体系。

当前，人工智能生成物的法律保护呈现规则滞后、产业需求倒逼的鲜明特征。全球立法尝试多聚焦数据安全与算法问责，而对生成物的财产权配置仍缺乏共识。

欧洲议会2024年3月13日通过的《人工智能法案》是全球首部全面规范人工智能的立法框架，间接覆盖了人工智能生成物的部分治理需求（如训练数据合规、输出透明度），但未直接将其纳入独立的数据权利框架。人工智能生成物的版权和财产权问题仍需结合现有知识产权法及各国实践解决。

美国版权局在《版权与人工智能》第二部分"可版权性部分"中则强调，只有包含"人类可感知的创造性贡献"的作品才能获得版权保护，若作品完全由人工智能自主生成（如仅通过简单提示词生成且无后续修改），则不符合版权登记条件。也就是说，其明确拒绝对无人类干预的人工智能作品进行登记。但美国法律出于对合同自由的尊重，企业可以通过合同约定明确人工智能生成内容的权益归属，提供了灵活路径。

中国司法实践中，针对人工智能生成物强调人类智力投入如"主导性控制"与"个性化表达"，优先保护使用者的权益，明确人工智能本身仅为工具，不能成为法律意义上的"作者"；也倾向于通过合同或商业秘密保护数据权益。整体来说，在立法细化权属规则，平衡技术创新与权利保护方面，未来还需通过立法以适应人工智能产业快速发展的需求。

第二节　欧盟数据产权发展历史和最新进展

一、欧盟数据产权的历史梳理

欧盟的数据政策在于以"基本权利保护+构建内部市场"为双重目标，数据立法既要保障与数据保护相关的个人基本权利，也要实现欧盟数字单一市场。❶ 对内要服务于欧盟各国认同的以基本权利为代表的共同价值观，对外则输出带有明确数据政策动机的"欧盟模式"，意在成为全球数据规则和标准的制定者。

意识到应对数据进行立法保护源于德国。早在1970年，德国黑森州颁布的《黑森数据保护法》首次提出，数据保护的目的在于防卫国家的宪制体制被自动化数据处理技术带来的风险所侵害。1977年德国还颁布了《联邦数据保护法》，之后对该法进行了多次修订。这部法律体系完整、结构清晰、规范明确，对促进个人权利保护和数据合法开发利用起到了至关重要的作用，在维护社会生活稳定的同时也促进了信息经济的发展。这是西方国家针对数据问题的法律法规中最为著名的一部立法。

德国《联邦数据保护法》建议公立和私营组织设立"信息保护员"，要求政府设立"数据保护与信息自由专员"以监督政府机构在保护数据方面的行为。❷ 该法生效后，企业开始加强对客户信息的保护，企业网站也开始明确告知客户自身保护数据的措施。但随着互联网带来的新挑战，欧盟层面开始了深化数据保护的改革。

1980年，经合组织通过了《个人数据保护和转移流通操作指南的建议》，试图在欧洲建立统一的数据保护体系。1981年，欧盟制定了《个人数据自动化处理中的个人保护公约》（第108号公约），要求各成员国将其转化为国内立法并进行实施。该公约成为欧盟第一部具有约束力的个人数据保护法律。❸

虽然经合组织发布的上述建议和欧盟制定的上述公约中的数据保护原则得到了大多数国家/地区的同意，但是由于经合组织没有权力执行其建议，欧盟也无法通过立法迫使各国/地区执行其公约，因此，这两份重要文件都没有使欧盟数据保护法实现统一。

1995年，随着计算机的逐渐普及，为解决成员国个人数据保护程度严重不一的情况，欧盟制定了具有法律约束力的《数据保护指令》，意图更好地适应随着网络服务附带产生的个人数据保护方面的新变化。

《数据保护指令》成为当时欧盟数据保护战略的核心，旨在促进个人数据在

---

❶ 金晶. 欧盟的规则，全球的标准[J]. 中外法学，2023，35（1）：46-65.
❷ 李爱君，方颖，方宇菲，等. 德国《联邦数据保护法》[M]//金融创新法律评论：2017年第2辑·总第3辑. 北京：法律出版社，2017：128-164.
❸ 张金平. 欧盟个人数据权的演进及其启示[J]. 法商研究，2019，36（5）：182-192.

欧盟地域范围内自由流通，避免不当干扰，同时也建立了在所有欧盟成员国内基于个人自由和隐私基础权利的共同标准。该指令的出台标志着欧洲个人数据保护进入"大一统"的欧盟法时代。❶

该指令的效力还延伸到了欧盟之外的其他国家。其第25条规定，允许数据转移到欧盟以外的其他国家，只要该国家对个人数据提供足够的保护。该条要求从欧盟接收个人数据的国家提供"充分"的保护。因此，该指令实际上迫使其他非欧盟国家遵守其法规，要么选择与欧盟进行谈判以赢得合规该指令的解释，要么承受无法将企业数据转移出欧盟的后果。

美国为了让本国互联网企业的数据能够在欧洲与美国之间流通，与欧盟进行了相关谈判，双方于2000年6月签订了《安全港协议》（Safe Harbor Agreement）。该协议比照欧盟《数据保护指令》的规定，纳入了企业应遵循的7项关于个人数据保护的要求。2016年7月，欧盟委员会和美国商务部签订名为《隐私盾》（Privacy Shield）的双边协议，从而实现了欧盟与美国跨境数据的流动。

2000年11月，欧洲议会、欧洲理事会和欧盟委员会共同公布了一项《欧盟基本权利宪章》（Charter of Fundamental Rights of the EU），这是三个欧盟重要组织首次共同发布的权利列表。其第8条明确规定：

（1）每个人都享有与其自身相关的数据信息受保护的权利；

（2）这种数据信息必须基于特定目的，在信息主体同意或是法律另有规定的前提下才能被合理加工，每个人都有权了解或是更正被其他机构所收集的关于其自身的数据信息；

（3）这些条款的遵循必须由独立的权威机构所掌控。

2005年，欧盟委员会针对《数据保护指令》的适用进行了一次全面评估。评估报告显示，《数据保护指令》不仅未能实现其制定之初的政策目标，在一定程度上还损害了整个欧盟区域的出版行业与数据库行业。《数据保护指令》的实施，并未提升欧盟数据生产者的竞争力，甚至可能带来了颇多不利影响。❷

2016年4月，欧盟委员会通过了讨论已久的《通用数据保护条例》以替代《数据保护指令》。一方面，该条例引入新的个人信息保护原则，丰富了信息主

---

❶ SLAUGHTER A‐M. The real new world order [J]. Foreign Affairs, 1997, 76 (5): 184‐197.

❷ European Commission. First Evaluation of Directive 96/9/EC on the legal protection of databases [EB/OL]. (2003‐12‐12) [2023‐04‐10]. http://openfuture.eu/wp‐content/uploads/2021/12/2019EC_eualuation_report_legal_protection_databases_december_2005_en.pdf.

体的权利体系，加大了对信息侵权行为的处罚力度。另一方面，该条例增强了欧盟委员会的权利，有利于构建欧盟市场内统一的数据保护标准。由于该条例适用于任何收集、处理、管理或存储欧洲公民数据的组织，因此，其适用于大多数主要的在线服务和收集、处理、管理或存储数据的跨国企业，从而使该条例在本质上成为数据保护中新的全球标准。

2018年5月，《通用数据保护条例》的生效使其成为全球范围内影响最大的个人数据立法之一，也为很多国家/地区建立信息保护法提供了立法实践的借鉴。

2018年10月4日，欧洲议会批准了《非个人数据自由流动条例》。该条例的制定意在与《通用数据保护条例》形成互补，共同完善欧盟境内的数据立法，进一步消除欧盟成员国内的数据流动壁垒，消除数据本地化限制，促进欧盟数据经济的发展，提高数据流通的效率。该条例生效后，此类数据可以在欧盟成员国内部因监管需要而自由流动，并且成员国政府和机构可以访问在欧盟成员国内部存储和处理的非个人数据。

《通用数据保护条例》贯彻了欧盟一贯的数据保护规则，提高了数据分享的门槛，但并未对数据获取、共享和利用的渠道及规则进行规定。欧盟委员会认为，欧盟不缺乏数据量（欧盟公共机构、私营企业和公民产生的数据量预计在2018～2025年增加5倍），但尚未能充分挖掘和释放自身巨大的数据潜力。[1]

为了完善与自身数据量级相匹配的数据共享制度建设，2020年2月，欧盟委员会公布了《欧洲数据战略》（European Strategy for Data）。该战略畅想了欧盟在未来5～10年内构建欧洲数据经济的愿景，旨在在战略层面创设欧盟共同数据空间，强化欧盟在全球数据领域的引导作用，通过"开放更多数据"和"增强数据可用性"促进欧盟数字化转型。

2020年11月，欧盟根据《欧洲数据战略》，公布了第一部立法《数据治理法案》（Data Governance Act）的草案及影响评价报告。该法案草案引入了新的数据共享机制，以多重主体、多重渠道、多重保障的模式，拓宽数据的共享来源，[2] 明确公共部门的数据如何向私营经济分享及企业间的数据共享。该法案已于2022年5月16日被欧盟理事会批准。

---

[1] European Parliament. Data governance: deal on new rules to boost data sharing across the EU [EB/OL]. (2021-11-30) [2023-04-10]. https://www.europarl.europa.eu/news/en/press-room/20211129IPR18316/data-governance-deal-on-new-rules-to-boost-data-sharing-across-the-eu.

[2] 张韬略，熊艺琳. 拓宽数据共享渠道的欧盟方案与启示：基于欧盟《数据治理法》的分析 [J]. 德国研究，2023，38（1）：84-106.

为进一步完善数据共享法规，欧盟对《数据治理法案》进行了规则补充，2022年2月23日欧盟委员会提出新的数据提案——《数据法案》。该法案明确针对的数据类型为物联网（IoT）与工业数据。该法案通过强制企业开放特定非个人数据，旨在促进数据共享和利用，保护中小企业权益，支持公共机构在紧急情况下的数据访问权，并推动数据处理服务的互操作性。法案允许数据持有者向数据接收者收取合理补偿，包括提供数据的成本和技术成本。这种激励措施旨在平衡数据持有者的利益和数据共享的公共利益。这些措施有助于构建一个更加开放、公平和创新的数字市场。构建了对内流通自由、对外限制严格的双轨制治理框架，强调了经济与主权的双重诉求，即通过限制非欧盟国家获取数据减少对外依赖，同时鼓励释放数据价值推动欧盟GDP增长。

在《欧洲数据战略》指导下，2022年4月23日，欧盟成员国与欧洲议会谈判一致通过了《数字服务法案》（Digital Services Act）。该法案提供和完善了一套统一的数字规则，以降低企业遵守欧盟规定的成本。2022年7月18日，欧洲理事会批准了《数字市场法案》（Digital Markets Act）。该法案侧重维护经济秩序，创新提出"守门人"概念，阻止"守门人"从事不合理的商业行为，从而确保重要数字服务市场的公平性和开放性，为数字市场的创新、中小企业的发展提供空间。

2024年3月13日，欧洲议会以压倒性票数正式通过《人工智能法案》。该法案根据人工智能系统对基本权利、安全和社会的影响，将其分为4类风险等级：不可接受风险、高风险、有限风险、最小风险，其对人工智能生成物的数据进行治理，要求生成物的训练数据需要符合该法案对数据质量、偏差控制的要求，生成物若包含个人数据则必须遵循《通用数据保护条例》和该法案的复合监管框架；但未将人工智能生成物直接纳入知识产权保护框架，认为生成物的版权归属仍应遵循"人类创作"原则，而对于无人类干预的生成物，提出通过邻接权或特别权利（如数据库权）间接保护的思路，但需各国自行立法探索。

二、数据的类型及概念

欧盟在数据产业发展初期，就对其进行了相应的立法，因此对数据的划分较为简单。根据是否可以通过数据本身直接或者间接地识别出具体的特定自然人的身份，将数据类型划分为：个人数据与非个人数据。

《通用数据保护条例》中对"个人数据"进行了定义（第 4 条）❶：

　　个人数据是指任何指向一个已识别或可识别的自然人（"数据主体"）的信息。该可识别的自然人能够被直接或间接地识别，尤其是通过参照诸如姓名、身份证号码、定位数据、在线身份识别这类标识，或者是通过参照针对该自然人一个或多个如物理、生理、遗传、心理、经济、文化或社会身份的要素。

欧盟《非个人数据自由流动条例》于 2018 年 10 月 4 日由欧洲议会正式通过，其采用排他性的方式中对"非个人数据"进行了定义（第 3 条）❷：

　　出于本条例目的，适用以下定义：(1)"数据"意指第（EU）2016/679 号条例第 4 条第 (1) 点界定的个人数据以外的数据；……

同时，《非个人数据自由流动条例》在前言部分对"非个人数据"进行了说明 [第 (9) 点]：

　　不断发展的物联网、人工智能和机器学习，反映了非个人数据的主要来源，例如作为它们部署在自动化工业生产过程中的结果。非个人数据的具体示例包括用于大数据分析的聚合、匿名化数据集，有助于监控和优化农药及流水使用的精确农业数据，或者有关工业机器维护需求的数据。如果技术发展可以将匿名化数据转换为个人数据，则此类数据将被视为个人数据，并且相应适用欧盟第（EU）2016/679 号条例。

《非个人数据自由流动条例》要求原则上成员国不得限制非个人数据流动，除非具有"出于公共安全目的且符合比例原则"的例外情况，否则一律在一定程度上废止本地化存储的规定（条例第 4 部分）。可见，在非个人数据方面，欧盟按照是否涉及公共安全为标准，对非个人数据的流通进行划分，只要不涉及公共安全的非个人数据都采取自由流通的态度。

随着自动化生产和数字经济的发展，数据产业兴盛起来，欧盟慢慢关注到非个人数据中"机器生成的数据"（machine-generated data）的保护。

2017 年 1 月 10 日，欧盟委员会向欧洲议会、欧盟理事会、欧盟成员国以及欧洲经济区成员公布了《构建欧洲数据经济》（Building a European Data Economy）的

---

❶ Regulation (EU) 2016/679, General Data Protection Regulation.
❷ Regulation (EU) 2018/699 on the protection of natural persons with regard to the processing of personal data and on the free movement of such data.

通讯[1]，其中认为："机器生成的数据"本质上是非个人数据或匿名后的个人数据。

该文件还认为：机器生成的数据和工业数据本身，因为被认为不是智力努力的结果，所以不能被知识产权保护；另外，如果基于这些数据形成数据集成、分析等结果，由于这些结果可以认为是对设计数据集成过程或分析算法的智力努力的成效，因此，可以被知识产权保护。

三、数据库保护制度

欧洲理事会通过的《关于数据库著作权的指令草案》对数据库的定义是：

> 一种作品、一种诸如其词表、索引或要求以及提供信息系统等电子类型资料的集合，这些资料以电子形式组织、存储、检索和使用。

北欧国家已对不受著作权保护的数据库实施了分类著作权保护——目录规则。欧盟的《数据库法律保护指令》设计了一种混合数据库保护——著作权保护和特别保护。

欧盟《数据库法律保护指令》的特点是，对数据库有特别保护，特别保护的对象不是数据库，而是数据库的内容。特别保护数据库的条件是，数据库的开发者要在数据库的内容上进行大量或高质量的投资，这些投资包括投入时间、资金、智力、资源等。该指令真正要保护的是这些重大投资。

四、特　点

随着大数据时代的来临，全球数据驱动型经济兴起，欧洲为了进一步开拓数据市场并参与全球数据竞争，欧盟体系内开始在立法层面作出相应调整。一方面，欧盟尝试在法律上明确数据相关概念和保护理论，从关注数据的利益保护，转向关注数据权利的数据产权上；另一方面，欧盟逐步更新区域立法与政策文件，从关注个人数据的隐私与安全，转向关注保护包括机器生成数据在内的大数据的自由流通及其共享再利用。

欧盟更多关注个人数据保护，其对隐私数据的保护设定了很高的要求，区分

---

[1] European Commission. Communication on Building a European Data Economy [EB/OL]. (2017-01-10). [2023-04-10]. https：//ec.europa.eu/newsroom/dae/redirection/document/41205.

了"敏感数据"和"非敏感数据"。例如,意大利《有关个人和其他主体的个人数据处理的保护法》第22条规定❶:只有当数据主体根据批准作出书面同意的情况下,才能处理那些允许对种族或民族起源、哲学或其他的信仰,政治观点,政党、商会、协会的成员资格或带有宗教、哲学、政治或商会性质的组织的成员资格,以及健康状况和性生活进行公开的个人数据。

欧盟利用完善的个人敏感数据保护制度,对外处罚众多科技企业,增加欧盟外科技企业的合规成本,对内保证个人数据在欧盟成员国之间的自由流动,为欧盟数字化单一市场战略打下了坚实基础。

欧盟意欲实现促进、鼓励与改善"机器生成的数据"的访问与共享。❷ 其发布了针对非个人数据自由流通的提案,促进连接和鼓励高效算法的倡议等,其致力于打造一个切实可行的欧洲共同数据空间。2017年,《构建欧洲数据经济》首次提出了"数据生产者权"(data producer's right),启动了有关非个人数据自由流动、访问和复用公共及公共财政资助所获得数据的项目,还指出私营部门中涉及公共利益的数据需要采取进一步措施。虽然欧盟已通过《非个人数据自由流动条例》对非个人数据自由流动的一般性问题作出立法规定,欧盟也拟通过"数据生产者权"来对机器生成的非个人数据/匿名数据加以规制,但由于《非个人数据自由流动条例》仅在宏观上禁止了对数据流通的限制,未对数据流通过程中具体问题作出相应的规定,因此"数据生产者权"在现行法律体系中尚缺乏法律保护,该概念在法学界也存在颇多争议。因而,相较个人数据立法规定,欧盟有关非个人数据的规定仍有待细化与完善。

第三节 美国数据产权发展历史和最新进展

一、美国数据产权的历史梳理

(一)联邦法律

美国很早就关注到公民个人隐私权,而个人信息被认为是"隐私权"的一

---

❶ 周汉华. 域外个人数据保护法汇编[M]. 北京:法律出版社,2006:230-231.
❷ STEPANOV I. Introducing a property right over data in the EU: the data producer's right: an evaluation [J]. International Review of Law, Computers & Technology, 2019, 34(1): 65-86.

部分，受到美国联邦宪法第四次修正案的保护。

鉴于宪法作用的局限性，美国国会发布了多项与个人数据保护相关的联邦法律。这些法律的目的和范围差异很大，采取了分行业分散立法的模式。

1974 年的《隐私法案》(Privacy Act)，是世界上最早提出并通过法律对隐私权予以保护的联邦法律。❶ 该法案明确了信息主体的主要权利、政府机关的主要义务、民事救济措施，对政府机构应当如何收集个人信息、什么内容的个人信息能够储存、收集到的个人信息如何向公众开放及信息主体的权利等都作出了详细的规定，以此规范联邦政府处理个人信息的行为，平衡隐私权保护与个人信息有效利用之间的紧张关系。

1996 年，克林顿政府签署了《健康保险携带和责任法案》(Health Insurance Portability and Accountability Act)❷。2000 年 12 月，公布了个人健康信息（protected health information，PHI）的隐私保护标准和实施指南。《健康保险携带和责任法案》要求：医疗机构在收集、处理和传输个人健康信息时采取适当的保护措施，确保持有的个人健康信息不会被未经授权的情况下获取；医疗机构必须告知患者关于他们信息安全措施的详细说明，以及在何种情况下信息可能会被披露；在发生信息泄露时，应当在 60 日内告知受影响的患者。

1999 年 11 月 12 日，《金融服务现代化法案》(Gramm – Leach – Bliley Act) 正式颁布。该法案对金融服务行业进行变革，允许商业和金融机构、证券公司和保险公司整合并解决有关保护消费者隐私的问题。其中第 5 章设立了有关保护客户隐私的条款❸，强调对消费者权益的保障，规定金融机构有义务确保客户信息的安全与机密性。《金融服务现代化法案》及其实施细则要求，金融机构必须每年都以书面或电子文档的形式清楚明确地告知消费者有关其向联营机构（affiliates）和非联营第三方（nonaffiliated third parties）披露非公开个人信息（nonpublic personal information）的具体政策和程序，金融机构必须通过"管理、技术、物理防护"等手段来确保非公开个人信息的安全。

作为全球第一部征信立法，美国《公平信用报告法案》(Fair Credit Reporting Act) 1970 年颁布。1996 年的《消费者征信改革法案》、1999 年的《金融服务现代化法案》、2003 年的《公平和准确信用交易法》对《公平信用报告法案》进

---

❶ 5 U. S. C. § 552a, THE PRIVACY ACT OF 1974.

❷ Act/1996, Public Law 104 – 191, (HIPAA) of 1996 [EB/OL]. [2023 – 04 – 13]. https://www.stdlibrary.com/p – 1967160.html.

❸ 美国金融服务现代化法 [M]. 黄毅, 杜要忠, 译. 北京：中国金融出版社, 2000.

行了几次大的修订，其对消费者金融产品和服务的传统管辖权进行扩展，以保护消费者数据。该法案还规定了允许披露消费者信用信息的情形，包括审查借款人的信用状况以及消费者要求披露信用报告等。

1974年通过的《家庭教育权和隐私权法案》（Family Educational Rights and Privacy Act）保护教育机构收集的教育信息，1986年制定的《电子通信隐私法》（Electronic Communications Privacy Act）是美国目前有关电子信息最全面的立法，其禁止未经授权的第三方截取或泄露通信。1986年通过的反黑客法律《计算机欺诈和滥用法案》（Computer Fraud and Abuse Act），对未经授权而侵入计算机并获得了他人信息的行为规定了法律责任。1988年通过的《视频隐私保护法案》（Video Privacy Protection Act）保护租赁、买卖或交付录像带和视听资料过程中的个人隐私。1992年通过的《有线电视法案》（Cable Act）针对通信运营商收集和披露消费者个人隐私信息进行了规定。1998年，国会通过了《儿童在线隐私保护法》（Children's Online Privacy Protection Act），保护儿童个人信息免受商业网站侵犯。2010年通过的《金融消费者保护法》（Consumer Financial Protection Act）围绕消费者知情权、消费者个人信息保护、消费者投诉等问题，加大了程序保障力度，旨在加强对金融消费者的保护，并成立了消费者金融保护局（Consumer Financial Protection Bureau）来执行相关监管职责。

2022年6月3日，美国参议院和众议院发布了《美国数据隐私和保护法》（American Data Privacy and Protection Act）草案，对公司如何处理个人数据提出了要求，特别是它要求涵盖的实体和服务提供商将个人数据的收集、处理和传输限制在提供所请求的产品或服务合理必要的范围内。此外，该法案草案规定了对消费者数据的法律保护，包括访问、更正和删除其个人数据的权利，并要求公司为个人提供选择退出定向广告的方式。

（二）州隐私法

美国第一部全面的数据隐私法是2018年加利福尼亚州通过的《加利福尼亚州消费者隐私法案》（California Consumer Privacy Act）。加利福尼亚州作为美国人口最多的州，也是经济最发达的州，经济体量巨大，一大批对全球信息产业来说举足轻重的科技公司都坐落于此。因此，对于任何想要打开美国市场的互联网企业，加利福尼亚州都是一个必争的重要市场。《加利福尼亚州消费者隐私法案》虽然是州级立法，但它的立法意义远不止于美国一州。

2020年11月，加利福尼亚州选民通过了《加利福尼亚州隐私权利法案》

（California Privacy Rights Act）。该法案旨在加强和扩大州立法机构通过的《加利福尼亚州消费者隐私法案》，于2023年生效。

除《加利福尼亚州隐私权利法案》和《加利福尼亚州消费者隐私法案》之外，加利福尼亚州还有许多部门法涉及保护个人信息和加利福尼亚州居民的隐私，其他隐私法案包括：《数据泄露法案》（Data Breach Law）、《阳光法案》（Shine the Light Law）、《加利福尼亚州侵犯隐私法案》（California Invasion of Privacy Ac）。

《弗吉尼亚州消费者数据保护法案》（Virginia's Consumer Data Protection Act）于2021颁布，使弗吉尼亚州成为美国继加利福尼亚州之后第二个通过全面数据隐私法的州。《弗吉尼亚州消费者数据保护法案》对管理消费者个人数据的企业规定了新的义务和责任。该法案在结构上与《加利福尼亚州隐私权利法案》非常相似，旨在为其消费者提供增强的数据保护，并对违规行为进行行政追责。

2021年7月，美国科罗拉多州州长签署颁布了《科罗拉多州隐私法案》（Colorado's Privacy Act），使科罗拉多州成为第三个颁布全面隐私立法的美国州。该法案设置了适用范围，仅适用于每年收集和存储超过10万名消费者数据或从超过25000名消费者数据中赚取收入的企业，明确了消费者享有访问权、纠正权、删除权、数据可携带权、选择退出权和申诉权等权利，还规定了数据处理者的相关义务。

犹他州州长于2022年3月签署了《犹他州消费者隐私法案》（Utah Consumer Privacy Act），使犹他州成为美国第四个颁布综合性消费者隐私法的州。相较上述三州的消费者隐私法，采取了一种更为宽松且商业友好的态度。《犹他州消费者隐私法案》在延续了《科罗拉多州隐私法案》限缩适用范围的前提下，还另行规定了豁免适用的诸多情形，包括实体层面的豁免和信息层面的豁免。根据《犹他州消费者隐私法案》，犹他州的消费者不再享有私人诉讼权，如果他们希望就违法行为提出索赔，需要先经消费者保护部门和司法部长办公室的双重调查和处理。犹他州的消费者保护部门将建立消费者投诉接收管理系统，该部门可以针对消费者投诉展开调查以确定控制者或处理者是否存在违反该法案规定的行为。

随着越来越多的州在立法机构中通过法律，州一级的消费者数据隐私法倡议将继续激增。各州以保障数据产业的发展为立法宗旨，针对不同行业开展了相关立法工作。目前，美国所有50个州、哥伦比亚特区、关岛、波多黎各和美属维尔京群岛都有法规要求将数据泄露事件报告给受影响的个人。很多法规是由辖区内居民的个人信息泄露引发的,因此,美国根据发生违规事件涉及居民的地域,将适用联邦和各自州的法律。

二、数据管理模式

互联网诞生于美国,美国拥有世界上规模最大的互联网跨国巨头企业,在数字经济中的方方面面都具有难以撼动的优势地位,世界上的数据主要由其他国家/地区不断流向美国,这些数据资源也就被美国持有。因此,美国天然享有数据本地化存储的便利。

美国基于其商业利益优先的价值取向制定了相应的数据管理模式。一方面,为了方便数据流入本国,美国支持包括个人数据在内的数据跨境自由流动,在法律规范上立法宽松,并加入一系列国际协定,例如欧盟-美国隐私盾框架、瑞士-美国隐私盾框架和亚太经济合作组织跨境隐私规则体系(APEC Cross-Border Privacy Rules System,以下简称"APEC CBPR 体系"),还特别制定了《澄清境外数据合法使用法案》(Clarifying Lawful Overseas Use of Data Act),从而规范境外数据在国内的获取与使用;另一方面,对美国国内重要的行业及领域产生的数据,采用清单管理等方式限制其流动,涉及国家安全或重要利益的数据认定为重要数据,对其流动进行严格限制。

关于数据保护机构,美国没有中央的数据保护机构,根据具体法规设置了监管机构的执法权,有些法规只允许联邦政府执法,有些允许联邦或州政府执法,有些允许受害消费者通过私人诉讼权执法。涉及的主要机构包括:

(1)行政管理和预算局(Office of Management and Budget,OMB)。根据《联邦信息安全管理法案》(The Federal Information Security Management Act),行政管理和预算局具有负责监督联邦政府的网络安全和合规举措的监督权,可以建立网络安全标准和指南,并确保联邦机构遵守这些标准。

(2)国土安全部(United States Department of Homeland Security,DHS)。通过情报分析、边境管控和关键基础设施保护,防止恐怖分子进入美国境内并实施袭击,还汇总来自联邦调查局(Federal Bureau of Investigation,FBI)、中央情报局(Central Intelligence Agency,CIA)等部门的情报,评估潜在威胁并制定应对策略。国土安全部具有制定管理机构信息安全政策并监督具体落实的权力。其还设置了隐私办公室和公民权利与公民自由办公室,监督国土安全部的行动,确保其符合隐私保护和公民权利的法律要求。

(3) 美国商务部。美国商务部具有增强网络安全意识和保护网络安全、保护隐私、维护公共安全和国家安全的职能。其直属机构美国国家标准与技术研究院与其他公共和私营部门合作研制了"网络安全框架",该框架能够提升各机构的网络安全准备工作。该框架允许各个机构,无论其规模、受网络威胁程度或网络复杂度,都可以应用一些准则和风险管理的最佳实践做法来提升关键基础设施的安全和弹性,并提出了网络安全要求的最佳实践。

(4) 美国联邦贸易委员会。该委员会的职责包括:负责对各种隐私和网络安全相关主题进行研究并发布报告;对企业的欺骗性隐私政策或数据滥用行为如数据泄露等,展开调查并处罚相关公司;制定并执行《儿童在线隐私保护法》,规范儿童数据收集;发布《健康数据合规指南》等,细化数据安全标准;推动联邦隐私立法(如《美国数据隐私和保护法案》),倡导数据最小化、用户控制等原则。

(5) 美国证券交易委员会(United States Securities and Exchange Commission,SEC)。根据 Sarbanes – Oxley 法案❶,相关公司需要保证内部信息尤其财务信息的安全,相关项目必须向该委员会报告。依据非公开个人信息保护规则(Regulation S – P: Privacy of Consumer Financial Information and Safeguarding Personal Information)、"红旗规则"(Regulation S – ID: Identity Theft Red Flags),要求券商、投资顾问等金融机构制定政策保护客户非公开信息(如账户数据),防范数据泄露和身份盗用。该委员会负责监督加密货币交易平台的数据透明度,打击虚假信息披露和操纵市场行为。

(6) 美国国防部(United States Department of Defense,DOD)。美国国防部可以对向其或政府销售商品或服务的企业进行监督。2016 年其发布了《国防联邦采购条例》,要求所有指定承包商和国防工业基地都必须符合条例中的相关要求,对受控技术信息(在访问、使用、复制、修改、性能、展示、发布、披露或传播方面受到控制的军事或太空应用技术信息)和受控的未分类信息(需要依法、法规或政府范围内的政策来保护或传播控制的信息)提出了网络安全法规。

---

❶ Sarbanes – Oxley 法案第 302 条和第 404 条要求上市公司采用并报告内部控制的有效性。第 302 条规定首席执行官和财务官有责任证明适当的内部控制是有效的,并且与第 404 条一起规定了上市公司必须测试这些控制的有效性并将结果报告给董事会。这一要求隐含了实施和评估信息安全内部控制的义务。

三、人工智能生成物的保护

（一）专利保护

美国专利商标局很早就关注到了关于人工智能的专利问题。

2019年1月，美国专利商标局举办"人工智能：知识产权政策考虑因素"的研讨会，会后根据会议探讨的问题，发布了"关于人工智能发明专利的征求意见"的评论请求。其中认为：人工智能在各种技术应用中变得越来越重要。利用了人工智能的发明或由人工智能直接开发的发明通常被称为"人工智能发明"。由于人工智能的执行总是需要某种形式的计算机参与实现，因此，"人工智能发明"的讨论通常与计算机相关的许多专利性问题密切相关。"人工智能发明"依赖于发明人、开发者和系统用户的大量开发和培训。美国专利商标局已经研究人工智能发明数十年，并且已经在许多必然会与"人工智能发明"相关的领域发布了指导。其希望与创新界和人工智能专家合作，确定是否需要进一步指导，以提高这些发明专利的可预测性和可靠性，并确保适当的专利保护激励措施，以鼓励在该关键领域及其相关领域的进一步创新。

美国专利商标局认为，与人工智能相关的发明可以被视为计算机实现的发明的子集，因此，其发布的《专利审查操作指南》对此作出了相关的规定。

在专利性的审查标准上，《专利审查操作指南》第2106章提供了关于专利客体适格性的一般指导；第2106.04（A）条讨论了须证明人工智能发明解决了特定技术问题（如医疗诊断算法优化），避免落入抽象思想例外；第2161.01条提供了关于计算机实现的功能性声明限制的公开要求的指南，即专利申请须清晰披露人工智能模型架构、训练方法及技术效果；第2181条为审查手段加功能［35 U.S.C. 112（f）］限制提供了一般指南，权利要求若涉及"人工智能系统执行某功能"，须提供对应算法或硬件支持的充分说明；第2181（Ⅱ）（b）条为支持援引35 U.S.C. 112（f）的权利要求限制所需的描述提供了指南；第2173.05（g）条讨论了不调用35 U.S.C. 112（f）的功能限制。

美国专利商标局首席经济学家办公室（the Office of the Chief Economist, OCE）发布了"人工智能专利数据集"（Artificial Intelligence Patent Dataset, AIPD），识别了包括人工智能专利数据集的美国专利和授权前出版物。该办公室还发布了两个数据文件。第一个数据文件标识了在1976年之后发布的美国专利和预授权出版物（PGPUB），其包含若干人工智能技术组件中的一个或多个（包括机器学习、自然语言处理、计算机视觉、语音、知识处理、人工智能硬件、进化计算）。其使用机器学习方法生成该数据文件，该方法分析专利文本和引用以识别美国专利文献中的人工智能的方法，但是还包括对专利权利要求的分析，以更好地识别包含在本发明的技术和法律范围中的人工智能。第二个数据文件包含用于训练机器学习模型的专利文档。

人工智能专利数据集中包括了很多利用了人工智能的发明或由人工智能直接开发的发明，但人类在发明中都起到了不可或缺的作用。也就是说，美国专利商标局仅授予人工智能辅助产生的发明专利，即使人工智能生成物已经达到了专利性的客观条件，但由于人工智能不被专利法认可为权利人，其人工智能生成物还得不到现行专利法的保护，在专利数据中，人工智能仅能作为工具辅助创新。

（二）合同的保护

1999年7月美国统一州法全国委员会通过并向各州推荐采用《统一计算机信息交易法》，其中对计算机信息的交易进行了诸多创新性的规定，体现了软件交易与传统货物交易的区别。结合人工智能生成物属于信息的属性，该法对人工智能生成物的保护具有积极参考意义。

"电子智能体"的提出可追溯到1999年实施的《美国统一电子交易法案（修订稿）》第2条：电子智能体指的是非经人的操作或审核就能全部或部分独立地发起某种行为或应对电子记录或履行的计算机程序、电子手段或其他自动化手段。

《统一计算机信息交易法》第107条（d）款规定：任何人如使用其选择的电子智能体进行签章、履行或订立协议，包括意为同意的表示，应受电子智能体操作的约束，即使个人对电子智能体的操作或操作结果不知道或没有审查。

具体来说，电子智能体指的是电子程序或其他自动化手段。设立的初衷是将人从没有技术含量且不断重复的交易事项中解放出来，仅是设置者订立、履行合同的辅助工具，是设置者意志的延伸。

第605条"履行中的电子控制"中规定：

> 本条中的"自动限制"，是指其主观目的是控制信息的使用的程序、密码、设施，或类似的电子的或物理的限制。当事人有权对信息的使用实施限制，可以包括信息或副本中的自动限制，并在以下情况使用：

(1) 协议的条款授权限制的使用；

(2) 该限制阻止与协议条款不相一致的使用；

(3) 该限制阻止合同规定的有效期或次数届满后的使用；

(4) 该限制阻止合同终止后的使用，而非规定的有效期或次数届满后的使用，并且许可人对被许可人在进一步使用前发出了合理的通知。

……

该条不仅在立法上肯定了权利人可以通过技术手段进行私力救济的权利，而且也注意到了限制权利人对电子控制的滥用。

尽管电子智能体不享有独立的法律人格，这表明它们仅作为实现人类意图的技术工具存在，但对于探讨人工智能生成物的法律主体性问题提供了重要的参考。电子智能体无法与自然人相提并论，由于没有独立的财产，也无法与法人等拟人组织置于同等地位。但电子智能体与人工智能极为相似，甚至可以认为电子智能体概念中指的"自动化手段"应当包括人工智能。而电子智能体成为人工智能实现法律主体资格的一种可能方式。

四、特　点

当前，美国通过专利法限制主体资格与合同法自治的双轨制应对人工智能生成物保护。专利保护上还无法覆盖无人类干预的自主人工智能发明，但随着人工智能的飞速发展，如何确定一项专利中人类创造性贡献的程度，如何保护完全自主人工智能生成的创新技术，成为美国专利商标局首要反思的内容。2023年，其提出了"人类创造性贡献阈值"的概念，意图对人工智能辅助发明的审查提供更为细化的规则。接着，在2024年发布了《人工智能辅助的发明的发明人身份指南》及《2024年专利客体适格性指南更新：包含人工智能》，它明确了只有自然人才能被认定为发明人，并提出了评估自然人在人工智能辅助发明中的贡献的具体原则。是否修改法律承认人工智能为"人类共同发明人"或赋予开发者代位权利，以应对完全自主人工智能技术的发展，也成为美国立法者思考的问题。

合同保护上，当约定存在过度倾向某一方（如互联网平台）的条款时，权益分配条款可能违反《合同法重述（第二版）》［Restatement（Second）of Contracts］第208节"显失公平的合同或条款"中体现的"显失公平原则"，从而造成格式条款"公平性"的问题；而当美国企业面对全球用户时，合同则需同时满足欧盟《数据法案》的共享义务与中国《生成式人工智能服务管理暂行办法》的合规审查，这也给合同需跨法域兼容的设计带来了挑战。

第四节　日本数据产权发展历史和最新进展

一、日本数据产权的历史梳理

（一）个人数据

1980年经合组织提出的《关于隐私保护与个人资料跨国流通的指针的建议》，要求在谋求个人信息保护的同时要考虑到个人信息自由流通的必要性，这是个人信息保护的国际基本原则。

日本作为经合组织的成员需要在国内法中予以回应，因此日本对个人信息保护法律制度进行了修整。1988年，日本首先针对行政部门的个人信息保护制定了《行政机关持有的计算机处理个人信息保护法》，该法成为日本的第一部数据保护立法。

随着日本民众对个人信息泄露的关注，日本于2000年通过了《高度信息通信网络社会形成基本法》，声称是为了应对因信息通信技术在全球范围流行而产生的社会经济结构急剧变化的情况，制定适应高度信息化和网络化的社会、体现基本理念和措施的政策，规范国家和地方政府的责任和义务；并设立高度信息和通信网络社会推进战略总部，通过制定关于形成高度信息和通信网络社会的重点计划，从而迅速和重点地推进关于形成高度信息和通信网络社会的措施。

该基本法的出台，不仅使日本与国际个人信息保护法律体系相融合，满足了1995年欧盟有关个人数据保护指令的要求，消除了个人数据从欧盟向日本转移的法律障碍，而且也促进了日本在个人信息保护方面法律体系的完善。

高度信息和通信网络社会推进战略总部的个人信息保护法制化专门委员会在2000年10月提出了"个人信息保护基本法大纲"。在该大纲的指引下，2003年，日本国会通过了5项与个人信息保护相关的法律草案，分别是《日本个人信息保护法》《行政机关所持有的个人信息保护法》《独立行政机构所持有的个人信息保护法》《信息公开——个人情报保护审查会设置法》《行政机关个人信息保护法》。这些法律分别针对不同的数据持有主体，体现了个人信息处理的基本理念，阐明了政府制定的基本政策、其他关于保护个人信息的措施及国家和地方政府的责任和义务，规定了处理个人信息的公司和行政机构等应遵守的义务，通过设立个人信息保护委员会，确保行政机构处理数据事务的顺利运行。其目的是通过个人信息的适当和有效利用促进创新工业的发展，实现有活力的经济社会和富裕的民生。

2014年，日本制定了《网络安全基本法》，明确了网络安全战略的法律地位。该法旨在加强日本政府与民间在网络安全领域的协调和运用，更好地应对网络攻击。该法首次从法律上定义了"网络安全"的概念，明确了网络安全的基本原则与政策，规定设立网络安全战略总部，负责制定网络安全战略并保障其实施，从法律上实现了网络数据的安全保障。

（二）人工智能与数据

2016年通过的日本《促进公私数据利用基本法》中，首次明确了人工智能与数据协同的重要性：考虑到保持日本公私部门自力更生的数据利用技术能力的重要性，国家实施必要措施促进人工智能相关技术、物联网利用相关技术、云计算服务相关技术和其他先进技术的研发和验证并传播成果（第16条）。为了推进公共和私营部门数据利用，设计有效和高效的公共和私营部门数据利用，必须促进利用人工智能相关技术、物联网利用相关技术、云计算服务相关技术和其他先进技术（第3条）。

为了促进健康和医学领域的先进技术研究，形成健康长寿的社会，2017年日本通过了《促进医学领域研究和开发的匿名医学数据法》。该法对国家责任、基本政策的制定、匿名医疗数据生产人员的认证、医疗及相关信息和匿名医疗数据的处理等事项作了相关规定。根据该法，高校和研究机构可以将医疗机构所掌握的患者医学信息作为大数据在更灵活的范围内加以利用。该法有助于在医疗领域研究和开发的匿名医疗数据的使用，促进先进医疗技术的研究和开发。

随着数字社会的形成，为了增强日本的国际竞争力和提高其公民的便利性，2021年，日本提出《数字社会形成基本法》。该法废除了《高度信息通信网络社会形成基本法》，通过为战略制定基本原则和基本政策，确定国家政府、地方政府和企业经营者的责任，期望迅速和彻底地推行形成数字社会的战略。该法规定除了可以通过互联网和其他先进的信息网络，安全且自由地搜集、获取、共享相关信息和知识，还可以利用人工智能、物联网、云计算服务等先进通信技术来对信息进行获取处理，形成数据安全合理和有效利用的社会。

2022年4月生效的修订后的《日本个人信息保护法》，新增了匿名化个人数据概念，消除了隐私规则的阻碍，将会使人工智能活动更加活跃。该法设定了人工智能使用个人数据的规则。

人工智能收集个人数据，无须取得数据主体的同意，但数据的使用目的必须在收集之前已披露或告知了数据主体，并且要求适当收集。也就是说，当供应商收集个人数据用于分析或开发人工智能系统时，应当被限制在数据主体合理预期的类型，并且确保透明度。

人工智能使用个人数据，应仅限于在使用前已经向数据主体披露或告知的使用目的。如果增加使用目的，供应商必须调整使用目的，并向数据主体披露或告知该目的。也就是说，必须在数据主体所获悉或被告知的使用目的范围内，供应商使用个人数据开发人工智能相关系统或开展人工智能相关分析才是被允许的。

人工智能系统或软件的数据传输通常不含有个人数据。但出现人工智能系统或软件传输个人数据时，必须事先取得数据主体的同意，除非该传输是基于委托、共同使用或企业承继（例如并购），或者该传输属于《日本个人信息保护法》中明确认定的例外情形，例如公共利益。

二、人工智能数据的知识产权保护

人工智能的开发与数据密切相关，专注于机器学习和数据收集及处理。人工智能在各个阶段的相关数据都可能涉及知识产权的问题。

（一）学习阶段

人工智能学习阶段可能涉及的是原始数据和训练数据。

原始数据是通过传感器、照相机等某种方法收集/蓄积的数据。

原始数据包含个人信息时，在日本将受到相关法律约束并会被数据保护监管。

原始数据如果包括照片、音频、视频和小说等作品，则需要从这些作品的作者处获得著作权，或与相关利益方事先通过合同约定。否则，使用这些原始数据可能构成《日本著作权法》下的侵权。

日本文部省1984年成立了"第七委员会"，针对数据库本身及其包含的信息进行研究，1986年对《日本著作权法》进行了修改，其中规定：数据库进行情报选择或系统整理以及索引词的编写和其他方面所做的工作，如有创造性，可以作为作品享有著作权保护。[1] 日本为了应对人工智能的快速发展，方便著作权认定的灵活性和创作者的法律确定性，在《日本著作权法》修订时考虑了人工智能因素，在 2019 年 1 月生效的修订版《日本著作权法》中，消除了部分阻碍人工智能著作权认定的障碍。

《日本著作权法》第 30-4 条对"不以享受作品所表达的思想或感情为目的的利用"进行了说明：

> 在下列情况下，不以自己享受或者让他人享受该作品所表达的思想或者感情为目的的，允许以任何方式、在必要的程度上利用该作品。但是，根据作品的性质或目的或其开发的情况，该行为会造成不合理地损害版权所有者的利益的除外。
>
> 1. 如果在测试中使用，开发或投入实际使用与记录工作或其他此类开发的声音或视觉相关的技术；
>
> 2. 用于数据分析（指从大量作品或其他大量此类数据中提取并构成的组成语言、声音、影像或其他统计分析）；
>
> 3. 除前两项中所阐述的之外，如果是被在计算机数据处理过程中利用，或者以不涉及人类感官感知的工作中表达的内容的方式被利用（对于计算机编程的工作，这种利用排除了在计算机上执行）。

第 47-4 条对"在计算机上对作品的附带作品的利用"进行了说明：

> 在以下情况或类似的情况下，人们可以以任何方式并且在认为必要的程度上在计算机上利用作品（包括使用信息和通信技术的利用）。但是，根据作品的性质或目的或其开发的情况，该行为会造成不合理地损害版权所有者的利益的除外。
>
> 1. 如果在计算机上是通过使用该作品的副本来利用该作品，或者在接收到这样的传输之后正在利用作为无线通信或有线电信传输的作品，并且如果在计算机为了利用该作品而进行的数据处理的过程中，将该作品记录在该计算机的记录介质上，使得其可以平滑且有效地执行该数据处理；
>
> 2. 以通过公共传输装置自动供其他人传输数据为目的，将这些已允许传输的作品记录在记录介质上，用以防止在自动公共传输中出现的迟滞或故障，或者为了更加有效地进行传输，利用中继对已允许传输的作品进行自动

---

[1] 小野昌延. 知识产权 100 点 [M]. 李可亮, 马庆田, 译. 北京：专利文献出版社, 1992：24-50.

公共传输；

　　3. 在通过信息通信技术的方法提供信息的情况下，为了顺利或高效地传输，在事先准备的电子计算机上进行信息处理，进行向记录介质的记录或改编。

第47-5条对"电子计算机的信息处理及其结果的提供所附带的轻微利用等"进行了说明：

　　在作品开发的过程中，利用计算机处理数据产生新的知识或信息（限于符合法律规定的个人，并至少部分参与了该处理过程），则使用的数据可以包括已公开或已向公众提供的作品内容，这类作品被称为"可获取或提交的作品"（仅限于已公开或可供传播的作品）。

　　在实施上述活动时，如果属于对这些作品进行的少量利用（根据利用部分占作品整体的比例、利用部分的数量、利用时相关指示的准确性及其他因素判断，限于较小范围的利用，下文称为"轻微利用"），才是允许的行为。但以下情况不适用：若实施轻微利用的人明知被处理的作品构成著作权侵权（对于向国外公众提供或提交的作品，如发生在日本境内也将构成著作权侵权）；或者根据作品的性质或目的，实施轻微利用将以其他方式不合理地损害著作权所有者的利益。

　　以下为具体适用情形：

　　1. 使用电子计算机通过检索得到的信息（以下在本项中称为"检索信息"），仅涉及作品标题或作者姓名的部分；与发送方标识相关的搜索信息（指用于识别自动公共传输发送方的字母、数字、符号或其他标记；第113条第2项和第4项中相同），检索结果仅包含了识别或位置的相关信息；

　　2. 通过电子计算机进行信息分析并提供其结果；

　　3. 超出前两项的范畴，通过计算机处理数据产生新的知识或信息，该结果可提升公民生活的便利性。

可见，第30-4条包括被输入到计算机程序中以执行深度学习活动的原始数据，认为以作品的受著作权保护的表达不被用户感知的形式访问数据或信息，并不会对权利持有者造成任何损害。对于人工智能系统，分析和理解用于机器学习的受著作权保护的作品，并不会构成著作权侵权。

第47-4条认识到人工智能执行机器学习活动时，通常原始数据都包括作品的电子附带副本。针对这样的数据进行学习并不损害著作权所有者。

第47-5条关注到数据验证对于研究人员非常重要，并且对权利持有者无害。因此允许在进行研究时使用受著作权保护的作品进行数据验证。该条允许人工智能系统通过文本和数据挖掘获得的结果和见解进行数据验证，其中对包含原始数据的数据库进行搜索也不会构成著作权问题。

原始数据满足"商业秘密"的全部要件，则会受到《日本不正当竞争防止法》的保护。如果原始数据不受《日本著作权法》或《日本不正当竞争防止法》保护时，日本建议利益相关方通过签订合同规定数据使用条款的方式进行保护。

关于训练数据，由于原始数据大多是包含缺失值、离群值等不适合直接进行学习的数据，因此，在这样的情况下，需要对原始数据实施某种加工。

从原始数据经过处理程序处理后形成的训练数据，在日本都可以作为"数据集作品"受到《日本著作权法》的保护。如果训练数据构成由"信息的选择或系统构建"产生了智力创造，则训练数据的创建者是著作权人，除非另有合同约定。

（二）利用阶段

在利用阶段的"学习完成模型"通常是一个计算机程序算法，如果该模型满足可专利性的条件，则在日本可以作为程序发明受到《日本专利法》的保护。如果该模型涉及的学习方法（例如包括训练数据的选择、学习的顺序、合并或组合方法以及调整参数的方法等）满足可专利性的要求，则在日本可以作为方法类发明受到《日本专利法》的保护。

而"学习完成模型"涉及的程序源代码，如果符合作品的条件，在日本可以作为程序作品受到《日本著作权法》的保护［《日本著作权法》第2条第（1）款（ⅹ）项和第10条第（1）款（ⅸ）项］。

在利用阶段，在日本当前的法律制度下，如果人工智能生成物，可以认为是"人类"在生成人工智能生成物的过程中，将人工智能作为工具，自身完成的创造性活动，则人工智能生成物可以作为人所完成的作品或发明依据《日本著作权法》或《日本专利法》受到保护。

日本是大陆法系国家中为数不多的在法律和政策上尝试回应人工智能生成物法律保护问题的国家。其在2016年颁布了《知识财产推进计划2016》，将人工智能生成物的法律属性问题提上了日程；但也认为，人工智能自动生成的内容不属于著作权的客体，原因就在于：人工智能自动产生的创作物（即人工智能生成

物），并非《日本著作权法》第 2 条第（1）款规定的"表现思想或者情感的作品"，也就根本不存在对其享有的著作权。❶

三、特　点

进入 21 世纪以来，日本出台了大量的数据战略相关法案。日本在促进数据内循环的基础上，又将目光投向了数据外循环，把保障数据外循环畅通的一大关键点落在构建数据贸易规则"日本模式"之上。日本正尝试在美、欧模式之间走一条折中之路，与新加坡、澳大利亚等数据贸易中等强国强化联系，打造"日本模式"并试图整合亚洲数据贸易规则。❷

日本较早地以立法形式明确了数据利益归属，但其仍然非常重视数据控制与获取使用间的平衡，防止将数据利益之"网"铺得过大，限制数据使用活力。❸

一方面，为促进国内经济发展，日本提倡数据自由流通，目前的立法中未限定对数据提供排他权保护，以防止阻碍数字创新。例如，对于数据的保护，《日本不正当竞争防止法》规定"未经授权的获取"、"严重违反诚信原则"和"后续恶意转得"三种行为将被视为不正当竞争行为。在法律责任方面，日本赋予数据控制者停止侵害、废弃侵权工具、废弃侵权产品等禁止请求权，损害赔偿请求权和信用恢复等民事救济措施。在修法过程中，日本曾讨论引入刑事措施。但基于对刑事制裁的引入可能造成数据交易滞缓后果的担忧，《日本不正当竞争防止法》的数据限定条款并未设置刑事责任。❹

另一方面，为了充分挖掘数据潜力、促进数据交易和使用、深化数据投资与赋能，日本政府发布了诸多准则、指南、方针等文件，用于指导具体的数据活动。例如，对于人工智能相关数据，日本虽然没有系统明确的法律进行规范，但在实际操作上，增加了"合同"的方式进行处理，更加灵活和务实地解决了实际中碰到的诸多问题，对于原始数据、机器学习数据集和人工智能生成的数据等，日本给出明确的定义，并给出主要依据合同中建立权利和使用条款的方法解

---

❶ 曹源. 人工智能创作物获得版权保护的合理性［J］. 科技与法律，2016（3）：488 – 508.
❷ 张永涛. 数字贸易规则"日本模式"：构建路径与发展趋向［J］. 现代日本经济，2023，42（3）：23 – 34.
❸ 林秀芹. 数据治理的域外经验与启示［J］. 人民论坛·学术前沿，2023（6）：35 – 38.
❹ 刘影，眭纪刚. 日本大数据立法增设"限定提供数据"条款及其对我国的启示［J］. 知识产权，2019（4）：44 – 53.

决相关责权分配的思路；针对数据利用，商业上建议选择数据交易中介，并提出交易时考虑的重点，即中立性、稳定操作的收入、关于安全性和透明度的义务和责任等；在订立相关合同时，根据数据的性质和类型（机密性、提供频率等）确定使用范围和限制的方法，通过合同限制具体交易中供应商的责任范围，保证了实际操作的完成。

日本期望数据保护与数据利用的平衡，在未来走出一条既能保护数据投资的公平利益又能促进数据流动和利用的平衡治理路径。

第五节 韩国数据产权发展历史和最新进展

一、韩国数据产权的历史梳理

韩国政府高度重视数字经济，关注数据保护，通过系统性推进人工智能技术研发、数据基础设施建设和公共领域数字化转型，力求成为全球数据治理的典范国家。韩国在数据安全与数字经济之间寻求平衡，不断调整法律体系，对多部重要法律进行全面修订，逐渐形成了成熟的数据保护法律体系，结合严格的监管和国际合作，形成了覆盖全生命周期的保护机制。

（一）个人信息为主的数据保护

《韩国宪法》第16～18条的规定为公民隐私权益确立了基础性法律保障，明确"私生活秘密不受侵犯、居住自由权神圣不可侵犯、通信自由受宪法保护"三项核心原则。尽管宪法文本未直接采用"数据保护"或"个人信息保护"的表述，但通过2005年"居民登记号码案"的里程碑式判决，韩国宪法法院正式确认"信息自我控制权"属于宪法未列举基本权利，从而构建起数字时代的权利保护框架。韩国对个人数据的保护非常规范全面，建立起覆盖数据采集、存储、使用、传输、销毁全周期的治理体系。由于法律规定了"事先通知"和"选择同意"的双阶义务机制，并提出了相对较重的惩罚，使韩国成为全球数据合规要求最严格的法域之一。

韩国数据保护法律体系以《韩国个人信息保护法》为核心立法框架。通过《个人信息保护法实施令》《个人信息保护法执行规则》《个人信息保护委员会规定》等专项配套法规，构筑了覆盖公共机构、私营实体及个人行为的全场景治理体系，系统阐释了数据全生命周期管理的采集限制、使用规范、披露准则及跨境传输标准，同时确立了个人信息保护基本原则、数据主体权利清单以及国家治理责任框架。

2020年《韩国个人信息保护法》重大修订中创设的个人信息保护委员会（Personal Information Protection Commission，PIPC），作为独立监管机构专司个人信息保护事务。该委员会在总理监督框架下，已颁布《标准个人信息保护指南》《个人信息影响评估实施规程》《个人信息安全技术基准》等12项技术规范，建立起包含数据安全防护、算法伦理审查、应急响应机制的立体化操作指引。

作为法定技术执行机构，韩国互联网振兴院（Korea Internet & Security Agency，KISA）承担个人信息泄露事件应急响应中枢职能，其运营的"数据安全哨所"平台年均处理违规举报达几万件。这种"立法－监管－执行"三级联动的治理架构，使韩国数据保护制度连续3年被世界经济论坛评为全球数据治理领域最完备的规范体系之一。

《韩国个人信息保护法》对个人信息作出法定定义，指"能够通过姓名、居民登记号、生物特征等单独或与其他信息组合识别特定自然人的数据集合"，特别强调包含间接识别性信息的保护范畴。该法为数据处理主体（对应欧盟《通用数据保护条例》中"控制者"概念）设定了6项核心合规义务：

（1）合法正当性原则：处理行为须经充分告知并符合法定事由；

（2）目的限定原则：严格限定数据使用于预先声明的范围；

（3）数据质量保障原则：确保信息准确性与完整性；

（4）安全管理义务：采取符合KS X ISO/IEC 27001标准的技术防护措施；

（5）透明度原则：主动公示数据处理政策并保障用户知情权；

（6）最小化处理原则：优先采用假名化、匿名化等技术降低识别风险。

作为韩国数据治理体系的三大支柱性立法，《韩国个人信息保护法》与《韩国信息通信网利用促进及信息保护法》《韩国信用信息利用及保护法》共同构成"数据三法"框架。根据职能划分，韩国广播通信委员会（Korea Communications Commission，KCC）负责监督通信网络领域的合规实施，韩国互联网振兴院则承担技术标准制定及安全认证工作。值得关注的是，这三部法律在2021年同步修订后，已实现与经合组织隐私框架八项原则的全面对接。

《韩国信息通信网利用促进及信息保护法》重点规制涉及国民身份数据、战略产业核心技术及尖端科研信息等敏感数据的跨境传输行为。该法第4章"特别条款"针对信息通信服务提供商设定了三项专项义务：一是部署符合国家信息安全标准的加密传输系统；二是建立数据出境风险评估及备案机制；三是履行对境外接收方合规能力的持续性监督责任。作为韩国信用信息领域的"基础性法典"，《韩国信用信息利用及保护法》构建了从数据采集、信用评分到风险管控的全链条治理框架。其创新性体现在三个方面：首先，在《韩国个人信息保护法》确立的假名化技术标准基础上，补充制定《信用信息去标识化处理细则》；其次，明确金融服务委员会（Financial Services Commission，FSC）作为法定监管主体，对信用信息企业实施穿透式监管；最后，通过第32条"匿名化数据处理条款"，允许经不可逆技术处理的信用数据用于宏观经济建模、金融科技研发等场景，为基于信用大数据的智能风控系统开发提供了合法性依据。

相对于数据保护的一般法《韩国个人信息保护法》。韩国在各个重要行业中也制定了相应的数据保护行业法。与数据保护相关的医疗领域行业法有：《韩国生命伦理及安全法》（Life Ethics and Safety Act）、《韩国器官移植法》（Organ Transplantation Act）、《韩国急救医疗法》（Emergency Medical Services Act）等；与数据保护相关的教育领域行业法有：《韩国初中等教育法》（Elementary and Secondary Education Act）等；与数据保护相关的公共行政领域行业法有：《韩国公共机关信息公开法》（Official Information Disclosure Act）、《韩国电子政务法》（Electronic Government Act）、《韩国居民登录法》（Resident Registration Act）等；与数据保护相关的金融领域行业法有：《信用信息法》（Credit Information Act）、《韩国电子交易基本法》（Electronic Transactions Basic Act）、《韩国电子商务消费者保护法》（Act on Consumer Protection in E – commerce）等；与数据保护相关的通信领域行业法有：《韩国信息通信网利用促进及信息保护法》（Act on Promotion Of Information and Communications Network Utilization and Information Protection）、《韩国通信秘密保护法》（Protection of Communications Secrets Act）、《韩国电子通信事业法》（Telecommunications Business Act）等。

韩国在数据本地化政策领域采取差异化治理策略，对关键领域敏感数据实施分类监管机制。根据《韩国电子金融交易法实施条例》第21 – 3条，境内金融机构原则上须将核心财务系统部署于本土数据中心，但通过"白名单"制度允许跨国金融集团分支机构在满足双重加密（FIPS 140 – 2标准以上）及实时镜像存储等22项技术要求的前提下，使用经金融服务委员会认证的境外云设施。这种"原则+例外"的监管模式，使韩国金融业云计算渗透率提高的同时，实现了数据泄露事件数量的下降。医疗数据管理方面，《韩国医疗信息化促进法》配套的《电子病历存储设施标准》要求：三级以上医疗机构须使用经保健福祉部

(Ministry of Health and Welfare，MOHW）认证的境内云平台存储患者诊疗记录，且系统架构必须实现"物理隔离＋逻辑隔离"的双重防护。值得关注的是，2023年该法修订新增的"动态脱敏"条款，允许匿名化处理的医疗数据在获得机构审查委员会（Institutional Review Board，IRB）批准后用于跨境医学研究，这一制度创新推动韩国医疗人工智能产业规模持续增长。

（二）公共数据为主的数据共享

韩国公共数据治理体系以1996年颁布的《韩国公共机关信息公开法》为制度基石，该法通过确立"申请－披露"法定机制，赋予全体国民及符合条件的外国实体获取行政数据库的法定权利。根据该法第5条，住宅登记簿、不动产交易档案、海关通关记录等18类高价值数据集被纳入强制公开范畴。为完善数据开放生态，韩国相继出台《公共数据门户运营指南》（2013年）及《公共数据开放与利用法》（2016年），创新性引入三项机制：一是建立公共机构数据资产目录动态更新制度；二是创设"数据质量认证"体系；三是推行API标准化接口规范。据韩国行政安全部《2023年数字政府白皮书》，到2022年底，这些措施使公共数据再利用企业数量突破1.2万家，年创造经济价值达4.3万亿韩元。在数字政府3.0战略框架下，《公共数据提供与利用促进法》（2019年修订）进一步构建主动开放体系：一是将公共数据开放范围扩展至科研机构原始实验数据等新型数据源；二是建立数据开放影响评估制度，要求中央行政机关每季度提交数据开放效益分析报告；三是引入"数据沙盒"机制，允许企业申请使用尚未完全脱敏的受限数据集。

韩国为应对第四次工业革命浪潮的深化推进，于2019年启动"数据经济振兴战略"，其核心政策文件《数据与人工智能经济激活计划》直指国家数字化转型的两大痛点：数据要素流通体系碎片化及人工智能技术代际落差。该计划以构建"数据－算法－服务"创新闭环为目标，系统性部署五大战略工程。

1. 公共数据开放扩容工程

在交通、金融、能源等七大战略领域实施"数据集倍增计划"，截至2023年已开放涵盖自动驾驶路测数据、智能电网负荷曲线、医保诊疗记录（匿名化处理）等领域。通过建设国家数据交换中心（National Data Exchange Center，NDEX），实现跨部门数据实时互联互通。

2. 科研数据共享机制创新

构建国家研究数据平台（National Research Data Platform，NRDP），对政府资

助的万余个科研项目实施"数据伴随归档"制度，强制要求研究团队在项目结题后 90 日内上传原始实验数据。该平台独创了"数据贡献度积分"体系，允许科研人员通过数据共享获取国家级课题申报加分。2023 年平台累计接入 PB 级科研数据，支撑了研究成果产出。

3. 中小企业数据赋能计划

设立年度规模达 2300 亿韩元的"数据创新基金"，通过"数据券"形式补贴中小企业数据采购成本。重点支持制造业企业运用工业物联网数据进行预测性维护方案开发，培育"数据驱动型创新企业"实现海外市场营收增长。

4. 数据要素市场基础建设

颁布全球首个《数据资产评估指南》，建立包含成本法、收益法、市场法的三维估值模型。同步上线韩国国家数据交易平台（K‐Data Marketplace），集成数据沙盒、智能合约、合规性审查等九大功能模块。

5. 全民数据素养提升行动

在金融、通信领域推行"我的数据"（My Data）国家示范工程，通过分布式数字身份（DID）技术实现用户对个人数据的精细化管理。该模式被经合组织评为"公民数据主权实践的东亚样本"。

通过这五大战略工程的协同推进，韩国数据经济规模从 2019 年的 86 万亿韩元增长至 2023 年的 142 万亿韩元，人工智能专利全球占比提升 2.3 个百分点，成功跻身世界经济论坛"全球人工智能竞争力指数"前十强。其"制度创新 + 技术赋能"的双轮驱动模式，为后发国家突破数据要素市场化瓶颈提供了系统性解决方案。

（三）数据跨境政策

韩国数据跨境治理体系呈现"分类监管 + 多法协同"的立体化特征。个人信息的数据跨境以《韩国个人信息保护法》作为核心立法。通过该法第 14 条确立"安全评估前置"原则，要求数据控制者在跨境传输前实施技术成熟度、接收方合规能力等九维度风险评估。2021 年修正案创新引入"场景化合规路径"，除传统"告知‐同意"机制外，新增三种合法事由：（1）基于《亚太隐私框架》认证企业的简化流程；（2）履行国际条约义务的政府间数据传输；（3）经韩国个人信息保护委员会（The Personal Information Protection Commission，PIPC）批准的行业标准合同条款（standard contractual clause，SCC）。

《韩国个人信息保护法》整体上强调了数据跨境传输的合法性基础，即"事先通知"和"选择同意"。明确了数据跨境传输者告知义务的具体内容、跨境传输的特殊情形以及相关罚则。2021年9月，韩国个人信息保护委员会向韩国国会提交最新修正案，设置了弹性化的规则以防"告知－同意"制度僵化，为个人信息跨境传输设置了多样化的途径。

信用信息的数据跨境主要依据为《韩国信用信息利用及保护法》。该法第32条构建"监管豁免通道"，允许金融机构在以下情形不经同意传输数据：（1）向金融行动特别工作组（Financial Action Task Force，FATF）成员国反洗钱机构提供可疑交易数据；（2）遵循《巴塞尔协议Ⅲ》框架的跨国银行监管信息共享；（3）国际征信机构为跨境信贷评估目的处理脱敏信用评分。

其遵循了相关的国际公约，例如当金融机构将其持有的个人信用信息向国外金融监管机构提供时，可不需获得个人事先同意。

关于公共数据的跨境流通，基于《韩国公共数据法》第9条"开放优先"原则，韩国对公共数据跨境采取"负面清单＋分级开放"模式。高精度地理信息、核设施运行数据等9类数据为禁止出境类数据；国家关键技术研发数据等34类数据需经主管部门技术审查审批后可出境；而宏观经济统计、环境监测等数据则无相关阻挠，可实施自由流通。

韩国积极建立数据的跨境合作机制。2019年，韩国与英国签署了自由贸易协定（FTA），其中包含数字贸易相关条款，为两国在数据流动、电子商务等领域的合作提供了框架，2023年11月，韩国、英国签署《唐宁街协议》，正式将双边关系升级为"全球战略伙伴关系"，涉及数据安全、跨境数据流动等议题突破传统路径，通过建立"白名单企业"互认机制，双方认证的500强企业可豁免重复合规审查，创设"数据沙盒走廊"，允许金融科技企业在监管"沙盒"内开展跨境数据试验，推行"数字信任印章"制度，经两国联合认证的系统架构可享受关税减免。2023年，韩国与日本、东盟国家签署数据保护合作备忘录，推动区域性数据流动框架。

这些努力，使韩国数据跨境流通效率大幅提升，企业合规成本逐渐降低，推动韩国在IMD全球数字竞争力排名中从第19位（2017年）跃升至第6位（2023年）。其"分层治理＋动态适配"的立法智慧，为数字经济时代的跨境数据规则构建提供了重要范本。

二、特点及最新进展

韩国数据治理体系正处于"监管重构期"。政府逐步意识到数据获取及共享对于实现数字转型和驱动创新越来越重要，但由于数据获取障碍的不断增加，限制了数字经济的发展。韩国的政策范式已从政府主导的保守管控转向市场驱动的开放创新。这一转型过程既体现数字经济发展的内在要求，也面临数据要素市场化配置的深层挑战。

2020 年，韩国国民议会通过了"数据三法"修正案——《韩国个人信息保护法》《韩国促进信息和通信网络利用和信息保护法》以及《韩国信用信息利用及保护法》，以简化监管措施，并建立"数据匿名化"的概念，以满足欧盟《通用数据保护条例》的要求。其系统性修订标志着韩国制度创新的里程碑。然而，在"数据创新 vs 数据隐私"的背景下，这种制度突破引发了社会争议，群众普遍开始担忧匿名化标准过低可能导致用户画像滥用。

为此，2022 年，韩国个人信息保护委员会（PIPC）提供了修订后的指导方针，鼓励更积极地处理假名数据，以促进个人信息和匿名数据的安全、有效利用，制定了更清晰的假名数据处理规则，并要求数据处理者实施动态风险评估，以鼓励更积极地处理假名数据。虽然现在谈论新修正案的影响还为时过早，但随着更多的指导方针和立法更新和制定，预计韩国将努力以更安全、更有效的方式促进个人信息和匿名数据的利用。

虽然韩国目前的数据保护还偏保守，但韩国政府积极支持开放数据，已经开始在世界贸易组织框架下参与制定数字贸易规则，依据国际上成熟的数据保护体系修订自身的相关法律法规，以期推动建立包括数据本地化和数据跨境流动规则在内的数字贸易新架构。

韩国积极推进数据国际标准对接，在世界贸易组织电子商务谈判中提出"数字信任圈"提案，其目的是建立 APEC CBPR 体系与欧盟《通用数据保护条例》的等效性评估体系。2023 年 6 月，韩国与欧盟完成首轮制度对标评估，确认 APEC CBPR 体系在 32 项核心指标中达到欧盟《通用数据保护条例》89% 的合规水平。同时，韩国政府鼓励将数据规则输出争取更大的认可，推进其《数据资产评估指南》核心条款纳入《数字经济伙伴关系协定》（DEPA）框架，2023 年已获新加坡等 7 国采纳。韩国实现了通过"双轨策略"参与全球数据规则构建。

数据保护作为人工智能发展的重要议题。韩国针对人工智能发展带来的影响对相关制度进行动态调整。为构建人工智能时代的数据基础设施，韩国正推进"1＋N"的立法工程。

2019年，韩国政府宣布了一项举措，通过在劳动力培训、基础设施建设和在所有部门推广人工智能技术方面的大量投资来增强国家人工智能能力。人工智能产业成为韩国数字产业的一个核心要素。

2020年12月，韩国发布了人工智能立法路线图，提出了通过立法促进数字经济的振兴，推动人工智能技术的前沿发展，同时最大限度减少其潜在风险，在2030年前将韩国的人工智能竞争力提升至世界前列的远期目标。在该路线图的指导下，2023年11月，韩国通过了《人工智能框架法案》，该法案聚焦于建设治理体系、支持产业发展和防范风险，为人工智能在韩国的发展提供了全面的法律框架。2024年12月，韩国国会通过了《人工智能基本法》，成为继欧盟《人工智能法》之后全球第二部人工智能立法，重点在于构建国家人工智能合作体系、系统发展人工智能产业，并建立防范相关风险的法律基础，同时也为全球人工智能监管提供了新的思路和方向。

同时，韩国通过四大关键立法突破系统性解决数据要素配置难题。《韩国产业数字化转型促进法》实现了制造业数据共享，其要求构建产业数据枢纽（IDH），集成7大类工业数据，实施数据贡献度积分制度，企业每共享1 TB有效数据可获得税收抵免0.3%。该法促使现代、三星等30家大财阀必须在2025年前开放工业传感器数据接口。韩国通过修订《韩国个人信息保护法》实现算法透明化，要求人工智能系统需提供决策可解释性报告，包含特征权重分布、相似案例对照等12项要素，用户可在收到人工智能决策（如信用评分）72小时内申请人工复核，企业须在5个工作日内组织专家委员会重新评估，从而保证了个人信息安全使用。《韩国著作权法》新设第35－5条适应人工智能变革。其规定了允许人工智能研发机构复制不超过500万件受著作权保护作品进行非商业模型训练，设置"触发条款"，当人工智能生成内容商业收益超10亿韩元时，须向原始权利人支付3%的版权费，从而对人工智能时代下新型权益平衡机制进行探索。韩国通过《韩国医疗数据特别法》构建双轨体系，规定三级医院须每月上传匿名化脱敏诊疗数据实现数据池建设，提出"数据沙盒"，使得通过伦理审查的人工智能企业可申请使用包含癌症、罕见病等47类高价值数据集。

韩国将人工智能视为下一代经济的主要驱动力，其通过上述"基础制度奠基＋垂直领域突破"的立法智慧，既保障数据主权又释放创新动能，为数字经济体制改革提供了可复制的制度样本。这些制度创新形成数据治理的"韩国方案"，不仅确保韩国在法律规则上不落后于世界其他国家，也使制度性优势转化为技术突破的实际动能。

第六节　中国数据产权发展历史和最新进展

一、个人信息的保护

随着有关个人信息泄露事件的不断发生，越来越多的人在经济上和精神上遭受巨大的损失。我国从 2009 年开始关注个人信息安全问题，全国人民代表大会常务委员会在《中华人民共和国刑法修正案（七）》中追加了个人信息的买卖行为、非法提供公民个人信息罪、非法获取公民个人信息罪，体现了我国打击个人信息犯罪的决心。2012 年 12 月 28 日，第十一届全国人民代表大会常务委员会第三十次会议为了保护网络信息安全，保障公民、法人和其他组织的合法权益，维护国家安全和社会公共利益，通过并公布《全国人民代表大会常务委员会关于加强网络信息保护的决定》。《中华人民共和国消费者权益保护法》（2013 年修正）增加了消费者"个人信息依法得到保护的权利"。在行政法规及部门规章层面，国务院《征信业管理条例》（2013 年），对征信机构的市场准入、征信业务规则及其监督管理作了详细规定；工业和信息化部《电信和互联网用户个人信息保护规定》（2013 年）明确了电信业务经营者、互联网信息服务提供者信息收集和使用规范、应当采取的安全保障措施及法律责任，从行政监管角度规范了个人信息的保护。在地方层面，2016 年 1 月，贵州省率先出台了关于大数据的第一个地方性法规《贵州省大数据发展应用促进条例》，明确提出实施"数据铁笼"；后于 2019 年施行了《贵州省大数据安全保障条例》，规范权力行使，对公共权力、公共资源交易、公共资金等实行全过程监督；同时，要求大数据采集、存储、清洗、开发、应用、交易、服务单位应当建立数据安全防护管理制度。

2016 年 11 月 7 日，第十二届全国人民代表大会常务委员会经表决高票通过了《中华人民共和国网络安全法》（以下简称《中国网络安全法》），该法于 2017 年 6 月 1 日起正式施行。其对网络运营者的义务规定得更加严格，从某种程度上表明监管非法信息的传播不仅是政府的责任，也成为网络运营者和网络服务提供者的义务。在网络的维护、建设、运营等环节，安全管理与监督需严格遵循该法的相关规定。表 6－6－1 为按照不同法律体系层次进行分类的我国代表性的信息保护法律文件。

表 6-6-1 我国代表性的信息保护法律文件

法律体系	名称
法律	《中华人民共和国民法典》《中华人民共和国刑法修正案（七）》《中华人民共和国个人信息保护法》《中华人民共和国网络安全法》《中华人民共和国数据安全法》《中华人民共和国电子商务法》《中华人民共和国国家情报法》《中华人民共和国消费者权益保护法》等
行政法规	《关键信息基础设施安全保护条例》《中华人民共和国政府信息公开条例》《企业信息公示暂行条例》《信息网络传播权保护条例》《互联网信息服务管理办法》《计算机信息网络国际联网安全保护管理办法》
部门规章	《电信和互联网用户个人信息保护规定》《数据出境安全评估办法》《汽车数据安全管理若干规定》《个人信用信息基础数据库管理暂行办法》《证券期货业网络和信息安全管理办法》《个人信息出境标准合同办法》《互联网信息服务深度合成管理规定》《征信业管理条例》等
地方性法规、地方政府规章	《天津市数据安全管理办法（暂行）》《浙江省公共数据条例》《海南省大数据开发应用条例》《西藏自治区网络信息安全管理条例》《贵州省大数据安全保障条例》等

资料来源：根据北大法宝法律数据库整理。

《中国网络安全法》第 37 条、第 41～44 条对个人信息进行了相关规定。其中，第 42 条第 1 款规定：

> 网络运营者不得泄露、篡改、毁损其收集的个人信息；未经被收集者同意，不得向他人提供个人信息。但是，经过处理无法识别特定个人且不能复原的除外。

该款规定经过处理无法识别特定个人且不能复原的个人信息不会对其进行保护，方便了数据在网络中的传输。实际中，个人在网络中大量留存的被匿名化处理后的个人信息将很难得到保护。

《中国网络安全法》在第 76 条中给出了"个人信息"的定义：

> 个人信息，是指以电子或者其他方式记录的能够单独或者与其他信息结合识别自然人个人身份的各种信息，包括但不限于自然人的姓名、出生日期、身份证件号码、个人生物识别信息、住址、电话号码等。

2017 年 10 月 1 日施行的《中华人民共和国民法总则》（已废止）第 111 条

规定：

> 自然人的个人信息受法律保护。任何组织和个人需要获取他人个人信息的，应当依法取得并确保信息安全，不得非法收集、使用、加工、传输他人个人信息，不得非法买卖、提供或者公开他人个人信息。

至此，我国在民法领域建立了对个人信息的保护制度，个人信息开始得到充分利用和保护。

2020 年 5 月 28 日通过的《中国民法典》人格权编第 6 章直接将"个人信息保护"与"隐私权"并列。个人信息保护开始区别于隐私权逐渐形成独立的权益保护机制。

2021 年 8 月 20 日通过的《中国个人信息保护法》第 4 条规定：

> 个人信息是以电子或者其他方式记录的与已识别或者可识别的自然人有关的各种信息，不包括匿名化处理后的信息。
>
> 个人信息的处理包括个人信息的收集、存储、使用、加工、传输、提供、公开、删除等。

自该法颁布之后，我国的个人信息保护以及数据安全立法机制步入了新的发展时期：强化个人信息处理者所应承担的保护义务，对个人信息处理的权利边界作出清晰划定，并建立起敏感个人信息的保护机制，同时针对国家机关应如何妥善处理个人信息进行严格规范。此后形成了国家机关处理个人信息"有法可依"的新局面。

二、数据知识产权

2020 年 4 月，《中共中央 国务院关于构建更加完善的要素市场化配置体制机制的意见》印发。该意见首次将数据与土地、劳动力、资本、技术等传统要素并列为要素之一，提出"加快培育数据要素市场"。这标志着数据首次被纳入生产要素范围，正式作为一种新型生产要素。

2022 年 12 月，"数据二十条"印发。该意见开宗明义地指出："数据作为新型生产要素，是数字化、网络化、智能化的基础，已快速融入生产分配、流通、消费和社会服务管理等各环节，深刻改变着生产方式、生活方式和社会治理方式。数据基础制度建设事关国家发展和安全大局。"

"数据二十条"要求：（1）建立保障权益、合规使用的数据产权制度；（2）建立合规高效、场内外结合的数据要素流通和交易制度；（3）建立体现效率、促进公平的数据要素收益分配制度；（4）建立安全可控、弹性包容的数据要素治理制度。

"数据二十条"还提出"建立数据资源持有权、数据加工使用权、数据产品经营权等分置的产权运行机制"，即被称为"三权分置"的数据产权制度，为数据要素市场建设指明了方向。

国家知识产权局立足自身职能，2021年在上海市、深圳市、浙江省率先开启探索建立数据知识产权制度的全国试点，2022年推动确定北京市、上海市、江苏省、浙江省、福建省、山东省、广东省、深圳市等8个地方作为开展数据知识产权工作的试点地方，要求各试点地方在数据知识产权制度构建、登记实践、权益保护、交易使用等方面积极开展实践探索，力争在立法、存证登记等方面取得可复制可推广的经验做法，为后续制度设计提供实践基础。

2022年11月29日，国内首个数据知识产权登记系统——深圳市数据知识产权登记系统[1]正式上线，可向提出登记申请的数据处理者颁发数据知识产权登记证书。深圳市数据知识产权登记流程为"数据存证—登记申请—材料审核—公示—发放证书"5个步骤。对于已发放的数据知识产权登记证书，可以在数据知识产权登记系统查询相关信息。

随着数据知识产权登记系统在各个试点省市的开展，一些省份陆续就数据知识产权登记公布了管理规定。例如，2023年5月26日，浙江省印发《浙江省数据知识产权登记办法（试行）》（以下简称《浙江办法》）；2023年5月30日，北京市印发了《北京市数据知识产权登记管理办法（试行）》（以下简称《北京办法》）；2024年1月10日，江苏省印发《江苏省数据知识产权登记管理规则（试行）》（以下简称《江苏办法》）。虽然三地的管理办法是就数据知识产权登记管理建立的程序性规定，但也是对构建数据知识产权规则的重要探索，以小见大、管中窥豹，可以看到我国对构建数据知识产权保护规则的思考和实践。

（一）保护对象

《北京办法》第2条规定：

---

[1] 深圳市数据知识产权登记系统网址：https://sjdj.sist.org.cn/。

数据知识产权的登记对象，是指数据持有者或者数据处理者依据法律法规规定或者合同约定收集，经过一定规则或算法处理的、具有商业价值及智力成果属性的处于未公开状态的数据集合。

《浙江办法》"一、适用范围"中规定：

本办法适用于对依法收集、经过一定算法加工、具有实用价值和智力成果属性的数据提供数据知识产权登记服务。……提出数据知识产权登记服务申请的应当是依法依规处理数据的单位或个人。合作处理数据的，应当共同提出登记服务申请。接受他人委托处理数据的，可以根据协议由委托方或双方共同提出登记服务申请。

《江苏办法》第2条第1款规定：

本办法适用于对依法获取的，经过一定规则或算法加工处理，具有实用价值和智力成果属性的数据提供数据知识产权登记服务。

关于保护对象的名称，《北京办法》认定为"数据集合"，《浙江办法》和《江苏办法》认定为"数据"，虽然三地办法在保护对象称谓上还未统一，但是结合具体管理办法来看，三地的数据知识产权登记管理办法认定的数据知识产权保护对象的含义是相同的，即数据的集合。

关于保护对象的主体，即与数据知识产权相关的权利人，《北京办法》认定为"数据持有者或者数据处理者"，《浙江办法》和《江苏办法》认定为数据处理者。通过对数据处理者和数据持有者付出的劳动和投入的有效保护，强化基于数据价值创造和价值实现的激励导向，激发数据权利人创新积极性，进而促进数据开发利用和高效配置。由此可见，现阶段数据知识产权的保护主体以数据处理者为主，也可包括付出劳动和投入的其他相关者（例如数据持有者）。

关于保护对象的条件，《北京办法》认为需要满足的条件是：依法收集、规则处理、具有商业价值及智力成果属性、未公开。《浙江办法》中认为需要满足的条件是：依法收集、规则处理、具有实用价值和智力成果属性。《江苏办法》中认为需要满足的条件是：依法获取、规则处理、具有实用价值和智力成果属性。只有《北京办法》中强调了"未公开"的条件，而《北京办法》中需要满足的具有"商业价值及智力成果属性"，另外两省办法中仅在表述上略有不同。

可见，数据的集合在现阶段如果想得到数据知识产权的保护，主要得满足三个条件：依法收集、规则处理、具有商业价值及智力成果属性。相关数据尽量要处于未公开状态。"依法收集/获取"是保障数据合规的前提;"规则处理"是数据成为生产要素的必备条件,体现了对"数据+规则"的保护;"商业价值"体现数据知识产权保护规则构建的原则和目的;"智力成果属性"是数据成为知识产权保护对象的主要特征;"未公开"要求权利人通过对数据的公开登记,来换取一定期限内的专有保护。

综上,满足依法收集、规则处理、具有商业价值及智力成果属性、尽量处于未公开状态的数据集合,是我国现阶段数据知识产权的保护对象,其权利收益方以数据处理者为主,数据持有者为辅。

(二)保护程序

《北京办法》第4条规定:"北京市知识产权局统筹本市行政区域内的数据知识产权登记管理工作,建设全市统一的数据知识产权登记平台,开展本市行政区域内数据知识产权登记工作。北京市知识产权保护中心具体承办数据知识产权登记工作。"并在第二章"登记内容"、第三章"登记程序"对登记工作的具体规则进行了规定。

《浙江办法》在第二部分"登记申请"、第三部分"登记审查"对登记工作进行了相关规定。《江苏办法》也在第二章"登记程序"对登记工作进行了相关规定。

综上,我国现阶段数据知识产权的保护程序选择了登记方式,这一方式具备诸多益处:增强公信力、便利法律凭证使用、助力纠纷解决、保护数据完整性等。通过区块链存证或保全公证等技术手段,有效保障了数据资源的持有权。登记证书明确了数据的权属,为数据的流通交易、收益分配和权益保护提供了可靠的法律依据。这种登记方式不仅增强了数据的公信力,化解了潜在纠纷,还激发了数据处理者等权利人创新利用数据的积极性。同时,它促进了数据要素的技术、经济和市场属性的充分发挥,为数字经济的发展提供了有力支撑。

(三)保护作用

《北京办法》在第四章"管理监督"第22条中规定:"数据知识产权相关主管部门鼓励推进登记证书促进数据创新开发、传播利用和价值实现,应当积极推进登记证书在行政执法、司法审判、法律监督中的运用,充分发挥登记证书证明效力,强化数据知识产权保护,切实保护数据处理者的合法权益。数据知识产权相关主管部门鼓励知识产权服务机构探索数据知识产权相关服务。"

《浙江办法》在第四部分"登记证书的使用"中规定:"(十)证书效力。登记证书可以作为相应数据持有的证明,用于数据流通交易、收益分配和权益保护。鼓励数据处理者及时登记数据知识产权,通过质押、交易、许可等多种方式加强登记证书的使用,保护自身合法权益,促进数据创新开发、传播利用和价值实现。"并在第五部分"监督管理"中规定要强化部门协同,具体包括拓宽运用场景、强化权益保护、深化安全治理三大方面。

《江苏办法》第 28 条规定:"发展改革、司法行政、法院等部门应当加强数据协同治理,提升数据知识产权创造、运用、保护、管理和服务等方面的能力,营造安全可靠、公平公正的数据要素市场环境,促进数据要素顺畅流通和合理使用。"

通过对相关数据存证的管理监督,增强了数据的可信、可追溯水平,强化了数据流通全过程的动态管理。通过发挥数据知识产权登记证书在持有数据和开发利用中的证明效力,有利于数据市场行为规范和数据联管联治机制的构建。

综上,我国现阶段数据知识产权的保护作用是将登记证书作为交易凭证以促进数据流动,方便数据交易。

(四)保护期限

《北京办法》第 13 条规定:"数据知识产权登记证书样式、标准由登记机构统一制定。数据知识产权登记证书是登记主体依法持有数据并对数据行使权利的凭证,享有依法依规加工使用、获取收益等权益。登记证书的有效期为三年,自登记公告之日起计算。涉及授权运营的公共数据及以协议获取的企业、个人数据,其协议期限不超过三年的,以相关协议截止日期为有效期。"

《浙江办法》和《北京办法》相同,都规定登记证书有效期为 3 年。而《江苏办法》中未就登记证书的有效期进行规定。3 年期限,相对于其他知识产权的保护期偏短。鉴于不同阶段对于知识产权保护期的需求和价值取向不同,设置较短的保护期是出于鼓励再创作为主、奖励权利人为辅的目的。

后 记

> 我们看到什么，就会变成什么。我们塑造了我们的工具，随后我们的工具也塑造了我们。
>
> ——赫伯特·马歇尔·麦克卢汉

> 万物源自比特。
>
> ——约翰·阿奇博尔德·惠勒

> 整个宇宙可以看作一台计算机——一台巨大的信息处理机器。
>
> ——詹姆斯·格雷克

人类创造了工具，扩展了自身的感知和能力，这使我们自誉为"万物主宰"，产生了人类中心主义思想和主客观二元论。

根据2010年发现的证据，人类能够有意识地制造并使用石器工具的历史可以追溯到大约340万年前。[1]"人是万物的尺度"（最早的人类中心主义）在公元前5世纪才首次被普罗泰戈拉提出。最早划分人和物的古罗马法学家盖尤斯生活在公元130～180年。14～16世纪的文艺复兴时期的哲学家将人类中心主义思想表现为"人文主义"，开启新兴资产阶级要求的欧洲思想文化运动，人们开始强调人类的尊严、价值和创造力，将人类置于宇宙的中心，提倡科学方法和科学实验，提出"知识就是力量"。人类中心主义思想的崛起促进了文学、艺术的发展和哲学、法学思想的更新。世界第一部专利法——《威尼斯专利条例》诞生的1474年，正是文艺复兴运动的快速发展时期和罗马法复兴时期。

千百年来，在人类中心主义思想教育下，人们习惯用自己的思维看待世界，

---

[1] 张梦然. 人类最早使用工具时间提前百万年［EB/OL］.（2010-08-13）［2023-08-23］. https://www.chinanews.com.cn/cul/2010/08-13/2465350.shtml.

认为人是独一无二的主体，通过我们打造的工具驯服世界，却往往没有意识到，人类的生活方式与我们创造的工具不可逆地紧密交织在一体。每一项新技术的出现，都使得人类将更多的劳动让与工具去完成，机器可以比我们自己做出来的质量更好、效率更优、精度更高，智能算法甚至可以感知人类不可能感知的自然规律、完成人类不可能完成的任务。于是，我们亲自做的事情越来越少，从体力劳动的减少到脑力劳动的减少，而这正是人类文明进步的进程。由此，工具反过来也影响我们的道德选择和价值观，这何尝不是一种"驯服"。

相对于科学的革命性和前瞻性，法律具有天然的保守性和滞后性。

科学是独立思考的结果。科学家信奉的是，我能想象我才会创造。

法律是社会认知的反映。法律人信奉的是，我能感知我才会承认。

早在1916年，爱因斯坦依靠想象和演算，提出广义相对论，并预言了引力波的存在；1966年，美国理论物理学家雷纳·韦斯（Rainer Weiss）设想出一种探测引力波的方法。直到2015年，激光干涉引力波天文台LIGO才首次探测到引力波，印证了爱因斯坦100年前的预言，论文发表于2016年2月。[1] 这是物理学界里程碑式的重大成果，不仅验证了广义相对论的正确性，也开启了引力波天文学时代，被授予2017年诺贝尔物理学奖。LIGO的发明人雷纳·韦斯享有一半奖金，奠定引力波探测理论基础的巴里·巴里什（Barry Barish）和领导LIGO建设的基普·斯蒂芬·索恩（Kip Stephen Thorne）[2] 共享另一半奖金。[3]

今天，一项足以推翻既往认知的科学从个人想象到实现，再到普遍感知，或许不再需要一百年的时间。但是，立法者也不会提前预测新技术的出现，并预先设定好规则，这不是法律人而是科学家的任务。作为无形财产权的知识产权，尽管其客体本身（著作权保护的作品、专利权保护的发明创造、商标权保护的商誉等）具有无形性，但立法者要求其客体必须依赖于一定的物质载体而存在。这也是法律人信奉"眼见为实"的一种表现。例如，发明专利权的客体是技术方案，但其必须依赖于具有"产品"属性的物质载体而存在，且必须实现能感知的技术效果。

对于人工智能，无论从1950年图灵测试的提出，还是从1956年的达沃斯会

---

[1] ABBOTT B P, ABBOTT R, ABBOTT T D, et al. Observation of Gravitational Waves from a Binary Black Hole Merger [J]. Physical Review Letters, 2016, 116 (6): 061102-1-061102-16.

[2] 索恩还是电影《星际穿越》的科学顾问。

[3] 韩萌，朱敏. 2017年诺贝尔物理学奖揭晓 3名科学家因引力波研究获奖 [EB/OL]. (2017-10-04) [2023-08-25]. https://baijiahao.baidu.com/s?id=1580282341954735951&wfr=spider&for=pc.

议的召开，都处于精英们的想象阶段。直到在全球人工智能轰动性事件出现后，法官才承认计算机程序或智能算法直接实现了物理现实（包括外部物理现实和实施发明的计算机系统的"内部"物理现实）的（真实）技术效果，从而具有专利法意义上的技术性。

人工智能是现在所有学科中发展最快的，当工具越来越像人，法律人应当有新的使命，尽力压缩从"感知"到"承认"的时间。这就意味着，不仅人工智能提供者需要解释他们创造了什么及其对人类有何意义，每个法律人（尤其立法者）也需要熟知人工智能，从新的视野理解人与工具的关系，而不能再以工业社会的思维定式去看待。

一、工具使人相信自己是唯一主体

人类是低感知动物，我们的体能和感官都是有局限的。每一项技术都是人类扩展自身感知、控制周围环境的意愿表达。

动物能够依靠自己复杂的听觉和探测细微振动的能力预测地震，甚至有的动物能够察觉人类无法感知的细微空气或电磁场的变化；啮齿动物和狗可以听到比人类能听到的高得多的频率；豹的时速可达120公里；蜜蜂可以感知紫外光线，能够看到我们无法察觉的花朵斑点和纹理，还能够通过振动感知声音和触觉，从而更好地沟通和定位；大象能够发出超出人类听觉范围的次声波，传递给10公里以外的同伴；鱼的嘴唇、口腔和触须上遍布着许多味蕾，甚至其他部位也有味觉神经，研究表明，鱼类辨别甜味的能力超过人类的80倍。

然而，与仅能依靠自身的动物相比，人能够打造并利用工具，从而延伸自身的力量，这是人类与其他动物最根本的区别。如交通工具是腿的延伸，望远镜和显微镜是视觉的延伸，电话是耳朵和嘴的延伸，计算机和网络是神经中枢的总体延伸。借助工具，人类驯服了地球上的其他动物，并向外探索宇宙、向内探索基因。

在形成于20世纪初的量子力学中，世界由波函数表示。20世纪末到21世纪初的物理学大师约翰·阿奇博尔德·惠勒（John Archibald Wheeler）则认为，"我们所谓的现实（reality），是在对一系列'是'或'否'的追问综合分析后才在我们脑中成形的。所有实体之物，在起源上都是信息理论意义上的，而这个宇宙是个观察者参与其中的宇宙"。随着人类对宇宙了解的深入，我们发现宇宙在很大程度上是建立在数学公式上的。詹姆斯·格雷克在《信息简史》一书中总结道,"因此,整个宇宙可以看作一台计算机——一台巨大的信息处理机器……而物理定律就是处理信息时所用的算法"。在物理学家和计算机专家眼里,人类所在的"现实世界"可能是被创造者使用算法模拟出来的。当马斯克说世界是虚拟的,我们发现,世界上最伟大的思想家老子、释迦牟尼、柏拉图、笛卡尔等也都认为世界是虚拟的。现在,研究元宇宙的科学家正在使用智能算法创造一个虚拟世界,在这个虚拟世界中,人工智能也在按照我们设定的程序去进化,并解决我们在现实世界中解决不了的问题。

二、工具的发展使主客体界限模糊

从早期的石器时代到铁器时代,人所创造的是手工工具和武器。从蒸汽时代开始,人们开始用机器代替手工工具,并将"工具"的概念外延至"技术"。从信息时代到人工智能时代,现代人创造的"工具"是智能算法。

人创造的工具越来越智能,越来越像人。

本书已经讨论过,当前的弱人工智能(即专用人工智能),包括 Watson、ChatGPT 等已经能够在特定领域与人类智力相当,甚至超过人类智能水平。

2016 年,DeepMind 开发的一个人工智能(运行原理与阿尔法元大致相同)成功地减少了谷歌数据中心的能源支出,比其优秀工程师所需消耗的数额还要低 40%。[1]

2017 年,BBC 和牛津大学共同研究发现,未来 10 年,打字员被机器人取代的概率是 98.5%,会计是 97.6%,保险业务员是 97.0%。[2]

2018 年,新华社与搜狗联合发布的"AI 合成主播"可以在屏幕展现虚拟数字人形象并进行新闻播报。2019 年,浦发银行和百度共同发布数字员工"小浦"。

2021 年 12 月,万科集团将年度优秀新人颁给其首位数字化员工——虚拟数字人"崔筱盼"。崔筱盼不仅五官明媚妆容精致,工作能力也十分出众,"她"在 2021 年 2 月正式入职万科集团财务部,负责催办预付应收逾期单据的工作,

---

[1] EVANS R, GAO J. DeepMind AI reduces google data centre cooling bill by 40% [EB/OL]. (2016-07-20) [2023-08-23]. https://www.deepmind.com/blog/deepmind-ai-reduces-google-data-centre-cooling-bill-by-40.

[2] 国际升学指导中心. BBC 分析未来十年各行业"被淘汰概率" [EB/OL]. (2017-11-08) [2023-08-23]. https://www.sohu.com/a/203142918_99923806.

负责催办的核销率达到91.44%。❶

当工具越来越像人时,人却越来越依赖智能设备,越来越像工具。

在学习中,每个人都在接受权威灌输和主流观念的潜移默化,而无力反思更高层面的问题。

在工作中,单位根据业绩对员工进行评价分级,我们没有那么多机会去提高自主性,去发展自己的精神和人格,因为摆在眼前的迫切任务是满足社会机器对一个零件的要求,在这个极度内卷的竞争中成为一个合格的零件。

在生活中,淘宝、京东购物平台根据购买记录对用户进行评价分级,而后提供不同等级的服务。为了享受更好的服务,用户需要保持良好的浏览记录、购买频率、用特定支付方式付费甚至玩特定的网络游戏,很多人的购物行为在一定程度上受到人工智能的操控。

这种倾向成为现代社会制度的基本特征,马克斯·韦伯称之为"现代的铁笼"。

人类并不理解自己亲手制造的阿尔法元、GPT-4等人工智能,它们下出来的棋、组织出来的语言可以完全不在人类过去数千年里下出的棋谱、写出的文章的范围之内。但是,大数据却让人工智能比人类更了解我们自己,甚至操纵着人类心智。百度、微信等搜索引擎可以根据智能手机的浏览记录计算出每个人的喜好,并推送符合个人喜好的信息。凭借智能算法,软件甚至比我们自己更为了解我们想看的内容是什么。不知不觉,很多人正在失去独立思考、自主决策、创新和解决问题的能力。

三、人工智能使发明的主客体混沌

人工智能已经随处可见,让我们不以为然。我们每天的生活离不开智能手机;医生每天的工作由人工智能机器辅助;工业化创新者每天在使用虚拟现实、数字孪生等技术提高研发效率;医药研发者每天在使用智能算法研制新药;交警每天在使用电子眼执法;法官每天在使用人工智能辅助系统判案和书写文书;专利审查员每天在使用智能审查系统检索、翻译和撰写通知书。如今,不借助任何

---

❶ 刘青青. "虚拟职场女性天花板"驾到!崔筱盼震惊四座:你的同事可能不是真人 [EB/OL]. (2022-01-17) [2023-08-23]. https://baijiahao.baidu.com/s?id=1722188732503932731&wfr=spider&for=pc.

人工智能技术的工作、生活、创造还存在吗？每一个人、每一天都在将通过人工智能技术获知的知识嵌入自己的大脑中，并成为我们的一部分。

脑机接口技术可以将芯片植入大脑，人脑既可以输出指令，也可以从程序中获得信息，届时哪一个意识是我们独立思考的结果、哪一个意识是受人工智能控制而产生的结果将很难区分。

虚拟现实技术可以产生一个逼真的三维视觉、触觉、嗅觉等多种感官体验的虚拟世界，从而使处于虚拟世界中的人产生一种身临其境的感觉，让人分不清哪个是虚拟世界、哪个是物理世界。

增强现实技术将真实世界信息和虚拟世界信息内容之间综合在一起，在同一个画面以及空间中同时存在，使人类实现超越现实的感官体验。[1]

我们还是独立思考的人类吗？实际上，所有这些，都在塑造一个"增强人"，而这种"增强人"的概念不再是肉体上的增强，而是意识上的增强，或者说，泛人类。

2005年，雷·库兹韦尔在《奇点临近》中写道：

> 未来出现的智能将继续代表人类文明——人机文明。换句话说，未来的计算机便是人类——即便他们是非生物的。这将是进化的下一步：下一个高层次的模式转变。那时人类文明的大部分智能，最终将是非生物的。到21世纪末，人机智能将比人类智能强大无数倍。[2]

> 我把奇点的日期设置为极具深刻性和分裂性的转变时间——2045年。非生物智能在这一年将会10亿倍于今天所有人类的智慧。[3]

2011年，俄罗斯媒体大亨德米特里·伊茨科夫（Dmitry Itskov）发起"俄罗斯2045"计划（又称"阿凡达计划"），他耗费巨资雇佣至少30名科学家，计划分4个阶段研究和打造真实版的"永生人"，到2045年实现机器躯体涅槃。"俄罗斯2045"计划已经获得俄罗斯科学教育部的大力支持。[4]

当下，当人们如火如荼地讨论元宇宙时，未来人和虚拟人共存的设想正在加速发生，"泛人类"的概念范围有多广，就看技术能跑多快，以及人们能够以什

---

[1] 吴骞华. 增强现实（AR）技术应用于发展趋势[J]. 通讯世界. 2019, 26(1): 289-290.
[2] 库兹韦尔. 奇点临近[M]. 李庆诚，董振华，田源，译. 北京：机械工业出版社，2011: 100.
[3] 库兹韦尔. 奇点临近[M]. 李庆诚，董振华，田源，译. 北京：机械工业出版社，2011: 336.
[4] 百度百科. 永生人[EB/OL]. [2023-08-23]. https://baike.baidu.com/item/%E6%B0%B8%E7%94%9F%E4%BA%BA/18646060?fromModule=lemma_search-box.

么样的心态去看待它们。

如本书所述，如果人工智能作为发明主体，其生成的发明从技术方案上看与人类创造的发明没有什么区别。其既可能对自身算法作出改进，生成新的人工智能模型发明；也可能在某一应用场景下训练出基于人工智能的发明。与人类发明者不同，人工智能没有肉体，在人工智能生成的发明所在的数字世界里，人工智能既是主体，又是客体，其主客体是混沌的。

我们不知道人工智能何时有自由意志，正如我们不知道人类自由意志的起源一样。

正如尹烨在圆桌派里所说，"没有科学的人文是愚昧的，没有人文的科学是危险的"。科学技术是一把锋利的双刃剑。在不确定技术会如何发展的时代，人类需要做的是提升"心法"。法律人需要尊重科学、尊重规律、预防不法，创新者需要有意识地保持自律和批判性思维，专注于提升自主决策和发现问题的能力，然后拥抱人工智能的"算法"，与人工智能合作共生。以人类智能的"心法"与人工智能的"算法"携手共创未来。

这或许是人类智能与人工智能未来的最优设想。